小学语文课例

基于『语文学理』的解读

主编◎汪　潮

编委◎汪　潮　方　兰　朱柏烽
　　　余　鹏　邹渭灿　孙忠心

华东师范大学出版社

图书在版编目（CIP）数据

小学语文课例：基于"语文学理"的解读 / 汪潮主
编. —上海：华东师范大学出版社，2016
（中小学教师课例库）
ISBN 978 - 7 - 5675 - 5576 - 1

Ⅰ.①小…　Ⅱ.①汪…　Ⅲ.①小学语文课-教学研究
Ⅳ.①G623.202

中国版本图书馆 CIP 数据核字(2016)第 276227 号

小学语文课例：基于"语文学理"的解读

主　　编　汪　潮
项目编辑　蒋　将　师　文
特约审读　文小成
责任校对　时东明
装帧设计　俞　越

出版发行　华东师范大学出版社
社　　址　上海市中山北路 3663 号　邮编 200062
网　　址　www. ecnupress. com. cn
电　　话　021 - 60821666　行政传真 021 - 62572105
客服电话　021 - 62865537　门市(邮购)电话 021 - 62869887
地　　址　上海市中山北路 3663 号华东师范大学校内先锋路口
网　　店　http://hdsdcbs. tmall. com /

印 刷 者　常熟市文化印刷有限公司
开　　本　787×1092　16 开
印　　张　22.25
字　　数　539 千字
版　　次　2016 年 11 月第 1 版
印　　次　2016 年 11 月第 1 次
书　　号　ISBN 978 - 7 - 5675 - 5576 - 1 /G·9735
定　　价　47.00 元

出 版 人　王　焰

（如发现本版图书有印订质量问题,请寄回本社客服中心调换或电话 021 - 62865537 联系）

编写说明

受华东师范大学出版社的青睐和邀请,我们组织编写了这套关于语文课例研究的丛书,共分3册,具体为:《小学语文课例:基于"语文学理"的解读》、《初中语文课例:基于"语文学理"的解读》和《高中语文课例:基于"语文学理"的解读》。

本书是该系列的第一本。该书从"学理"的视野对小学语文课例进行认识、思考和解读。本书主要是提供给小学语文教师和小学语文研究人员阅读。关于本书的编写和使用,我们在此做三个说明。

一、编写意图

我们把此书命名为《小学语文课例:基于"语文学理"的解读》,是出于以下两方面的考虑。

1. 源于小学语文实践

从前或当前的中国大陆对小学语文教学课例的建构及其实施相当活跃,而且类型各异,成果丰富。这是一批宝贵的语文教学的财富,理应把它记录下来,保持下去。为此,本书精心挑选了40多个自新中国成立以来小学语文教学的经典性课例。其中有课堂实录、教学片段、教学设计,有对比性设计、专题性研讨,还有学校或个人典型的教学经验等。这些来自第一线的鲜活案例,值得我们去感受、去品读、去评点。

2. 基于"语文学理"解读

理者,纹路,内在规律也。小学语文教学的"理"涉及字理、语理、文理和学理、教理、管理等。语文教学的"学问"在某种意义上是能够说明或证明其中的"理"。然而当下的语文教学往往是多经验,少学理,常常出现"混沌"状态。我们设想:如果把语文案例和语文学理结合起来思考,寻找两者之间的平衡点,那么小学语文教学的实践和研究就会朝着更融合、更强大的方向发展。这样小学语文教学就会有理可依,"理所当然",我们的语文教学也许会更加地有序。

二、结构框架

1. 总体结构

全书分四大部分,以此构建本书二十章的总体结构:

第一部分"识字课例":第一章,汉语拼音课;第二章,集中识字课;第三章,分散识字课;第四章,字理识字课;第五章,汉字文化课。

第二部分"阅读课例":第六章,精读课;第七章,略读课;第八章,选读课;第九章,名著导读课;第十章,群文阅读课。

第三部分"习作课例":第十一章,命题习作课;第十二章,读写一体课;第十三章,生活习作

课;第十四章,活动习作课;第十五章,想象习作课。

第四部分"创意课例":第十六章,绘本阅读课;第十七章,单元组文课;第十八章,整本书阅读课;第十九章,非连续性文本阅读课;第二十章,"全课程"课。

2. 章的栏目框架。全书共分二十章,每一章的栏目框架设计如下:

(1) 背景描述

对本章课型的意义进行阐述,或描述现象,或提出问题等。

(2) 课堂例析

课堂例析更多的是一篇完整课文的详实设计或课堂的详细实录;也有同课异构两个课例的对比,或是一个课例的专题研讨。课例后有点评和总评,或者是执教者的设计意图和教学反思。评析主要是对课堂的学理分析和专题性讨论。

(3) 资源链接

每章都安排了与本课例密切相关的专题性短文或有关拓展性材料 1—3 个,便于读者对照阅读,寻求语文教学的"理据"。

(4) 推荐阅读资料

为读者提供进一步研究相关课型的阅读资料。一般在 9 个左右。

(5) 后续练习

每章后留下 1—2 个后续练习题。读者可根据"语文学理"和自己的经验,与大家一起思考、一起点评、一起设计。

三、使用提示

为了更好地阅读和使用本书,我们有三个温馨提示:

提示一:全程阅读。阅读本书请你一定按照章的栏目全程依次阅读:背景描述→课堂例析→资源链接→推荐阅读资料→后续练习,并尽可能在"推荐阅读资料"栏目的参考资料目录中有选择性地查阅有关文章。这样才能对某一种课型有一个全面而系统的认识和把握。不建议孤立地阅读某一个栏目,或随意地阅读片言只语。

提示二:参与练习。我们设想构建作者、编者和读者之间的"学习共同体"虚拟组织,大家一起学习,共同发展。为此,本书专设"后续练习"栏目,为读者提供参与教学点评和教学设计的平台。希望你能积极参与练习活动。当你完成"后续练习"的时候,也一定是你最有收获的时候。

提示三:理据思考。"学理"是本书编写指导思想中的关键词。据理而思,依理而为,是阅读本书的重要思想方法,应该贯穿于阅读此书的整个过程。为此,我们建议把本书与《语文学理》(汪潮著,浙江大学出版社 2013 年出版)联系起来阅读,相信你必将拥有更深刻的启迪。

从现在开始阅读吧!从自己开始阅读吧!坚持天天阅读吧!今天是世界阅读日,其实天天都是阅读日。

主编 汪 潮
2016 年 4 月 23 日

目录

第一部分　识字课例

第四部分 创意课例

第一部分 识字课例

第一章 汉语拼音课

一、背景描述

近几年来,教育界对小学汉语拼音教学的重要性众说不一。从教育部2001年颁布的《语文课程标准》来看,小学语文教学要求学习汉语拼音,运用汉语拼音帮助学生识字和学习普通话,略去了小学语文教学大纲中原有的"汉语拼音帮助学生阅读"的内容。有人认为,这是为了减轻学生负担。一时间,降低汉语拼音教学要求的各种舆论大噪。有些人由此主张"淡化拼音教学",甚至认为"拼音无用",可以延迟学习或干脆不用学习,这实在是万万不可的。

既然"拼音教学是帮助学习的有效手段",而"减负"又是为了"增效",那么,以"减负"为借口提出削弱、淡化拼音教学自然是站不住脚的。汉语拼音是小学生打开知识大门的金钥匙,是迈向科学高峰的阶梯。而有人认为古人不懂拼音,照样能够让汉字世代传承则更是大错特错的。中华民族一向是有拼音传统的,中国人自西周、春秋时期就懂得诗歌要押韵,"关关雎鸠,在河之洲,窈窕淑女,君子好逑",古人倘若不懂音理,又怎会有这脍炙人口的佳句流传于世。东汉末年的"反切",唐朝开始的守温三十六字母,拉丁字母的使用可追溯到明代万历三十三年(1605),到清末卢戆章的拉丁字母方案也已经100多年了,古人同样懂得拼音的重要。作为现代人,要适应社会,面向现代化,面向世界,面向未来,汉语拼音是不可缺少的一课。一个不懂汉语拼音的人在当今社会生活中肯定是举步维艰,寸步难行的。

汉语拼音在识字、学习普通话、查字典、排顺序、编索引、取代号、编手语、旗语等方面发挥着重要的作用。利用汉语拼音,可以让学生在字典里查到会读而不懂其意的字,可以让学生从小学习普通话,从而普及民族共同语,顺利地融入现代社会交际中。利用汉语拼音可以让人们迅速地掌握计算机的某些操作,紧跟信息时代的步伐。在中文信息处理中,以词为单位的智能 ABC 输入法、以句为单位的"智能狂拼"输入法、以拼音和汉字字型结合的"二笔"输入法,规范、易学、高效、方便快捷。1982 年国际标准化组织通过了 ISO7098—1982《文献工作——中文罗马字母拼写法》,以汉语拼音书写的中国人名、地名和其他专用名堂而皇之地走进了使用拉丁字母的各国文字系统,开辟了中国文化走向世界的新通道。汉语拼音同汉字一样,也是汉语走向世界的桥梁。它使我们走向现代化,走向世界,也使世界和现代化走向了我们,它是社会主义文化的支柱之一。今后,随着时代的发展,科学的进步,汉语拼音应用的范围将更加广泛,汉语拼音教学也将更加受到重视。所以我们要不断改进教学方法,有效地提高汉语拼音教学的质量,让汉语拼音发挥更大的作用。

汉语拼音是小学语文教学的一个重要组成部分,它是帮助小学生识字、学习普通话的有效工

具,又是幼儿认知衔接的桥梁和纽带。但是,由于汉语拼音是一种抽象的表音符号,因此对于刚刚进入一年级的小学生来说,抽象、枯燥、学习兴趣不高,学起来比较困难。这就给工作在教学第一线的小学语文教师提出了挑战。

二、课堂例析

《a o e》(一上)教学设计

(一)教材概述

《a o e》是小学人教版一年级语文上册汉语拼音部分第一课,课文由三个部分组成。第一部分是三个单韵母 a、o、e,配有一幅图画,第二部分是声调符号和 a、o、e 三个单韵母的四声,第三部分是 a、o、e 的书写格式和笔画笔顺。

(二)教学时间:两课时

(三)学情分析

一年级学生刚入学,对学习方式还没有初步掌握,同时由于他们刚开始接触拼音,上课注意力时间短,所以教师的教学要直观、形象,多用如卡片、图片、PPT 等贴近生活实际的知识和方式去激发孩子们的学习兴趣。

(四)教学目标

(1)学会三个单韵母 a、o、e,能够读准音,认清形,并能正确书写。

(2)知道单韵母有四个声调,认识声调符号,能直接读出带调 a、o、e 的音。

(3)认识书写汉语拼音的四线格,学习使用四线格。

(4)引导观察,让学生有所发现,掌握方法与规律,正确认读、识记、书写三个单韵母。

(5)练习巩固,形式多样,启发为主,组织学生积极参与学习活动。

(6)激发学生学习汉语拼音的兴趣,从中获得成功的体验,并初步明确学习汉语拼音的意义。

(五)教学重点、难点

(1)掌握 a、o、e 三个单韵母的发音技巧,认识音、形。

(2)能在四线三格中正确书写 a、o、e 三个单韵母。

(3)能直接准确地认读带调的单韵母,关键是读准带调的(第二、第三声)字母读音。

(六)教学准备

(1)小学一年级语文上册教材。

(2)为本课制作的多媒体课件。

(3)字母卡片。

(七)教学策略

(1)通过观察图画、说话训练,学习拼音和运用拼音。

(2)通过扩展阅读使学生掌握带声调的三个单韵母。

第 一 课 时

1. 教学目标

(1)学会三个单韵母 a、o、e,能够读准音,认清形,并能正确书写。

(2)知道单韵母有四个声调,认识声调符号,能直接读出带调 a、o、e 的音。

2. 教学难点

知道单韵母有四个声调,认识声调符号,能直接读出带调 a、o、e 的音。

3. 教学过程

（1）创设情景,激趣导入

① 导入。小朋友,你们已经是一年级的小学生了,从今天起我们就要每天到学校读书识字学本领,那怎样才会读书识字呢? 首先要学好汉语拼音,学好了汉语拼音就能认识很多字,读很多书,学很多本领。所以今天这第一节课我们就开始学习汉语拼音。

② 教读儿歌。

③ 播放课件。学生观看图片,说说图上的内容。（图上画了小女孩、大公鸡、白鹅……）

【设计意图 1】图片内容贴近生活实际,容易激发孩子们的学习兴趣。

（2）观察说话,整体呈现

① 幻灯片呈现教材中的三幅图,学生选择自己喜欢的画面说话。

② 根据学生回答,揭示课题,分别呈现 a、o、e。

【设计意图 2】借助图画,这样初入学的儿童易于接受,能激发学生的学习兴趣。

（3）学习 a、o、e 的音、形

① 学习单韵母 a。引导学生通过看图,读准 a 的音。引导学生通过看图,发现小女孩的头部像 a 的形状,教师点拨笔画笔顺,师生唱笔画、书空。认识四线格,指导书写。

② 学习单韵母 o、e,方法同上。

【设计意图 3】利用课件来激发学生学习兴趣,培养学生观察能力。初步认识本课要求所学单韵母,并在跟读儿歌过程中拓展阅读。

（4）编讲儿歌,反馈巩固

① 反馈。用开火车认读的方法检查学生对 a、o、e 读音的掌握情况（相机指导单韵母发音要领）。

② 示范编儿歌,同时学生模仿编儿歌来记住三个单韵母。

a 张大嘴巴 a a a

o 公鸡打鸣 o o o

e 白鹅浮水 e e e

【设计意图 4】在反馈过程中矫正学生的读音,教给学生正确的读音方法。老师从音、形、用三个方面进行示范编儿歌。培养学生的创新思维能力。

（5）快乐拼读,拓展阅读

① a o e 想和小朋友们捉迷藏了,它们悄悄地躲在了儿歌里,看看小朋友们能不能把它们找出来。

② 阅读儿歌《a o e》、《大公鸡》。（师大声,生小声）

③ 教师巡视帮助识字较少、拼音基础较弱的同学,进行辅导。

【设计意图 5】一方面是巩固本课所教拼音的音、形;另一方面是再次实现扩展阅读。

（6）看图表达,实践运用

呈现图画,让学生看图说话（或编儿歌,或说一两句话）。

【设计意图 6】在看图说话中培养学生的说话能力,培养学生运用所学拼音的实践能力,且为写话打基础。

【教学反思】这是第一次学写字母,学生会有困难,教师要多示范,加强个别辅导。要注意培

养学生正确的执笔姿势、写字姿势和良好的写字习惯。

第 二 课 时

1. 教学目标

(1) 认识并学习使用汉语拼音的四线格。

(2) 激发学生学习汉语拼音的兴趣,从中获得成功的体验,并初步明确学习汉语拼音的意义。

2. 教学重点和难点

认识并学习使用汉语拼音的四线格。

3. 教学过程

(1) 创设情景,复习旧知

① 观察情境图:同学们还记得这个地方吗? 这儿有我们上节课认识的三个小伙伴,大家还能说出它们的名字吗?

② 指名学生回答。出示四线格,先认识四线格,再指名学生说说拼音小伙伴 a、o、e 的家分别住在哪里。

【设计意图 1】通过创设情景,吸引学生的注意力,初步感知新知。

(2) 游戏学习四个声调

① 观察图,说说汽车是怎么走的。(平地走,爬上坡,下坡又上坡,走下坡)

② 认识声调符号,学生根据声调符号比划动作。

③ 学生跟着儿歌学习"一声平"、"二声扬"、"三声拐弯"、"四声降"。

④ 出示 Flash 动画,学生自由摸索戴上帽子的单韵母 a、o、e 该怎么读。

⑤ 师范读,学生跟读,自由读,指名读,顺序读,变序读。

⑥ 重点强调二、三声的发音,对比读。

【设计意图 2】在反馈过程中矫正学生的读音,教给学生正确的读音方法。教师从音、形、用三个方面进行示范编儿歌,培养学生的创新思维能力。

(3) 学习运用,体会读音

① 出示图画,引导学生联系日常生活,用带调的 a、o、e 组词。

② 引导学生在会组词的基础之上练习说句子。

【设计意图 3】通过观察激发学生的学习兴趣,并让学生在探究中学习,降低了学习的难度,从而达成启发学生的效果。

(4) 编讲儿歌,反馈巩固

反馈:用开火车认读的方法检查学生对 a、o、e 四声的掌握情况。示范编儿歌,同时学生自己也模仿编儿歌。

【设计意图 4】体现语言运用为中心的思想,训练学生的观察能力、语言表达能力,引导学生关注生活中的知识。

(5) 快乐拼读,拓展阅读

教师出示三首儿歌,学生自由阅读。

指名读儿歌。

学生自主阅读,教师巡视指导。

【设计意图5】一方面是巩固本课所教拼音的音、形;另一方面是再次实现扩展阅读。

（6）看图表达,实践运用

呈现图画,让学生看图说话,教师可适时引导。

【设计意图6】在看图说话中培养学生的说话能力,培养学生运用所学拼音的实践能力,且为写话打基础。

板书设计:

a　o　e

ā　á　ǎ　à

ō　ó　ǒ　ò

ē　é　ě　è

【教学反思】a、o、e的教学,这是汉语拼音单韵母教学的起始课。在a、o、e的教学中,最重要的是借助图画,这样初入学的儿童易于接受,知识给得很自然。另外是借助儿歌,由于儿歌通俗易懂的特点而受到了学生的喜爱。三是讲故事,一年级的学生刚刚接触拼音,学起来有一定的难度。抽象、死板地给学生讲什么是四声,学生很难理解,就算老师反复示范四声的朗读,效果也不会很好。最重要的是先激发学生的学习兴趣,而故事正好是学生最喜欢,最愿意接受的方式。

【总评】汉语拼音是学习语文的基础,必须有一定的学习要求,保证一定的学习时间。汉语拼音教学的主要功能是帮助学生认读汉字、学习普通话和电脑打字等。

1. 这是一节汉语拼音教学的起始课。作为起始课,培养学生学习汉语拼音的意识就显得极其重要了。可以说:如果课后学生喜欢汉语拼音,那么这节课就十分成功。本节课进行了积极的探索,通过多种形式,激发学生学习汉语拼音的兴趣,从中获得成功的体验,并初步明确了学习汉语拼音的意义。

2. 这是一节汉语拼音教学的知识课。任何学习都是建立在必要的基础知识之上的,没有知识基础就不可能形成相应的能力。而且,知识是通过逐步学习获得的,能力是通过不断训练形成的。小学汉语拼音教学的起始课传授必要的汉语拼音知识和技能十分必要,可以为以后的汉语拼音学习打好基础。本课中,教师有机渗透了汉语拼音的基础知识,如单韵母、四声音调、四线格等,是颇有教学意义的。

3. 这是一节汉语拼音教学的综合课。小学语文教学具有很强的综合性和实践性,所以,要创设多种情境,进行综合性教学。在本课中,教师以"a、o、e"为主线设计了多种综合性学习活动。例如:设计汽车爬坡情境学习四声读法,利用儿歌和故事帮助学生熟记学习内容,通过"识、读、写、用"巩固学习知识,把观察、活动和口头表达有机结合起来。这样,学习情境多样,学生学习兴趣浓厚,学习效果就会很好。

（本课例由雷古山、叶拜设计和执教,由汪潮点评）

三、资源链接

（一）小学生拼音学习心理特点

1. 小学生年龄特点与认知规律

鉴于拼音符号抽象枯燥的特点,在拼音教学中,教师如果不充分调动学生自主学习的积极

性,那么拼音将有可能成为学生学习上第一道无法逾越的鸿沟。这对于保护他们刚刚萌发的学习兴趣与信心是极不利的。儿童心理学告诉我们:兴趣是一种由于机体需要而产生的稳定、持久的内驱力。如果能造成认识结构不平衡的信息输入,就可引起浓厚的学习兴趣。

依据初入学儿童天性好奇、好动的心理和乐于模仿新鲜事物的特点,在教学中,教师要采取多种教学手段,把学习的主动权交给学生,重在培养他们的创新能力,让他们能不断获得成功的喜悦而乐于学习,敢于创新。

自由欢快的学习方法使儿童中枢神经处于兴奋状态,积极性高,思维非常活跃,从而达到了教学目的,能较好地培养他们的想象能力、创新能力。

2. 无意识记与有意识记

要想把学生引入丰富多彩的知识世界,光靠干巴巴的转达"灌输"手段,学生不但不感兴趣,而且记不牢。相反,那些生动、形象、有趣的东西,他们不需要作出太多努力,就能在脑海中留下深刻的印象。这种"无意识记"是低年级学生的记忆特点。灵活多变的教学形式,直观形象、生动有趣的教学手段乃是充分运用学生无意注意的好方法。

例如:运用班级周围的环境,建立拼音角,在板报、墙报上建立拼音乐园,借助儿歌、故事进行汉语拼音教学,借助画面鲜艳的彩图吸引学生的注意力,以此丰富其想象力,练习其说话,发展语言。同时,汉语拼音教学单靠课堂教学是不够的。教师应充分利用课余时间,组织学生制作卡片,朗读比赛,讲故事,阅读注音故事……使显形教育与隐形教育相结合。

当然,我们的教学不能只要求学生学会感兴趣的东西,在利用"无意识记"的规律时,还要把发展培养学生"有意识记"的习惯放在重要位置,及时督促,使儿童的有意注意由被动到主动,逐步达到自觉集中注意力。日久天长,学生良好的注意力便会形成。

(二)王兰的汉语拼音教学经验

1. 抓住重点,教好声母和单韵母

汉语拼音教材有好几个部分,各种字母加起来有 47 个,乍一看,好像又多又杂,其实有它的重点所在。在拼音字母教材中,声母和单韵母是重点。因为教好了声母和单韵母,在遇到声母、韵母相拼时就没有困难了,再学习复韵母和鼻韵母也不困难。因为复韵母是由两个单韵母复合而成的,而鼻韵母实际上也是声母和单韵母的组合,鼻韵母的发音口形跟单韵母有关,发音方法跟声母有关。至于拼音,学生掌握了声母跟单韵母相拼的要领,其他音节的拼读也就会了。在书写方面,学生把声母、单韵母写好了,再写复韵母、鼻韵母也很容易。复韵母、鼻韵母都是由声母、单韵母组成的,书写时,只不过是把它们靠拢而已。

由于在教学中抓住了这些重点部分,不平均使用力量和时间,所以,进度较快,效果也较好。

2. 遵循发音规律,讲授发音方法

一组一组的拼音字母,在发音部位和方法方面有它们共同的规律可循,充分利用这些规律,帮助学生举一反三,就大大有助于提高教学效果。

单韵母 a、o、e、i、u、ü 的发音口形的大小跟字母的形体一定的联系。在教学时可告诉儿童:发 a 时,嘴张得最大,口是大圆;发 o 时,拢圆嘴唇,口形是中圆;发 u 时,嘴唇收缩得小又圆,口形是小圆;发 e 时,嘴角向两边展开,口形扁扁的(自然状态)。经过这样一教,再反复训练,儿童对这几个字母的发音方法就很快掌握了。由于充分运用了规律,新学期第一课就教了这几个单韵母。下课时一个一个地检查效果,全班 40 人都会认读。

声母 z、c、s 和 zh、ch、sh 的发音方法一样,只是发部位不同。教师让学生掌握 z、c、s 的发音方法以后,告诉他们 zh、ch、sh 的发音方法跟 z、c、s 一样,不同的是要把舌头翘来,所以在 z、c、s 后面加了一把"小椅子"h。教师可在讲的同时用红色粉笔把 h 突出出来,叫学生先把舌尖向上翘起,然后再读 zh,接着 ch、sh 学生也会读了。这样,在一堂课里,就教了 z、c、s、zh、ch、sh、r 7 个字母。学生学得生动活泼,掌握情况也比较好。

复韵母一般比较难教难学,但它们也有规律可循:它们是由两个单韵母复合而成的。比方 ai,就是先发 a 的音,然后口形逐渐闭拢,舌位逐渐上升,最后发出 i 的音(a—i,口形开而闭,舌位由低而高)。经过这样一个活动过程,就复合成 ai 的音。所以,复韵母的两个字母,一个表示开始发什么音,一个表示终了收什么音。让学生在复习单韵母的发音方法及口形的基础上学习复韵母,边提示,边练习。这样教,学生不仅容易读准,而且能够区别那些读音容易混淆的字母。比如发 ao,学生知道口形应是从大圆到中圆;看到 ou,知道是从中圆到小圆;看到 iu,知道是从自然状态(嘴角向两边咧开)到小圆。

鼻韵母 an、en、in、un、ün 和 ang、eng、ing、ong 也有规律可循。可让学生把 n、ng 作为一种鼻音符号来记。n 表示舌尖向上,鼻子出气;ng 表示舌根高抬,鼻子出气。而每个字母开头的那个单韵母,表示开始发音的口形。在发音时,看到单韵母后面带 n 的前鼻韵母,按照 n 前面的单韵母口形发音,舌尖向上,鼻子出气。看到单韵母后面带 ng 的后鼻韵母,按照 ng 前边的单韵母口形发音,然后舌根高抬,鼻子出气。教学时,举一反三,启发学生注意字母的发音规律,并在反复练习中去体会它,掌握它。如教 5 个前鼻韵母,可先教 an、en 两个。教 an 时,从插图引出 an 的音,教师示范发音,要求学生仔细看老师开始发音的口形,再让学生跟着老师发 a 的音,体会一下舌头摆在什么位置。然后教师边讲边写:嘴巴张大用 a 表示,舌尖向上、鼻子出气用 n 表示,合起来便是前鼻韵母 an。教 en 时,教师先发音,让学生说出前边用单韵母 e 表示口形,后边用 n 表示舌位和发音方法。按照这种方法,学生就能很快掌握 in、un、ün 的发音。

复习时,为了帮助学生进一步掌握发音的规律,可以用塑料做的 6 个单韵母(a、o、e、i、u、ü)和两个鼻音符号(n、ng)的教具,系统地揭示出单韵母与复韵母之间的内在联系。教学可以这样进行:先复习 6 个单韵母的发音,让学生掌握单韵母的发音特点——单韵母是一个单纯的响亮的声音,发音时舌位和口形不变。然后用这 6 个字母分别依次组成 ai、ei、ui、ao、ou、iu、ie、üe 8 个复韵母,让学生读,使他们掌握复韵母的特点——复韵母是由两个单韵母合成的。前面的字母表示开始发什么音,后面的字母表示末了收什么音。最后用 6 个单韵母和两个鼻音符号组成 9 个鼻韵母,说明鼻韵母的特点——鼻韵母就是在单韵母后面带上一个鼻音做尾巴。这样,学生就清楚地理解了它们之间的内在联系,看到字母形体就可以知道发音的口形、占位及方法,用不着死记硬背。这既减轻了学生负担,又提高了教学质量。

3. 根据学生实际,帮助突破难点

初入学的学生,学习汉语拼音,有很多困难的地方。教师如果能帮助学生突破这些难点,不仅可以加快教学进度,提高教学质量,而且还能够启发他们的学习兴趣。初入学的学生,学习汉语拼音,困难有三个方面:

一方面是发音问题。例如南京的方言,n、l 不分,主要是发不准 l 的音。教学时应告诉学生这两个声母发音方法不同的地方:"n"发音时舌头顶住上牙床,鼻子出气;"l"发音时,舌头先顶住上牙床,又很快发"l"音,让气从舌头两边出来。然后让学生反复练习,还要学生捏住鼻子发"l"的

音,不捏鼻子发"n"的音,进行比较。这样学生就容易掌握这个字母的发音。

南京人说话,把翘舌音读成平舌音,也有个别该读平舌音的,反而读成翘舌音。我就告诉学生 z、c、s 后边没有"小椅子"h,读时舌头伸平;zh、ch、sh 后边有把"小椅子"h,读时要翘舌,一边讲,一边示范。有时学生分不清,看老师手势(做出平舌或翘舌动作)就知道了。在平时说话、读生字过程中反复练习,学生就能够区别平舌音和翘舌音了。

南京方言前后鼻音分不清,常常把前鼻音读成后鼻音。教学时告诉学生,尾巴短的,舌头向上,顶住上牙齿根,发前鼻音;尾巴长的,舌根高抬,发后鼻音。

另一方面是字形问题。有些字母很相似,学生容易混淆,特别是 b、p、d、q 分不清。在教这几个字母时,就着重让学生比较,运用教具(用硬纸做成大的 l 和 c),反复拼成 b、d、p、q,让学生练习认读。也可以学习别的老师的经验,用儿歌帮助学生区别这些字母:"b 和 d 对面坐,讲故事唱儿歌,b 的脸儿朝着右,d 的脸儿朝着左。p 和 q 是好朋友,q 是像正'9',p 是像反'9'。"

再一方面是书写问题。初入学的学生,要他们一开始就独立地书写字母是比较难的。因为他们手腕无力,手指的小肌肉还不发达,所以还不会握笔,不会使用工具,不会书写曲线,不会用四线格。我们先教学生握笔姿势,写字母时,在四线格本子上印上字样,让学生描着写。这样大大减少了学生书写的困难,省出时间保证认读这个重点。

4. 分步实现读、拼、写要求

教学汉语拼音,最后必须达到会认读声母韵母及整体认读的音节,会拼音,会默写声母和韵母的要求。可是这些要求如何实现呢?这有种种不同的做法。有的老师主张"三会"同时实现,教一组字母,同时要求会读、会拼,还要会写,甚至要求默写;教一个巩固一个,上一单元完全巩固了再教下一个单元;整个拼音全面达到要求了,才进入识字教学。这样教学,时间拖得长,儿童感到枯燥无味,而且不大符合儿童的认知规律。因为儿童初入学,学习能力差,学习习惯尚未养成,要使他们学得的知识转化为技能,不可能一蹴而就。新教材在汉语拼音后边安排了拼音识字,这是要求在拼音识字阶段继续复习巩固汉语拼音,逐步达到熟练拼读。可根据课程标准的精神及教材要求,从学生实际出发,采用读、拼、写要求分步实现的办法,这样进度快,效果也好。

读:读准每个字母,看到字母就能够准确地发出它的音,这是最基本的要求。因为汉语拼音辅助识字、正音,主要是依靠这一点。我要求教一个读准一个,丝毫不打折扣。个别学生发音有困难,进行个别辅导,使他们达到要求。如果学生在开始时读不准,以后纠正是很困难的。

写:每个字母要求能合乎规范地书写,并会默写。这对初入学的学生来说,是一个难关。一般采取的办法是逐步提高,最后达到要求。开始教字母时,除了指导学生做一些书写准备,如注意坐的姿势和握笔姿势,练练手腕,画画直线,画画圆圈等,还给学生在四线格本的第一格写好字母的范字,其余的格子印上字母形状的虚线,让学生描着学写。单韵母和声母教完了,这些字母学生已描着写了几遍,在教复韵母时,就可以临着样子写了。汉语拼音教完了,学生就会写得比较熟练了。在教学汉字时,还带着写音节,最后学生就能比较容易地全部默写出来。这样做,可避免书写一开始就拖住汉语拼音教学的后腿,这是很重要的。

拼音:拼音对学生来说并不是太难的,可是在教学字母阶段就要求学生达到熟练拼读,也是有困难的。开始教拼音时,我把认读字母作为重点,只要求学生掌握拼音要领和拼音方法。等到进入拼音识字阶段,再逐步地要求熟练拼读,因为每个音节就是一个汉字的读音,教汉字时让学

生读拼音,既用拼音辅助了识字,同时在识字的过程中又巩固了拼音。但是,如在教字母时对拼音要求太高,既要熟练地认读,又要熟练地拼音,那就必然增加学生的负担,放慢教学进度。

5. 生动形象地进行教学

儿童认识事物总是从具体到抽象,从感性到理性的。在遵循学生的认知规律上,新教材为我们提供了有利条件。课本上汉语拼音的字母都配上了图画。有的学生看了图,既初步懂得了怎样发音,又初步掌握了字母的形状。

教学时,我把每一幅图都放大成彩色图。如教 e 时,先给学生看图(鹅在水里游,水里鹅的倒影与 e 形相似),然后问学生:"图上画的是什么? 它在什么地方? 干什么?"学生回答:"一只鹅在水上游。"再问:"你们还看见了什么?"学生回答:"鹅在水里的倒影。"我就告诉学生:"今天要学的第二个单韵母就是发鹅的第一声 e。仔细看看这个字母像图上的什么?"学生一看就知道这个字母和鹅的倒影相似。这样运用教学插图就能帮助学生记住字母的发音和形状,做到音、形结合。

学生掌握了教材插图和字母的关系,再学习新课就积极主动了。比如学习 k 时,学生自己就可以讲:蝌蚪的"蝌"就是 k 的音,两个小蝌蚪游到水草边,像 k。

为了引起学生学习的兴趣,提高教学效率,教学时,尽量把枯燥的内容形象化,有时还做点小教具。如教声调时,先告诉学生普通话语音四个调号很有意思,看看它们的样子,就知道这个声调怎么读了。发 a 的第一声,用手势告诉学生,发音又高又平,就用红笔在 a 的上面写一横成 ā。然后发 a 的第二声,让学生仔细听有什么变化(先低后高)。并边说边写:先低后高,它的调号就是一提,写成 á。接着用同样的方法教三声、四声。最后在韵母卡片上装上可以活动的调号,抽来抽去进行练习,学生学起来很有兴趣。

在帮助学生掌握拼音要领时,可采取做游戏的办法。如事先把学过的单韵母和声母发给学生,然后拿出一幅画有马的图,叫一个拿声母 m 的学生和一个拿单韵母 a 的学生很快跑到一块儿,把两个字母靠在一起,成为 ma。这时告诉学生拼音要领:前音轻短后音重,两音相连猛一碰。再叫学生齐声拼读。因为有兴趣,他们很容易掌握。

(王兰:《汉语拼音教学的实践与思考》,原载于福建人民教育出版社《特级教师谈教学》,1980年 9 月)

四、推荐阅读资料

1. 钱含芬. 小学儿童方块汉字和汉语拼音识记曲线的实验研究. 心理科学通讯,1986(4).

2. 王兴佳. 汉语拼音研究回顾. 云南教育学院学报,1991(4).

3. 张钧祥. 对小学汉语拼音教学的思考. 教育实践与研究,1999(9).

4. 王岚. 浅谈新教材汉语拼音的教学. 课程教材教学研究·小教研究,2006(11).

5. 李晓林. 浅谈小学低年级汉语拼音教学的策略. 新课程研究·基础教育,2008(3).

6. 张香竹. 汉语拼音教学研究综述. 继续教育研究,2009(1).

7. 薛峰. 小学汉语拼音教学研究与实践. 学问·现代教学研究,2012(10).

8. 陈博. 汉语拼音教学方法. 读写算·教育教学研究,2014(41).

9. 张润柳. 基于微课的汉语拼音整体教学实践研究. 中国教育信息化·基础教育,2014(8).

五、后续练习

汉语拼音总复习

下面是小学阶段关于汉语拼音总复习的教学设计，请你提出建议。

（一）总要求

汉语拼音是帮助识字和学习普通话的工具。在小学阶段要求熟练掌握声母、韵母、拼音、声调、整体认读音节和一些拼写规则，能正确地拼读、拼写音节；能按顺序背诵、默写字母表，认识大写字母，会用音序查字典；能运用拼音识字、正音和学习普通话。

（二）总内容

1. 声母、韵母、声调

一般说来，一个汉字就是一个音节。绝大多数汉语的音节是由声母和韵母组成的。起头的音节叫声母，声母后面的音节叫韵母。声调是声音的高、低、升、降、曲、直的变化。普通话语音里有四种声调，叫做四声，它们的名称是阴平、阳平、上声、去声。

调号是标记声调的符号。用ˉ ˊ ˇ ˋ表示。下面的口诀可以帮助掌握标调规则："有 ɑ 不放过，无 ɑ 找 o、e，i、u 并列标在后，单个韵母不用说，i 上标调把点去，轻声不标就空着。"

练一练

（1）读读写写。认真复习下面的拼音字母及整体认读音节。

声母：b p m f d t n l g k h j q x zh ch sh r z c s y w

单韵母：ɑ o e i u ü

复韵母：ai ei ui ao ou iu ie üe er

鼻韵母：an en in un ün ang eng ing ong

整体认读音节：zhi chi shi ri zi ci si yi wu yu ye yue yin yun yuan ying

（2）给下列词语的拼音标上调号。

bing qing yu jie	si kong jian guan	lei ting wan jun	mang ran ruo shi
冰 清 玉 洁	司 空 见 惯	雷 霆 万 钧	茫 然 若 失

2. 字母表和大写字母字母表

Aa Bb Cc Dd Ee Ff Gg Hh Ii Jj Kk Ll Mm Nn Oo Pp Qq Rr Ss Tt Uu Vv Ww Xx Yy Zz

依据字母的排列可以用来排列音序，方便查字典，音序要用大写字母。小学阶段要求学生熟练掌握字母的大小写及韵母排列顺序。

练一练

（1）读一读，在每个大写字母的后边写上小写字母。

A（　） E（　） G（　） H（　） Q（　） R（　） F（　）

D（　） L（　） N（　） M（　） Y（　） T（　） J（　）

（2）给下列字母排列顺序。

A E P J T Y M L D Q R G B

3. 变调

在普通话里，有些音节的声调起了一定的变化，而与单字声调不同，这种变化叫变调。其中"一、不"的变调尤为特殊，特此说明：阴平阳平去声轻声，一 yī 单念或用在词尾以及用在序数中，

yí 在去声前,yì 在非去声前,在相同的动词中间;不 bú 在去声前,bù 在非去声前。

在小学阶段应掌握的还有一种变调现象是出现在 ABB 叠词中,后面 BB 二字均念阴平声。如:绿油油(lù yōu yōu)

练一练

读下面的词语,注意读准音节的变调。

看一看	一下子	一只	一会儿	一碗
不会	不能	说不说	不能	
软绵绵	沉甸甸	毛茸茸	湿漉漉	

4. 轻声和儿化

(1)轻声。汉语的每个音节都有一定的声调。有的音节在一定的场合里失去原调,变成一种既轻又短的调子,这叫"轻声"。轻声并不是独立的声调,而是从四种声调变化而来的。轻声音节不标调,要念得又轻又短。

例:妈妈 māma   我们 wǒmen   你的 nǐde

(2)儿化。在普通话里,韵母不能与声母相拼,它除了自成音节之外,还可以和目前一个字音里的韵母结合起来,并使这个韵母转变为卷舌韵母,这种现象叫"儿化"。带儿化的音节,一般用两个汉字表示,用汉语拼音字母拼写这些儿化音节,只需在原来的音节之后加上 r(表示卷舌作用)就可以了。

例如:门儿——ménr   馅儿——xiànr

练一练

(1)读下面的词语,注意读准轻声及儿化。

奶奶 哥哥 去吧 好吗 红的 说着 花儿 桌儿 凳儿 猫儿 画儿 一手儿

(2)把读轻声的字找出来。

骆驼 椅子 咱们 那么 石头 衣服

(3)在恰当的地方加上"r",使(   )前面的音节儿化。

我们一块(   )到那块(   )操场上去打篮球。过一会(   ),我们要开个会。

5. "啊"的语音变化

语气词"啊"在不同的地方语音会有变化。作为叹词的"啊",因为说话时不受语音的影响,所以仍念"a"音:"啊,你来啦!"但是作为语气词的"啊",用在句末时,受前一个音节末尾的音素影响,会发生音变现象。

练一练

读一读,注意"啊"的语音变化:

(1)孩子,走到哪里都不要忘记自己的祖国啊!

(2)你千万不要忘记我生平想要完成的使命啊!

(3)你真是一个深明大义、宽容大度的人啊!

(4)啊!故乡,我终生难忘的地方。

第二章　集中识字课

一、背景描述

识字教学是小学语文教学的起点。它不仅关系到小学语文教学质量的高低和速度的快慢，而且关系到整个小学教育阶段基础知识的巩固和发展。

汉字难学，又要提高识字效率，这是个矛盾。要解决这个矛盾，必须充分研究汉字和汉语的规律。汉字不是拼音文字，字形和字音之间没有必然的联系，学习汉字必须一个字一个字地认和读。在阅读之前必须认识一定数量的汉字，否则就无法整句整段地阅读；如果不经过阅读，不把汉字和语言联系起来，所认识的字就不会用，也难以巩固，所以识字和阅读是矛盾的统一。是先认识一批字以后再开始阅读？还是边认字边阅读呢？我们的前人曾探索过不同的方法。

古代社会的启蒙教育是采用集中识字的方法，先认字后阅读。开始用一定时间教儿童认识2000多字，如读《三字经》《百家姓》《千字文》等启蒙读物，然后再逐步读《四书》《五经》等。其实，在读"三、百、千"时，也是在读中识字，以识字为主。清人文字学家王筠（1784—1854），在其《教童子法》一书中，提出他对集中识字的主张。他说："蒙养之时，识字为先，不必遽读书。先取象形、指事之纯体教之。识'日'、'月'字，即以天上日、月告之；识'上'、'下'字，即以在上在下之物告之，乃为切实。纯体字既识，乃教以合体字，又须先易讲者，而后及难讲者。……能识2000字，乃可读书。"他又根据"六书"将汉字按象形、指事、会意、形声四类字进行教学。他所著《文字蒙求》一书，就是按以上四类造字方法编写的启蒙教材。根据他自己的经验，用此法"以教童子，一月间而有用之字尽识"。王筠不仅提出集中识字的主张，而且提出集中识字还必须依据汉字构字规律去教。先教纯体字（独体字或单体字），后教合体字；要按象形、指事、会意、形声的构字方法去教；还提出从儿童的认识规律出发，由具体到抽象，先易后难；在识字量上提出认识2000字，而后读书。以上这些识字教学的原则和方法，是对传统的识字教学经验的总结和发展。但可惜当时并没有完全被社会所采纳和推广。只是首先教儿童认识2000字，而后读书，乃成为传统识字教学的一条经验。传统的集中识字，并未能根据汉字规律去编写教材和教识字，只是采取韵文形式编写教材，如"三、百、千"，便于学生诵读和记忆，实际上还是靠死记硬背。因此，识字效率并不高。

新中国成立后，直到现在小学的识字教学基本上仍按"五四"运动提倡白话文后，以分散识字方法编写课本与教学。此法忽视了我国传统的识字教学经验，识字量减少。虽然在教学实践中，经过不断改进，如识字之前先学汉语拼音，重视汉字的基本笔画、笔顺和字的结构方式的教学，提高学生的识字能力等等，识字量也有所提高。但一般说来，一、二年级的识字量一直在1200字左

右,并没有较大的突破。

1958 年,辽宁省黑山县北关小学(后改为实验学校),吸取我国传统的识字教学经验,并根据汉字构字规律,试验集中归类识字方法,创造了集中归类识字(简称集中识字)教学经验。根据他们 1960 年的试验,两年内识字 2500 个。之后,北京景山学校从 1960 年开始到现在一直坚持集中识字,同样达到两年学会 2500 字的效果。

二、课堂例析

《词串识字 8》(二下)课堂实录

(一)教材简析

wū yā　　　hǎi ōu　　　dù juān　　　má què　　　lǎo diāo　　　dà yàn
乌鸦　　　海鸥　　　杜鹃　　　麻雀　　　老雕　　　大雁

《词串识字 8》是苏教版国标本二年级下册的一组识字教学内容,属于特殊偏旁教学。教材中有一张偏旁演变图表,两行词串。课文通过"实物图—古文字—今文字"的演变过程,清楚地揭示了汉字形与义之间的联系,学生借此可以初步掌握形声字的特点。图中的鸟同时对应"鸟字旁"和"隹字旁",说明同一个事物可以用不同的符号来表示。

(二)教学目标

1. 学会本课 4 个生字,认识了解 6 种鸟。
2. 认识新偏旁"隹",进一步了解象形字、形声字的构字特点。
3. 正确、流利地朗读词串,能对带"鸟"和"隹"字旁的字进行归类,培养良好的识字习惯。
4. 激发学生学习汉字的兴趣,提高识字能力,培养学生热爱祖国语言文字的思想感情。

(三)教学实录

1. 归纳识字,渗透字义蕴含的文化

师:同学们,在自然界中,生活着各种各样的鸟。有的鸟儿,天生有副好嗓门,只要听到它们的叫声,就能让我们忘却烦恼;有的鸟儿,虽然没有甜美的歌喉,却长了一身漂亮的羽毛,也能给人以美的感受;可还有一些鸟儿既没有甜美的歌喉也没有漂亮的羽毛,然而却为我们人类作出了巨大的贡献。你们想跟鸟类交朋友吗?

生:(齐答)喜欢。

师:看,它们来了……认识吗?和它们打个招呼吧!(大屏幕出示图片,依次为乌鸦、杜鹃、海鸥)

生:(拖着长长的腔调)乌鸦。

师:来,孩子,我们坐坐正,叫得轻快些,不拖腔,这样乌鸦更喜欢你了。

生：(不拖腔)乌鸦。

师：真好听！下一个呢？

生：麻雀。

师：嗯，这位朋友长得的确很像麻雀，但它不叫这个名字。

生：是杜鹃。

师：对了，杜鹃。哪个小朋友再亲切地跟它打个招呼？

生：杜鹃好。

师：还有一只小鸟呢，是谁啊？

生：还有一只是海鸥。

师：小朋友真聪明。你找到杜鹃在哪儿吗？

生：在粉红色的圈圈里边。

师：这只杜鹃鸟非常热情，我们来听一听，它跟小朋友打招呼了呢！(播放杜鹃"布谷，布谷"的叫声)你也来跟杜鹃打个招呼？

生：Hello，杜鹃。

师：杜鹃怎么说啊？学着杜鹃叫一叫。

生：布谷，布谷。

师：我们一起来叫一叫它的名字。

生：杜鹃。

师：叫得真好听，你有一副杜鹃一样的好嗓子，要是能加上表情，那就更好了，不信，你试一试。

生：(面带微笑地)杜鹃。

师：昨天小朋友回家查了资料，认识了杜鹃，谁来介绍介绍它？

生：杜鹃的肚皮上有黑色的条纹。

师：接着说。

生：杜鹃的尾巴上有白色的斑点，它还有一个名字叫做"布谷鸟"。

师：你们还查到了什么？

生：杜鹃是益鸟，特别爱吃松毛虫，是捕捉松毛虫的能手，保护树林的卫士。

生：我昨天查的是大杜鹃，它喜欢居住在宽阔的林地。

师：小朋友对杜鹃了解得真多。让我们一起再来叫叫它的名字。

生：杜鹃。

生：老师，我还知道关于杜鹃的一个传说呢。

师：是吗？那愿意讲给我们大伙听听吗？

生：愿意啊，可是记得不是很清楚了。

师：没关系，来，孩子们，我们掌声为她加油！

生：古时候有个叫杜宇的皇帝，很爱自己的百姓。他死后，灵魂变成了一只杜鹃鸟。每年春季，杜鹃鸟飞来唤醒老百姓"快快布谷！快快布谷！"嘴巴啼得流出了血，那一滴一

滴的鲜血洒在大地上,染红了漫山遍野的杜鹃花。

师:谢谢你,孩子。这个传说太有意思了!这就是我们今天要认识的第一位朋友。谁还能把它的名字叫叫好。

生:杜鹃。

师:一起叫吧。

生:杜鹃。

师:我们今天认识的第二个朋友,它是谁啊?

生:海鸥。

师:为什么你想跟海鸥交朋友?

生:它有一张红红的嘴。

生:它有白白的羽毛。

生:它有一双乌黑的眼睛。

师:把它改为海鸥。

生:海鸥有一对乌黑的眼睛。

师:(大屏幕出示海鸥在海上飞翔的图片)海鸥的外形最吸引你的是什么?

生:雪白的翅膀。

生:翩翩起舞的翅膀。

生:长长的翅膀。

生:灵活的翅膀。

师:它这双强有力的翅膀,能够使它在海上……

生:自由地飞翔。

生:海鸥在海上自由地翱翔。

生:搏击海浪拼命地飞翔。

师:老师看到了,海鸥正因为有了这对强有力的翅膀,才不怕大风、大浪,在大海上自由地飞翔。它是多么勇敢、坚强啊,谁来赞美一下善于飞翔、坚强勇敢的海鸥。

生:海鸥。

师:把鸥字读得饱满一些。

生:海鸥。

生:乌鸦是很有孝心的,乌鸦反哺,喂年老的父母。

师:她还知道这个故事,真了不起。乌鸦反哺,非常有孝心。妈妈年纪大了,它会去找食物给妈妈吃。

生:乌鸦喝不到瓶子里的水,它把小石子丢进瓶子里,水满上来了,乌鸦就喝到水了。

师:这个故事叫做?

生:乌鸦喝水。

师:非常有意思,这个故事告诉我们什么?

生:这个故事告诉我们乌鸦很聪明。

师：还有呢？

生：乌鸦爱动脑筋。

师：我们还知道《狐狸和乌鸦》的故事。它又告诉我们什么呢？

生：乌鸦它上当受骗了，狐狸太狡猾了……

师：这就是我们刚认识的新朋友。（大屏幕出现乌鸦图片）

生：乌鸦。

师：孩子，不拖腔，我们把它念得字正腔圆。

生：乌鸦。

师：你们看，三个鸟朋友聚在一起了。（大屏幕出示：杜鹃　海鸥　乌鸦）谁来读读？

生：杜鹃、海鸥、乌鸦。

师：到目前为止，你是念得最出色的一个。祝贺你！

师：看它们的名字，你发现了什么？

生："鸦""鸥""鹃"这三个字都有"鸟字旁"。（大屏幕标红右半部分"鸟字旁"）

师：所以我们知道带有"鸟字旁"的字一般都跟鸟有关。你还知道哪些鸟字旁的字？

生：鸡、鸭。

生：鸵鸟的鸵，丹顶鹤的鹤。

师：你非常聪明，老师奖励你把鸵鸟的"鸵"或者丹顶鹤的"鹤"字写到黑板上。

生：还有鸳鸯，鹦鹉。

师：你更棒了，不但知道得多，还说得很清楚，声音响亮，小朋友把掌声送给她。现在我们拿起笔，把你知道的、最难的，其他小朋友不一定认识的鸟字旁的字写下来。（学生本子上书写）

师：刚才我们简简单单地认识了三个鸟朋友，一起再来读。

生：乌鸦、海鸥、杜鹃。

师：孩子们，跟刚才比，有了很大的进步，但几个词语一起读的时候，如果既能轻快又能饱满地读，一点都不拖腔的话会更好。

生：乌鸦、海鸥、杜鹃。

2. 演绎识字，传承部首积淀的文化

师：鸟儿们觉得小朋友这么热情，又看到乌鸦、海鸥、杜鹃和你们成了好朋友，还有三只鸟可美慕啦！也想跟你们做朋友，欢迎吗？

生：欢迎。

师：（大屏幕出示图文：麻雀　老雕　大雁）瞧，它们来啦！谁能用响亮又准确的声音来欢迎它们？

生：老雕。

师：不拖更好。

生：麻雀、大雁。

师：去掉拼音，还认识吗？

生：认识。

师：谁来当小老师，带大家读读。

······

师：鸟儿们听到小朋友读得这么认真，非常喜欢你们。它们非常希望找个最聪明的孩子做朋友，他在哪儿啊？

生：（纷纷举手。）

师：为什么把这三个词语放在一块呢？

生：因为它们都有"住"多一横这个字。

生：因为它们都有一个相同的偏旁。

师：你们发现了这个规律，真了不起。知道这个偏旁读什么吗？

师：板书"隹"。

生：这是个"住"。

生：不对，它比"住"字多一横。

师：是啊，你有一双很明亮的眼睛。我们一起来写写这个"隹"字。

生：（集体书空）

生：老师，我知道这个字念"佳"。

师：你是怎么知道的？

生：我，我经常吃"上好佳"。

师：孩子们，你们说对吗？

生：（犹豫、迷茫中）

师：那我们再一起来写写上好佳的"佳"字。

生：（跟老师一起书空）

师：这两个字一样吗？

生：很像，但不一样。

师：那怎么办呢？

生：查字典。

师：是啊，还有一个不开口的老师能帮我们的忙呢！快动手吧！

生：（动手查字典）

生：老师，单人旁里没有这个字啊？

师：是吗，那怎么办呢？老师相信你们肯定有办法的。

生：老师，老师，我查到了，我查到了。（异常兴奋）这个字读"隹"（zhuī）。

师：是吗，你是怎么查到的？

生：我在单人旁里找不到，我就想"隹"是一个偏旁，所以我直接在八画里找到"隹字旁"，结果就查到啦。

师：哇，太不简单了，你真的太聪明了。小朋友，会学习的小朋友，首先要会动脑子。来，你带着大家读好这个"隹"字。（大屏幕出示：隹 zhuī）

生：（跟读"隹"）

师：（看一生还举手）你还有补充吗？

生：我也查到这个隹字了。

师：是吗，那你告诉大家，你是怎么查到的。

生：刚刚第一位查到的小朋友说这个字读"zhuī"，所以，我就直接翻到 zhuī 这页，就找到了。

师：呀，这个小朋友可更聪明啦，老师发现他有一双特别特别灵敏的耳朵，小朋友一句提醒的话，他就听得那么仔细，而且又成了自己学习的好方法。太不简单了，小朋友，恭喜你，掌声。

师：小朋友，确实这样，课堂上如果我们善于倾听，学会听别人的发言，然后加上自己的思考，这样，我们的学习才会越来越棒，记住了吗？

生：（兴致勃勃地）记住了。

师：我们通过字典认识了"隹字旁"，字典里还告诉我们什么啊？

生：我还知道了"隹"是表示短尾巴的鸟。

师：你看，这位同学更会学习了，不仅知道了读音，还知道了它的意思。你们也读读。

师：真是这样吗？让我们再来好好认识认识"麻雀、老雕、大雁"它们。（大屏幕出示）

生：麻雀、大雁、老雕。

师：三个鸟朋友有意见了，你们光会叫我的名字，又不知道我的生活习性。谁来当一回"小动物学家"简单地介绍一下？

生：老雕的身体比较大，全身黑褐色，颜色是雕类中最黑的一种。

生：老雕是一种猛禽，视力很好。它跟老鹰不一样，老鹰是专门吃活的小动物的。

师：课前收集资料能够学到其他同学没有学到的知识。谁来简单地介绍一下大雁？

生：大雁是候鸟，喜欢游泳和飞行。

生：大雁喜欢一群一群地住在水边，飞的时候排成人字形或一字形。

生：大雁可以成为旅行家。

师：大雁为什么被称为旅行家呢？

生：因为天气冷了，大雁要飞到南方去过冬。它的飞行速度非常快，每小时能达到70—90 千米。

师：真了不起！你懂得真多！麻雀是我们经常能见到的，吃谷粒的小鸟。你们看到过吗？

生：它会在树上筑巢。

师：让我们再来好好地叫叫它们。

生：麻雀、大雁、老雕。

师：现在这些鸟儿都回家了，只剩下它们的名字，还认得到它们吗？请你自己读读，等会儿再请小朋友来读读。

生：乌鸦、海鸥、杜鹃、麻雀、大雁、老雕。

师：像这样看着字读，把它们的名字都记在心里，这是很好的识字方法。再请几位同学看着卡片读读，注意不拖腔拖调。

师：是啊，孩子们，我正纳闷呢，同是表示鸟，为什么有的用"鸟"字旁，有的用"隹"字旁。你们明白了吗？

生：隹字旁的字特指短尾巴的鸟。

师：更有意思的是，"鸟"和"隹"都是从鸟类象形演化而来的，表达同一个意思呢。

师：（大屏幕出示"鸟"和"隹"的演化动画）

师：隹字旁的朋友可多了，请小朋友用部首查字法查带"隹"字旁的字，然后读一读，写一写。

生：（查字典，记录，认读）

师：在我们现在使用的汉字中，已经不像古代把长尾巴鸟、短尾巴鸟分得那么细了，表现鸟类的字大多数以鸟字作偏旁，只有少数字以"隹"为偏旁。如：老雕的"雕"，大雁的"雁"，鸟类的公母叫"雌雄"，小鸟叫"雏"，野鸡的学名叫"雉"。（边讲边板书）

3. 主题识字，勾勒成语生发的文化

师：今天我们认识了这么多鸟朋友。在大自然中生活着各种各样的鸟，等着我们去认识。你能用下面的句子说一说吗？（大屏幕出示）

> 大自然中生活着各种各样的鸟，有（　　　　），有（　　　　），还有（　　　　）……
> 我最喜欢（　　　　），因为（　　　　　　　　　）。

生：（同桌互说）

生：（指名说）大自然中生活着各种各样的鸟，有（蜂鸟），有（鹦鹉），还有（孔雀）……我最喜欢（孔雀），因为（孔雀有漂亮的尾巴，会开屏）。

生：大自然中生活着各种各样的鸟，有（丹顶鹤），有（麻雀），还有（蜂鸟）……我最喜欢（鹦鹉），因为（鹦鹉会学人说话，可好玩了）。

师：你抓住了鹦鹉的特征来说话，你看它都跳出来了呢。（大屏幕出示鹦鹉大画面）

生：大自然中生活着各种各样的鸟，有（丹顶鹤），有（鸵鸟），还有（鸽子）……我最喜欢（鸽子），因为（鸽子的羽毛最漂亮）。

师：你自己试试把鸽子叫出来吧，看看鸽子能不能满足你的要求。我们合作着一起来说说吧，自己说自己的。

生：我最喜欢鹰雕。它会捉狼，它会等到狼没有力气的时候，弄断狼的脖子，抓瞎狼的眼睛。

……

师：我们认识了鸟的名字，知道了鸟的习性，那你还知道哪些关于鸟的成语吗？

生：鸡飞狗跳。

师：这个小朋友非常聪明，偷梁换柱啊，这个成语里没有鸟，但是鸡带了个鸟字旁。

生：自鸣得意。

师:"鸣"带了个鸟,是鸟在鸣叫。

师:我们先说成语中带有鸟字的,比如说"惊弓之鸟",等会再说带有鸟字旁的字。

生:一石二鸟。

生:一箭双雕。

师:有意见吗?

生:没有鸟。

师:鸟躲在哪里?

生:躲在"隹"字旁中的字。

师:老师也带了几个鸟字的成语,一起读读。

笨鸟先飞　　惊弓之鸟　　鸟语花香　　鸟枪换炮　　百鸟朝凤　　一石二鸟

师:请几个同学来读读。一个小朋友在读的时候,其他同学能够看着大屏幕,把这几个成语记在心里,那就更棒了。

生:百鸟朝凤。

师:上节课我们刚学过,傍晚的太阳叫(夕阳),早上的太阳叫(朝阳)。这个字在这读——

生:zhāo。

师:错了,这个字读——

生:cháo。

师:再来读读这个成语。

生:百鸟朝凤。

师:最后这个成语我们轻轻地读一读。

生:一石二鸟。

师:尽管对这些成语的意思我们还不是很理解,没关系。在以后的学习与应用中会积累得越来越多。今天我们认识这么多鸟朋友,大家可要好好保护它们哦!这些鸟朋友都回家了,可是有几个生字朋友还不肯走,我们来看看是谁舍不得离开我们。

师:(大屏幕以鸟巢的形式出示生字:鸥、鹃、雕、雁)

师:这四个字都好难写,我们挑其中的两个来分析一下,你来教教小朋友该如何写好这几个字。

生:我挑了杜鹃的"鹃"字。我提醒大家,月字里边的第一横写在横中线上,鸟字的竖折钩的横写在横中线上。

师:(范写)这是个左右结构的字,要写得左窄右宽。

生:(书写一个)

师:孩子们,会场的桌子可能跟我们教室里的不一样,有的小朋友似乎不太自然,歪着身子写字了,这样不好,来,我们先坐坐正,注意写字姿势。

师:刚刚有个小朋友说大雁的雁笔画这么多,很难写。谁来提醒一下小朋友。

生：大雁的雁，厂字头不要多一点。

师：你告诉大家是什么头？

生：厂字头。

师：不能多加一点。继续说。

生：里边两个单人旁不要少写一个。第二个单人旁的竖要写在竖中线上。

师：而且第二竖要写得长一点。有个小朋友是这样记的，能不能学着来记一记。"雁"字里边的两个单人旁就像两只领头的大雁，后边的四横就像四只小雁排成一队跟着飞。（大屏幕出示动态演示图）

生：（在田字格中慢慢地写一个"雁"字）

师：今天我们一起认识了鸟朋友，学会了几个字。刚才我们在写的过程中也发现了，中国的汉字，真的很神奇。一个字就是一幅动人的画，里边蕴含着一个动人的故事。以后我们在生活中可以不断地积累，可以学到更多的字。

（四）教学评析

本节课用的是苏教版国标本的教材，教材编得非常好。有一句广告语叫"药材好，药才好"。我可以做个简单的套用，"教材好，教才好"。当然，教材是素材，进入教学时还需要老师们进行二度开发、三度开发甚至数度开发才行。这堂识字课的成功与出彩，在于朱老师将教材本身的优势和特色创造性地发挥到了某种极致。它带给我们的教益和启示是多方面的，既有可以打包复制的独具创意的课堂范式，更有范式背后充满着的文化底蕴。从教学特色的角度看，我觉得这堂识字课可以概括为以下三点：

1. 随时随地，特别讲究识字习惯的养成

识字习惯的养成，一定是随机的，随时随地随行就是。朱老师的识字课，并没有安排特定的环节培养习惯，不是专门有一个环节用来培养习惯，而是将习惯的训练和养成贯穿、渗透于课堂教学的方方面面、角角落落，这种习惯养成的意识，在朱老师的课上是非常自觉、非常强烈的。比如，孩子拖腔，低学段的语文老师对这个问题相当不敏感。我记得杨明明老师（著名特级教师）是第一个旗帜鲜明地提出"拖腔"问题的人，低学段语文教学一定要高度警觉拖腔现象，要随时纠正学生的拖腔习惯，因为这个习惯往往是从幼儿园里带上来的。低学段的孩子读书是唱读的，比唱读稍微轻点就是拖腔。拖腔不光是拖一句话，拖一个词也是拖腔。这是不好的习惯，怎么办？随时纠正。怎么纠正？随时提醒。孩子们经过一个学期的训练，坚持这样的标准，朗读就会有一个质的飞跃。朱老师的识字课正是这么做的，好！再比如，倾听的习惯，低学段的孩子，自我中心意识普遍膨胀，他只会听他自己的，不会听同桌的，不会听别人的。回顾朱老师的课堂，他使用频率最高的一个词就是"专心听"。要听同伴的，听同桌的，听其他同学的发言。教过低学段的老师都清楚，倾听习惯的养成对于这些孩子来说是很难很难的，很难也得练呀？又比如，写字姿势的随时提醒、随时强化，查字典的习惯训练，部首查字法，音序查字法，在朱老师的课上都有很好的落实。由知识而方法，由方法而技能，由技能而习惯，这是语文教学、识字教学必须跨越的目标阶梯。习惯的养成既没有秘诀，也没有捷径，要说有，那就是像朱老师的课一样，随时抓、随地抓、反复抓、坚持抓，在教师自身高度自觉的习惯意识的指引下，促成每个学生的习惯养成。

2. 显性隐性，特别重视识字方法的渗透

《词串识字8》的教材很简单，实际上识字课的教材都是很简单的。我们翻翻教材就知道，它的显性目标其实只有两个：第一"我会读"，会读4个生字；第二"我会写"，会写4个生字。这会读和会写的4个生字是统一的。识写统一有它的好处，搞太多的识写分离，弊端也是显而易见的。但是，如果我们语文教师在识字教学时，只是局限于显性目标的完成，这样的课是很单薄的，骨瘦如柴啊，这样的课孩子没兴趣。朱老师的课很丰满，很细腻，这种丰满和细腻首先来自他对识字课的目标把握和开掘。因为，他的课自始至终关注着一些非常重要的隐性目标的落实，比如，识字方法的指导在他的课上就是一个自觉的追求。我们看到，他的课上，识字方法既是多元的，又是整合的。从多元的角度看，方法很灵活，第一是归类识字法。这既是由教材本身的特点决定的，同时教材特征决定着教学特征。他的高明之处在于，同是归类识字，第一词串和第二词串的处理方式又是极富变化的。第一词串的归类识字，是由个别走向一般。三个带"鸟"字旁的字，一个一个学完后，抽象集中，发现规律，这叫由个别走向一般的归纳式识字。第二词串的归类学习正好相反，是由一般走向个别。先把这个"隹"字旁提出来，然后再把这个"隹"字旁落实到三个生字上面去。这叫由一般走向个别的演绎识字。这样的处理，有变化，有节奏。这个变化不是人为的，而是基于这两组词串本身的难度，以及学生识字的基础与接受能力。比如联想识字法，学完"鸟"字旁很自然地就联想到我们以前还学过哪些带"鸟"字旁的字。再比如比较识字法，拿"隹"字旁与"住"、"佳"进行比较。这些方法的渗透、指导，随风潜入夜，润物细无声。它们虽是隐性的，但对学生的影响却是深远、绵长的。从整合的角度看，朱老师的方法又是统一的，那就是无论归类识字法、联想识字法、比较识字法，都是结合教材语境和生活语境的，正是语境识字法将各种有着明显技术特征的识字方法整合了起来、统一了起来。

3. 意象意蕴，特别在意识字文化的熏陶

识字课最容易上浅了，变成小儿科的小儿科。什么原因？一是学段特征的限制，一是教材本身的张力与厚度。但我们今天听朱老师的课，却没有小儿科的感觉，相反，我们觉得这堂课很厚实，很有嚼头，充满了文化的气息。这堂课，最大的特色和亮点在哪里？两个字，"文化"！他的课赢在识字文化上。举两个例子，比如，由识字主题生发出来的文化取向。第一词串和第二词串的识字都跟鸟有关，以"鸟"作为教材的主题。这一主题的文化意蕴是什么呢？大自然是可爱的，是丰富多彩的，每只鸟儿都有它生存的理由和权利。爱鸟就是爱自己、爱人类！当然，这样的话语我们可以不直接言说，但这种价值取向、这种文化影响则是必须自觉加以渗透的。课上，朱老师安排了一次看句式的表达训练："大自然中生活着各种各样的鸟，有（　　　），有（　　　），还有（　　　）……我最喜欢（　　　），因为（　　　　　　）"我想，个中的情趣和意蕴大家都该是心知肚明的了。再比如，由文字本身生发出来的文化意识。我们说，中国的每一个汉字都是一个故事，都是一段文化，都是一个灵魂。每一个汉字看起来都是一幅画，读起来都是一首诗。你看学生说到"乌鸦"的故事，乌鸦的反哺现象中所彰显的"孝义"，不正是某种文化的自觉吗？浙江的"义乌"地名不就是这么来的吗？再说杜鹃，它在中国的古典诗词中是一个非常有代表性的意象，我稍微展开一点讲，杜鹃究竟蕴涵了怎样的意义呢？杜鹃鸟，俗称布谷，又名子规、杜宇、子鹃。春夏季节，杜鹃彻夜不停啼鸣，啼声清脆而短促，唤起人们多种情思。如果仔细观察，你还会发现杜鹃的嘴巴和舌头都是红的，古人误以为它啼得满嘴流血，凑巧杜鹃高歌之时，正是杜鹃花盛开之际，人们见杜鹃花那样鲜红，便把这种颜色说成是杜鹃啼的血。中国古代还有一个"望帝啼鹃"的神话传

说。望帝，是传说中周朝末年蜀地的君主，叫杜宇。后来禅位退隐，不幸国亡身死，死后他的灵魂化作了鸟，暮春啼苦，一直叫到口中流血，声音哀怨凄惨，动人肺腑，名为杜鹃。所以，杜鹃在中国古典诗词中常与悲苦之事联系在一起。杜鹃的啼叫又好像是在说"不如归去，不如归去"，因此，它的叫声容易触动人们的乡思乡愁，宋朝的范仲淹就写过这样的诗："夜入翠烟啼，昼寻芳树飞；春山无限好，犹道不如归。"这样看来，杜鹃鸟或花都带上了神话色彩，寄托着诗人伤感和无尽的哀怨，中国几千年来一代又一代的文人墨客，早已把杜鹃当作一种悲鸟，一种乡思乡愁的文化意象和符号了。我们当然没这个必要把杜鹃讲得这样深透，但像朱老师在课上这样，适当地点上一点，那么，识字课的品位跟厚度就大不一样了。类似这样的文化渗透和熏陶，在朱老师的识字课上可谓比比皆是、随处可见。

这样的识字课，是朱老师个人的学识修养、审美旨趣、课程意识、人格魅力的综合体现与折射，它是本色的，因而是充满特色的；它是"朱氏"的，因而是大家的。

（本课例由浙江省浦江县实验小学校长、特级教师朱柏烽执教，由杭州市拱宸桥小学校长、特级教师王崧舟点评）

三、资源链接
张田若对集中识字的辩证理解

中央教育科学研究院张田若先生是当今倡导集中识字的代表人物，他站在哲学的高度，居高临下，深刻地阐述了识字教学的辩证思想方法。

1. 汉字的难学与易学

关于汉字难易的评价历来众说纷纭，莫衷一是，或称难学或说易学，走其两端。张老先生早在 1979 年于《教育研究》（丛刊）上发文《简论汉字教学的几个问题》时指出："在研究汉字教学的时候，对于汉字要有一分为二的看法，也就是要有个实事求是的科学分析。既要从学习的角度看汉字的难易，也要从运用的角度看汉字的难易。既要看到学习和运用汉字的难处，也要看到学习和运用汉字的易处。研究汉字教学的任务就是要尽可能地克服其难处，充分地利用其易处，以提高教学效率。"这是一种客观的、实事求是的辩证思考，为我们研究汉字与汉字教学提供了哲学思维方式上的启迪。

2. 识字的分散与集中

张老先生历来的人生态度都是待人坦诚，处事坦然。他认为：作为识字方法，分散识字和集中识字各有特点和优势，也各自存在不足。二者都要取长补短，择优发展。我们充分肯定集中识字的优点，但并不全盘否定分散识字的好处。其实是关联互用的。他曾经说过："各种识字教学方法虽然不同，但目标是一致的，都是为了提高小学识字教学质量。"张老先生的这种坦率姿态和辩证思考是十分智慧的，他的这个观点是十分可取的。笔者认为：分散识字较好地解决了汉字字义的问题，而集中识字较好地解决了汉字字形、字音的问题。其实，分散识字在教学时也都是先教本课生字词，达到一定程度后才进入读课文的。问题只在分散识字是识几个字即投入阅读课文，而集中识字则在识一二百字后投入阅读，时间间隔稍为久些就是了。其实，字识多了，才便于归类，发现汉字的构字规律。

集中识字可以有两种思路：一种是小学生学语文在开始阶段（一、二年级）先集中精力和时间学习识字，然后再把重点转到读写上去。另一种是一、二年级每册课本分两个部分，每部分包括

识字和读课文两段。课文中的生字集中在识字阶段学习,然后读课文。即识一批字读一批课文,再识一批字再读一批课文。这两种思路都显示了识字的基本逻辑和内在哲理。

基于哲学的辩证思考,我们使集中识字不断在实践中发展和成熟,取得了令人瞩目的教学业绩和研究成果。60 多年来,集中识字在辽宁省黑山县北关实验学校、北京市景山学校、常州市博爱路小学和山东省济南市育秀小学等基地得到长时间的实践检验,证明是行之有效的。20 世纪 80 年代是集中识字教学的高峰期,据 1984 年的统计,除西藏和台湾外,全国各省市都办起了实验班,实验学生数达 20 余万。据了解,日本、法国、加拿大等国都有专家学者曾经先后学习和研究过张老先生的集中识字教学思想。

3. 学习的经验与规律

集中识字的理论体系是在经验的基础上发展壮大起来的。它继承了中国古代识字的丰富经验,黑山县贾桂枝和李铎、北京马淑珍以及常州郭惜珍等老师的有效教学经验,但又有新的发展。张老先生的最大贡献是把经验和规律联系在一起思考,并不断探索汉字识字的特点和规律。

张老先生认为:学语文当然要重实践,重训练,但授予学生能理解的规律,可以提高训练的效果。这是一种十分重要的“学理”思想。

其实,集中识字的精髓在于按汉字规律识字。主要包括:汉字构字规律、汉字的形音义规律、汉字的书写规律和汉语词汇规律。张老先生谆谆告诫:“要教学生掌握识字规律”,并认为识字教学要指导学生结合学字逐步掌握汉字的构字规律。例如:识字时授予汉字构字的规律,让学生掌握汉字的形、音、义的特点。

中国小学语文识字教学历来都是重主观轻客观,经验有余,学理不足。张老先生“重视规律的传授,发挥理性知识的指导作用”的呼吁针砭时弊,提醒得何等及时,又何等必要!

(汪潮)

四、推荐阅读资料

1. 张田若.“集中识字——大量阅读——分步习作”——教学体系简介·课程·教材·教法,1986(8).

2. 张田若.集中识字教学的理论与实践.北京:教育科学出版社,1991.

3. 张田若.“集中识字·大量阅读·分步习作”教学体系的理论与实践.人民教育,1991(4).

4. 张田若.集中识字·大量阅读·分步习作——张田若论小学语文教学.北京:中央编译出版社,2012.

5. 郭惜珍.集中识字·大量阅读·分步习作的实践.北京:现代教育出版社,2008.

6. 张田若.识字教材科学化初探.江苏教育,2010(2).

7. 张田若.澄清识字教学中的两个模糊观念.小学语文教学,2010(7).

8. 张田若.几种识字方法的剖析.小学语文教学,2011(5).

9. 王昆.集中识字二十年.北京:人民教育出版社,1982.

五、后续练习

古诗《一去二三里》是小学语文第一册第一篇识字课文,安排 2 课时。这篇课文在教材中有它的特殊地位和特殊要求。下面是一位老师的教学设计,请你点评。

《一去二三里》(一上)教学设计

(一)课文内容

一去二三里,烟村四五家。亭台六七座,八九十枝花。

(二)教学目标

1. 复习巩固汉语拼音。

2. 认识12个生字,会写"一、二、三"三个字,认识笔画"横"。

3. 正确、流利地朗读课文,背诵课文,能带着想象的画面初步有感情地朗读。

4. 观察图画,图文结合,初步感受童谣中所表现的景色美。

(三)教学重点: 识字写字。

(四)教学难点: 辨别"八""人"。

(五)教具准备: 课文插图或多媒体课件、生字卡片、数字卡片。

(六)教学课时: 两课时。

(七)教学过程

1. 出示生字,学习字词

(1)出示生字:一 去 二 三 里 四 五 六 七 八 九 十。

① 指名读→开火车读→抢读。

② 去掉拼音读2遍。

③ 识字方法:比一比:八——人 四——十

加一加:云+厶=去 一+丨=十

(2)读词语。

三天 四只鸡 六只鹅 八条鱼 九朵花

2. 观察图画,揭示课题

(1)看图说话。图上画的是什么地方的景色?两个孩子看到了什么?说了些什么?

(2)出示课题:有一首诗歌,说的就是这幅图。出示课题"一去二三里"。

老师介绍:这是一首古诗,写的是两个小朋友出外郊游,一走就是两三里路。看见沿途炊烟袅袅,有几户人家。再往前走,看见了几座亭子,路边开满了五颜六色的野花。这里真美呀。

(3)指名读课题:谁能读读课题?你是怎么认识这几个字的?

(4)结合具体实例,引导学生理解"里"。

3. 图文结合,初读课文

(1)教师范读课文。

(2)图文结合,引导学生进一步说说图上的小朋友看到了什么,并在图上找出"烟村"、"亭台"、"花"。

老师指着行走的孩子,学生读"一去二三里"。

老师指着炊烟袅袅的房屋,学生读"烟村四五家"。

老师指着亭子,学生读"亭台六七座"。

老师指着路边的花,学生读"八九十枝花"。

老师指着整幅画,学生读整首诗。

(3) 放慢语速范读,学生轻声跟读(两遍)。

(4) 学生自由读课文,借助汉语拼音读准字音。

4. 朗读感悟

(1) 把课文读得正确、流利。个人自由读,同桌相互读,指名读,全班齐读(相机指导"一"的变调)。

(2) 把课文读得有感情,有韵律,了解诗意。

① 小朋友在读这首诗的时候,眼前仿佛看见了哪些景物? 谁读得越仔细,眼前看见的景物也就越多。

② 根据课堂交流情况提出"烟村四五家"的两种理解:

四五个冒着炊烟的村子;

村里有四五户人家,还冒着炊烟。

③ 请小朋友看图,读读诗句;再看看图。

④ 请两位小朋友合作,一位读诗句,一位指图。

能用手势表示"一去二三里"意思吗?

点明:"一去"即一路走去的意思。

还有什么问题?

⑤ 男女生分别齐读。

5. 配乐诵读全诗

(1) 给诗加上题目,并指导诗题与诗句之间要停顿的读法。

(2) 自由配上动作背诵课文:指名背诵,小组背诵,全班齐背。

(3) 背诵全诗,并设问:

① 小朋友都能背这首诗,真了不起,那你在一边背诗的时候一边看到了什么呢? 这个小山村热闹吗?

② 你来到这个小山村,觉得它美吗?

③ 总结。小山村真美,小朋友一起背诗,就好像走进了小山村。

6. 认识田字格,书写"一"

(1) 认识田字格。

① 谈话激趣。小朋友,我们已经知道了四线三格是拼音的家,那生字的家在哪儿呢?(出示田字格)这就是生字的家。(我们叫它"田字格",请学生说一遍"田字格")

② 引导学生了解田字格的作用及横中线、竖中线、小格。

拍手读儿歌:田字格,四方方,写好汉字它来帮。左上格、右上格、左下格、右下格、横中线、竖中线,各个方位记心间。

(2) 指导书写"一"。

① 教师介绍笔画名称"横",写"一",边写边讲述书写要领:起笔稍重,向右行笔要果断,稍上斜,收笔稍顿。

② 学生描一个,写一个,教师巡视;讲评后学生再写。

③ 教师范写"二""三",边写边讲述书写要领。

④ 学生分别描一个、写一个,写完后与范字对比。教师巡视,个别指导。

⑤ 讲评：讲评后，学生继续练写。

7. 作业设计

(1) 今天我们学了 10 个表示数字的汉字。请大家课后找一找，说说看我们周围有哪些地方用上了这课的生字，比如教室里的课程表、座次表、教室门上的班级标牌，家里的日历、报纸……比比看，看谁找得多。

(2) 课后找一找带有本课生字的诗或儿歌读一读。

第三章　分 散 识 字 课

一、背景描述

分散识字也叫随课文分散识字或随课文识字。作为识字教学的一种方法,它起源于 20 世纪 60 年代初,代表人物是南京的斯霞。在语文教学整体布局的调控下,随课文分散识字形成了"字不离词,词不离句,句不离文"教学主张,即把生字词放在特定的语言环境即具体的一篇篇课文中来感知、理解和掌握,把识字和阅读结合在一起,识字在语境中进行,既有利于在分散中巩固,又有利于增进对课文的理解。在 50 年的实践检验中,随课文分散识字一直以其独特的优势而成为识字教学直至教材编写和课程开发等充分借鉴和运用的一种方法。

随课文分散识字是继承了"五四"新文化运动以来,小学语文以语体文为主,采用边识字边阅读、寓识字于阅读之中的方法。但斯老师成功突破了"三五观点"(当时低年级每课书只学三五个生字),克服了"少慢差费"。随课文分散识字"以语言为中心,把识字、阅读、写话三者结合起来",让识字伴随着快乐的体验,交织着语言的熏染,刺激着心智的发展,至今仍散发着芳香醇郁的创新气息。

1. 让识字伴随着快乐的体验

随课文分散识字让识字不再枯燥、单调,而是一个充满快乐、充满求知欲的探索的过程。这种"寓识字于读书活动"之中的教学举措,精妙之处就在于让儿童动态、立体地识字而不是静态、孤立地识字。

预习阶段:学生凭借汉语拼音读准字音,自学生字词、联系上下文初解字义,体验着自学的快乐。

初读阶段:学生随文认读生字,生字因纳入课文的语言环境而活起来,学生也体验着进步的快乐。

精读阶段:学生结合对课文关键词句的品析感悟,咬文嚼字,深入理解字义,将语言环境和生活经验相结合,将理解字义与认识事物相结合,体验着发现的快乐。

熟读整理阶段:学生结合听、说、读、写的综合训练,在内容丰富、形式多样的"学用结合"里体验着创造的快乐。

可以说,在随课文分散识字的整个过程中,自始至终都贯穿着一种快乐的体验,而这对于培养和呵护学生识字、学习语文的热情与兴趣而言,该是多么的弥足珍贵啊!

2. 让识字交织着语言的熏染

识字是语文学习的基础,但识字只是手段,是为了掌握工具,提高读写能力,识字的目的是为

了阅读和写作。随课文分散识字使生字新词的出现和讲解都在具体的语言环境中进行,做到"字不离词,词不离句,句不离文",学生随时可以受到课文中规范化语言的熏陶。刚学过的生字新词就在课文中出现,学习课文,既巩固了生字新词的识记,又进一步领会了生字新词的运用,这就有助于学生把课文中的语言变成自己的语言,为培养读写能力打下良好基础。同时随课文分散识字还把识字和听、说、读、写等语言能力的培养有机地结合起来。教生字新词时,启发学生自己分析字形结构,理解字(词)义,组成新词,造句说话等等是语言训练;讲读中让学生提出问题,回答问题,复述课文内容,分段概括段落大意等等,也都结合着语言训练。学生边识字边进行写字、造句、说话、写话、朗读的练习,自然而然地便会读、会写、会默、会用了。

3. 让识字促进智力的发展

最让人欣喜的是随课文分散识字还改变着学生课堂学习的被动接受的状态,刺激和引导学生心智自由而生动地发展。就一堂课来说,随课文分散识字是"识读说写"有机地交织在一起的。正是这样的交织,使课堂教学生气勃勃,学生的情绪被调动起来,他们兴高采烈地去学去记。尤其是怎么记住字形,怎么组词造句说话,最能调动学生的积极性,有助于培养学生的观察力,发展学生的思维和想象力,增强学生的记忆力。所以,随课文分散识字时听、说、读、写完全是有机结合、融为一体的。比如《小壁虎借尾巴》中写小壁虎向小鱼姐姐借尾巴:"小鱼姐姐,您的尾巴借给我行吗?"当老师让学生把"行吗"换一种说法表达相同的意思和口气时,学生就改成"好吗""可以吗""好不好""可以不可以"等各种说法,他们个个开动脑筋,思想很活跃,课堂气氛也很热烈。

二、课堂例析
斯霞分散识字教学片段

近几天反复读了有关著名特级教师斯霞的文章,进一步感受了她的教学艺术。她的三个教学案例,值得我们借鉴。

案 例 一

教学"蚯蚓"两个字,斯老师这样一步一步地引导:

(1) 先让学生明白蚯蚓的特点、属性,并从其特点、属性引出汉字偏旁的特点。告诉学生:蚯蚓是虫,所以"蚯"和"蚓"都是"虫"字旁。

(2) 引导学生了解蚯蚓的生活习性,从其生活习性中引出"蚯"的另一部件的写法,提示学生:蚯蚓生活在泥土里,所以"蚯"字是"虫"字旁加个"土丘"的"丘"。

(3) 引导学生根据蚯蚓的外形特点,掌握"蚯""蚓"二字的写法。强调:蚯蚓没有脚,所以不能把"丘"写成"兵";蚯蚓的身体有时是弯弯曲曲的,像一张弓,有时又很直,像一条线,所以"蚓"字是"虫"加"弓"加"丨"。

【点评】在这个案例中,斯霞老师着力于把抽象文字的了解和具体实物的认识结合起来,在结合的过程中把学生的思维引向深入,并根据字形巧析汉字,采取联系、比较的思维方法,建立语言文字和具体事物的联系,使学生更准确地认识汉字、感悟汉字。这个教例,使我们认识到识字教学只有全面分析、把握汉字的特点,充分了解、研究学生的认知规律,有效利用课程资源,灵活选择运用教学手段,才能形象生动,有滋有味。

案 例 二

教学"饱满"一词,斯霞老师在识字的基础上让孩子造句。孩子们纷纷举手:"菜籽结得多饱满。""豆粒长得多饱满。"一年级小朋友造出这样的句子已经很不简单了,但斯老师继续引导。只见她走到教室门口,突然转过身来,昂首挺胸,面带微笑,两眼炯炯有神,问道:"你们看,老师今天的精神怎么样?"学生一齐回答:"老师精神很饱满!"斯霞笑了:"说得很好! 现在老师看一看,小朋友上课精神是不是饱满?"闻听此言,全班学生马上坐得端端正正,认真听讲。

【点评】"字不离词,词不离句,句不离文"是斯老师的识字教学理念,她曾指出:"要把生字词放在特定的语言环境中来感知、理解和掌握。"并提出:"在识字教学中,学用结合是开启学生心扉的好办法。识了字就要用。用多了,用熟了,就能'生巧'。"斯老师从不同的角度引导学生说话,体现了随词识字,在语境中识字的教学思想。这既符合小学生的认知规律,又有助于学生识记生字;既培养了学生的语言表达能力,又对学生进行了学习习惯的培养,实现了语文教学工具性和人文性统一。

案 例 三

教学"尖"字,斯霞老师要学生说说什么东西是尖的。学生们联系生活中看到的事物说了很多:笔头是尖的,锥子是尖的,缝衣针是尖的,剪刀头是尖的,打毛衣的竹针是尖的……老师又问:"尖的东西有什么特点?""上小下大"学生们齐声回答,从此这个字让学生们一辈子都忘不了。

【点评】斯霞老师曾说"识字要贴近儿童的生活实际"、"让学生瞧一瞧,听一听,闻一闻,摸一摸,尝一尝,做一做,有时候远远胜过单纯的听、记、背。因为这样做,强化了汉字音、形、义的联系,符合学生爱动、好奇,容易接受具体形象的事物等心理特点,能收到事半功倍之效"。由此可见,生活是学生识字的源泉,把识字与生活联系起来,学生更易于接受,效果会更好。

三、资源链接

(一)斯霞"随课文分散识字法"

1958 年,斯霞率先对旧的识字方法进行改革。她认为原来的识字教法效率低下,一二年级有潜力可挖,她大胆进行改革实验:教汉语拼音,增加看图识字、短语、句子,以及课文篇数。当时,她将原先第一册 13 篇课文增至 31 篇,第二册由 31 篇增至 43 篇,第三、第四册由 32 篇提高到 50 篇。并修改课文的用词,从而增加了每个学期的识字量和识字密度。这样,学生在识字过程中,能随时受到课文中规范化语言的熏陶。刚学过的生字词,就在课文中及时重现,通过学习课文,既巩固了生词,又进一步领会了字词的运用。这样有利于把课文中的语言变成学生自己的语言,为培养学生的读写能力打下良好的基础。所以,分散识字又称"随课文识字"。当年斯霞的试验班(1958 年开始),一年级识字 1008 个,二年级识字 1000 个,三年级共识 3386 个。并且 80% 以上的字达到"四会"。二年级期末已经能独立地阅读短篇和中篇小说,能力强的学生还能阅读《林海雪原》、《青春之歌》等长篇小说,能写几百字的短文。

所谓的"分散识字"就是把生字词放入特定的语言环境中来感知、理解和掌握。同时,在识字时,使字的音、形、义紧密结合,读、说、写、用紧密结合,从而提高识字数量和质量,切实掌握语文这个基础工具。其特点是"字不离词,词不离句"。如:《我们爱老师》课文中有两句话:"我们

是祖国的花朵,老师是辛勤的园丁。"其中"花朵"、"园丁"都是新词。离开句子环境,"花朵"就是一朵朵花,"园丁"就是种花栽树的人。但课文的意思是"花朵"指小学生,把小学生比作鲜艳的花朵。"园丁"指老师,把老师比作辛勤的园丁。教学时,斯霞联系全句,配合幻灯、实物,引导学生说说他们亲眼看到的"花朵"和"园丁"。这样,学生不但认识了生字新词,还懂得了这个比喻句的含义。

斯霞在长期的教学中不断探索,不断总结,丰富了"分散识字"的教学经验。她提出了两种随课文识字的教学策略。一是把课文中的生字集中先教,随后阅读课文;二是把生字词的教学与对句、文的理解紧密结合起来,边讲读课文边教生字词。前者适用于生字较多、课文篇幅较长的课文;后者适用于生字较少、课文篇幅较短的课文。她还总结了四种出示生字的方法:按课文内容顺序出示;按生字在课文中的地位主次出示;结合讲读随机出示;在理解课文内容以后出示。即使是一篇课文中的生词,斯霞也是在研究教材、学生、汉字规律的基础上,选择合理的出示顺序。如:她教《我们爱老师》一课中的第二句,有"祖国、花朵、辛勤、园丁"四个生词。经过分析,她认为:"祖国"这个词比较抽象,难懂,而"花朵"这个词比较具体形象。于是就改变出示顺序,先教"花朵",由"花朵"引出"园丁",带出"辛勤",最后才教"祖国"。

在斯霞的影响下,"分散识字"成为我国识字教学的一大流派,该流派的主要观点是:

(1)边识字边阅读,随课文识字,把识字教学和培养听、说、读、写能力有机结合起来,互相促进,平衡发展,以求多方面的成效。同时不妨碍低年级重点完成识字任务。

(2)学生识字初期主要矛盾是字音、字形。经过一段时间的汉语拼音教学和掌握字形结构规律的训练,识字的主要矛盾转向字义。所以坚持"字不离词、词不离句"的重要原则,加强字义教学,使义和音、形之间建立巩固的联系,这也有助于字形的掌握。这样做是符合语言学习的一般规律的。

在语文教学中,斯霞不仅注重教材的研究,研究生字在具体语言环境中的地位,也注重学生的研究,研究学生学习的兴趣、认知的规律出示生字。还注重识字教学规律的探索,研究生字笔画、笔顺、字形、结构的教学捷径。

她提出识字教学要遵循学生的认识规律。因为6、7岁的儿童好动、爱玩,不能长时间专注于某一事物,喜欢接触形象的具体的有趣的东西,记忆力比较强,但易记易忘,所以识字教学要从内容、形式、方法等方面为学生接受新知识提供方便。识字教学的内容要由易到难、由简到繁、由浅入深;教学形式要生动活泼,教学难点要分散,教学方法要灵活多样,使学生喜闻乐见,易于接受和记忆。教了几篇课文后,组织各种归类练习,如找同偏旁部首的字、找形近字、找反义词近义词、给名词归类(分人名、地名、动植物名、蔬菜名),便于学生建构自己的汉字知识结构。

她提出识字教学要教给学生识字的方法,培养识字的能力。汉字本身不表音,故教好汉语拼音,使学生有借助拼音读准字音的能力。汉字是方块字,要使学生有分析字形的能力和正确书写的能力。汉字有多音多义的特点,要培养学生联系上下文理解字义的能力和查字典的能力。如教合体字"跑",就告诉学生"跑"字是左右结构,形声字,足字旁表义,右边"包"表音。以后学到"耻、蹦、趴、跃"等字时稍一启发,学生就能自己分析。

她还提出识字教学要强调学用结合。识了字就要用,用多了,用熟了,就能"生巧"。如:把要告诉学生的话写在黑板上,让学生读并按要求去做;鼓励学生辨认同学的名字;识路牌、看店名;记班级日志;给家里的器具贴上自己写的名词;提倡给老师写便条……

（二）分散识字的启示

随课文分散识字的魅力之所以经久不衰，原因是多方面的：比如个性化的教学主张、可供操作的实践体系，以及切实可见的创新之处等，而更重要的还是随课文分散识字对当下以及未来识字教学的启示。

1. 识字是一个永远的学习活动

识字绝不是一个阶段性的目的，而是一个永远的学习活动。它存在于终身的阅读和具体的生活中。其实，识字教学是语文教学的重要组成部分，识字任务并不是某个阶段（低年级）能全部完成的，理应贯穿于语文学习的全过程。基于这样的"识字观"，是否应该追问：识字教学最重要的又是什么呢？还仅仅是教会生字词的音、形、义，或者会读、会默吗？当然不是。我们更应追求学生识字兴趣的激发、识字情感的培养、识字方法的习得，以及识字习惯的养成。

2. 识字学习需要一个优化的环境

随课文分散识字给学生提供了一个具体、形象、规范的语言环境，对提高学生识字质量发挥了不可替代的作用。我们在充分领略和体会语言环境对于学生识字所发生的神奇的浸润、熏陶作用的同时，是否应该继续思考：在今天学习多元化、信息化、现代化的背景下，我们又应该怎样给学生或者和学生共同创造一个识字环境？我们又应该怎样规避和克服那些不利于学生识字的环境，让学生的识字学习步入"天光云影共徘徊"的美好境界呢？

3. 识字教学离不开课程资源的开发

识字教学在多数人看来似乎就应该是按部就班的，因为教学内容是确定的，不就是那些固定而有限的生字词吗？似乎识字教学不需要课程资源的开发。而随课文分散识字给我们的启示恰恰是：识字教学也离不开课程资源的开发，我们亟待唤醒识字课程资源的开发意识。斯老师在五年制学制改革试验中，为了加大识字量就"增加短语和句子，增加课文篇数，修改课文的用词……"这种对课程资源的自觉开发与完善，当激励着后来人孜孜以求。

（曹海永）

（三）大分散小集中识字探索

识字教学曾经一度流行集中识字，这种便于老师操作，无需费多大心思的偷懒识字法过早地把生字从语境中剥离出来，孤立生硬地识字未免无趣而低效。纯粹的随文识字，逢字必讲，遇一讲一，容易打断文章的整体连贯性，破坏课堂创设的情境。笔者建议，采用分散识字，精心巧妙地设计小范围集中，让随文识字与集中识字结合起来，多多创设生字复现机会，让学生识字的过程不仅仅是一种"习得"，更多的是一种"建构"。

1. 导出生字

（1）由故事导出生字。听老师讲完故事，与学生交流过程中巧妙引出生字。

如《松鼠和松果》一课，课堂伊始，老师讲这个有趣的童话故事。听完故事和学生交流：你看到了一只怎样的小松鼠？孩子们有的说聪明，有的说可爱，有的说活泼，老师将学生们对松鼠的印象整合概括为"聪明活泼"，以字卡形式出现。本课的三个生字"聪、活、泼"便顺势呈现出来。老师借助松鼠的图片，变换图片与字卡的位置，让学生练习说短语，说句子。

《要下雨了》老师同样以故事导入，不同之处在于老师讲了故事的开头。每出一个悬念便呈现一个包含两个生字的句子，小范围集中识字。出示小兔图片，猜猜：小白兔在干吗？老师娓娓道来："小白兔弯着腰在山坡上割草。"引出生字"坡"、"割"。通过观察图片发现山坡的位置识记

"坡"字,通过联系偏旁识记"割"字。

（2）由课题导出生字。如《荷叶圆圆》一课。以一个小魔术导入,一个大圆圈变成一片绿荷叶,荷叶与圆交朋友,引出课题"荷叶圆圆",字卡强调"荷叶",本课认读生字"荷",书写生字"叶"便一起呈现。

2. 串讲生字

以文章为主线,梳理故事情节,在情节交流中小范围集中识字。《丑小鸭》一课,在学生们初读课文之后,借助第一次听故事反馈的人物图片板贴,说说人物之间发生了什么事。在学生们反馈过程中板贴生字"欺负、讨厌、讥笑、冻僵"。结合故事情境,学生们能很好地理解这些词语的意思,将枯燥的识字很好地融入有趣的童话故事情节中,润物细无声。

3. 偏旁识字

偏旁是汉字构成的重要部分,特别在形声字中,偏旁表意。学习形声字,掌握其构字规律,能够激发学生的识字兴趣,提高识字效率,增强识字能力。如林佩老师执教的《丑小鸭》一课,老师让孩子聚焦"烘"字的偏旁,谈感觉。孩子联系"火"纷纷表示很温暖。教师及时渗透形声字的构字规律是"形旁表义,声旁标音",自然而然引出文中的另外几个形声字"篱笆"、"芦苇",让学生不借助拼音试着读准词语,继而通过观察偏旁猜字义,最后以图片验证。

《荷叶圆圆》中教师在教学"摇篮"的"篮"字时也让学生联系偏旁猜字义,学生马上知道这是与竹子有关的。接着教师出示很容易混淆的"蓝"字,通过扩词训练——"蓝天"、"蓝色",发现草字头的这个字和颜色有关。在对比与归类后帮助孩子识记区分两个字形相似的字。

4. 字理识字

挖掘汉字的蕴含知识,感受汉字文化。《松鼠和松果》一课中的"如"字。教师在讲解时就提到前面的女字代表女子,在古代女子没地位,别人说话（口）都要顺从,整个字表示顺从、听话。正因为这样它有很多朋友,给它找找朋友,继而进行扩词练习:"如此"、"如果"、"如愿",学生们边说边积累。吕瑶瑶老师和林佩老师的《丑小鸭》中都讲到了"卧"字的演变过程,追本溯源解析字理,让学生感受到汉字的文化,加深孩子对汉字构字的理解。

5. 生字复现

识字回生现象是低年级学生普遍存在的现象,是一种不能回避的正常心理过程。在低段语文课堂比较流行的做法是在课堂快结束时读读儿歌。这首儿歌包含了本堂课绝大部分生字。这样的儿歌既是一个个生字出现在新语境中的复现过程,也是对文章内容的简单梳理,放在结课前确实有一定成效。如《松鼠和松果》的儿歌:

> 聪明活泼小松鼠,
> 高高兴兴摘松果。
> 小松鼠,吃松果,
> 忽然眨眨眼睛想。
> 如果总把松果摘,
> 以后就没松树了,
> 松鼠聪明主意多。

也有老师另辟蹊径,让生字复现的机会揉进课堂中间。吕瑶瑶老师执教的《丑小鸭》,在学生

初读后梳理人物关系时,老师把较多生字书写在黑板上。在课堂进行中,吕老师点读一遍生字引出"欺负"。在教学第三自然段时又一次借助板书复现生字,课堂小结时将学生的注意力引到板书上第三次与生字见面。在课堂上多次地利用,多次地复现生字,巩固其在孩子脑海中的印象。林佩老师执教的《丑小鸭》别具匠心,将一首儿歌安排在教学第二自然段"一只只小鸭子都从蛋壳里钻出来了,就剩下一个特别大的蛋"这句话时,让学生们去催催大蛋里的鸭子赶紧出来:"小鸭子乖乖,让蛋壳裂开,就剩你啦,快点裂开!"学生们读着,唱着,"蛋壳"、"裂"、"剩"几个生字朋友又碰面啦,在轻松快乐的氛围中,在拍手歌唱的娱乐中,牢牢地记住了。

(葛朝旭)

(四)分散识字的学理依据

随课文分散识字之所以效果好,原因在于它符合学生认识事物的规律、汉字本身的规律和学习语文的规律。

人们认识事物总是由简到繁、由易到难、由浅入深、循序渐进的,是从具体的直观到抽象的思维,是由个体到一般的过程。年龄幼小的儿童刚进校门,学一些笔画简单,内容浅易的独体字,如大、小、目等,并以图意帮助儿童记忆,是符合儿童年龄特征的。随课文识字,字不离词,词不离句,把生字词放在特定的语言环境来感知、理解和掌握,使生字词的出现和讲解都不离开具体的语言环境,不离开学生知识经验和口语水平,使识字教学生动具体不致枯燥乏味,而觉得学习有兴趣,从而激发其学习积极性,提高识字教学效率。比如教"园"这个生字,先出现拼音"yuán",要求学生读准字音,并连成词(校园、公园、花园等)读几遍,然后让学生注意看老师板书"园"的字形,边写边讲笔顺规则。为了使学生记住字形,采用遮住"园"字,看谁能说出"园"字的写法,强化学生记忆。这时学生的注意力高度集中,运用构字规律分析出字形,回答说:"'园'字是全包围结构,外面是大口框,里面是个元,合起来就是'园',校园的'园'。"无论是读字音还是分析字形,都注意字不离词,也就是音、形、义结合,而不是孤立地进行。为了使学生理解字义,同时加深学生对字形的印象,可以让学生根据自己的感性经验讲出这个字的实际运用。当学生举出了"校园"、"幼儿园"、"花园"等词语时,就说:"这些地方都要围起来,所以外面是全包围结构,里面是个'元'字。"这样,就巩固了形声字外形内声的构字方法。紧接着问学生:"花园里种花栽树的人每天起早贪黑地给花草树木浇水、施肥、除草、治病虫,他们的工作是不是很辛苦啊?"学生回答之后,接着问:"人们管他们叫什么?"综合学生回答内容后说:"管他们叫'园丁'。"这样解释了字的本义。这种识字方法,使字的音、形、义牢固地挂起钩来。在这一过程中,学生接收新的信息是从原有的联想出发建立新的联想,是在理解的基础上记忆。所以这种记忆是比较牢固的。当然,仅仅让学生掌握字词的本义是不够的,还必须给学生讲清楚这个词的比喻义,就是把老师比作辛勤的园丁,使学生更易于理解老师工作的辛苦。

随课文识字在教学生掌握构字规律方面,体现了从特殊到一般,再由一般到特殊的思维特点。先教学独体字,如"日、月、子、女",使学生掌握汉字的基本笔画后,再教学合体字,如"明、好",使学生熟悉汉字的偏旁部首和间架结构的名称。学生就掌握了分析字形结构时必不可少的"构字零件(笔画规律)"和"构字部件(独体字)",可以简化识记字形的过程。应当说,所有识字方法在这一点上是大同小异的。但是,随课文识字不是先把汉字的构字规律教给学生,而是通过一个个汉字的学习,使学生对汉字规律从初步认识到逐步熟悉。在复习巩固汉字的过程中,通过学生自己的比较、分析、综合、归纳等积极思维活动,把汉字归类集中,在这个过程中理解汉字的构

字规律。如：在教学构成汉字的最小单位笔画时，不是许多笔画名称一下子全交给他们，而是学一个字，教几个笔画名称。如教"大"字，就教给横、撇、捺，教"小"字，就教给竖钩、点、点。通过独体字的学习，使学生牢固掌握分析字形结构的"零件"。当教形声字时，也不是先把构字规律教给学生，而是学一个字，认识一个偏旁或一个部首，到了一定阶段，让学生按偏旁部首归类。如：木字旁有哪些字，提手旁有哪些字，或用形声字、形近字组词练习，让学生逐步掌握汉字结构规律。这一过程充分体现了从特殊到一般的认识过程。学生掌握构字规律以后，运用它去查字典识字，有助于提高学生的自学能力。

随课文识字教学也是符合学习语文的规律的。随课文识字时，运用"字不离词、词不离句"的原则，能比较确切的解释词义。比如"玻璃"等字，必须组成了词，才有确定的含义。有些虚词如"因为""由于"等，还有些含义较抽象的字词如"伟大""克服"以及一些多音字、多义词，离开了具体的句子和语言环境，是很难理解得贴切的。因此，"字不离词、词不离句"是语文教学的一个重要原则。

（霍珠丽）

四、推荐阅读资料

1. 斯霞.谈识字教学.江苏教育,1962(5).
2. 斯霞.漫谈识字教学.人民教育,1962(6).
3. 斯霞.分散识字浅见.教育研究,1979(1).
4. 斯霞.再谈随课文识字.小学教学研究,1980(3).
5. 斯霞.对随课文分散识字的看法.课程·教材·教法,2001(2).
6. 斯霞.我的识字教学观.小学语文教学,2010(3).
7. 曹海永.斯霞老师"随课文分散识字"教学模式研究.江苏教育：小学教学版,2010(4).
8. 吴兴林.从教学案例中解读斯霞识字教学思想.小学教学研究,2012(4).
9. 杨娟.斯霞语文教学思想研究——以识字教学为例.青春岁月,2014(2).

五、后续练习

（一）欣赏斯霞分散识字的教学艺术

请你仔细阅读以下课堂实录，并用批注的方式进行点评和总评。

《小小的船》（一上）课堂实录

师：今天我们来学习一首儿歌。请大家把课题读一遍。

生：小小的 chuán。

师：先读准拼音 chuán。（生读）

师：对，"船"是翘舌音。我们没有学过"船"字，现在看老师写。（板书：船）"船"字的偏旁是新的。这一小撇写短些；第二撇写长一些，叫竖撇。再写横折钩，当中一横有点像一提，但右边不要出头，上下两点，这叫"舟"字旁。

生："舟"字旁。

师："舟"字是这样写的,(边说边板书)当中一横两边出头,但作为偏旁,这一横右边不能写出头,到横折钩这里为止。舟就是船,作为偏旁叫"舟"字旁。再读两遍。(生读)

师："船"字的右半边我们是熟悉的,是哪个字的半边?

生："船"字右半边是铅笔的"铅"字的半边。

师:讲得很好。"船"字比较难写,特别是"舟"字旁,我们大家用手来写一遍。举起手,预备——起。(生书写)

师:太慢了,没有精神,能不能写快一点?(精神饱满地又书空一遍)

师:这一遍大家写得不错。你们看到过船吗?有哪些船呢?

生:我看到过小游船。

生:我看到过帆船。

生:我见过大轮船。

生:还有宇宙飞船……

师:对! 小游船、大轮船、宇宙飞船都是这个"船"字。我们今天学的这首儿歌里,讲的是什么样的船呢? 请翻开第19课,自己先学一学。不认识的字。可以读读拼音。(生自学)

师:这首儿歌里说的是怎样一只船呀?

生:是弯弯的一只船。

师:是吗? 大家再说说。

生:是把月亮比作一只船。

师:对! 这只船不是小木船,不是帆船,也不是宇宙飞船,是把弯弯的月儿当作一只小小的船。(放幻灯片:一个小朋友坐在弯弯的月儿上。)大家看,是这样的月儿,弯弯的,这个小朋友坐在月亮上,把月亮当小船。

师:这只船的两头怎么样?

生:尖的。

师:儿歌里怎么说的?

生:小小的船儿两头尖。

师:(在黑板上画个尖形的∧)上面小,下面大,叫"尖"。所以这个字……

生:上面是"小"字,下面是个"大"字。

师:对了。读读这个拼音。

生:jiān。

师:(指画面上的弯弯的月儿)这头怎样? 那头呢?

生:都是尖的。

师:所以叫"两头尖"。这个"两"字我们已经学过了,还记得吗?

生:记得,猜谜语的一课有"两头牛"的"两"字。

师:对! 现在把这两句话连起来读。

生：弯弯的月儿小小的船，小小的船儿两头尖。

师：注意，读的时候，不要一字一顿："弯弯的"、"小小的"要连起来读。"弯弯的——月儿——小小的船，小小的船儿——两头尖。"（生再读）

师：好！第三句讲什么呢？

生：我坐在船上抬头看。

师：这个"我"指的是谁？

生：这个"我"指的是坐在月亮上的小朋友。

师：对！（指画面）就是这个小朋友。他坐在船上看什么？

生：他坐在月亮上抬头看。

师："抬头"这两个字在哪儿学过了？

生：在第22课里学过了。

师：第22课的哪一句？

生：第22课第二段第二句："河边有头小水牛，喝起水来不抬头。"

师：你们记忆力真好，学过的课文都能记得。这个小朋友抬头看，看到了什么？看，课文里怎么写？

生：他看到星星。

师：课文里怎么说的？

生：他看到闪闪的星星蓝蓝的天。

师：是呀。他不只看到星星，还看到蓝蓝的天呢！这个"只"字你们认识吗？

生：在下面第20课里有"一只乌鸦"的"只"字。

生：还有"一只蜻蜓"、"一只蝴蝶"的"只"字。

师：不错。下面的课文你们都已经自己学习，已经认识这个"只"字。但那是一只的"只"，读第一声"zhī"。今天学的"只"读第三声"zhǐ"。（生读）

师："只"是一个多音字，有的时候读第一声，有的时候读第三声，要看上下文。看它用在什么地方。这里是"只看见"的"只"。"只看见"是什么意思？这里的"只"当什么讲？

生：只有的"只"，只看见的"只"。

生："只"就是只看见这个东西，没有看见别的东西。

生："我只有一道数学题没有做出来"的"只"。

师：说得很好。这个小朋友抬头看，只看见……

生：只看见闪闪的星星蓝蓝的天。

师：大家读读这个拼音"shǎn"。（生读）

师：这是翘舌音，读第三声，两个第三声的读法和以前一样，再读一遍。（生再读）

师："闪"字很好写（板书"闪"。你们怎么记住它？

生：门里一个"人"字，就是"闪"，闪闪的星星的"闪"。

师：不错，可惜声音小了一些，请你大声地讲。（生大声再讲）

师：好，这遍讲清楚了，以后讲话就要使大家都能听见。门里有一个人，一闪（老师动

作演示),就是这个"闪"字。什么叫做"闪闪"?

生:"闪闪"就是一下有、一下没有的意思。

师:闪闪的星星呢?

生:闪闪的星星就是一下亮了,一下不亮了。

师:你们看这里。(指幻灯画面上一闪一闪的星星)这一闪一闪的是什么?

生:是星星在眨眼。

师:这些星星一会儿亮,一会儿不亮,一闪一闪的,好像星星在眨眼睛。你们在晚上的时候看见过这种情景吗?

生:我晚上和奶奶乘凉,看见天上许多一闪一闪的星星,好像在眨眼睛。

师:要在晴天的晚上,才能看得到星星。一闪一闪的就叫"闪闪"。这个小朋友坐在小船上。还看见什么?

生:还看见蓝蓝的天。

师:白天,我们看到天是蓝色的。但到了晚上,天却是黑色的。这个"蓝"字没有简写,笔画比较多。现在我们先认识这个"蓝"字。要注意"蓝"的读音。"蓝"的声母是什么?

生:声母是"l"。

师:"l"和"n"要区别开来。(用彩笔写声母,用白粉笔写韵母 n)lán 蓝,不要读成 nán。大家读读看。(生读)

师:读得对。我们南京口音"n"、"l"不分,特别要注意,以后不要读错了。

师:这个小朋友把弯弯的月儿当成小船。他坐在小小的船上,会怎么想呢?(生想)

师:(启发学生想象)他坐在小船上,看到蓝蓝的天像什么? 一朵朵的白云又像什么?船平常是在什么地方航行的?

生:(顿悟)他坐在小船上,看到蓝蓝的天像大海一样。

生:他看见一朵一朵的白云,在自己的身边飘过,好像海水的波浪一样。

师:对。把蓝天当作海,把白云比作波浪,想得很好。他看到天上有很多很多的星星,大大小小的,一闪一闪的,蓝蓝的天,又很大很大,一眼都看不到边,你们想想这景色美不美?

生:(齐声响亮地答)美。

师:现在已经有人能够飞上天,到月球上去。你们也想上天去吗? 想到月球上去吗?(生兴奋得拍手)

师:你们现在好好学习,钻研科学,将来也能飞上天,飞到比月球更远的地方去。现在我们把这两句话读一读。读的时候要注意哪几个字应该连起来读,还要注意"只看见"的"只"要读得长而重一些。还有,"闪闪的"、"蓝蓝的",头一个字也应该读得慢而重一些。(生读)

师:现在再把这四句话连起来读一遍。(生读)

师:这首儿歌为什么读起来这样顺口?

生：因为只有四句话。

师：就是因为只有四句话吗？你们念念这第一句、第二句和第四句的最末一个字：船 chuán、尖 jiān、天 tiān，都是什么韵母？

生：(读)chuán，jiān，tiān，韵母都是 an。

师：对了，都是韵母 an。儿歌第一、二、四句最后一个字都是押 an 韵的，所以读起来顺口。我们再来读一遍。(生读)

师：还是读得不怎么好。现在来听一遍录音，听听这个小朋友读得怎么样。(放录音)

师：她读得好吗？怎么好法？

生：她读得很响亮。

生：她不是一字一顿地读，而是把弯弯的、小小的、闪闪的、蓝蓝的连起来读。

生：她读得很有感情。

师：对，她读出了儿歌的感情。你们也像她这样有感情地读一遍，能吗？(生读)

师：这遍读得比较好。我们已经读了好几遍了，有谁能背呢？(生纷纷举手)

师：请×××上来背诵。再请×××来背。大家都想来背。我们把书合起来一起背一遍。(生齐背)

师：很好，我们大家都能背了。这首儿歌里有好几个重叠的字，(出示小黑板)读一读。

师：小小的，闪闪的，蓝蓝的，弯弯的。你们想想，为什么要用两个字重叠呢？小的，弯的，蓝的，不是也可以吗？"小的船"、"蓝的天"和"小小的船"、"蓝蓝的天"哪个好？

生："小小的船"、"蓝蓝的天"好。

师：为什么？

生：因为"小小的"比"小的"还要小。

生："小小的"、"蓝蓝的"，读起来更顺口。

师：对，你们也能用重叠的词说一句话吗？例如"红红的……"

生：红红的太阳出来了。

生：玫瑰花是红红的。

师：还能用别的词重叠说一句话吗？

生：白白的墙壁上挂着一张地图。

生：××穿着蓝蓝的衣服。

生：花园里长着青青的小草。

生：我的铅笔削得尖尖的。(许多学生举手都想说)

师：现在不再说了，以后我们也可以运用重叠的词来造句和写话。今天学了这几个生字，现在再来复习一遍。

生：船、尖、两、拾、只、闪、蓝。

师：回家把这首儿歌背给家里人听。现在我们把这几个生字写一写，每个字写三遍。注意拿笔和写字的姿势。

（学生写字，教师来回巡视，纠正姿势。）

师：下课。

（南京师范大学附属小学斯霞设计并执教）

（二）分散识字教学经验的分享

下面是一位老师对人教版二年级上册《"红领巾"真好》一课的分散识字教学实践与反思。请你阅读并提出自己的设想与建议。

1. 随文正音

读准字音是识字的首要任务，在学生初读课文的时候，我让学生分自然段朗读课文。因为是初读，学生在读课文的过程中会遇到"拦路虎"，这样暴露出来的问题是真实的。因此，帮学生解决这些问题，正是教师要做的。

例如，读课题时，有学生把"红领巾"的"领"读成了前鼻音，有学生马上指出"领"是后鼻音。接着，我就让这个指出错误的学生来当小老师，带领大家读。这样，不仅读准了"领"，而且学生对它的印象特别深刻。

再如，"蹦蹦跳跳"、"叽叽喳喳"两个"AABB"式的词语。当学生把它们读成"bèng bèng tiào tiào、jī jī zhā zhā"时，我告诉学生读这种形式的词语时，第二个字读成轻声会更好听。接着，我进行领读："bèng beng tiào tiao、jī ji zhā zha。"

2. 随文记字形

字形教学是识字教学的关键，也是学生识字的难点。教学时，教师要善于利用生字的特点进行识记教学。

例如，教学"巢"字时，由于"巢"字字形比较复杂，如果单纯分析字形，学生不仅会感到厌烦，印象也不会深刻。教学时，教师可以通过先出示有关"巢"字的图片来吸引学生的注意力。且图片可以清楚地展现"巢"字的字形，学生能非常容易地记住字形，且理解它的意思。

又如，教学"蓬"字，根据以往的教学经验，学生容易把"蓬"记成是半包围结构的字，造成这种错误的原因是学生对"蓬"的意思理解不够。因此，教学时教师可以告诉学生"蓬"是一种多年生草本植物，花白色，中心黄色，叶似柳叶，子实有毛，又叫飞蓬，同时出示图片给学生。这样，不愁学生记不住"蓬"字的结构。

3. 随文解义

在学习课文的时候，教师要利用多种方法让学生理解字词的意思，这种理解不同于高段教学中的解释词语，而是要让学生大概知道这个词语的意思，区分词语的含义。

如"蓬松"，学生难理解其意思。此时，教师可以拿出一团棉花，让学生用手摸一摸。学生感觉到软软的，看上去又非常松散，这样就是"蓬松"的。再引导学生联系实际，找找生活中"蓬松"的事物，如蓬松的头发、蓬松的草等。学生对"蓬松"的理解就水到渠成了。

第四章　字理识字课

一、背景描述

在我国的语文教学史上，识字教学历来是启蒙教育阶段的一个重点。而长期以来，识字教学的高耗低效一直困扰着一线教师。随着教育的发展和社会的进步，识字教育研究的问题也不断深入。为此，不少有识之士在识字领域不断探索，先后形成了以"集中识字法"和"分散识字法"为代表的诸多教学流派。

其中，侧重从字形入手的"集中识字法"，注重汉字字形的生成性特征，引导学生把汉字归类识记，其培养的主要是学生对字形的类比推理能力，而易忽视听、说、读、写等其他能力的培养。侧重从字义入手的"分散识字法"，注重字义的情景创设，提倡生字教学要"字不离词，词不离句，句不离篇"，使生字的字义在生动形象的语言环境中凸显出来。但是如果教师处理不当，对字形的教学就很容易疏忽。而其他形式多样的识字教学法，或是突出了分散识字的字义联系特征，或是突出了集中识字的汉字生成性特征，尽管也取得了一定效果，但是并没有从根本上统一两者在形式上的不一致。因此，学生普遍识字质量不高，经常写错别字，又容易遗忘。

依据汉字的结构原理，抓住汉字形与义的关系进行汉字形音义相结合的字理识字法，无疑是当下我们研究的发展趋势。所谓字理，是汉字的组构和演变规律。字理识字法是依据汉字的构字规律，运用汉字形音义的关系进行识字教学的方法，也就是说通过对象形、指事、会意、形声等造字法的分析，运用直观、联想等手段识记字形，以达到识字的目的。这种识字方法，以启发学生展开想象和联想为基本手段，通过揭示和解析字理，使学生牢固建立字的形、音、义之间的联系。它是湖南省岳阳市教科所高级教师贾国均首创的一种识字方法，后来由广西壮族自治区小学教育研究中心特级教师黄亢美教授进行了较系统的研究和发展。

字理识字法利用学生识字过程中，前期的经验帮助后期的学习，使得识字学习成为一个逐步提升和相互联系的系统。抓住中国汉字的组字规律和部件的意义，加强对部件意义的理解，进一步提高字的组成之间的联系来记忆生字。通过字体之间、部件之间的相互借鉴，来学习和记忆生字。

二、课堂例析
字理教学片段

（一）识字课：依据字理，析形索义
【片段一】
下面是黄亢美老师上的北师大版新实验教材中归类识字有关"手"的偏旁变写的一个教学

片段。

在学习以"攵"为偏旁的"牧、收、攻、教、救"等字时,教者先出示"又"字,理解了"又"是手的变写后,那么,在"又"上多加一撇的反文旁"攵"表示手持何物呢? 教者把这几个生字分派给学习小组进行合作探究,然后由小组长汇报了如下的探究体会:

牧——"攵"表示手持鞭子在放牧。词语如:放牧、牧羊。

收——"攵"表示手持工具。在"丰收、收割"里表示手持镰刀。

攻——"攵"表示手持器械。在"进攻、攻打"里表示手持刀枪。

"教"字的"攵"原表示手持鞭子训斥小孩,同学们依据现字形想象为教师手持教鞭,或说手持粉笔、书本等。

"救"字的"攵"表示手持物件。在"救人"这一词语里,一些同学想象为手持竹竿递给落水者,在医生"抢救"病人这一情境里,同学们想象为医生手持手术刀等。

在同学们合作探究的基础上,老师又引导同学们对"攵"这个偏旁的形义用顺口溜进行了总结概括,并用天津快板的曲调和节拍进行诵读。

> 这个反文旁,
> 东西拿手上。
> 拿个啥东西,
> 具体看情况。

【点评】汉字绝大部分为形声字,掌握了形声字就掌握了学习汉字的主动权。学习形声字重点是把握好形旁,如果理解了常见形旁,就能自主地析形索义,因义记形,就能达到"学一个带一串"的功效。"攵"是常见的偏旁,但是很多教师只是让学生说出其名称叫"反文旁"即可,至于它的构形和含义则不甚了了。而黄亢美老师不但让学生能说出其反文旁的名称,更主要的是让学生在比较探究的过程中掌握其形义。不难想象,学生掌握了"攵"的形义后,今后碰到以"攵"为形旁的形声字乃至会意字,就能自觉地与手持物件的含义联系起来,自己识字的能力也就逐渐形成。

【片段二】

下面是黄亢美老师上的一节归类识字课中复习巩固阶段的教学片段,从复习的形式和要求可以看出在这节课中教者是如何引导学生去"析形索义、因义记形"的,而且一字一法,学生兴趣盎然,给观摩的老师留下了极深刻的印象。

1. 同桌判分法

在复习巩固阶段,为了使学生能进一步地加深对"镜"字形义的识记,黄老师提出了这样两个问题:"镜"字为什么用"金"做偏旁? (古人曾以铜为镜)镜子为什么说"一面"而不说"一只""一条"? 要求同桌的同学一人回答一个问题,并互相判分,回答正确的出示十个手指亮 10 分,回答不够正确就适当地递减手指。

每个同学既做"运动员",又做"裁判员",人人都动脑、动口又动手,个个都兴趣盎然地参与。

2. 举手示意法

同学们在理解了"幅"(原指布帛的宽度,故从巾)和"副"(用刀剖物,使物一分为二,合二而一)这两字为什么是布巾旁和立刀旁后,为了让同学们很好地区分这两个字,黄老师说了一段这

样的话：

张爷爷六十多岁了,他戴着一副老花眼镜,待人很热情,见人总是一副笑脸。他很爱好书画,给我画了一幅国画,写了一副对联和一张条幅。天气太冷了,我把一副手套送给了张爷爷。

黄老师在说这段话时,左右手分别拿着"副"和"幅"的生字卡片,讲到该用"副"字的词语时,同学们举左手表示,当说到该用"幅"字的词语时,则举右手表示。这种采用左右手示辨词语的形式新颖有趣。

3. 手指示数法

学了"杯"字后,同学们懂得了古人曾"以木为杯"的字义,这时黄老师让学生四人小组讨论组词,每组成一个词语组长就举一个手指,组成两个词语就举两个手指,以此类推,然后请举手指最多的一个小组回答。这种把竞争引入小组讨论的方法非常奏效,合作讨论非常热烈。

4. 随意作画法

同学们理解了"串"字是一根线段穿过两个钱贝的字理和引申义后,除按课本中组的"一串葡萄"外还可组成什么词语呢? 这时,教者让每位同学都拿出纸笔,想组什么词就把它画出来,以此形象地感知"串"字的形义。

于是人人动手画画,"一串珍珠"、"一串鞭炮"、"一串羊肉串"等很快便画出来了。如果让同学们口头组词,再怎么说也是几个同学说,而用画的方式"组词",则不但人人能参与,而且个个都乐于参与。

最后,黄老师还组织了一个"摘苹果"的游戏,老师画的苹果树上贴有纸形的"苹果",每个"苹果"后面附有问题,这些问题也都十分地突出汉字的形义。如:"副"字为什么是立刀旁? 你能用"副"作量词说两种以上的物件吗? "轮"字为什么是车字旁? 为什么"明月"说"一轮"? "束"字"木"中的"口"表示什么? 等等,谁上来摘并且回答对了就把"苹果"送给他。

【点评】要提高小学生的识字效率,首先就必须提高其识字的能力;要提高学生识字的能力,就必须"进一步研究小学识字教学的规律,包括学生的汉字学习的认知规律和汉字本身的规律"(教育部基础教育司司长李连宁语)。学生的汉字学习的认知规律最主要的是形象感知和意义识记,而形象感知和意义识记汉字最主要的是应充分考虑汉字的特点,以提高识字教学效率。同时,让学生在识字过程中初步领悟汉字的文化内涵。

从上述的教学片段可见,教师引领着孩子们进入了汉字无比美妙的构形情境里,由"一轮明月"的"轮"想到了车之轮,进而想到月圆如轮;由"一面镜子"的"镜"懂得了古人曾磨铜为镜,镜子是平面的,而且又是用以照人的脸面的,所以称谓它的量词用"面";由"副"字的立刀旁进而了解了古人"债券"之"券"刀字底的来龙去脉以及"副"字"一分为二,合二而一"的含义;由"束"从木从口想到了古代先民们正用绳索捆绑(口)草"木"的劳作情景……

在学生们的眼里,这些汉字已不再是抽象的符号,而是一幅幅图画,甚至还会浮现出动态性的内心视像,祖国汉字深厚的文化内涵也就自然地融入学生的心里。佟乐泉先生指出,评价一种识字方法的优劣,"首要的标准就是看它能不能尽量地减少死记硬背的内容,提供更多易于联想的线索,更快更牢地识记汉字"。从这个意义上讲,可以说,讲析字理是识字教学最根本的方法。而黄亢美老师就是执着地依据此法施教的一位教师。

(二)阅读课:依据字理,品析词语

多年以来,小学的阅读教学一直难以摆脱"红领巾教学法"的影响,把划分段落、概括段意、分

析人物、归纳中心等当作语文教学的主体内容,用大白话串讲白话文,语文课相当程度地上成了繁琐多余的内容分析课。进入新课改后,"人文强化,语文弱化"的现象日甚。

黄亢美老师一直认为语文课必须突出其本质特性,特别是阅读教学课,更是要念好"三品"、"三层次"、"三境界"和"三维度"的"三字经"。因而,他的阅读教学课总是充盈着浓浓的语文味,特别是在依据字理品味词语方面,成了他阅读教学十分耀眼的亮点。

【片段一】

这是黄亢美老师上《守株待兔》一课的教学片段。在品读课文第二自然段中"种田人白捡了一只又肥又大的野兔,于是,就乐滋滋地走回家去"时,执教者引导同学们作了如下的词句比较。

> 他乐滋滋地走回家去。
>
> 他乐悠悠地走回家去。
>
> 师:"乐滋滋"与"乐悠悠"在字形上有什么区别?
>
> 生:"乐滋滋"的"滋"是三点水旁,"乐悠悠"的"悠"是心字底。
>
> 师:从这两个ABB式的形容词不同的形旁你能推断出他们不同的词义吗?
>
> 生:"乐悠悠"的"悠"是心字底,说明心里高兴,很悠闲自得的样子;而"乐滋滋"的"滋"是三点水旁,与水有关系。
>
> 师:这里的"水"会是什么水呢? 想想,种田人白捡得这只又肥又大的野兔乐得有滋有味的,看着看着,这时什么流出来了?
>
> 生:口水流出来了。
>
> 师:"滋"是指滋味,有滋味了就会流口水,"滋滋"连用说明——
>
> 生:说明口水流得很长。
>
> 师:说得好。那么,是用"乐滋滋"好还是用"乐悠悠"好呢? 同桌的同学讨论一下,要注意联系前后文来理解。
>
> 生1:因为前面写他"白捡了一只又肥又大的野兔",这个野兔不但是"白捡"的,而且是"又肥又大"的,想到马上就可以煮着吃了,所以口水就流了出来,因此,课文里用"乐滋滋"这个词好。
>
> (先后有三位学生发言,大意相同,而且都能联系"白捡了一只又肥又大的野兔"这一句子来品味"乐滋滋"这个词)
>
> 师:说得真好! 他"乐滋滋地走回家去"是因为他——
>
> 生:"白捡了一只又肥又大的野兔"。
>
> 师:因为他"白捡了一只又肥又大的野兔",所以他才——
>
> 生:"乐滋滋地走回家去。"
>
> (教师出示课件,学生齐读幻灯片中有关读写例话的语词。阅读时要注意词语之间的联系,写作时要选择有联系的词语)
>
> 师:词语理解了,能够读出他馋涎欲滴的情态吗?
>
> 生1:(读)"种田人白捡了一只又肥又大的野兔,于是,就乐滋滋地走回家去。"(读得较平淡)

师：他读得怎样？（生：平淡）要读好这句话，关键是要读好"又肥又大"和"乐滋滋"这个词。特别是读"乐滋滋"这个词，要使人仿佛看到他的口水流出来一样。谁再来读读？

生2：（读得稍好，前一"滋"重读略拉长，后一"滋"比较轻短）

师：读得怎样？是不是流出一点口水了？（众生笑，认可。）还有哪位同学读，看看能不能让人听起来口水流得比这位同学的还要长。

生3：（读得更好，前一"滋"重读拉得更长）

师：（打趣地）哟——口水流出有一尺长啦。（众生大笑）

……

师：这个种田人捡得一只兔子吃就想天天捡得兔子吃，于是，他丢下了锄头，整天坐在树桩上等着，看有没有野兔再跑来撞死在树桩上。这个种田人是男的还是女的？

生：男的。

师："男"字是什么结构？

生：上下结构，上田下力。

师：为什么"男"字用"田"和"力"组合而成？

（多位学生发表了自己的看法，教师最后依据"男"字的字理和综合同学们的意见，用顺口溜概括了"男"字的形义：

田加力，组成男，

田间出力好儿男。

男字读音又通难，

男子汉就不怕难。）

师：同学们，这个种田的"男"人，他不在"田"间出"力"了，而是整天去守野兔了，他还像个"男"子汉吗？

生：不像男子汉，像个懒汉了。

师：他不劳动又想有收获，用一个词来说就叫什么？

生：不劳而获。

师：大家仔细看看"获"字怎么写，为什么由这几个部件组成。

（教师提示"收获"的"获"原写作"穫"，特指收获稻禾；"捕获"的"获"原写作"獲"，特指带犬打猎而捕获兽类，现已简化统写为"获"。如何识记这个简化字的形义呢？在教师的引导下，学生依据词义和自己的想象灵活识记为：要想收"获"粮食，就必须去种庄稼，所以"获"字有个"艹"，要想有兽肉吃，就必须带"犬"去打野兽，所以"获"又由"犬"和"犭"组成）

师：这个种田人既不去种庄稼，也不带猎犬去打猎，最后的结果如何呢？

生：野兔再也没有得到，田里也渐渐地长满了野草。

（教师把课件中的"获"字先后擦除掉了"犬""犭"以及"艹"）

师：一样都没有收获，用一个词语来说就是——

生：一无所获。

【总评】在这一教学片段中,我们可以领略到黄亢美老师依据字理析解和品味词语的特色。其基本方式为:

(1) 抓住词语中的重点语素进行字理分析,然后再联系整个词语进行理解。如"乐滋滋"一词,依据字理析解了"滋"的含义,然后再整个理解"乐滋滋"的词义,概言之,即是先分解,再组合。

(2) 字理析词之词,不一定个个非是课本中的词语不可,也可以根据理解课文内容的需要而适当地旁延扩展。如上例中对"男"和"获"的析解,虽不是课文中出现的字词,但能很好地为理解课文的思想内容和寓意服务。

(3) 由于汉字的演化和简化,一些汉字的形义变化较大,对这些字可以不拘泥于原来的字源义,允许学生依据现代生活的感受说出自己的"理",如"获"等字的析解。

(4) 运用字理析词,这是第一步,而后再联系上下文理解和品味它的文中义,这就使得词语的理解更深刻和更到位了。教师在此基础上引导同学们对这种文法和学法进行了概括和提升,强化了大家对"阅读时要注意词语之间的联系,写作时要选择有联系的词语"的理解。

在品词品句的基础上,执教者很注意让同学们进行品读,这又充分地凸显了阅读教学以读为本、以读代讲的特征。引导同学们从"不劳动又想有收获"提炼出"不劳而获",从最后"一样都没有收获"提炼出"一无所获",对语词如此的抽象和概括,这也是一种很好的语言训练方式。在整个教学过程中,教师依据汉语言文字的特点,主要的精力用于引导学生对文本语言的理解和感悟上,学生的主要学习时段是进行品词、品句、品读以及对语词的抽象概括训练上。

这样的教学,不但很好地进行了语言的学习和训练,而且又很好地理解了课文的内容和寓意,工具性与人文性在这里得到了很好的统一。

【片段二】

这是黄亢美老师教学人教版六年级文言文《矛与盾》的教学片段,执教者在起始的解题时,先让同学们依据自己的理解和想象画出"矛"与"盾"两物,然后教师写出这两物的古文字形。象形字的古文字"矛"和现代楷书体的"矛"还依稀可辨其形,教师板书小篆体的"盾"字让同学们形象地感知到古代将士手持盾牌遮"目"掩体的形态,很明显,矛是进攻的武器,盾是防守的武器。在初读课文理解大意后,教者要求学生找出难理解的字词,先对照课文的注释理解它的含义,然后尽可能地从字形上探求它的词义。以下是部分学生的发言:

生1:在"楚人有鬻盾与矛者"中"鬻"字比较难理解。课文的注释是"卖"的意思。从字形上看它是个上下结构的,上面有个"粥"字,会不会原来的意思是卖粥?

(教师提示,下面的"鬲"古文字的字形像三条腿的鼎锅形,学生由此联想到锅里有粥,正在舀着锅里的粥在卖。在形象理解了"鬻"是卖的意思后,教师为了加深理解,又适当地进行了旁延扩展:旧社会劳动人民食不果腹,被迫卖儿卖女;在过去的政府衙门里,一些当大官的卖官卖爵,谁给钱多就让谁当官。在教师的引导下,同学们分别把"卖儿卖女"和"卖官卖爵"变说为"卖儿鬻女"和"卖官鬻爵")

生2:这个楚人"誉其盾曰:'吾盾之坚,物莫能陷也。'""誉"是夸耀的意思,从"誉"字的……

生3:"曰"在课文中的注释是"说"的意思。它的字形……

生4:"其人弗能应也"中"弗"是不能的意思,在字形上比较难理解……

(在老师的提示下,同学们对上述的"誉"、"曰"、"弗"以及"吾"、"陷"、"莫"等几个字的字形和字义都能从字理上进行理解。)

【总评】对于文言文的教学,一般的教师在教学中多按照注释疏通文意即可,而在上述的教学片段中,我们可以明显地看出黄亢美老师非同一般的教法,就是不但要知其然,而且还要知其所以然,也就是不仅仅通过注释知道了有关字词的意思,还要通过该字形透视出它的字义。这样的学习要求和训练,能让学生真正地走进汉字美妙的构字情境里,能够使学生真正地感悟到祖国汉字深厚的文化内涵。《语文课程标准》指出,"要让学生喜欢学习汉字","要培养学生热爱祖国语言文字的思想感情"。不言而喻,黄亢美老师这样的教学是能够较好地达到这样的教学要求的。

由上可见,特级教师黄亢美的语文教学的确是极富特色的,这些特色除体现了引导学生全员参与、主动探究这些课改的新理念外,最主要的就是能依据汉语言文字的规律,运用字理进行识字,让学生析形索义,因义记形;运用字理进行析词,让学生形象地识记词形和感知词义,在这一基础上进行品词、品句和品读等方式的语言训练。因而,他的课总是充盈着浓浓的语文味。要营造出浓浓的语文味,教者就必须具有深厚的汉语言文字的底蕴;要具有深厚的汉语言文字的底蕴,教者首先就要有热爱祖国语言文字的深厚感情,而黄亢美老师就是这样一位对汉语言文字无比热爱且具有较深造诣的一位学者、专家和教师。

(本课例由广西壮族自治区小学教育研究中心黄亢美教授执教,由北京教育学院宣武分院赵玉琦评析)

三、资源链接

(一) 字理与汉字的文化内涵

1. 凸显字理,让学生体会汉字的意象美

如何使汉字由抽象的符号转化为生动的意象呢?一般采取的对策是:

(1)通过图字对照,重现象形字的形象。如禾穗图与"禾"字的比照,简笔画的山形与"山"字的比照等。几乎每一种版本的低年级语文教材初学构字率较强的独体字时,课本里都会以"文字图——小篆——楷书"的形式出现,因此,我们应很好地对这三者进行比照,可先具象再抽象("文字图——小篆——楷书"),也可先抽象再具象("楷书——小篆——文字图")。切莫单纯地教楷体的独体字,而仅把文字图和小篆当作简单的插图。

(2)通过字形展开联想和想象。对于那些由独体字组合而成的会意字,可采用分解组合的方式,引导学生体会其"会意"的方法。如"采"由部件"爪"和"木"组成,可具体地想象人们用"爪"在"木"上采摘茶叶或果实的情景;由"男"字的"田"和"力"想象远古的男子在"田"间出"力"劳作的情形,还可由此联想到妇女在家纺纱织布的情景,由此,一幅男耕女织的画面就会呈现在学生的面前。

(3)通过动作演示再现情景。如会意字"拿""掰"等,这类字动感十足,用动作演示十分形象。即使是"望"、"瞧"、"眺"、"瞅"、"盯"、"窥"、"盼"、"瞄"、"睬"、"瞪"、"瞰"、"瞥"、"瞟"等形声字,也可以用表情和动作来显现。

引导学生透过字形想象汉字所蕴含的意象,久之,一个个的汉字在学生的眼前就真的会如"诗"似"画",甚至其形其色其声俱现。如在诵读《诗经》"桃之夭夭,灼灼其华"和"黄鸟于飞,其鸣喈喈"的诗句时,从火的"灼灼",使读者想象到桃花红得像火焰一样;从口的"喈喈",又让我们仿佛听到黄鸟清脆悦耳的鸣叫声。

通过字理的析解和意象的透视,此时,"如果打开用汉字写的一本书,那就好象进入了一个画

廊,一幅幅画争先恐后地向你的感官申述它的喜怒哀乐。"

(于漪)

2. 凸显字理,让学生领悟汉字丰富的文化内涵

汉字不只是记录汉语的工具,而且是中国古代社会的活化石。汉字具有平面的二维结构的特点,它的形旁是信息存储体,它的声旁是信息识别体,至于象形字、会意字,几乎可以望文生义,文化内涵极其丰富,这样的信息载体的特点是线性的拼音文字所不具备的。我们应尽量通过析解汉字的形义,让学生感悟源远流长的中华文化。

(1)在字理析解中了解汉字形义的演变情况。造字之初的象形字生动逼真、图文合一,使人见字而识形,见形而知义。尔后的会意字内涵丰富,组构巧妙。例如"监",繁体为監,像一个人弯着腰(卧),瞪着眼睛(臣)下视水盆(皿)照面的情状,本义是照镜子。这个字告诉我们人类最初没有镜子,只好用盆子装水照面修容。春秋时,人们掌握了青铜冶炼技术,并利用青铜磨制出了可以照面的铜镜,于是先后以"鉴"、"镜"表示,以区别原来的水盆镜子。今天,我们使用的镜子已不是铜的而是玻璃的了,但我们仍沿用"镜"字,这样我们也可以从中窥探出其历史文化的发展轨迹。

(2)在字理析解中受到传统美德的教育。古人造字时,把自己的道德标准也融入了构字之中。如"信"字,从人从言,意为"人""言"须诚信,诚信乃为人之本。"仁"字,从人从二,人与人相亲相爱为仁,即仁者爱人。忠字,从心,中声,尽心尽力,赤诚无私为忠,这是指对众人、对国家的心态,如岳母刺字"精忠报国"。孝字,从老,从子。儿子尽心侍奉老人为孝。古语说,忠臣出于孝子之门,古人认为这便是人之异于禽兽的地方。真乃"字小乾坤大",从这些汉字中折射出古人诸多的价值观念,通过对这些汉字字理的析解,很自然地就渗透了中华传统美德的教育。

(3)在字理析解中了解古代文化常识。形声字由表义的形旁和标音的声旁组合而成,是一种比较科学、能产的造字方法,其表意的形旁对于我们研究汉语词的原始意义,研究古代社会生活及其发展,了解当时人类的认识水平,都是很有帮助的。如"财、货、贵、贱"等字以"贝"为形旁,"币、帛"以"巾"为形旁,"钱、银"以"金"为形旁,从这些不同的形旁可知我国古代曾先后用过贝壳、丝帛和金银来作货币,反映了汉族人民对于货币价值观念的发展过程。又如在上古母系氏族社会里,以妇女为中心,很多姓氏都加上"女"旁表形,如"姜、姚、姬、嬴"等,连"姓"字本身也是女旁,一些美好的字眼也用上女旁,如"好、姣、姝"等。到了男权社会的时代,从文字上就出现了许多侮辱女性的痕迹,如"嫉、婪、嫌、妓、奸、妨"等字,就连"偷"字和"懒"字也曾加上"女"旁。"女"字真可谓"受宠"一时,又"受害"一时。"政、教"以"攵"为形旁,从"攵"的字往往与"打击"有关,由此可知上古时代的"政"、"教"都与刑罚和体罚有关。

3. 凸显字理,让学生感受汉语言文字独特的魅力

中国的汉字除因其表意性而蕴含丰富的文化内涵外,其音律、形体、情趣方面在世界上亦是别具一格,颇具魅力的。例如,"对联"是汉字特有的艺术,左右两联,字数相等,结构相似,词语相对,平仄相调,内涵相联,真可谓独一无二,巧夺天工,特别是一些内含字理的对联,尤显情趣。如:

A 此木为柴山山出,
白水作泉日日昌。

B 六木森森，杨柳梧桐松柏。

三水淼淼，海洋湖泊江河。

A 联属于拆字联，把"柴"、"出"、"泉"、"昌"进行分拆，这实际上是进行了汉字结构的分析。B 联除了对"森"和"淼"进行分拆外，后续的"杨柳梧桐松柏"和"海洋湖泊江河"又凸显了形声字形旁表义的特点，汉字字理的特征仍然十分突出。中国的对联如此地对仗工稳、平仄相对、音律有致，这是线形的拼音文字所不可比拟的，显现了汉语言文字独具的特色，特别是每到新春佳节，家家户户张贴春联，一片喜气洋洋的景象，更是中国的一大奇观。我们的语文实验教材在这方面也作了有益的尝试，多种教材都选用了"对子"形式的识字课。

此外，运用猜字谜的形式，也能较好地增强学生的形象思维能力。字谜的形式古已有之，它跟汉字的音、形、义关系密切，课堂教学中突出字理的猜谜也是十分有助于学生对汉字形义的识记和文化知识的吸纳的。例如：

上山割草木，加水反复煮；　　一人欠着身，俯看皿中物；

熬出颜色来，再放丝和布；　　此物真是美，两滴口水出；

搅和九次后，白布变蓝布。　　于是起坏心，把它偷回屋。

　　　（染）　　　　　　　　　　　　　（盗）

从上例可以看出，作为课堂上识字教学中的猜谜是与社会上的文字游戏式的猜谜是不同的，它特别注意汉字音、形、义的联系，突出字理的构成，通过猜这些形义结合的字谜，增强了学生的思维训练，获取了历史文化的知识，感受到汉语言文字特有的魅力。

（黄元美）

（二）字理识字法

1. 运用"溯源——对照"法，教好构字率强的基本字

汉字的构成一般来说是先有象形，而后派生出指事、会意、形声乃至假借和转注。据此可知，独体的象形字具有极强的组构功能，教好象形字对稍后学习的指事字特别是合体的会意和形声字是十分重要的，将有效地提高识字教学的效率，较好地形成小学生自能识字的能力。目前使用的多种版本的小学语文教材都意识到学习基本字探究其字源义的重要性，因此，几乎所有的不同版本的教材在首先出现的构字率较强的独体象形字时都配以实物图形或概括抽象图（两种图形有时可省略其一），而后是小篆文字，最后再引出楷体文字，这样的编排和设计无疑是十分好的。在教学中，我们必须领会编者的意图，并科学地施教。

对构字率较强的象形、指事这类基本字的教学一般可采用"溯源——对照"的方式进行。溯源，就是指简明扼要地阐述这些汉字产生、演变的大体过程，一般可通过图片实物展示、动作演示、故事介绍、根据基本笔画分析和点拨等方法进行。对照，就是指在展示汉字演变过程后，将楷体汉字各部位与篆体、客观物体各重点部位进行对应比照，以形象地感知画图——篆体——楷书之间的联系，从而理解和识记所学楷体汉字的形义。如教"山"字可绘出或参看课本中的群山图，教"丁"字可用钉子进行直观演示，教"大"字，则可由教师或学生伸开两脚张开双臂显示形体，而后与篆书和楷书的汉字进行笔势对照。现行教材大都是图字结合的，有些教材先有实物彩图，再过渡到概括抽象图（实物图画和文字之间的一种简笔画，如苏教版一年级下册识字 3"舟、竹、石、泉、川"这些字的图形），然后引出既保留实物特点，又与楷体比较接近的小篆，最后再呈现楷体汉

字,于是形成了如下的基本顺序:

实物彩图→概括抽象图→古体汉字→楷体汉字

在一般的情况下,我们应按以上的呈现顺序引导学生观看、理解和识记。如教"川"字,先看水流形状的"实物彩图",再看简笔画的"概括抽象图",此时的图形已比较接近文字,但它还是属于图画的性质,依据它的主要笔画线条与小篆文字对照,建立图与字之间的联系,在此基础上学习楷体的"川"字,此时的"川"字出现在学生面前时就不会是抽象的符号,而是一条奔腾不息的大"川"了。

教学的方法是灵活多变的,有时候又可以倒序为之,形成如下的顺序:

楷体汉字→古体汉字→概括抽象图→实物彩图

一般来说,析解象形字时必须给儿童展示由图画到古汉字再到楷体汉字产生、发展的大致过程,并着力去寻找它们之间的联系。值得注意的是,教师在教学过程中不要过多地讲解文字学知识,对于汉字发展演变的全过程也不要求学生能复述,古体汉字更不要学生去记忆和书写,只是让学生经历一种由图画到楷体汉字的思维过程而已,重点还是放在楷体汉字的学习上。

在教材的编写和实际的教学中,如下的一些问题应引起我们的注意:

(1)在教材的编写方面,图与字的对照要恰到好处。象形字是由实物图演变来的,教学中常常要把原始的实物图复原出来,以找到汉字形成的根源。而这个图绝不是一幅任意的图画,它需要体现特定情境下的典型意义,表现出汉字形成的过程,便于学生浮现出记忆的痕迹。如"鸟"字,它是由一只头向左栖于树枝的鸟形演变而来,而"燕"字却是由一只向上飞翔的燕子形状演变而来。然而,一些版本的教材没有掌握好这个典型形象,而是任意画一只飞鸟和一只横飞的燕子,且没有概括抽象图,这就很难在对照时从汉字与图画中找到共同之处,也就达不到让孩子感悟汉字演变过程的目的。

(2)在课堂教学中,我们的一些教师字理意识薄弱,对教材中楷体字以外的实物图、概括抽象图以及古文字形的小篆或金文汉字缺乏主动勾连的意识,认为只是一幅欣赏性的插图而已,因而很少运用这些实物图和古文字为楷体汉字的教学服务,这就大大地浪费了良好的课本资源,如此教学,要达到让学生"喜欢学习汉字"和"感受汉字形体美"的教学目标也就只能是非常抽象和模糊的了。

2. 强化偏旁教学的字理意识,做到"教一个得一串"

汉字80％以上是形声字,掌握了常用的、组字率较高的象形字以及利用它们作形旁时用于表义的特点,就能形成识字的能力,进而"无师自通"地创造性地学习大量的形声字以及会意字。例如:学了"火"字并懂得"火"作偏旁时变写为四点底"灬"("燕"字的四点底是燕尾的变写),那么,当学到"热、煮、照、煎、熬、熟、烈、焦、蒸"等字时就能自觉地用"火"去析解它们的形义。

学了"首"字(表人头)并懂得"首"作形旁时变写为"页",那么,当学到"顾、颈、项、颜、顶、须、烦"等字时就能把该字与"人头"联系起来理解。

如果了解了"手"可变写为"扌、又、廾"以及与手有关的偏旁为"爪、彐、攵、支"等,那么,学到"挥、举、取、看、有、戒、牧、采、秉、敲"等字时,就能自觉地用"手"或与手有关的动作去析解它们的形义。

3. 依据"分解——组合"法科学而灵活地解析汉字

我们知道,汉字六书中的象形、指事、会意、形声是四种造字的方法,象形、指事造出了基本

字,这些基本字一般是独体字。而运用会意法和形声法造出了合体字,合体字又都是由基本字组成的,基本字大多充任合体字的偏旁。所以,教学会意或形声这些合体字时,通过先分解其组合的部件(基本字),了解其各自的基本含义和功能作用,而后再"合二而一"或者"合三而一"地弄清其组合后的整体含义或意义功能,这样就能透彻地了解其字义,根据意义识记其字形,概言之,也就是"析形索义,因义记形"。这种汉字析解方法既教学生识字,又授以识字之法,并能引起浓厚的学习兴趣,避免机械识记。"分解——组合"当是我们进行合体字教学的一种最主要的方法,也是中国传统的优良的汉字蒙学方法,我们应传承并发扬光大之。

通过对下面合体字的"分解"与"组合",我们可以大致地了解其方法的一般流程:

名:会意字,分解为夕、口二字。

晚上(夕)漆黑,见有来者不知是谁,须张口问其名,故夕与名会意为名。

初:会意字,分解为衣、刀二字。

制作衣服须先用刀裁布,故刀与衣组合成"初",义为首先,起始之意。

罚:会意字,可分解为网、言、刀三个部件。

触犯法网,情节轻者受言斥责,情节重的将被用刀(刂)处以极刑。故网、言、刀组合成罚。

"分解——组合"主要是针对会意、形声这类合体字而言,而对于一些独体字进行笔画的分析实际也蕴含着"分解——组合"的原理。字理识字既是一种基本的教学原则,也是一种可操作的教学方法。在实际的教学中,"分解——组合"的教学方法常常又是灵活多样的:

(1)图示法。即用图画将汉字的本义表示出来。如教学"飞"字,可以画一只飞鸟与"飞"这个字作对照,说明这个字的一部分是鸟的身躯,弯钩里的两笔是小鸟展开的翅膀。教学"采"字可绘出手在树木上采摘的简笔图。由于图画形象、具体,十分有利于将汉字的形与义紧密联系起来记忆,以加深对汉字本义的理解。

(2)演示法。通过演示来表示字的音形义的关系。如"掰"、"拿"这类字以手演示就十分直观。又如"灭"字,用一块木板盖在火上,让火熄灭,则形义不言自明。

(3)描述法。就是运用精炼的语言去阐明汉字构形原理,这种方法多适宜于会意字以及形声字的教学。如教学"牧"字,只要解析"攵"是手拿鞭、棍的意思,与"牛"合起来指手拿鞭子牧牛,这类字无须图示,只要这样点拨讲述学生也就理解和掌握了。

(4)联想法。在析解字理时引导学生合理联想,以加深对汉字形、义、音的理解,如教"沙"字,可引导学生从河水少想到沙子出现,这就是沙字的由来。这类字难以图示和演示,引导学生联系生活联想即可再现情境。

(5)故事法。即运用故事阐明字理。如教学"家"字,就可通过故事的形式介绍古代先民的游猎生活习性以及养家定居为家的情况,这样,就使学生不但理解了"家"的构字原理,还了解了人类生活的演变历史。再如教学"阔"字时可给学习者简略讲述三国时期杨修在曹操花园门上题写"活"字的故事。

(6)比较法。通过比较可以把汉字的个别部分和特征分析出来,发现它们之间的异同,以利抓住字与字的本质联系和区别,达到提高教学效率的目的。如"请、清、晴、精、睛"和"幕、摹、暮、墓、慕"等字,通过形旁的辨析比较,学生就能形象分辨和识记。

(7)歌诀法。可运用歌诀来帮助学生识记汉字的形义。如"办"字,歌诀可编为:"办事要用力,两边流汗滴"。教学"古"字时,可编这样的歌诀式的谜语:"上十下面口,表示很多口;口口相

流传,历史很悠久。"这样的字谜形义结合,十分便于学生意义识记。

(黄亢美)

四、推荐阅读资料

1. 许慎.说文解字.北京:中华书局,1963.
2. 李乐毅.汉字演变500例续编.北京:北京语言大学出版社,2007.
3. 左安民.细说汉字.北京:九州出版社,2005.
4. 左安民.细说汉字部首.北京:九州出版社,2005.
5. 佟乐泉.小学生识字教学研究.广州:广东教育出版社,1992.
6. 杨洪清.现代说文解字字典.北京:群众出版社,1997.
7. 田清源.汉字形音义解析.重庆:重庆大学出版社,1999.
8. 贾国均.字理识字教学法.北京:中国轻工业出版社,1998.
9. 田清源.汉字形音义解析.重庆:重庆大学出版社,1999.

五、后续练习

对识字教学的字理分析

试用字理原理对以下识字教学片段进行评析。

（学习品字形结构的"品、森、众、晶"四个字）

师：今天我们主要学习的是由相同的单字组成的品字形结构的汉字。老师这里有一杯茶(师端杯品茶,并发出饮茶时的咂嘴声)你们看看老师在干什么。（生：老师在喝茶）

师：老师怎么喝的,是口渴了一大口一大口地往嘴里灌吗?

生：不是,是一小口一小口地喝。

师：对,像这样一小口一小口地尝出茶的味道,可以用这个词来表示(出示课件"品茶"。)

师："品"字是由什么字组成的呀?(生齐："口"字)老师刚才喝了几小口茶?（生：三小口茶)如果老师品了很多口茶,是不是要用很多个"口"字来表示呢?（生：不是)我们中国汉字有一个特点,就是由一个单字重复几次组成一个字,每重复一次,这个字的意思就加强一次。在我们的汉语中,"三"常用来表示多的意思。"品"字由三个"口"组成,就表示品尝了很多口茶的意思。(课件出示"茶"字,指导读好翘舌音,并让学生说"茶"字是怎样组成的)

师："茶"字为什么由"艹、人、木"组成呢?

（在老师的引导下,同学们经过相互交流讨论理解了"茶"字的基本字理：茶叶是长在茶树上的,所以"茶"字下面是"木"字。茶叶是采摘茶树上的嫩芽制成的,嫩芽像嫩草一样尖细,所以"茶"字上面是个"艹"。茶叶是"人"从茶树上采摘,泡制成茶后给"人"喝的,所以"茶"字的中间是个"人"）

（给学生简单介绍茶的分类,读文中句子,写生字）

（出示课件"木"，指导学生读"木"字，并组词——树木）

师：如果有很多树木，几十棵、几百棵，这地方叫什么？（投影出一片树林的画面）

生：树林。

师："林"是什么结构的字？

生：左右结构。

引导学生用"林"组词。

（课件投影出一大片茂密森林的画面）

师：这里有成千上万棵树木，一棵挨一棵，一眼望不到边，这地方叫什么？（生：森林）"森"字是怎样组成的？叫什么结构呢？

（教师引导学生理解"森"字的结构，然后强调：凡是由三个相同的单字叠累而成的字，我们都叫它品字形结构的字，相同的单字每重复一次，意思就加强一次。）

师：森林里有这么多树，如果我们人类乱砍滥伐，"森林"就会变成树林。（生：树林）再继续乱砍滥伐下去，"树林"就变成树木。（生：树木）树木越来越少，如果再继续砍伐下去就会出现什么情况呢？（出示课件：光秃秃的山岭和一截截树桩的画面。文字也递变成"森林→树林→树木→树桩"）

生：树木砍完了，人类就没有氧气了。

生：没有树木，洪水一来就会把房子冲走。

师：说得真好。人类乱砍滥伐，没有树木，就容易造成水土流失，这也是我国近年长江中下游地区发生百年不遇的洪水灾害的重要原因之一。现在我们该怎样做才能保护我们的环境呢？谁能把"木→林→森"先组词然后连起来说一段话呢？

（在教师的指导下，同学们先同桌对说，后指名四个同学说。同学们一般都能如此连说：我们要多栽树木，还要保护树木，树木越种越多，变成树林，树林越长越茂密，变成森林，这样才能保护好我们的环境）

（教师总结学法：1. 读准字音；2. 分析字形；3. 根据字形理解字理；而后继续用这种方法学习"众"和"晶"两字）

第五章 汉字文化课

一、背景描述

中国古代文化史,其实就是汉字的发展史,就是汉字的发展、繁荣和应用的过程。汉字文化是中国古代文化流传下来的不可多得的一份遗产,作为汉字文化发展过程中的一部分,我们更应该了解汉字,把汉字真正当作中华民族的瑰宝来传承,为汉字的发展贡献我们的一份力量,使汉字文化能够被更多的人来接受,使更多的人能够认识到汉字的重要性,只有被多数人接受,汉字文化才能称得上是文化。社会要发展,并不只是经济的发展,文化的传承、文化的发展才是至关重要的。

界定"汉字文化"应该有宏观和微观两个角度。宏观的汉字文化,是指汉字的起源、演变、构形等基本规律所体现的文化内涵;微观的汉字文化,是指汉字自身所携带的、通过构意体现出来的各种文化信息。宏观的汉字文化是建立在微观的汉字文化基础之上的,因而,在研究的步骤上,应从微观起步,逐步积累材料,总结规律,然后再上升到宏观的研究上。但微观的研究并不是对单个字符的孤立分析,而是要从整个汉字系统出发,着眼于宏观的背景,并以宏观的研究为最终目的。无论是宏观的汉字文化研究,还是微观的汉字文化研究,都必须围绕汉字这个中心,要以汉字的自身因素为根本的出发点,而不能脱离汉字,把本不属于汉字的东西生拉硬扯进来。

二、课堂例析

《我的汉字故事》课堂实录及评析

(一)谈故事,走进汉字童话大门

> 师:孩子们,第一次见面,谁能勇敢地介绍一下自己?
>
> 生:我姓王,叫王杰。
>
> 师:你知道姓王的名人吗?
>
> 生:王安石。
>
> 师:不错,著名诗人和政治家。还有吗?
>
> (引导学生认识自己本姓的名人)
>
> 师:你们这个班有姓郑的吗?

生：我姓郑。

师：你认识郑渊洁吗？

生：知道，我看过他的《故事大王》。

师：他是你本家的骄傲，他是我国著名童话大王，《故事大王》就是他个人编写的。

师：好呀！孩子们一定爱看童话故事，谁来介绍一下我最爱看的童话故事。

生：我最爱看《格林童话》。

生：我最爱看郑渊洁的《金拇指》。

……

师：很好，孩子们，你们有没有思考过童话故事在表达上有什么特点？

生：想象。

师：对，童话最大的特点就是充分想象，把自然界中动物、植物当人来写，赋予了自然万物以生命、语言、情感或超自然的神奇之力。

生：我发现童话还有一个特点就是往往一般人做不到的事情，故事中的主人公却做得到。

师：你真会发现，你的体会是从阅读中来，说明你善于思考。其实你刚讲的是童话中运用的拟人和夸张艺术。

【点评1】近年来，课前谈话已成了借班上课的"潜规则"。但是，课前谈话并不是信口开河、随心所欲，好的课前谈话应该是与所学内容若即若离。这样一方面有利于消除学生紧张情绪，营造良好的学习氛围；另一方面也为后续学习做好知识孕伏和背景铺垫。曾老师的这一课前谈话就具这一特性，从介绍姓氏入手，导入学生喜闻乐见的童话书，再适时地引向童话故事的基本特点和写法，无疑为接下来的习作做好情意和知识的双重准备。

(二) 聊故事，展开汉字童话想象翅膀

1. 跨越历史时空，与祖先对话

师：孩子们，我们今天也来学编童话故事。先看看我板书（师板书），大家看看这些图案，展开想象，猜猜这是什么东西？

板书：𤔲   魚   山   屮   雨

师：孩子们，看看黑板上的这些图案，用上你们童话故事中主人公般的眼睛观察，插上你想象的翅膀，看看，你们想到什么？没关系，大胆些，可以用刚才一位同学提的夸张的手法。（片刻后）

生：我看第二个图案"魚"，感觉它像条鱼。老师，是不是甲骨文的"鱼"字？

师：我们暂时不谈它是什么字，你看到它，想说什么？

生：我看到它像一条鱼，似乎要跃出水面，呼吸新鲜的空气。

师：这就是想象。还有谁有新的发现？

生：我想到这个图案是古代人记录鱼的符号，记得爸爸和我说过，它们一般刻在石头上，便于和人交流。刚才那位同学说的"鱼"，圆圆的眼睛，肌肉丰满，可能是条金鱼。（师赞扬学生知识丰富）

生：我看第一个"𩾌"，看起来它像一只公鸡，不过，像剥了肉似的。（众笑）

师：你真富有想象力，你猜对了一半，与"鸡"有关。在两千年前，人们用它来表示"鸟"。

生：我猜第三个"𗄛"，一定是古时候的"山"字，因为它的形状就像山，悬崖峭壁，像新生的竹笋。

师：你们真聪明，想象也丰富。不少同学已经知道这几个也是汉字。的确，他们是古时候的中国汉字，也就是你们说的甲骨文。（出示课件）：

$$\text{𩾌(鸟)}\quad\text{𩵋(鱼)}\quad\text{𗄛(山)}\quad\text{Ψ(牛)}\quad\text{𥛲(福)}$$

师：中国的汉字有几千年的历史，它蕴藏着中国的文化。今天，我们不是探究他们的历史文化，我们作个假设：我们把这些汉字当作有生命的，假如现在的简化字体跨越历史时空，倒回到两千年前，遇上古时候的甲骨文的汉字，他们相遇后会发生什么？请闭上你的眼睛想象，用你的童话思维，带上童话的翅膀，让他们相遇吧！

（两分钟后）

生：人们过春节时，把"鱼"图案挂在屋前门面上，表示"年年有鱼（余）"。"鱼"感觉很荣耀，他想探个究竟。于是踏上时间的飞船，来到了两千多年前的汉字王国寻找他的祖先，几经周折，终于找到了"𩵋"，发现根本不像自己呀！于是两人便吵起来。𩵋说："看看我的形状，像不像鱼？……

生：课本中，"山"看到"𗄛"和自己并排在一起，而且听到每个同学都读"shān"，读音一样，于是和"𗄛"辩斗起来，谁也不买谁的帐。于是他们俩跨越历史时空，来到了两千多前的甲骨文汉字王国中寻找各自的地位。后来"山"明白了，才认了自己的祖先。

生：我想说"鸟"。"鸟"在一次飞行中，觉得累了，便停下在一座山的岩石上歇息，看到一块石头上有一个汉字非常像自己，于是俩人互相攀比起来。各自介绍自己，后来，他们还翻开《说文解字》，看到他们的演变。"鸟"说：原来我和人类一样，进化而成……

师：童话就这样，把符号当作生命，是生命就有奇迹。同学们的想象大胆，善于运用夸张手法，这就是童话味！下面，前后桌再互相交流自己的一些想法。

（请代表发言：略）

【点评2】汉字是世界上最为特殊的文字之一，它是具有表意体系的古老文字，承载着中华民族五千年的文明历史，生生不息。汉字的最主要特点是音形义三位一体，字音藏义，字形藏理，以形表义，以义而音，音义相通，形义相彰。它往往用最节俭的符号抒发、寄托、表达观念，使所立之象不仅是事物自然形态本身，而且是融合了一定的理解和想象之后的"意象"。可以这样说，每一个汉字都是一幅图画，都是一段历史，都是一则故事。这一环节，曾老师就是充分发挥汉字这一功能，不仅让学生借助一些常见的象形文字引发丰富的猜想和想象，更可贵的是要求学生用口头语言对想象内容加以叙述，与识字教学区别开来，显现了习作课的内在特质和价值取向。

2. 畅游汉字王国，与同胞辨斗

师：孩子们，童话故事要写得生动有趣，得写个连续集，也就是要接着写。我们再换过一种方式看看，汉字"臣"遇上了"巨"，从字形上，你们猜，他们会说什么？展开你们想象的翅膀，大胆说。

生："臣"会说：我都当上了大王，你还是一个普通工人呀？

师：请问你这样想象的依据是什么？

生：我认为"臣"是大王的意思。（师追问：那么"巨"呢？生无语）

师：孩子们，我给你们提个醒，从字形上展开想象，体现汉字的特点，才生动有趣。

生："臣"对"巨"说：老弟，我家开了一个大超市，旁边还有两间车房。你也开了超市，但好像你没有车库呀？分别这么多年，你为何还这么寒酸呢？

生：兄弟，很久没有见面了，人家都说我们俩人都包了半边天，但好像你最近还没有把围墙封起来呀？

生：臣说："我都三室两厅，你才一室两厅呀！分别多年了，你的变化还真比不上我。"

师：不错，都能从汉字字形去想象，有意思。接下来，你们自己寻找两个字形相近的汉字，也设计一组对话。

生：（片刻后，学生举手）"日"对"曰"说：前些天我锻炼了许久，现在发现你比我胖多了，有本事来比比哟！"曰"回答道：前段时间买了减肥药，可能是假货，没有一点效果。（众笑）

生：兵对丘说：怎么突然发现你和我比少了两条腿，怎么啦？是不是出了事故？丘说：你忘啦，上次你打战时，你还伏在我身上！我是田野里的小山丘。

师：你看，说得多好！中国的汉字就这么有趣。但想象不能离开汉字形象的特点，它是我们想象的依据。据此，发挥你的想象力，编出来的故事才显得有趣。

3. 闯入汉字法院，与主人辩诉

师：孩子们，汉字故事越讲越精彩。在汉字王国，汉字故事说不完，讲不尽。看看，有一位同学的作业本把"今天踩到了牛粪，大吃了一惊"的"惊"写成了"斤"。（众笑）"斤"听到了同学们的笑声，便申诉"惊"，两个人闹到法院去了。两个人分别讲清了自己的用法。最后请了写错字的当事人来，原来这位当事人分辨不清，最后法院判主人错用汉字，罚抄写汉字十遍。

师：有意思吗？中国的汉字就这样，不少同音字，容易弄错，造成不少纠纷，接下来给你们时间想象，自行选择一组字进行想象。

生：一位主人把"闲"写成"困"，"困"起诉主人说，你那么闲怎么会有困难呢？两人闹到了汉字法院。

生：一家电视广告在做蚊香的广告时，把"默默无闻"说成"默默无蚊"，"闻"觉得"蚊"占用了他的版权，于是"闻"把"蚊"告上了文字法院，要求"蚊"赔偿他精神损失费200欧元。

师：你编的故事真有趣，目前，的确不少广告词侵犯了别人的版权。这个故事有意思！所以，编故事如果结合现实生活中的具体事例再去想象，就有了依据。

生：我想写"春风又绿江南岸"中的"绿"、"过"、"满"、"来"这几个汉字竞争上岗，每个汉字都展示各自的魅力，最后"绿"赢了使用权，让诗人王安石选中。

师：你的想象很独特，汉字也有竞争上岗，富有创意，如果写出来更有意思。好吧！这样的童话故事要怎么样写呢？

生：除内容外，还要把故事的开头结尾写好。

……

【点评3】以上两个环节是在"简化字与象形字对话"的基础上的进一步深化，教师借助形近字这一汉字的又一特点，通过联系生活经验和知识背景，引导学生从新的视角，用新的思维进行想象说话训练。由于是形近字，因而想象出的内容自然充满情趣，学生也乐意为之，无疑能收到良好的"预热"之效。

（三）写故事，演绎汉字精彩童话

1. 导：从追问中入手

师：孩子们，我们前面聊了那么多，有与汉字祖先对话，有与同音字对话，有与错字对话。我们把汉字当人写，他有生命，他能进行言语、思考等活动。接下来我们准备创作童话故事，不过，动笔之前，可以先思考如下一些问题（课件出示），以帮助自己理清思路：

你打算让小读者从这个童话故事中受到什么教益？或让他们得到哪些精神享受？

你准备选用哪些汉字扮演故事中的角色，各自的地位和作用如何？

这些角色在什么情境下相遇？他们之间又发生了哪些故事？最后的结果如何？

你准备采用哪些手法来丰富自己的想象？

你将怎样使自己的语言生动形象而富有童趣？

站在小朋友的角度想一想，这个故事会赢得他们的喜爱吗？

师：同学们，我们刚才聊的童话故事只是内容梗概，也就是说作文的主要内容。下面我们采用追问法来丰富故事情节：（课件出示片段）一位主人把"闲"写成"困"，"困"起诉主人说，你那么闲怎么会有困难呢？两人闹到了汉字法院。

生：主人为何把"闲"写作"困"，写完后主人心里是怎么想的？

师：问得好，从人物的心理角度来写。

生："困"和"闲"两字分别如何向主人介绍自己，以免下次又被主人写错。他们各自会如何介绍自己？

师：你从人物的语言来介绍。你看，用追问法，多问问，这样内容就具体了。

生：我感觉超越历史时空的汉字有意思。我想追问："鱼"为何会去寻找"𩵋"？还有"鱼"遇上了"𩵋"会说些什么？他们之间发生了什么不愉快的事吗？

生：我想他们相遇后，"🐟"会如何介绍自己？

师：那你觉得要如何介绍自己呢？

生："🐟"说：你好！我是河里游的鲤鱼，祖先们那是靠捕我为生。后来人们把我的形状雕在石器上。你看我，依然保存我古朴的风格，硕大的身躯依然没有变化。你呀！是后人经过加工，被简化啦！

师：好一个自我介绍，谁能帮"鱼"回答。

生：您好！谢谢您，您是我们的祖先，要不是有您，我也不会有今天。您看，我现在每年过年都有人把我挂在门前，说什么年年有"鱼"。我成了吉祥物了，我是农民劳动致富的象征。

师：精彩，你能结合现实生活进行合理想象。

生：老师，我想问他们俩，他们一见面就认识了吗？介绍以后，还会发生什么事呢？

师：问题提得好，每个人都可以不同的表达。写作前，可以根据前面的提示多问自己。

【点评4】内容不具体是小学生习作的通病，缺乏教师有力、得当的指导是一大原因。曾老师显然是清楚"导"在习作教学中的独特价值和作用的。所以，先以问题展示的形式帮助学生理清思路，但若仅限于此，因其相对空泛，所起的作用恐怕是有限的。可喜的是，老师紧接着来了"追问法"，这一招对促进学生把话说得清楚、具体是很管用的。果然，一追问，学生就在不经意间从人物心理和语言、故事发展等方面把习作内容说得完整和详细，又随风潜入夜似的渗透了写法指导，让学生在潜移默化中学到了写作知识和技巧。

2. 编：呈现儿童想象力

师：接下来，请同学们选择一个汉字来想象，把它写在本子上。可以我提供的，也可以你自己想的。

（生写作表达十五分钟）

师：童话不仅要适宜于"读"，而且还要适宜于"讲"，童话情节的发展要连贯紧凑，那些过于拖沓松散的语段，要尽可能地压缩；童话的想象要新奇而不荒诞，那些牵强附会的地方，要尽可能地不写。下面请同学们来讲讲你写的故事，其他同学在倾听时，对有疑问的地方提问并边读边修改。

师：这样，我们把它分为三组，与祖先对话的一组，闯进汉字王国的一组，汉字起诉的一组。谁先来？

小组代表一：我的题目是《兵与丘的故事》。一天，"兵"来到了草原，看到草原一望无际，不禁赞叹：草原真美呀！于是，他就地打起滚来，尽情地玩耍，享受大自然的美好。他正玩得高兴时，迎面来了一个和他长相一样的"丘"，他们两个面面相觑。"兵"心里想："他怎么缺了两条腿呢？"一定是英雄！刚想伸出手时，"丘"先主动地握住"兵"的手，伤心地说：我知道你会说我和你比，不如你优秀，你知道，我为何会这样吗？我原来是小山丘，你还曾在我身上伏过打死两个敌人，你走了以后，草原经过人类践踏后，变成了沙漠。

"兵"听后,感觉惭愧……

    小组代表二:我写了《福与 𭜔 的故事》。自从"福"被我们中国春节作为传统吉祥符号后,很是得意。有一次,一位农民家把"福"贴倒了,他想:怎么让我倒着看客人呢?他带着疑问,乘上跨越时空的F号小车。来到了远古时代的汉字王国。他遇上了"幅"字,兴冲冲地问:您是……?"幅"看到"福",心里嘀咕着:怎么他棱角那么非常明显,而且横平竖直,不像我们这类呀,感觉来了一个外星人,紧张地逃跑了。后面,他遇到的很多对他来说都是奇形的怪物。福感觉来到了另一个世界。后来,"福"来到了"汉字祖地"询问他的祖先居住地。"汉字祖地"主人带他坐上了古代的马车,几经周折,终于到了" 𭜔 "。只见" 𭜔 "捋着胡须,问道:此人从何而来呀!"福"知道这是他的祖辈先贤,拱手答道:我是您的后代呀,你不认识我了吧!我现在才明白我的来历了,才知道我为何会被人们挂在壁上的原因了,原来你的肚皮像酒坛,你的手臂代表人们"占卜"命运吧!

    小组代表三:我写的是《"其"与"骑"的较量》。说来真巧,在汉字王国里,自从有了一样的读音后,汉字之间的称呼就乱了。汉字国王经常为此事烦恼。你看,"其"来到了汉字王国,侍卫大声喝道:请报上自家门来?我叫"其","其乐无穷"的"其"。侍卫一听,蒙了,这岂不是电视摩托车广告中的"骑乐无穷"吗?正在此时,"骑"也来了,还拿着申请报告呢?"其"看到"骑",两人就正面相冲起来,正要打架之时,汉字国王传声:把两位带上庭来。于是俩人演绎了一场汉字风波……

【点评5】写后导评、导改应该是习作指导课很见教师功力的重点一环,也是为学生习作更上一层楼"保驾护航"的关键一步。可遗憾的是,上述片段无法让我们看到师生对典型习作范例的评、改过程。如果能以一篇学生习作为练习的"靶子"、解剖的"麻雀",引导学生以写前教师提出的本次写作要求为评判标准加以细致评改,明确什么地方写得好,哪里写得不够,如何修改,那么,学生的习作能力就能在这种体验式、参与式的写作训练中,切切实实地得到提高,也为接下来的学生互改提供极好范例,获得操作经验。

    3. 改:让故事更加入耳

师:同学们,作文要改,首先要有读者意识,也就是我们的作文是写给别人看的,要让读者能看懂,如果有趣最好。接下来请同桌互相读自己的作品,同桌认真听,看看对方的故事哪些是有趣的,还有哪些地方听了觉得欠妥,给对方提出来,作者读完后根据对方的意见进行修改。

(学生互相读作品,修改)

师:下面请同学来谈谈你认为同桌写得值得大家学习的地方或对方写得不足的地方。(师提示要把同桌的标题说出来)

生:我同桌写的是《L俱大会》。我感觉故事挺有意思的,告诉我们每个人都有自己的长处与短处,不要互相歧视。

师:谁对这位同学的发言提问题?

生：这个故事有意思在哪？讲了什么？（师提示要讲出故事的内容）

生：哦，这个故事是讲字的拼音带有 L 开头的"轮"、"伦"、"论"在一家俱乐部相遇，各自争论自己在汉字王国中的作用，最后，在俱乐部的老总的调解下，大家都认识到各自的作用。

师：你看，这个故事有创意，从汉字的理解、作用的角度编童话。还有吗？

生：我同桌写的《"金"与"鑫"的故事》，我感觉他编的故事可以用在任何汉字。（师追问为什么这么说？）他写"金"不勤劳，而"鑫"很勤劳。所以"金"多年后还是很穷，而"鑫"几年后很富裕了。

师：哦，这样的想象也可以，你看，"鑫"都有三个金，这位同学可能从字形的外部去想象构思。

生：我同桌的《福与禄》，有一处细节描写我感觉很妙：禄摸着自己圆圆的肚皮，对"福"这个晚辈发出慈祥的问候。他细细打量着"福"的穿着，穿着红色外衣，手提着被人曾经使用过的称号，什么"福如东海"、"福星高照"、"幸福降临"。

生：我的同桌写的《"闻"的起诉历程》，写得很长，还有小标题，第一个故事是"闻鸡起舞"，第二个故事是"闻"走上媒体，第三个故事是"蚊"霸占空间，第四个故事是汉字法院里的辨识，第五个故事是"闻""蚊"交易。

师：好的，刚才同学们都读了同桌的作文，有满意的，有不满意的，根据对方提出的意见，小作者可以再对自己的作文进行加工，直到自己读得满意为止。下课！

【点评6】自主修改作文是衡量一个人作文能力的重要指标。因此，培养学生自主修改习作的意识和能力，应当成为作文教学的一个重要任务。这里，曾老师充分发挥学生学习主体作用，以同桌互改的形式，从故事内容、结构、标题等方面进行评和改，既为学生自主修改能力的提高提供了平台和机会，又让学生在二次作文中切实感受到修改对于写好作文的重要意义，从而萌发自觉修改的自动力。

【总评】

1. 选题精妙，独辟蹊径

习作教学的正反两方面经验告诉我们，一个习作话题的优劣、高低，对学生是否产生习作兴趣、拓开写作思路，直至写好作文，都有着直接的影响。这也是许多教师绞尽脑汁寻找学生喜爱的习作素材的重要原因。曾老师以敏锐的眼光和对汉字知识的丰厚积淀，以"汉字故事"为作文题材，可谓是独树一帜，匠心独运。正是由于这一话题基于学生的生活、学习经验，又颇具一定的弹性空间，还以学生极为熟悉和喜爱的童话体加以叙写，他们写起来怎能不兴味盎然、乐此不疲、得心应手？每一个学生既不愁无话可说，无事可写，又能根据自身的经验背景和文化基础，展开多样化的、个性化的构思和表达，因而呈现出来的习作自然就丰富多彩、个性飞扬了。

2. 循序渐进，水到渠成

凡事都得讲究策略，策略对头，事半功倍；反之，事倍功半。习作教学亦然。这节课的前半部分，老师采取了"小步子"的教学策略，设计了"简化字与象形字"、"形近字"、"正确字与错误字"三个内容的想象练说。三者之间环环相扣，步步深入，难度逐步加深，但由于"点"小，便于学生说话

和教师指导,因此,想象和表达起来也不觉得有多少困难。而这三个内容的练说,实际上又为学生从不同的角度和思路进行习作提供了具体的样本。正是由于有了这些"点"上的铺垫和预设,引导学生把内容说具体就有了依靠和凭借。学生以此为基础,或受此启发,通过补充、添加、修正,写出一篇篇想象丰富、内容具体、语言生动的习作,也就瓜熟蒂落、水到渠成了。

3. 导写得法,点石成金

有段时间,人们对习作教学要不要渗透写法指导展开了争论。在我看来,一些基本的写作方法是要让学生熟悉并较为熟练地运用的,特别是高年级,如果学生掌握和运用一些写作方法,对于实现习作的高品质无疑起着推动作用。关键在于要结合具体内容有机渗透,而不是机械地传授技法。曾老师显然是深谙其道的。开始,教师就在看似无意中让学生明确了童话的最大特点是想象,以及运用拟人和夸张艺术的基本写法;接着,又结合"形近字争辩"的具体练习,告诉学生"想象不能离开汉字形象的特点,它是我们想象的依据";然后,通过采取问题提示和内容追问的方法,引导学生从人物心理、语言以及故事情节等方面把话说具体、写生动;最后,指导自主修改习作,完成二次加工。这一系列的写法指导,就像一管管强力催化剂,有力地推动着学生习作思维和行为的纵深发展,给习作程度弱的学生雪中送炭,为习作基础好的孩子锦上添花,保证了每一个学生都能写出属于自己的"这一个"。

(本课例由福建省宁化县实验小学曾扬明执教,由福建省连江县实验小学特级教师刘仁增点评。)

三、资源链接

(一)汉字的文化意蕴

《语文课程标准(2011年版)》指出:语文课程对继承和弘扬中华民族的优秀文化和革命传统,增强民族文化认同感,增强民族凝聚力和创造力,具有不可替代的优势。在阅读教学中浸润汉字文化内涵,可以使学生对汉字产生浓厚的兴趣,培养其正确的世界观、人生观和价值观,提升其审美品位和道德修养。

1. 溯源察史,感悟祖先智慧

汉字源远流长,历史悠久,其演变浸润着中国几千年文化的传承。汉字以象形为根基,进而发展为以形声为主的方块字。这充分体现了古人的造字智慧,更体现了先贤在造字之初,就赋予汉字构形与汉字文化之间的密切关系,让古老的汉字成为民族文化的主要载体。在阅读教学中要让学生透过汉字,了解汉民族悠久的文化历史,看到汉字本身蕴含的民族物质、制度、思想等文化因素,增强民族自尊心和自豪感。

从我们最熟悉的"姓"字看,从女从生,生亦声,其本身已显示出这是母系氏族社会的产物——人有姓,而姓从母。如"姬"、"姚"、"姜"等姓氏就是起源于母系氏族社会的明证。《左传·成公九年》:"虽有姬姜,无弃蕉悴。"相传,黄帝姓姬,炎帝姓姜,周朝姓姬,齐国姓姜,姬姜两大姓,常通婚,于是古人多以姬姜代美女。再如"郑"、"邹"、"郎"等姓中,右耳旁"阝"是"邑"字的变形,表明其祖先的封地名称,后作为姓氏。而"陈"、"陶"、"陆"等姓中,左耳旁"阝"则是"阜"字的变形,表示高地,表明其祖先居住地的地势。这些姓氏有的反映了我国氏族公社时期的社会性质,有的反映出古代"分封制"的社会组织特点,有的反映了祖先为避水患择高地而居的生存智慧。这样,学生在学习这些姓氏或书写自己姓名时,面对的将不再是简单枯燥的字符,而是祖先生生

不息流传下来的,令自己充满崇敬的一个个图腾、一面面旗帜、一枚枚印章。

2. 摹形品用,感受汉字美妙

识字、写字是阅读教学中的重要环节。《新课标》明确要求每天安排不少于 10 分钟的时间,让学生在老师指导下练字,并提出每个学段的识字、写字的具体目标与内容要求,如"初步感受汉字的形体美"、"书写规范、端正、整洁"、"在书写中体会汉字的优美"、"体会书法的审美价值"等。

古人造字凭着对客观事物的"仰观俯察","近取诸身,远取诸物",力求通过对事物进行如画如塑的直观描摹,使汉字能"视而可识,察而见义"。教师在指导学生练字过程中,要引导学生细察字形,从汉字的形象领略其独具的审美感受和文化魅力。如甲骨文的"看"字,好像一个人举目张望的形象;"飞"字,酷似一只大鸟展翅飞翔;"出"字,上半部分是人的脚趾,下半部分是洞口,表示上古人穴居山洞,一只脚从山洞出来……一个个汉字惟妙惟肖、栩栩如生,充分体现了"汉字的形体效应是汉字独有的文化现象"。

在指导学生阅读赏析中,要充分发掘汉字蕴藏的文化信息,使其美感得以强化和深化,使学生的思维越来越深刻和智慧,让炼字炼句的文化传统在学生心中扎根、发芽、滋长、开花!当学生读到"春风又绿江南岸,明月何时照我还",能品出"绿"字之妙,品出"还"字之意;读到"天门中断楚江开,碧水东流至此回",能探出"回"字的动态与壮美……学生的用字、写作灵性得以启迪,用字、写作能力也得以发展。

3. 引经据典,体验汉字深邃

在阅读教学中,为加深学生对某些字词的理解与记忆,教师要善于引经据典、旁征博引,提高学生对汉字文化学习的积极性和趣味性,领略中华民族传统文化的深邃美丽。这也正是汉字文化传承所赋予教师的使命。

如《盘古开天地》一文中描写盘古倒下后,"他的四肢,变成了大地上的东、西、南、北四极"。许多老师将"四极"简单解为"四个方向"一带而过,甚或有的忽略不提。这无疑失去了一个让学生体验汉字文化博大精深的机会。"极"本意指房屋的最高处,也叫"脊檩"。"四极"是古代神话故事中出现频率很高的一个词语,意为"四根擎天的柱子"。这显然跟古人对自然世界的认识有关,古时候,人们认为"天圆地方",想象大地有四个角,四角各有一根大柱子支撑着天穹。《淮南子·览冥篇》:"往古之时,四极废,九州裂,天不兼覆,地不周载,火爁焱而不灭,水浩洋而不息;猛兽食颛民,鸷鸟攫老弱。于是女娲炼五色石以补苍天,断鳌足以立四极,杀黑龙以济冀州,积芦灰以止淫水。苍天补,四极正;淫水涸,冀州平;狡虫死,颛民生;背方州,抱圆天。"瞧,多么丰富奇特的想象——"断鳌足以立四极",斩断鳌的四足来做擎天的柱子。当你引经据典地给同学们讲完相关的故事,还用担心他们不懂"四极"是怎么回事吗?在他们脑海当中,这不再是一个枯燥的词语,而是一幅历久弥新、挥之不去的生动画面。这正是汉字文化需要传承的。

（王国华）

(二)汉字的博大精深

1. 汉字是一幅幅精美的图画

每一个汉字都是音、形、义的结合体,都是一幅图画。如"木"的下部加一横,表示"木"的根部所在,即"本";"木"的上部加一长横,强调"木"的梢部所在,即"末";"木"上面的小枝、小芽是未来的希望所在,就是"未"。这样一讲解,学生不但不"本末倒置",还对汉字产生更浓厚的兴趣。"寇"的"宀"是房子,"元"是人头,"卜"是打击用的棍棒,"又"是手;意思是拿着棍棒闯进别人家里

打主人头的人(匪寇、强寇)。"冠"的"冖"是布巾,"寸"是手,"元"是人的最上部(头);意思是用手拿着布巾缠在头上,也就是帽子("张冠李戴"的"冠"),更多是作装饰用,如水族等南方民族现在还都有用长布缠在头上的;引申为名次在最上面(冠军)。这两个字一比较,学生既分清了"冠寇"字形,又明白了意思,还经常要老师这样讲解汉字。"自我"的"自",不是眼睛,而是鼻子;甲骨文、金文都像鼻子;今天的"鼻"字上还有"自"字;古人认识到自身生命存在的最明显最准确的表证,莫过于呼吸;今人看晕倒的人是否还活着的动作,仍然是用手试试鼻息;我们说"我张某人",也是用手指着鼻子说(不会有人指着自己的眼睛这么说),骂人也是指着鼻子骂。"田"中间的"十"犹如田间的阡陌,聪明的古人利用这个特点,把农田描摹得完整具体。凝神注意此字,弥望的是田的农作物和勤劳的农夫穿梭于田野小径的景象。汉字的笔画也是画:横如动蛹牵丝,起伏成串;竖如万岁枯藤,苍劲伟岸;点如峭峰落石,笔力惊险;捺似古藤九曲三弯,崩浪雷奔……"丨",在"车"、"丰"等字中表现为悬针,如高山飞瀑,气势非凡;在"果"、"米"等字中表现为垂露,像殿堂之柱,顶天立地;书写"背"、"青"等字的竖画时略为右弓,似军人站立,挺胸收腹;而在"古"、"南"等字中(第二笔)则略为左斜,若少女回眸,妩媚动人。如果一年级学习汉字笔画是如此欣赏、演示,再严格要求练习,学生不仅出手字好,而且喜欢汉字,热爱汉字。

汉字是方方正正的建筑艺术,是变幻无穷的神奇魔块,是美妙绝伦的独特图画。正如中央电视台"开心学国学"栏目主题歌所唱:一横长城长,一竖字铿锵,一画蝶成双,一撇鹊桥上,一钩游江南,一点茉莉香……

2. 汉字是一首首隽永的诗歌

汉字,见之可明义,察之能悟义,析之能延义,拆分组合趣味无穷……每一个汉字都是一首隽永的诗,都可以抒写出一首首隽永的诗。如"个":做个人/需要一根/挺直的脊梁;"闹":把街市搬进家/能不热闹?"励":严厉批评/热情鼓励/成为奋力前行的双翼;"朵":枝头花蕾齐刷刷开口/问蜜蜂:"距果实/,还有几多行程?";"奶":儿孙大了/自己老了/弯了脊梁;"儿":一个娇滴滴的卷舌音/奶香出童年/两瓣歪歪扭扭的小脚丫/摇晃滴露的母爱/在一个日子/热热的吻/印满嫩嫩的双腮/呢喃的祝福/追随你/日益增高的身材。我在给二年级学生欣赏这些诗以后,他们也能写出:"闯",骑在马上进门/不是硬闯是什么?"闷",把心关在家里/不闷才怪呢!"闲",木头一直放在家里/太闲了……

更有李峤的"风":解落三秋叶,能开二月花。过江千尺浪,入竹万竿斜。清无名氏的《南商调·黄莺儿·风花雪月吟》之"风":无影又无踪,卷杨花,西复东,江湖常把扁舟送。飘黄叶舞空,推白云出峰,过园林,乱摆花枝动。吼青松,穿帘入户,银烛影摇红。王安石的"俭":兄弟四人两人大,一人立地三人坐,家中更有一两口,任是凶年也好过。南宋诗人谢灵运的"古人怨信次,十日眇未央。加我怀缱绻,口咏情亦伤。剧哉归游客,处子勿相忘。"诗面极写离别伤感之情。每两句之中,又用离合法各自隐含"口、力、刀"三旁,合成"别"字。

今人《动感汉字300诗》中"母"字诗:深闺女子出门耻,何以两乳频频露?变身人母忧儿饥,一笑轻蔑万夫指。古时候待在闺房里的女性就是走到外面被人们看一下脸,也会感到羞耻,为什么她却在众人面前频繁的露出乳房呢?啊!因为做了母亲的她担忧孩子饿着了,于是也就顾不得羞耻了,面对人们的猜疑与嘲讽只报以轻轻的一笑。

鲁迅先生说过,我国文字具有三美:"意美以感心,一也;音美以感耳,二也;形美以感目,三也。"这种美既能陶冶情操,增强审美能力,又能丰富和调剂我们的文化生活,使我们在艺术中享

受到教育。

3. 汉字是一个个深邃的哲理

中国的汉字可谓是中华文明之母,汉字催生了中国辉煌灿烂的古代文明,更蕴藏着深奥的玄机,富含人生哲理。仔细品味,细细推敲,从中可以悟出很多的人生哲理来。

"人",一撇是左脚,一捺是右脚;只有一双脚都脚踏实地,一步一个足印,才能行千里之远。一撇是肉体,一捺是灵魂;只有肉体和灵魂的结合才构成了人。一撇代表品格,一捺代表学识;高尚的品格和渊博的知识不仅是有志者腾飞的双翼,而且是其终身的奋斗目标。一边是生活,一边是学习;生活与学习是相辅相成的,所谓活到老,学到老。一笔帮助自己,一笔帮助别人;让人人为我,我为人人成为世界上最美丽的风光……

一人为"大",二人合力方可撑起一片"天"。天地悠悠,若只一人,只能成"大"却成不了"天",因为,没了比较,没了参照物,人便会自大,自以为是素来就是人之共性。为人处世,唯有不卑不亢,懂得兼容,与人同行,坦荡荡行于天地间,方可赢得天下太平。所以二人同行,便成"从"。若只一人,亦无所谓好恶,因为没得比较。有了第二人,便就有了分别与比较,于是也就有了"仁"发生的空间。因而,"仁"讲的便是一个与人相处的原则。"三人行,必有我师焉",二人托起一人,团结就是力量,三人合力,所成的"众"字,其结构亦似金字塔般坚固而不可摧。在象征人形的"大"底下加一横,就是"立"(甲骨文、金文、小篆)。底下的一横,是代表着大地;站立,就是指一个人踏踏实实地站在大地上。从中你可以感知到中国人是喜欢脚踏实地的,所谓"千里之行,始于足下",多有哲理的深义,多有中国古语的精髓啊。还有不正就"歪",不好则"孬",自大一点就"臭"……

汉字不仅字形充满哲理,字的间架结构也意蕴无穷。汉字的结体特征一般像人体形一样,或上紧下松,或内敛外散。如"火、模、柴、养、桌"等字;又如"丽、罪、夺、市、窗、众……"形如平顶房、瓦房、雨伞,尤其字之上为撇捺时,几乎都要伸展盖住下面,能"遮阳避雨"。田、由、申、曲、惠、冒、用……(楷体字)中间小横两边留空不触竖,如客厅内大件家具"勿盈室"……

"游","氵"的三个点画摆布均匀有致,外沿成一个弧形,里面形成向心之势,特别是第一"点"与底边的"提"顾盼呼应。"方"的"横"在"氵"的第一"点"与"提"之间的空隙处起笔,这样与"氵"既呼应衔接,又不相互抵触;"方"的"撇"正好撇在"氵"的"提"画的下边,与"氵"形成穿插避让之势。右边"𠂉"的"撇"尖撇在"方"的"横"画下面的空隙处,把"𠂉"与"方"巧妙地结合在一起。"子"的"钩"尖正好向着整个字的内宫钩出,这样既填补了"方"右下旁的空虚,又增强了整个字的凝聚力;"子"的第二"横"是比较重要的一个笔画,它在"方"的中部起笔,与"横折钩"微微相接,向右伸展得稍长一点儿,而且收笔比较重;这一"横"画不但在部首"方"和"子"之间起到了结合作用,而且还起到了平衡重心的作用。这里面的"向心、顾盼、呼应、穿插、避让、补空、救应、平衡"等都是为人之道。

汉字是中华文化的根,她充满灵性,她就是这样记载思想和语言,就是这样告诉人们如何为人处世,就是这样蕴含着人生的哲理与警示。

4. 汉字是一段段生动的历史

我们从殷商甲骨文中所看到的"女"几乎无一例的都是坐姿(这是"席地而坐"的姿势,不是"跪着"),表示男性的人也同样毫无例外的都是立姿。女性的这种坐姿,到了父系社会的西周及春秋战国,以至于秦汉唐宋,甚至邻近的日本、韩国、朝鲜等国家,也都继承了这种表示尊严的坐

姿。但坐的人却换成了男性而不是女性了(小篆的"女")。母系社会时期的"土"是指祭坛,是整个氏族成员心目中的最神圣最有权威的象征。到了父系社会,仍然保持了这种最神圣和最有权威的意义,但是神圣意义的内涵却变成了男性。到了西周就将它从土中脱离开来了,就是把土的两横上下颠倒一下变成士;为了更明显地突出这种神圣和权威,将代表男性侧立的士,高高矗立在代表祭坛的土(金文)上。

从"家"(甲骨文、金文)可以知道远古先民是以"人"的生产为第一位的,在六畜中,猪的繁殖能力最强,所以用房子里头搁一头猪(象征着繁殖力强,象征着人丁兴旺)。"安"说的是家里有女就安全,家里有女就安定。"好"有男有女最为美好、美满;甲骨文是子在左,女在右,到了金文子在右,女在左;到了小篆,还把女变成站立的,从这一变化中也看出母系社会到父系社会的历史,因为古代右为上,左为小。

从"悉(小篆)"可以知道远古是靠狩猎为生。上面的"采"(甲骨文、金文、小篆)像野兽的足掌和爪;把野兽的足掌和爪的形、印时刻记在心上,加以辨别方可狩猎。"男"(甲骨文、金文、小篆)则是讲的男耕女织,男主外,女主内的社会概况。

几乎每个汉字都可以描绘出一幅中国历史文化图,或者演绎出一段中国历史文化"典故",因而汉字本身就可以被视为文化信息的载体,是一种充满时代色彩、地域概念、人文心理特征的文化符号。

5. 汉字是一片片丰富的情感

王,"一"把"三"穿起来就是王。即上达天意,下合地理,中通人性者,王也。缺一则不可。不通人性者,"工",工具,工人,最好也只是一个工匠;不合地理者,干,失去老百姓的拥护,没有了根基,给谁当王去?只好自己去干活了;不合天意者,土,连天意都违背了,你不下地狱谁下地狱?这一个"王"字饱含的感情多么强烈!

道,"首"是头,"辶"是脚,头行走也。头脑不停地运行、思想,道才生。一个人只知吃饭干活,不动脑子,其道何有?出路何在?如此,我们也就可以理解老子所谓"道可道,非常道"的真正意思了:道是头脑的思想,虽然可以说出来,但一旦说出来,它就成了静止的被固定的一段暂时性的思想,而不是真正意义上的运转不息、扩展无际的思想了。

公,"八""厶"为"公",八个个体就组成了一个"公"的团体。"公"和"私"是你中有我,我中有你。"公"又与"颂"联系在一起,"页"是脑,是思考的意思,一个自私自利的人是无论如何也"颂"不起来的,一个为大多数人着想的人,在任何朝代都是受大家歌颂。而"颂"的对立面"贬",从贝,贝字当头的拜金主义与公字当头的颂恰恰相反……

天子死了,说"崩",诸侯王的死说"薨",大夫的死说"卒",士的死说"不禄",只有庶人死了才直说"死"。但平民百姓就是不愿意接受这个字,要竭力避开"死"字的情感冲击,又不敢对抗等级制度,就想出了不犯禁的字:故、古、尽、完、亡、殁(没)、走、逝、丧……

"憾"和"恨"是同义词,"憾"的本义是"遗憾、不满、不高兴"。"恨"的本义是"遗憾、不满意",只是先秦一般用"憾",汉代以后多用"恨"。"怨"和"恨"在古代汉语中意思并不一样,"怨"的本义是"埋怨、怨恨、仇恨",后来也表示"责怪、埋怨"等意思,"恨"最初没有这个含义,只有"怨恨"两个字合用时才有仇恨的意思。"愠"也有"生气"的意思,但一般指"心里怨恨,暗暗生气"。"怒"没有"遗憾、仇恨"的含义,本义是"愤怒、生气"。不但在心里,而且在外表有明显的表现。"忿"的本义是"愤怒、怨恨"。"愤"最初没有"愤怒"的意思,后来才有"愤怒"的意思。

还有钟情是"爱",欢情是"悦",珍爱是"惜",克制是"忍",自卑是"惭",自责是"悔",羞赧是"愧",敬畏是"恭",不满是"恨",恐惧是"怕、恐、慌"……

6. 汉字是一则则有趣的谜语

字谜,是汉字所特有的一种测智、量才、逗趣游戏。它主要根据方块汉字笔画繁复、偏旁相对独立,结构组合多变的特点,运用离合、增损、象形、会意等多种方式创造设计的。它语言简洁,短小精练;构思灵巧,蕴藏机智;启迪思维,促人学习;传播知识,讴歌文明;修身养性,陶冶情操;饶有风趣,寓教于乐。

字谜的设计与猜法很多,有的是由一组字形笔画直接拼合而成。如:两个彳——竹。十三点——汁。推开又来——摊。有的是将主体字所包含的字形部件暗示出来,有时一个,有时一组。如:泉下——水。窝窝头——穴。你没有,他有;天没有,地有——也。有的是将笔画部件增加或减损。如:嫁女——家。空心树——村。有心记不住,有眼看不见——亡。有的是主体字部分或全部拆离笔画部件,进行组合。如:运动会——边。先上后下——告。边吃边唱边吟——品。有的是望文生义。如:夕阳——晒。十五日——胖。千树万树梨花开——柏。有的是描摹图像物品的形态。如:足球门——网。牛过独木桥——生。一字生得奇,头上长两角,肚里六张嘴,下面八只足——典。有的是顺口溜,如:日出无雨,水来洁净,目长可观,心存意深——青。一阴一暗,一短一长,一昼一夜,一热一凉——明。一边是绿,一边是红;一边喜雨,一边喜风;一边怕虫,一边怕水;一边管吃,一边管烘——秋。还有成语和字互猜的,如:有目共睹——者,有口难言——亚,头重脚轻——炭,水落石出——泵,喜上眉梢——声。

几乎每个汉字都可以设计成谜语,如人教版四上第一课《观潮》的13个生字:湖——清明前后怀古。称——你想人换禾,轻重可分明。盐——带土萝卜坐皿上,大家同把咸味尝。笼——竹子底下卧条龙。罩——四桌少八。蒙——一家草儿盖,房上点不在,家里多一横,意思是遮盖。薄——杜甫坐草堂,芳草绿又香,池水清粼粼,方寸亦舒畅。雾——扫雪后务必来。昂——扁日盖印印不全,缺了一横不能添。沸——一弓两箭,镇守江边。贯——田字横出头,坐在贝上头。旧——三竖上下一样长,三横左右一样长;算算时间就1日,看看颜色是老样。恢——树起雄心干,死灰也复燃。

又如苏教版四上第一课《老师,您好!》的10个生字:崇——山之宗,高可敬。浸——人人不入侵水入侵,湿了衣衫湿裤裙;要知入侵水多少,用手一拧水淋淋。项——工作按页算,一件为一件。劳——有手就捞,有水就涝。涌——半桶水。塑——前头有山山伸脚,山旁有月照地头。霞——放假前有雨。编——半数挂红匾。苗——一山更比一山高,遍山之上长青草。衷——中外成衣。

猜字谜不仅能使人在轻松、愉快的气氛中识字,还有助于开启智慧,培养合乎逻辑的猜想能力,开发大脑潜能。

7. 汉字是一篇篇精彩的故事

看似简单的汉字,里面蕴涵着许多不为人知的故事。汉字里有音、形、义中包含着的故事。如"妻":无论是甲骨文,还是金文,一望便知古"妻"字中有一个被奴役的女子形象,这个女子的头发飘散,另外加一只罪恶的手,这只手正伸向女子的头部,将她的头发抓住,生动地描绘了上古社会中抢夺别人的女子作为自己配偶的一种风俗。

有因字而留下的故事。如"妻":李鸿章有个远房亲戚赴考,这个人不学无术,接到试卷一看,

竟然一题也不会答。此时他灵机一动，突然想到自己是当朝中堂大人李鸿章的亲戚，于是在试卷上写道：“我是当朝中堂大人李鸿章的亲妻。”这个不学无术的亲戚竟然将“戚”写成了“妻”。主考官看了哈哈大笑，于是在试卷上批道：“既是中堂大人的亲妻，我不敢娶。”因此，这个亲戚还是落第了。又如北宋仁宗时，有个文人赵旭，在一次科举考试中文章出众，堪称榜首，在殿试时被仁宗皇帝看中，但一看他写的字，很不正规，把“唯”字的“口”字旁写成了三角形的“厶”。仁宗说：“卿文章锦绣，然将‘唯’字的‘口’旁写成了三角，有失规范。”不承想这个赵旭自我感觉良好，忘乎所以，高声答辩称：“口与厶在书法中是可以通用的。”宋仁宗大怒，提朱笔写了“去吉、吕台、私和、句勾”几个字，掷给他说：“汝既言可通用，就将这几个字一一辨来。”这下赵旭傻眼了，张口结舌无法对答。仁宗立即决定不予录取，命其回家重新读书习字，以观后效。这位狂生，就因为一个不规范字，把到手的状元给弄丢了。当时有人写诗嘲之：十年寒窗十年苦，一朝及第入仕途。只为一字多“口”舌，摘去功名再读书。

有人编出种种故事。“比”对“北”说：夫妻一场，何必闹离婚呢！“尺”对“尽”说：姐姐，结果出来了。你怀的是双胞胎。“臣”对“巨”说：和你一样的面积。我却有三室两厅。“土”对“丑”说：别以为披肩发就好看，其实骨子里还是老土。“丰”对“卅”说：哟，哥儿们，这是咋的啦，大白天的咋还躺地上了呢？“开”对“并”说：这么大人了还扎羊角辫？

还有诸如唐僧齐己、宋溧阳县令萧楚才、毛泽东、郭沫若等人“一字之师”的故事，错认一字丢官印、错写一字叔坐牢、多写一字揭敌丑、少写一字险罹祸、颠倒一字减罪刑的故事等等。

汉字是传承中国文化的信息载体，是汉民族文化的构成因子。先民造字，远取诸物，近取诸身，仰观天文，俯察地理，可以说，汉字中，天地鬼神、山川草木、鸟兽昆虫、王制礼仪莫不周载，古人的生存智慧、生活经验、社会意识、审美情趣、文化心理等都深深地熔铸于一个个汉字之中。汉字不仅具有积木式的灵活组合的特点，而且像魔方一样，具有变幻无穷的高妙。对学生进行传统文化的熏陶，应该从识字开始，使学生热爱汉字并感受到汉字的伟大，培养学生喜欢汉语，热爱民族文化。

识字教学也应饮水思源，重新找回中华文化的根，让学生汲取文字的历史文化营养，传播民族的智慧，永远沐浴汉字文化的灿烂之光。

（刘寿华）

四、推荐阅读资料

1. 何九盈. 中国汉字文化大观. 北京：北京大学出版社，1995.

2. 苏新春. 汉字文化引论. 南宁：广西教育出版社，1996.

3. 中国人民大学资料中心. 语言文字学. 北京：中国人民大学出版社，1996.

4. 袁晓园. 汉字文化. 1997 年合订本.

5. （日）藤枝晃著，李运博译. 汉字的文化史. 北京：新星出版社，2005.

6. 左民安. 细说汉字——1000 个汉字的起源与演变. 北京：九洲出版社，2006.

7. 傅永和. 汉字演变文化源流. 广州：广东教育出版社，2012.

8. 马显彬. 现代汉字学. 广州：暨南大学出版社，2013.

9. 詹绪左. 汉字与中国文化教程. 芜湖：安徽师范大学出版社，2014.

五、后续练习

《十二生肖歌》教学片段

下面是西师版教材第三册识字课《十二生肖歌》的几个教学片段,请你给予点评。

《十二生肖歌》介绍了十二生肖动物的名称及排列顺序,语句生动俏皮,诙谐风趣,极富感染力。学生可以在读一读、演一演的愉快氛围中认识生字,了解简单的生肖知识。

【片段一】学习生字"鸡"

> 生:我知道一个成语"闻鸡起舞",说的是鸡叫头遍就起床舞剑练武。
>
> 生:古人每天以天亮作为一天工作的开始。而什么时候天亮,却是由公鸡报晓来决定的。所以就有"金鸡报晓"的说法。
>
> (教室里静悄悄,同学们专心致志地听着)
>
> 生:鸡不只叫得好听,斗鸡就更来劲了。古时候有钱人常常进行斗鸡,可激烈了!
>
> (该生讲得眉飞色舞)
>
> 生:在中山路街头,有"烧鸡公"、"王记棒棒鸡"、"醉鸡",我们全家去吃过,味道鲜美,吃的人可多了。
>
> 师:同学们,你们真棒,从一个小小的"鸡"字,谈到了古人的生活习性、娱乐方式,谈到了有关鸡的饮食文化,你们的视野真开阔。
>
> (紧接着,学生兴趣盎然地记了"鸡"字)
>
> 生:我用加一加的方法"又"加"鸟"就是"鸡"。
>
> 生:可以换一换。鸣叫的"鸣"把"口"字旁换成"又"字,就是鸡。
>
> 生:可以用想象法。一只小鸟吃了很多东西,长胖了飞不动了,就变成了我们的鸡。
>
> 生:可以用编儿歌的方法。小鸟又吃了很多东西变成了小鸡,成了我们的家禽……

【片段二】学习生字"鼠"

> 生:我用形象记忆法来记。"鼠"上半部分像鼠头,被小猫咬去了一只耳朵,只有一撇,下半部分像老鼠的四只脚和一条长长的尾巴。
>
> 师:对,"鼠"字是象形文字。(师立刻板书)
>
> 师:我们的汉字最初就是一幅美丽的图画。(学生激动地鼓掌,惊叹"鼠"造字的精妙)
>
> (师生一起把"鼠"字请到田字格中,学生书空)
>
> 生:老鼠是人类的天敌,常常听到外婆说:"老鼠过街,人人喊打。"
>
> 生:对,老鼠对人类不友好。它到处打洞,糟蹋庄稼,凡是能吃的,可恶的老鼠就会一扫而光。上次还咬断了我家洗衣机的电线呢!
>
> 生:我知道"胆小如鼠"。
>
> 师:你说了一个带"鼠"的成语。

生：我还知道"鼠目寸光"。（该生早已迫不及待了）

（教室里爆发出一阵热烈的掌声，大家都投去赞赏的目光。）

【片段三】学习生字"蛇"

生：蛇，古人叫它大虫，它身体弯弯曲曲的，常常生活在草丛中。

生：我一看到这蛇，吐着红色的舌头，瞪着双圆圆的双眼，就害怕。

生：那种怕叫胆战心惊。（一男生脱口而出）

师：是啊，老师也怕蛇，蛇真令人毛骨悚然。

（全班同学异口同声地念道：胆战心惊、毛骨悚然……学生自然而然地主动积累了词语）

生：蛇不能忍受低温，冬天来临，它就一动不动，开始冬眠了。

生：从《百科全书》中我还知道古代的埃及、希腊、罗马人都把蛇视为它们的保护神。

生：在中国，人们认为蛇年出生的人聪明、灵活、幽默。我爸爸就是属蛇的，这是爸爸告诉我的。

生：蛇的种类很多，有眼镜蛇、蝰蛇、响尾蛇、蟒蛇。

生：夏天，妈妈的裤子上都有蛇的图案，可好看了。

师：从小小的蛇身上，我们知道了那么多的知识，小朋友真了不起。那么怎样记住这个"蛇"字呢？（我顺水推舟，推波助澜）

生：我用换一换的方法来比较：沱——蛇，加一加的方法：它——蛇。

生：我用形象记忆法来记，它是一条大虫。

生：我用我用猜谜语的方法来记……

第二
部分　　阅读课例

第六章　精　读　课

一、背景描述

顾名思义，人们往往根据"精读"和"略读"的含义去界定"精读课"和"略读课"的性质与定位，这虽符合一般逻辑，在这里却是实实在在的望文生义。从 20 世纪 80 年代起，语文教材就有一类课文和二类课文，在中学分别称为"讲读课文"和"自读课文"，在小学分别称为"讲读课文"和"阅读课文"。2000 年以后，部分课标本实验教材分别称为"教读课文"和"自读课文"或"主体课文"和"拓展阅读课文"，而多数则分别称为"精读课文"和"略读课文"。二类课文性质为何？一、二类课文是相对的关系，二类课文的"半独立"，意味着一类课文的"不独立"。"不独立"和"半独立"显示教师和学生在教学中的地位和作用有异，表明教师指导和学生参与的程度有别，而这正决定了二者性质和定位的不同。在两类课文所有的名称中，"教读课文"和"自读课文"彰显了师生在其中的不同地位和作用，比较准确地揭示了二者的性质和定位。而"精读"和"略读"是两种粗细不同的阅读方法，以此命名课文，则模糊了它们的性质和定位，若受其误导而从阅读方法上去界定或探寻其性质、定位，便是缘木求鱼！

有人认为，略读课只要粗知课文大意，无须咬文嚼字。这是依据阅读方法"略读"的意义认定略读课的目标取向，与精读课完全两样。而事实上，略读课与精读课的目标取向大体一致。精读课的目标取向概括起来有以下三方面：一是得意，即理解思想内容，获得情感意蕴，受到人文熏陶等；二是学言，即学习语言文字，磨练语言实践能力；三是习法，学会阅读方法，培养独立阅读能力。每篇略读课文用时只有精读课文的一半，教学时往往根据具体情况而只抓住或偏重其中的某一方面，但将多篇略读课文的教学目标综合起来看，也就涵盖了以上三个方面。不同的是，精读课中得意、学言、习法是在教师精心设计和安排的流程中，通过教师过细的指导得以完成；略读课虽然不能完全离开教师的指导，但主要依靠学生自己独立完成。单就习法而言，精读课是或清晰地学得或潜移默化地习得阅读方法，而略读课则是实践在精读课中学会的阅读方法。打个比方，精读课相当于数学课师生共同研究例题，生成、理解、掌握定理、定律或公式；略读课相当于数学课学生在教师指导下运用定理、定律或公式独立完成习题。

可以说，精读课有两个特征：一是课堂活动以师生、生生互动性活动为主，尤其是师生之间的互动性活动。教师方面，精心设问、与学生的互动、即时调控，必不可少；学生方面，默读、朗读、讨论、交流、动笔、圈画等等，交替进行。二是精读课以传授知识为本质，以带规律性的知识为主要特征，重在"精"和"细"。

二、课堂例析

《鲸》(五下)第一课时对比研讨

郎明仙执教《鲸》的课堂实录及评析

（一）学习目标

1. 正确流利地朗读课文，会写"上腭"等词语，理解"胎生"等词语。

2. 通过默读、讨论、圈画重点词句等方法，把握课文主要内容，产生对阅读科普文章的兴趣。

3. 了解课文采用的说明方法以及说明文的语言表达特点，并尝试在写作中运用。

【点评1】从学习语言文字运用的角度提出教学目标，以两种学习方法为主线展开教学。目标兼顾语文知识能力、过程方法和情感态度三个维度。

（二）学习过程

1. 明确方法

（1）师：我们今天来了解一种海洋生物。（板书课题"鲸"）这是一个形声字，用"鱼"做形旁说明什么？

生：鲸和鱼有关。

师：课前同学们都预习了课文，谁能简要说说鲸和鱼有什么相似之处？

生：鲸生活在水里，外形像鱼。

师：你预习课文很认真。那么，鲸属于鱼类吗？请同学们打开课文，自由朗读，留意相关信息。

（2）师：鲸属于鱼类吗？

生：鲸不是鱼，因为它的祖先生活在陆地上，而且它用肺呼吸。

生：鲸不是鱼，因为它是胎生的。

师：用肺呼吸，胎生，这说明鲸是哺乳动物，不是鱼类。

（让学生写"肺"、"胎"，提示学生注意"肺"的第5笔。）

（3）师：我们再来认识一下鲸的两个部位——上腭、肚子。（让学生写"腭"、"肚"。）知道我们的上腭在什么部位吗？（学生纷纷回答）请同桌互相检查，四个字都写对了吗？（学生相互检查）

（4）师：仔细看看，四个字有什么共同特点？

生：都是月字旁。

师：能再说一个表示身体部位的月字旁的字吗？

生：脸、肝……

【点评2】特殊知识的教学有必要。课始引导学生对鲸的了解较有意义：一是因为本文是常识性说明文，鲸又是说明的对象；二是因为鲸是一种很有特色的动物，需要了解其特点。如果能用表格或图示的方法进行梳理和概括，学习可能更高效一些。

(5) 师：《鲸》是一篇说明文,说明文的学习要求与其他文章有所不同。默读单元导语,找到学习要求画下来。

生：要抓课文的要点,了解说明方法,并学以致用。

【点评3】引导学生注意学习方法,让学生带着"方法"学习,具有明显的方法导向意识,这是高效学习的基本保证。

2. 把握内容

(1) 师：朗读课文第一自然段,想想：课文是围绕哪一句写的? 圈出或提炼关键的词语。

生：这一段是围绕"其实"这一句写的,主要写了鲸很大。

生：主要写了鲸的体形。

师：找得很准确,提炼得也很好。

【点评4】通过第一自然段的学习构建一种学习模型,为后文的学习提供了方法上的启示。

(2) 师：请大家运用刚才的方法,采取小组合作的方式,归纳其他几个自然段的要点。

自 然 段	要 点
第　自然段	
第　自然段	
第　自然段	

(学生讨论后反馈)

生：第2、3、4自然段分别写了鲸的进化、种类和食物。

生：第5、6、7自然段主要写了鲸的呼吸、睡觉和生长。(教师根据学生的回答板书)

师：哪几部分可以归在一起?

生：食物、呼吸、睡觉和生长可以归在一起。

师：能用一个词简要地概括一下吗?

生：生活习性。

【点评5】用表格概括课文的要点,可以避免对课文内容和情节的过细分析,既简洁,又高效,更重要的是,这种方式便于学生整体把握课文内容。

3. 学用方法

(1) 师：接下来,我们一起研究课文运用的说明方法。默读第一自然段,小组讨论：作者运用哪些说明方法写出鲸体形"庞大"?

生：运用了列数字的方法。

师：请结合课文举一个例子。

生："目前已知最大的鲸约有十六万公斤重，最小的也有两千公斤。"这一句就运用了列数字的方法。

师：最小的也有两千公斤，郎老师体重50公斤，需要多少个像我这样的人才能抵得上它？

生：40个。

师：真的是庞然大物啊！还有别的说明方法吗？

生：还运用了作比较的方法，把鲸和象比，和人比，把鲸的大舌头和大肥猪比。

生：还有举例子。文中说人如果站在它嘴里，这就是举例子。

师：文中有一处更像举例子，你们找到了吗？

生：我国发现过一头近四万公斤重的鲸，约十七米长，一条舌头就有十几头大肥猪那么重。

师：（投影两个句子）比较后发现了什么？

句1：我国发现过一头近四万公斤重的鲸，约十七米长，一条舌头就有十几头大肥猪那么重。

句2：它要是张开嘴，人站在它嘴里，举起手来还摸不到它的上腭，四个人围着桌子坐在它的嘴里看书，还显得很宽敞。

生：第一句中我国发现那头鲸是真实的例子。第二句中的事情根本不可能发生。

生：第一句是运用了举例子的方法，第二句不是。

师：文中说，"人站在它嘴里"，你真的敢站到鲸嘴里去吗？

生：不敢，这是假想的。

师：哪个词看出是假想的？

生：如果。

师：这种说明方法叫什么呢？

生：作假设。

师：请大家用"作假设"的说明方法把下面的句子补充完整。（投影句子）

目前已知最大的鲸约有十六万公斤重，如果_____。

（学生将四种说明方法的名称写在文中相应的地方）

（2）师：课文能用一句话说明的事情，为什么花这么多笔墨写？

生：如果不这样写，我们就不知道鲸大到什么程度。

生：这样写，就把鲸体形庞大的特点写得很形象，很具体。（教师板书：具体）

【点评6】紧扣说明方法展开学习活动。说明方法的学习成了师生活动的主线，对方法又能进行巩固性强化，在尝试运用中认识"作假设"的说明方法。

（3）师：那是不是写形象、写具体就可以了？请同学们对比阅读下面两段话，你发现有什么不同？

段1：目前已知最大的鲸约有十六万公斤重，最小的也有两千公斤。我国发现过一头近四万公斤重的鲸，约十七米长，一条舌头就有十几头大肥猪那么重。

段2：最大的鲸有十六万公斤重，最小的也有两千公斤。我国发现过一头四万公斤重的鲸，十七米长，一条舌头就有十几头大肥猪那么重。

生：我发现，与第一段话相比，第二段话少了"目前已知、近、约"等词语。

师：少了这些词语之后，表达效果有什么不同？

生：意思没有原来准确了。

师：是的，说明文的语言不仅要形象，更要准确。不然，读者就不能明晰地感知说明的对象。

【点评7】让学生明确说明性文章的语言风格，这是本课教学的重要任务。如果能再推进一些，学习过程将更加开阔些，效果会更好。

(4) 师：下面这张表格，也是关于鲸的介绍。默读，然后说一说这张表格的主要意思。

鲸的潜水能力		
种　类	潜水的深度	潜水时间
长须鲸	水下 300 至 500 米	1 小时
抹香鲸	水下 1000 米	持续 2 小时

生：鲸的潜水能力很强。

师：人在水下能潜多长时间？

生：不到 1 分钟吧。

师：是的，普通人只能在水下待半分钟左右。现在请你根据表格提供的信息写作，选择三星级的可以写一两句话，选择五星级的可以仿照课文第一自然段，运用某一种或几种说明方法写一段话。

【点评8】通过非连续性文本的阅读来训练学生提取信息的能力，并与课文内容关联，能够较好地形成知识组块，有利于学习的巩固和迁移。

(5) 展示学生作业。组织学生自评和互相评价。

4. 总结方法

(1) 指导回顾学习说明性文章的方法：概括要点——了解说明方法——尝试运用说明方法。

【点评9】回顾学习方法很有必要。本课始于学习方法，在活动中展示学习方法，终于学习方法，以"方法"为线把课文学习串起来了。

　　（2）提出下一节课的目标：课文在其他自然段使用了哪些说明方法？除了运用说明方法，说明性文章还有什么特点？

【总评】

　　人教版课标教材五年级上册第三单元安排的是一组说明性文章。《鲸》是其中的第一篇精读课文。从语文学理的角度看，郎老师执教的这节课是一种方法指导课，基本形成了从内容分析到方法指导的转身。

　　1. 准确把握高年级语文学习特点，侧重学习文章表达方法

　　教材在五年级上册编排说明性文章单元，目的是落实课程标准（2011年版）关于第三学段"阅读说明性文章，能抓住要点，了解文章的基本说明方法"的要求。《鲸》作为精读课文出现，其功能很明显，就是要在教师指导下学习如何抓住要点和了解基本的说明方法。郎老师对教材编排意图、单元特点、文体特点等均有准确的把握，所以，制定的三条教学目标，紧扣重点难点，指向明确。此外，作为常识性说明文，《鲸》又有自身的表达特点，它介绍了鲸的形体特点、进化过程、种类和生活习性等方面的知识。课文层次分明，条理清晰，每个自然段讲一个意思，语言简练准确、平实质朴又不乏生动形象，运用了列数字、举例子、作比较、作假设等说明方法。在教学中，郎老师始终关注文本的表达方法，在概括要点时，提示学生注意文章的结构；在了解说明方法时，通过文本语段的增删处理、长短调整等，让学生自己发现语言的秘密。在学生完成"了解文章说明方法"的任务后，又适时引入课外的资源，创造新的语境，从学习理解语言转为运用语言，实现向学生实践的迁移。巧妙的是，引入的课外资源为非连续性文本，渗透了课程标准（2011年版）"阅读简单的非连续性文本，能从图文等组合材料中找出有价值的信息"的目标。值得一提的是，和文章语言表达特色相吻合的是，郎老师的语言也很简练准确，平实亲和。

　　2. 准确把握学生阅读心理特点，在语言实践中认知和运用

　　心理学研究表明，进入五六年级，小学生仍然对叙事性作品的理解比较容易，对说明性文章的理解感觉困难，需要教师搭建学习的"桥梁"。从学生阅读心理的发展看，朗读技能的发展一般优于默读。小学生的默读能力，是需要通过训练而发展的。说明性文章就是训练默读能力的好例子。我们可以看到，郎老师从引导学生关注单元导语入手，让学生带着明确的学习任务开展学习。在指导概括要点时，采用先扶后放的方法，使学生逐步习得提纲挈领的能力。在了解说明方法时，教师又采用开放式教学，让学生以各种形式投入到语言实践中去，自觉地获取信息。既保证默读的时间，又以问题引路，圈画批注，捕捉重要信息。郎老师尊重学生真实的学习状态，提供了尽量多的独立思考的时间，耐心地等待学生自己发现，只是在学生遇到困惑时才出手指路。在学生充分理解的基础上，利用鲸的课外资料，尝试实践，把语言学习推到运用层面。

　　总而言之，郎老师这节课充分尊重了学生的主体性，也很好地体现了语用教学的理念，不失为一堂朴实而高效的好课。

　　（本课例为2014年3月举办的浙江省名师工程个人教学专场的公开课实录，由杭州市余杭区实验小学校长郎明仙执教，由浙江外国语学院汪潮点评）

<h1>徐伟俊执教《鲸》的教学设计及评析</h1>

（一）教学目标

（1）尝试运用"抓关键词句概括小标题"的方法梳理文章的脉络，初步了解说明文安排材料的特点。

（2）复习说明性文章常用的说明方法。如：列数字、作比较、举例子、打比方等，学习新的说明方法"假设、分类别"。

（3）试着运用说明方法，描述相关的事物，注意语言表达的准确性。

（二）教学流程

课前谈话

话题1：介绍各自的学校。大东坝镇校：18个教学班，749名学生，其中住校生697人。学军小学紫荆港校区：面积大（64亩），36个教学班办学规模。紫荆港校区校园面积和办学规模相当于我们学校的两倍。

话题2：介绍各自的城市。松阳县山清水秀，是浙南"桃花源"，全县人口只有23万左右。杭州人口有多少呢？你来猜一猜。大约是880万，差不多有我们松阳人口数的40倍。

第一板块：导入新课，检查预习效果，明确学习任务

1. 揭题导入，检测预习效果。

（1）揭题，读题。（同学们，今天我们一起来学习五年级上册第三组的第一篇课文，课文的题目是《鲸》。）

（2）听写词语，检查生字新词的预习效果。

鲸　哺乳动物　肺　胎生

（3）反馈交流：字形重点"肺"，读音重点"哺"。

① 这些词语中，最容易写错的字是哪个字？师："肺"字右边"市"读 fú，最后一笔是一竖，上下通天，呼吸顺畅。师范写，学生在书本的空白处写一遍。宋代有个书法家叫"米芾"。（课件：市 fú 宋代书法家米芾 fú）

② 最容易读错的是哪个字？（课件：bǔ 哺　哺育——fǔ 甫　杜甫）学生齐读。

（4）用上这几个词语说一句话。（鲸是哺乳动物，用肺呼吸，它是胎生的）

2. 学习单元提示，明确学习任务。

（1）读读单元学习提示，明确学习任务。

单元导语：在生活中，我们常常会读到说明性文章。这些文章，不论是讲清楚植物的形态特征，还是说明白动物的生活习性；不论是介绍新产品的使用方法，还是解释自然现象的形成原因，都要使用一些说明的方法。

学习本组的说明性文章，要抓住课文的要点，了解基本的说明方法，并试着加以运用。

师：同学们，这一组课文都是说明性文章，说明性文章该学些什么呢？请同学们带着这个问题自由读单元导语。

（2）反馈交流：师：从一年级开始，单元导语一般分为两段，第一段通常告诉我们本组课文的学习主题，第二段则会明确地提出我们学习本组课文的具体要求。

那么，本单元导语的第二段给我们提出了怎样的学习要求？

学习本组的说明性文章：① 要抓住课文的要点；② 了解基本的说明方法；③ 并试着加以运用。

第二板块：梳理课文结构，初步了解说明文安排材料的特点

过渡：接下来我们先来完成第一项学习任务：抓住课文的要点。要抓住课文的要点，我们就得了解课文是从哪几个方面介绍鲸的？

（1）默读课文，用横线画出能概括各个自然段主要内容的句子，或圈出最关键的词语。

（2）反馈交流：根据学生的反馈，教师随机画出课文中的中心句，借助中心句给各段概括出小标题。

第一步：① 形体特点（大）；② 进化过程（哺乳动物）；③ 种类；④ 进食；⑤ 呼吸；⑥ 睡觉；⑦ 生长。

重点指导"进化过程"这个小标题的概括。鲸的形体退化的过程，从遗传学来讲是物种的进化过程。

信息修正：同学们，你画的句子正确吗？不正确的请马上改正过来。

第二步：课文从几个方面来介绍鲸的特点的？你觉得哪几个方面的内容可以归类，为什么？如果要给 4—7 自然段各个小标题加个小帽子，你觉得用哪个词语比较合适？（生活习性）

第三步：改一改序号，渗透说明文安排材料的特点。把 7 个自然段合并为四个方面的内容，我们有必要改一下序号。老师先在"生活习性"前加"四"，同步擦掉数字序号，接着依次改掉其他序号。
一、形体特点（大）；二、进化过程（哺乳动物）；三、种类；四、生活习性（进食 呼吸 睡觉 生长）。

（3）探究说明文安排材料的秘妙，初步了解说明文阅读中整体把握的策略。

① 同学们观察一下板书，你对说明文内容的安排方面有什么发现？

（我的发现：说明文通常按事物的几个方面来安排材料。）

② 观察各自然段的中心句在段落中的位置，你又有什么发现？

（我的发现：各自然段中，往往会有概括主要内容的关键句子，这样的句子常常出现在一段话的开头。）

③ 这两个重大的发现对你今后阅读类似的说明文或写说明文有什么启示？

④ 说明文学习宝典之一：抓住各个自然段中的关键词句，把握课文的主要内容。

第三板块：学习第一自然段，了解说明性文章常用的说明方法

（1）复习说明方法。在《太阳》和《秦兵马俑》等课文中，我们了解了哪些说明方法？随机板书：列数字、作比较、举例子、打比方。

（2）学习第一自然段，了解基本的说明方法。

① 自由读第一自然段，思考：作者运用了哪些说明方法来说明鲸很大？作者为什么选择这些内容来说明？

② 反馈交流。

课　文　内　容	说　明　方　法	选择内容的角度
不少人看到过象，都说象是很大的动物。其实还有比象大得多的动物，那就是鲸。	作比较	选择熟悉的事物比较说明
目前已知最大的鲸约有十六万公斤重，最小的也有两千公斤。	列数字	选择有代表性的对象说明

课 文 内 容	说 明 方 法	选择内容的角度
我国发现过一头近四万公斤重的鲸,约十七米长,一条舌头就有十几头大肥猪那么重。	举例子 列数字 作比较	举出实际事例来说明
它要是张开嘴,人站在它嘴里,举起手来还摸不到它的上腭;四个人围着桌子坐在它的嘴里看书,还显得很宽敞。	假设	假设情境说明

③ 学习"假设"的说明方法。

句 4:"它要是张开嘴,人站在它嘴里,举起手来还摸不到它的上腭;四个人围着桌子坐在它的嘴里看书,还显得很宽敞。"

这句话运用了什么说明方法?

"站在鲸的嘴里摸它的上腭,在它的嘴里看书",这样的事情真的发生了吗?它会发生吗?其实,这只是人们的设想,从文中的哪个词语可以看出?(要是)

像这样,对没有发生或不可能发生的事情,进行假定设想说明的方法就是"假设"。在这组课文中,《假如没有灰尘》这篇课文就大量地运用了假设的说明方法。(板书:假设)

句子中的"要是"还可以换成哪些词语?(假如、如果)

④ 情趣朗读,体会鲸的大。

个性化朗读:学习赵忠祥给动物世界配音;客观的陈述;个性化解说等。

请同学们选择一句练一练,指名读。评价的标准:是否让听众感受到了鲸的大的特点。

⑤ 同学们,观察这张表格,你对说明文的阅读又有什么发现?

(我的发现:说明文学习宝典之二:了解课文的说明方法,把握事物的特点;多角度选择内容来说明事物的特点)

(4) 学习"分类别"的说明方法。

① 默读课文第 3—5 自然段,用波浪线画出运用了说明方法的句子,并在旁边批注说明方法和鲸的特点。

② 反馈交流:先读句子,然后说说作者运用了什么说明方法,写出了鲸的什么特点。(根据学生的交流,教师及时在电子文本中批注)

③ 学习"分类别"的说明方法。

出示句子,老师、男生、女生配合朗读。

鲸的种类很多,总的来说可以分为两大类:一类是须鲸,没有牙齿;一类是齿鲸,有锋利的牙齿。

鲸的身子这么大,它们吃什么呢?须鲸主要吃虾和小鱼。齿鲸主要吃大鱼和海兽。

不同种类的鲸,喷出的气形成的水柱也不一样:须鲸的水柱是垂直的,又细又高;齿鲸的水柱是倾斜的,又粗又矮。

小结:分类别是将被说明的对象,按照一定的标准画分成不同的类别,一类一类地加以说明,这种说明方法,叫分类别。(板书:分类别)

及时提醒学生记录下去,养成不动笔墨不读书的好习惯。

第四板块:说明方法练习运用,注意语言表达的准确性

1. 尝试运用"作比较"的方法来说明鲸的大

(1) 出示句子,提供参数,尝试运用作比较的方法来写一写。

作者运用了这么多的说明方法来介绍鲸。在第一段中,有这样一句话:

目前已知最大的鲸约有十六万公斤重,最小的也有两千公斤。

十六万公斤到底有多重呢?我对大数字把握不准,不如运用"作比较"的方法来说明。运用"作比较"的说明方法时,通常要选择大家熟悉的事物来比较。

提供参数:大象的体重大约是 4000 公斤,$160000 \div 4000 = 40$,请运用"作比较"的方法来说明,在书本的空白处写一写,注意用词的准确性。

目前已知最大的鲸约有十六万公斤重,_____。

(目前已知最大的鲸约有十六万公斤重,相当于大象体重的 40 倍……)

(2) 运用作比较的方法介绍"最小的鲸也有两千公斤_____"。

(参考资料:同学们的体重大约是 40 公斤)写话——交流——点评修改,注意用词的准确性。大约是全班同学的体重之和……)

(3) 我的发现:在列数字和作比较等说明方法的运用中,通常会加上"约、近、左右、相当于"等词语,使语言表达更准确。

(4) 出示句子,读一读:目前已知最大的鲸约有十六万公斤重,最小的也有两千公斤。我国发现过一头近四万公斤重的鲸,约十七米长,一条舌头就有十几头大肥猪那么重。

说明文学习宝典之三:说明文非常讲究用词的准确性,我们可以抓住这些词语细细品味。

2. 运用说明方法介绍蓝鲸

过渡:为了说明鲸是很大的动物,我举蓝鲸的例子来证明。我给大家的只是一张表格,请运用说明方法选择一点或几点加以介绍,注意用词的准确性。

(1) 出示蓝鲸资料,自由练说。

(2) 反馈交流,重点评价说明方法的运用和语言表达的准确性。

蓝鲸——地球上最大的动物,是真正的海上巨兽,是动物世界中绝无仅有的大力士		
项　目	特　点	参　照　物
身　长	平均身长 26 米,最高记录 33.5 米	
体　重	平均体重达 150 吨	非洲象重约 5 吨
舌　头	厚 3 米,重 4000 公斤	
速度和力量	速度每小时 28 千米,可产生 1250 千瓦的功率	中型火车头拉力 1200 千瓦

附:地球之最——蓝鲸。蓝鲸是地球上最大的动物,一头成年蓝鲸能长到非洲公象体重的 30 倍左右。蓝鲸是真正的海上巨兽,平均长度约 26 米,最高记录为 33.5 米,平均体重 150 吨。一头蓝鲸的舌头厚 3 米多,其重量比一头大象还重。蓝鲸也是动物世界中绝无仅有的大力士。一头蓝鲸以每小时 28 千米的速度前进,可产生 1250 千瓦的功率,相当于一个中型火车头的拉力。

3. 课堂小结

（1）关于说明性文章，你了解了哪些阅读策略？

（2）说明性文章，作者的用词非常讲究，下节课，我们将抓住这些关键词继续体会说明文用词的准确性。

【总评】

"这是一堂充满智慧的语文课：课未始，调已定；说明文体，特点凸显；每分每秒聚焦表达方式，每时每刻关注表达质量，每环每处激发深入思考；字词教学，细腻大气，概括梳理，理性思辨；学习方法，新旧过渡，顺学而导；不热闹，不折腾，扎实、高效、睿智、大气；遗憾之处，最后练笔没时间落实，过程中可练笔强化处也匆匆掠过，由此产生一个疑惑：课堂一定得是 40 分钟吗？"这是我对徐伟俊老师执教的《鲸》这堂课的一句话点评，高度赞赏甚至极度夸张。

何谓好课，每个人的观点往往不尽相同，以上对徐老师这堂课的评价也是我的主观个性解读，正所谓"仁者见仁智者见智"。但有一点是肯定的，好课是有标准的，因为教学首先是一门科学，它是有规律可循的。我的观点是好课要抓"两本"：文本与生本。

怎么抓文本？小学阶段大多数课文，内容人人基本能懂，但形式却有诸多奥妙，这是需要教师引导孩子去发现的。《鲸》是一篇说明性文章，我们且看徐老师是如何抓《鲸》的文本特点的。

看课首先看目标。本课教学目标定位三条：① 尝试运用"抓关键词句概括小标题"的方法梳理文章的脉络，初步了解说明文安排材料的特点。② 复习说明性文章常用的说明方法。如：列数字、作比较、举例子、打比方等，学习新的说明方法"假设、分类别"。③ 试着运用说明方法，描述相关的事物，注意语言表达的准确性。这三条目标紧紧锁定说明性文章的表达特点：材料安排、说明方法、语言特点。从目标设定可以充分反映教师对说明性文章的文本解读是非常准确到位的。

看课看过程实施。课前谈话环节，徐老师和学生互动聊天，介绍各自的学校和城市。看似随意的师生相互介绍，其实隐含了列数字、作比较等方法的运用，既是旧知的复习，又是新授的引子，而且最终指向学生在说明介绍类别上语言质量的有效提升。课前谈话，看似闲聊，实则独具匠心，与众不同。

梳理课文脉络环节：学生在画找关键句，圈出关键词，梳理层次的过程中，发现说明性文章概括内容的特有办法，并联系已有记叙文概括的旧知，发现不同，学习过程中，学生的思维不断被激活，充满情趣。

学习方法环节：学习说明方法的类型以及相关的表达作用，更重要的是引导学生发现选择说明内容的角度，由此服务于后续写作。学习说明方法时，学生自主学习，由易到难，教师顺学而导，顺疑而解。

练习表达环节：立足文本内容，把列数字的写法转换为作比较方法的运用，创造说明方法的表达机会；拓展文本内容，以蓝鲸为例，综合运用说明方法进行练笔。在此过程中体会说明性文章语言的准确性。

以上所看，各个环节，从始至终，教师都引导学生关注文本的形式，对说明形式不断认识实践。课文无非是一个例子，课堂就要实现从"教课文"走向"教语文"。当然说明性的文章并不只是机械的罗列介绍，说明文章也有情趣，语言的情趣就在说明形式的字里行间中，一个字词、一个短语、一个句式甚至是一个标点也能情趣盎然。抓出文本形式特点，上出说明性文章的应有课堂

形态,是徐老师本堂课的最大亮点。

抓牢文本特点,锁定言语形式是其一,其二就是凸显学生本体。真正让学生成为课堂的主人是很难做到的,我们常说学生主体,教师主导,其实,因为教师的主导,往往使教师成为了课堂的主体。要真正实现"学生第一",任重道远。徐老师在课堂上有好几处是有这样的理念体现的。读单元导语,由学生来发现并提炼学习说明性文章的要点;画找关键词句,并提炼,分清层次是以学生为主体的;学习宝典的提炼出示,是以学生自主概括为先的;学习说明方法时,是以学生的发现为前提的,新说明方法的学习是在学生碰到疑难时,教师给予帮助的;表达练习的实践环节是学生为活动主体的。以上各个环节都体现了教师的生本理念。但是还远远不够,因为教学内容多,课堂实践有限,使得教师在各个环节的落实上,有"走过场"的现象。该放开训练的环节,没有放开,该落实的环节没有落实,比如教学"肺",只要求全体学生写一遍,并不符合学生的差异和实际需求;比如查找关键词句环节,教师没有很好反馈学生的画找状况,以至学习结果不明;又如学生两次说明方法运用环节,教师没有关注所有学生的练习状况,只是以个别学生的反馈代替了整个教学环节,存在不到点的现象。所以给我们一种感觉,课堂在问问答答、读读画画中步步推进,显得零碎且缺乏学理的充分呈现。

如何让生本凸显,使"课堂"成为"学堂"? 关键还是教师对教学目标的精准定位。本堂课教师的目标牢牢锁定了说明文体的语言形式,但是还是缺乏更为精准的把握。教学目标的功效就是导学导教导评,是一堂课的核心所在。我们再来看徐老师设置的目标:① 尝试运用"抓关键词句概括小标题"的方法梳理文章的脉络,初步了解说明文安排材料的特点。② 复习说明性文章常用的说明方法。如:列数字、作比较、举例子、打比方等,学习新的说明方法"假设、分类别"。③ 试着运用说明方法,描述相关的事物,注意语言表达的准确性。以上三条目标中,有的目标动词是含糊不清的。怎样是"初步了解"? "复习"的要求是什么? 如何界定"学习新的说明方法"? "注意"的要求是什么? 这些目标设置动词都是笼统的、想当然的,是无法起到导学导教导测评的功能的,使得教师在课堂教学中往往会出现重教轻学的现象。如果我们把教学目标稍作调整:① 能够运用"抓关键词句概括小标题"的方法说清课文主要内容,并在和记叙文体结构的比较中得出:说明文是按事物的几个方面来写的。② 能够结合课文说出常用说明方法的作用,学习说明方法(假设、分类别),能够说出方法名称和作用。③ 能够辨析"约、近"等词在语句中的作用,以此体会语言表达的精准。④ 用作比较的方法介绍"最大的鲸和最小的鲸",使说明更加生动形象;以蓝鲸为题材,综合运用多种说明方法,使介绍准确生动。这样的目标设定在一定程度上会更指向学生目标的达成,课堂就会把更多的着力点放在学生身上,更好地凸显生本理念。

(本课由浙江省松阳县大东坝镇中心学校校长徐伟俊设计、执教,由浙江省象山县第五小学校长孙忠心点评)

三、资源链接

1. 精读课的教学目标
一般来说,一篇精读课文分二课时教学,不同的课时有不同的教学目标。
第一课时:
① 建构本课的阅读话题。
② 掌握本课的生字词。

③ 正确、流利地朗读课文。

④ 了解课文要点及主要内容。

（第一学段暂不安排第 4 项内容。进入第二、三学段后，对 2、3 两项要求主要通过课前预习及课堂反馈予以落实）

第二课时：

① 第一学段以了解词句的意思和感受课文内容为主，第二学段重在把握课文结构以及关键词句表情达意的作用。第三学段主要从文体、表达顺序、关键词句去体悟课文的思想感情，把握它的表达方式与方法，体会其表达效果。

② 熟读课文，进行语言理解、积累和运用。

③ 安排单项练习、读写结合的练习及拓展性阅读。

2. 精读课的教学流程

根据研究，目前精读课的教学流程呈现"主题性"趋势：

（1）以"知识理解"为中心的阅读教学流程："解题→释词→分段→归纳中心思想和写作方法→练习"。这种流程致力于学生理解语文完整的知识系统，强调语文教学的工具性，而忽视了语文的人文性。只让学生理解语文工具的知识，而忽视培养学生运用这种工具的能力。

（2）以"问题研讨"为中心的阅读教学流程：激情导入→出示学习问题→小组学习交流→班级交流学习分解情况→质疑交流。问题引发思维，所以这种流程有利于学生思维的发展。

（3）以"读书"为中心的阅读教学流程：初读，感知大意→深读，理解内容→再读，突破难点→续读，体会情感。以"读书"为基本线索，较好地体现了阅读教学的特点。

（4）以"过关"为中心的阅读教学流程：朗读，过整体感知关→品读，过语言感悟关→研读，过深入探究关→诵读，过积累运用关。这种流程，以"过关"为基本环节，既有分层设计，又有分步要求，扎实而有效。其实质是"读书"。

（5）以"方法"为中心的阅读教学流程：书读百遍，其义自见→不动笔墨不读书→读书要有疑，小疑则小得，大疑则大得→读书贵在运用。这种流程，致力于方法的学习和运用，流程框架设计，教学开放大气。

（6）以"语言"为中心的阅读教学流程：感知语言→积累语言→语言转换→语言应用。这是目前中国小学阅读教学具有现代气息的教学流程，它以学习心理学为指导，聚焦"语言"，指导学生经历语言学习的全过程，达到掌握语言之目的。

（7）以"学生学习"为中心的阅读教学流程：独学（学生自主学习）→ 对学（同桌学生相互学习）→导学（教师指导下的班级学习）。浙江外国语学院汪潮教授根据多年的阅读教学课堂观察和思考，提出的小学语文阅读课的现代结构流程：

第一个环节：独学（学生自主学习）

① 阅读整篇课文。

② 理解课文的情节内容。

③ 批注欣赏的内容。

④ 画出不懂的问题。

第二个环节：对学（同桌学生相互学习）

① 交流自学情况。

② 回答对方问题。

③ 讨论共同感兴趣的问题。

④ 联合提出还不懂的大问题。

第三个环节：导学（教师指导下的班级学习）

① 交流课文的重点、难点和突破点。

② 梳理课文的结构、层次和联系。

③ 学用特殊的语言表达方式。

④ 总结规律性语文知识。

3. 精读课的教学内容

（1）词语教学。包括正确读写、理解词义和积累运用。三类重点词语是：生字生词、熟字生词、熟字熟词（词义、词性发生变化的词；在文章中起关键作用的词）。理解词义是词语教学的重点，积累和运用词语是词语教学的关键。

（2）句子教学。① 理解句子的三层意思。一是表层意思，即字面意思。二是句内意义，即句子的语境意义，联系上下文理解。三是句外意义（言外之意），即言在此而意在彼而产生的意义。② 理解文中句子与词语的关系。理解句子的主要方法：一是从句子中的重要词语入手；二是从分析句子在文中的位置入手（针对在文章中起结构作用的句子）；三是从分析句子的修辞手法入手（针对有特殊作用的句子）。其外还有联系上下文理解、联系生活实际理解、联系时代背景理解、抓主干理解句子、直观演示理解句子等。

（3）语段教学。语段教学的关键是把握语段教学的性质，使小学生掌握语段的基本要素及其作用，明确语段的基本要求和方法，掌握连句成段的方法。重点语段不仅包含文字、词汇、句子、标点、修辞、逻辑的知识，还涉及中心、选材、层次、表达等技巧。因此，在阅读教学中把字、词、句、篇的教学与语段教学结合起来，就能给学生以具体、深刻的印象，并能起举一反三的作用。

（4）篇章教学。包含四个内容：一是理清文章思路；二是把握课文的主要内容；三是了解课文的中心思想；四是体会课文的思想情感。在不同学段，应有所侧重地加以训练。

（5）朗读教学。朗读教学对于理解文章的含义、积累语言表达、发展语感具有重要意义。中国小学语文朗读训练的基本要求是：正确、流利、有感情。

（6）默读教学。默读的基本要求是：一是要集中注意力，依靠视觉把文字直映到大脑阅读中心，不用指读、唇读、数读，更不能出声。二是达到一定的速度。第三学段阅读速度每分钟不少于300字。三是注意默读的效果，能边读边想。

（7）复述教学。其基本形式有：① 详细复述。主要适用于第一、二学段。② 简要复述。适用于第二学段。③ 创造性复述。一是改变顺序复述。把运用倒叙、插叙的课文改为顺叙。如《凡卡》。二是改变人称复述。把第二人称的改为第三人称，如《再见了，亲人》。把第三人称的改为第一人称，如《鲸》《新型玻璃》等。三是改变体裁复述。如将叙事诗《渔夫和金鱼的故事》改为故事。④ 扩充内容复述。《精彩的马戏》中只详细地写了猴子爬竿、黑熊踩木球、山羊走钢丝三个节目，可让学生仿照这几个节目的写法，将小狗做算术、猴子骑车、马钻火圈等节目也补充出来。

四、推荐阅读资料

1. 吕绿杨. 精读求"细"略读求"简"选读求"活". 教学月刊：小学版,2007(7).

2. 赵天民.浅谈精读课文的导入方法.牡丹江师范学院学报:哲学社会科学版,2009(2).

3. 林枫.相同的课文不同的教学——浅谈精读课文和略读课文教学的区别.福建教育:小学版,2010(2).

4. 尹丹.精读要在"精"字上做文章.教学月刊:小学版,2011(10).

5. 李素环.把握整体 品味精读——人教版《燕子》教学谈.小学语文教学,2012(3).

6. 李卫华.新课标下小学语文高效课堂教学之精读课文教学研究.读写算:教育导刊,2013(20).

7. 胡华杰.言意兼得与精神飞扬——王崧舟、周益民《去年的树》教学片段赏析.小学语文教师,2014(3).

8. 石玉考.小学语文精读课文教学思路探讨.山东教育,2014(Z4).

9. 张亚丽.小学语文精读课.科学中国人,2015(9).

五、后续练习

《小柳树和小枣树》(二上)第一课时教学设计

下面是温州市实验小学周璐老师设计的人教版二年级上册15课《小柳树和小枣树》第一课时教学设计。请你参与一起讨论。

《小柳树和小枣树》是人教版二年级上册的一篇童话故事。故事以极其鲜明的对比手法绘以生动形象的课文插图,讲述了一棵小柳树和一棵小枣树之间纯美动人的故事。全文构思活泼生趣,情节发展变化有序,对话描写贴切传神,深受学生的喜欢。文章起始便开门见山呼应题目,仅用一句话交代故事背景:"院子里有一棵小柳树和一棵小枣树。"单句成段,言语凝练,营造出无限遐想的空间,使人不断猜想:这棵小柳树和小枣树之间会发生什么事呢?真想一读为快。这就是童话构思的精巧与特别之处,而它的故事往往围绕人物形象展开,因此,设计时我抓住"小柳树"和"小枣树"的形象视域为基点,通过整体感知:"小柳树和小枣树给你留下怎样的印象?"以此为抓手切入重点教学,将字词学习、阅读理解、朗读体验、对话表达进行充分整合,在读中感知故事情境,读中感悟人物性格,读中感受童话故事的语言特点,激发学生对童话的向往与热爱之情。

细读一:字词学习。本课共有8个要识的生字,这其中,"枣"字可借助形象化的字形结构帮助学生记忆,"忍"字可联系语境理解意思识记字形。"浅绿色、光秃秃"等词均可通过画面再现的方式联系生活拓展认识。低年级识字教学是重点同时要有侧重点,这一课的生字出现并无规律可循,对于难度较大、学生掌握较困难的生字可借助语境、儿歌、游戏等资源创设情境强化认知,提高识字率。

细读二:文本语言。这篇课文的语言优美而富有童趣,很有看点。你看,"小柳树的腰细细的,树枝绿绿的,真好看",多么灵动而富有节奏感的语言。品读间,小柳树婀娜多姿的身影若隐若现,的确美呀,怪不得她自命不凡,嘲笑小枣树。怎么笑话他呢?开口就是一个"喂,小枣树",冷淡、粗暴、傲慢!淋漓尽致地展现了小柳树的清高与自傲。小柳树说的两句话是全文的灵魂,既有思想内容可挖,又有语言范式可鉴,是要深挖细凿的语言点。因此,我以小柳树的话为语言感悟的重点,通过对比阅读,发现这两句话特殊的表现手法,着重推敲词、句及标点的匠心独运,引导学生发现词句背后的感情色彩,继而通过朗读展现人物性格,并迁移句型训练说话,实现文与意的兼得。

细读三：编者意图。这篇童话故事暗含科普知识，它以童话的视角创编故事，同样于情节发展中展现了小柳树和小枣树不同的外形特点和生长过程，这是一条暗线潜藏在文本中。我想，编者在创编这个故事时隐隐要告诉读者这么一个准确的科学常识。因此，这是教材的原生价值。我们在确定一篇课文的教学价值时也要考虑编者创编这个故事时隐含的创作意图。真正高效的语文教学一定是精准和科学的，科学也就是要对学生负责，要善于挖掘教材中真的知识、思想和情感，引领学生逐步认识教材本真的面目，形成一定的鉴赏能力。但又不能将这条暗线做得太明而导致课堂结构"浮肿"，反而冲淡了语文味。于是，立足文本语言虚心涵泳、切己体察，在此基础上通过师生的合作朗读，在对比体悟中区分小柳树和小枣树的形态特点，自然感知植物生长的变化。

教学目标

(1) 正确认读本课 8 个生字，会写"浅、漂、穿、弯"4 个生字。

(2) 正确、流利、有感情地朗读课文，读中体会小柳树的美丽与骄傲，并仿照小柳树的话练习说话。

(3) 在语言对比中发现小柳树和小枣树不同的生长特点。

教学过程

(一)读图生趣，感知童话味

(1) 激趣导入：请来两位朋友，出示插图——小柳树、小枣树。

(2) 板书放大"枣"字，借助形象化的字形结构，帮助记忆：弯弯曲曲的枣树上掉下两颗小枣子。

(3) 观察画面：小柳树和小枣树哪儿不一样？

(引导学生发现两棵树不同的外形特点)

(4) 展示绘本：就是这两颗长相不一样的小树，他们之间却发生了一个动人的故事。

(学生边看绘本边听教师讲述故事)

(5) 讲述一半时戛然而止：到了秋天，小柳树和小枣树又会发生什么变化呢？自己去读一读课文吧！

【设计意图】

低年级课堂重在创设浓郁的情趣味，吸引学生将无意注意转化为有意注意。而图画是很好的情趣生长点。有人说，儿童时代是读图时代，儿童在丰富多彩的画面中能滋长无限的想象力。第一板块的设计很好地利用课文插图，以图画形式观照文本内容，学生一边看一边听教师讲述故事，画面给予的视觉冲击配以教师生动的讲述，带领学生走进课文的情境，形成与所学内容、教学任务相融合的课堂学习氛围，为整个课堂教学奠定情感的基础。

(二)读文解词，活学生字词

(课件出示三组生词)

第一组：院子、衣服、漂亮、怎么。

学生自由读发现轻声词。

第二组：浅绿色、光秃秃。

学生自由读发现分别写树的颜色与样子。

教学"浅"：(示图)这儿有两片叶子，哪片深？哪片浅呢？复现生字：浅。

教学"秃"：(示图)课文中写小枣树光秃秃的,也就是说——小枣树的树枝光秃秃的。

出示短语积累：光秃秃的树枝。

除了说光秃秃的树枝,还可以说(联想发散)——光秃秃的脑袋,光秃秃的土地,光秃秃的枝干。

第三组：忍不住、结枣子。

教学"忍"：开火车读准前鼻音。忍不住也就是心里憋得慌,所以忍字有个——心字底。

教学"结枣子"：放到语境中,通过比赛朗读第7节落实读音。

(相机出示词卡：虽然、乘凉,提醒读音)

【设计意图】

崔峦老师在全国第八届青年教师阅读教学大赛中曾反复强调："坚决落实以写字、识字为重点的低年级教学,积极引导学生主动识、记得牢、写得好。"因此,识字板块除了采用分散与集中识字相结合的原则外,更是充分利用学生已有的知识和经验,联系生活实际识字。同时,对每个生字并不平均施力,通过前测目标发现"忍""结"是读音上的难点,在指导读音时强化落实;"秃"和"浅"是字形上的难点,通过直观画面,勾连生活经验,在迁移运用中多次复现给学生强烈的刺激而加深印象。

(三) 读言悟意,感悟童话情

(1) 读了课文,小柳树和小枣树给你留下怎样的印象?

板贴：骄傲　谦虚

(2) 小柳树那么骄傲,她是怎么笑话小枣树的? 请你读一读,找一找。

重点聚焦两句话：

① 喂,小枣树,你的树枝多难看哪! 你看我,多漂亮!

② 喂,小枣树,你怎么不长叶子呀? 你看我,多漂亮!

(3) 读一读,比一比,你发现了吗? 这两句话有什么地方相同,什么地方不同?

(引导学生发现语气词、标点以及语句表达的异同,在多种形式的朗读中理解小枣树的骄傲自大,并通过角色表演升华情感)

(4) 学写"漂"与"浅",发现异同,指导书写。

(5) 小柳树两次夸自己"多漂亮",她到底有多漂亮呢? 请你再去读一读,找一找。

交流中出示三处语句：

① 小柳树的腰细细的,树枝绿绿的,真好看。

② 春天,小柳树发芽儿了。过了几天,小柳树的芽儿变成小叶子,她穿上一身浅绿色的衣服,真美!

③ 这时候,小柳树的叶子已经长得又细又长了。她在微风里得意地跳起舞来。

选择一处,用小柳树得意的样子美美地夸夸自己。

(师生互动点评,在有特色的评价中指导学生读好"细细的"、"绿绿的"、"又细又长"、"得意"等词,进一步感受小柳树的美丽与骄傲)

(6) 春天里,小柳树越长越美,那小枣树呢? 师生比较朗读小柳树和小枣树的话。

(7) 读到这儿,你有新的发现吗? 小柳树和小枣树除了外形不一样,还有哪儿不一样呢?

(引导发现,随机板贴,体会小枣树的生长过程要比小柳树慢)

（8）练习说话：是呀，春天里小柳树的叶子长得就是快，当她甩着长辫子得意地在微风里跳起舞时，它又会怎样笑话小枣树呢？请你也学着课文的样子说一说。

出示："喂，小枣树，_____。"

【设计意图】

同一篇课文可教的方法很多，但关键在于教师要把握适宜的教学内容，引导学生学最有价值的知识，获得积极的情绪情感体验。童话的核心价值在于生动的故事情节，而情节往往通过语言去刻画。因此，我抓准了文本的核心价值，通过语言对比的方式，在读一读、演一演、摆一摆等语文实践活动中强化学生对童话故事人物形象的再生意义，继而指导学生将体验到的情感转化为听、说、读、写的实践智慧，在充满情趣的童话氛围中落实双基，建构基于学生认同的人文价值观。

（四）儿歌识字，感受识字乐

（1）教师小结。骄傲的小柳树万万没想到的是谦虚的小枣树居然在秋天里结出了又大又红的果子。

（2）指导书写：穿 弯。

【设计意图】

用低年级学生喜闻乐见的儿歌巩固字词，并在儿歌中再一次落实"穿"和"弯"两个生字的书写。至此，学生整堂课的练笔时间不少于8分钟，实现了提质减负的高效课堂价值观。

第七章 略读课

一、背景描述

人教课标版小学语文教材从三年级上册开始安排略读课文,篇数呈逐年增加的趋势。透视当前略读课文教学,存在以下几种误区:

(1)略读课文精读化。综观全套人教版实验教科书,其中的略读课文无论从内容还是语言上看,大多为名家名篇,文质兼美、富有文化内涵和时代精神。面对这些阅读精品,教师不免产生难以割舍的感觉,教学环节精雕细琢,字词句段面面俱到,宝贵的教学时间在师生的一问一答中白白浪费。

(2)略读课文泛读化。目前,不少教师曲解了课标对略读课文的要求,在教学策略上把略读课文与精读课文完全对立起来,不敢引导学生有选择、有重点地精读品读,其结果是教师对阅读方法和技能的指导蜻蜓点水,学生对阅读的内容不求甚解,从而出现了"教而不教,读而未读"的低效结果。

(3)略读课文自读化。"信马由缰,开放无度"这是目前略读课文教学的又一尴尬现状。课堂上教师退让一边,一言不发,任由学生信马由缰地自读。表面上看,课堂似乎成了学生的天下,教室书声琅琅,学生议论纷纷,教学也似乎更加民主与开放,其实这是一种无目的、无组织、无效果的自读。

人教版语文教参的"教学提示"告诉我们略读课文的性质:"略读课文具有明显的独立阅读性质。安排略读课文,主要是引导学生把从精读课文中学到的语文基本功,用于阅读实践,逐步提高阅读能力。"

叶圣陶曾说:"在教学方面,精读是主体,略读只是补充;但就效果而言,精读是准备,略读才是应用。""如果你只是在意精读,而忽略了略读,努力将只完成了一半。"叶老十分精辟地阐述了精读与略读之间的关系,精读和略读是相辅相成的,它们都是阅读的最基本方式,有各自不同的作用。精读与略读的关系现出"教"是为了"不教",并且略读具有比较明显的独立阅读的性质。

二、课堂例析
《花的勇气》(四下)的对比研讨
陈郁珍执教《花的勇气》的教学设计及点评

(一)教学目标

(1)通过检查字词预习,巩固积累本课重点字词。

(2)通过解读导语,了解本文的学习重点。

（3）通过小组合作讨论交流"课前助学单"，理解作者的心理变化。

（4）通过用"怦然一震"来理解全文的方式，拓展了解"三月的维也纳"和"五月的维也纳"。

【设计意图】在课堂中探索"1+X"助学模式。所谓助学即帮助学习，帮助课堂学习，帮助自主学习。"1+X"中"1"为板块式课前助学，内容包括"我会读"、"我会写"、"我会思考"、"我会链接"等板块，这是班里学生人人必须在课文学习前进行的，一个都不少。"X"为菜单式课前助学，学生根据老师准备的菜单式主问题即"菜单式助学单"在课前选择性地进行独立思考并完成。

【点评1】不但要注意课前的准备性学习，而且更应关注课中的现场学习。课前助学单的使用对于学生自主学习具有积极意义。但是，语文教学应更多地向课堂要质量，向40分钟要效率，不宜过多地依赖于课外的准备和课前的预习。

（二）教学过程

1. 谈话导入

今天，我们就来学习一篇新的课文《花的勇气》（板书课题）。

作者冯骥才，学生根据课前预习进行补充。

【设计意图】冯骥才的文章是我们学生第一次碰到，学生需要了解。在这个环节也主要是了解学生在课前助学时"我会链接"板块，因为有很多同学会链接作者，也让没有链接到作者介绍的同学对冯骥才有所了解。

【点评2】不但要了解作者，而且要使其与学习内容整合。对作者的了解是必要的，不用说大作家冯骥才了。但是了解作者的生平不是目的，语文教学要把对作者生平的了解和文章内容、主题的理解结合起来，通过互文阅读，起相互促进和补充的作用。

2. 检查字词预习

解释字义：泛滥

找近义词：改天换地

听写：气魄、遗憾、傲然挺立、神气十足、怦然一震

生生校对

【设计意图】在略读课文中也会有很多优美或值得积累的词语，所以此环节也是为了鼓励孩子积累词语。

【点评3】不但要重视字词教学，而且更应体现语境中识字学词。检查字词的预习是重要的，它有利于字词理解和积累，也便于全文的流畅阅读。但是，更好的处理是在语境条件下学习新的词语：字不离词，词不离句，句不离段，句段不离全文。更何况是略读课文教学。一般来说，略读课文教学不应安排单独检查字词的环节。

3. 解读提示语

"怦然一震"这个词在课文中的哪里出现？（最后一段和导语）

请一学生解读提示语，说一说主要学习任务是什么。

【设计意图】导语，是略读课文的"向导"。从三年级开始，就和孩子们一起对每一篇略读课文的导语进行解读，让学生去了解略读课文的主要学习任务，同时也是为了让学生发现"课前助学单"中的一些主问题也与这导语有关。比如助学单中第一道题就是导语中的主要学习任务，而第二道题就是这篇主问题的延伸。

【点评4】不但要读读"提示语"，而且更应深入细致地解读"提示语"。对于略读课文教学来

说，设计"解读导语"的环节是必要的。但是，要着力指导学生直接与"提示语"的文本对话，真正从"提示语"中读出本文的教学要求：一是与本单元前一课文《生命生命》的衔接；二是概述本文的主要内容；三是为什么会从"失望"到"惊奇"；四是寻读自己喜欢的语段。本课可围绕这四个要求展开教学。这样的设计才是最"素色"的。

4. 小组合作（讨论助学单）

这个学习任务与我们"助学单"中哪一道题是差不多的？（第一道）。

第二道是这个学习任务的一个延伸。既然这样，我们就拿出"助学单"，一起先来讨论第一、二道题。

【点评5】不但要事先预设"助学单"，而且要动态生成"助学单"，要防止从以"教师为中心"转向以"助学单"为中心。"助学单"要减少教师预设的注入性问题，应该进行开放式设计，问题应该来源于学生的学习"现场"，是一种即时的"进行时态"。

（1）要求

① 讨论助学单，针对一个问题，每一个人都说一说自己的独立思考。

② 在讨论的基础上补充自己的不足。

③ 选择一位代表发言，组员进行补充。

【设计意图】在小组讨论时做这样的要求，主要是因为学生在做"课前助学单"时，已经进行了独立思考，所以在讨论时需要每一位学生说一说独立思考的情况。然后在此基础上进行讨论，讨论时，每一位组员都要根据讨论的情况，在自己原有的思考中，进行再加工，并且在"课前助学单"中留下痕迹。最后，选派一位代表带领全班同学进行学习。

【点评6】不但要提出具体的讨论方法，而且更应直接指向讨论对象。这里显而易见的目的是指导讨论方法本身，这样就忽视了对文本阅读的关注，而后者是更重要的。语文教学的真正目的主要不是讨论了某几个问题，而主要在于语言学习。

（2）第一次讨论交流

① 作者在维也纳的心情变化是从"失望"、"遗憾"到"惊奇"、"心头怦然一震"，请在文中圈出这些词语，再想想这些心情的变化分别是为了什么，用文中的词语概括也可以用自己的语言概括。

（在小组合作时，学生将原因写在纸板上，在讲解时适时贴在黑板上）

预设：

失望——绿色泛滥

遗憾——看不到花，花在草下

惊奇——冷风冷雨，拔地而起

怦然一震——花的勇气

师相机：看着板书，谁来说一说作者在维也纳经历了一件什么事？（学生概括）

② 作者遗憾的是看不到花冒出来。小花没有冒出来时，是怎样一番情景呢？请在文中用横线画出。仔细读一读，在标点上你发现了什么？为什么要这样呢？

预设：我用手拨开草一看，原来青草下边藏着满满一层小花，白的、黄的、紫的；纯洁、娇小、鲜亮；这么多、这么密、这么辽阔！它们比青草只矮几厘米，躲在草下边，好像只要一使劲儿，就会齐刷刷地冒出来……

分号：颜色、样子、数量

师适时：这里还有一个字让我们感受到强大的生命力是什么？（冒）一个"冒"字，让我们看到了花的勇气，在冷风冷雨中依然能够拔地而起。

对于这篇课文，我们的同学还有很多自己的思考，我们一起来看一看（课件出示学生预设时的"我的思考"板块）

【设计意图】在代表带领全班学习这两个问题时，学生会适时补充自己的看法，以求达到人人参与，学习更有主动性。这时候的老师也是适时补充，视课堂中引领的学生情况而定教师是否出现。同时，让课前助学时学生"我的思考"板块在这一环节出现，目的一是让学生的课前疑问在这时候解决，目的二是对课文再次进行巩固，目的三是激发起学生更多的思考。

【点评 7】不但需要教师的具体指导，而且更需要教师的高效指导。在学生讨论交流中的确需要教师的点拨、指导和引领。但是，指导什么、什么时候指导，都是很有讲究的。这需要教师对课堂教学在"整体观照、细节落实"条件下的机智应对和决策。

（3）第二次讨论交流

作者对其笔下四月的维也纳的花的勇气是"怦然一震"的，这是《维也纳春天的三个画面》中一个画面，其实还有作者眼中三月的维也纳和五月的维也纳。阅读下面片段，请你也用一个词来形容，并说明理由。

【点评 8】不但要大量阅读，而且要聚焦阅读。这里，引进两个片段，进行对比性阅读，值得点赞。然而，课堂教学时间有限，教学内容要集中而聚焦。这里能否聚焦一个主题：从"失望"到"惊奇"的写作构思。怎么又冒出来用一个词来概括？

五月的维也纳

五月的维也纳，到处花团锦簇，春意正浓。我到城市远郊的山顶上游玩，当晚被山上热情的朋友留下，住在一间简朴的乡村木屋里，窗子也是厚厚的木板。睡觉前我故意不关严窗子，好闻到外边森林的气味，这样一整夜就像睡在大森林里。转天醒来时，屋内竟大亮，谁打开的窗子？正诧异着，忽见窗前一束艳红艳红的玫瑰。谁放在那里的？走过去一看，呀，我怔住了，原来夜间窗外新生的一枝缀满花朵的红玫瑰，趁我熟睡时，一点点将窗子顶开，伸进屋来！它沾满露水，喷溢浓香，光彩照人；它怕吵醒我，竟然悄无声息地又如此辉煌地进来了！你说，世界上还有哪一个春天的画面更能如此震动人心？

三月的维也纳

这季节的维也纳一片空濛。阳光还没有除净残雪，绿色显得格外吝啬。我在多瑙河边散步，从河口那边吹来的凉丝丝的风，偶尔会感到一点春的气息。此时的季节，就凭着这些许的春的乍露，给人无限期望。我无意中扭头一瞥，看见无论多么富有想象力的人也难以想象得出的画面——几个姑娘站在河边，她们站在一起向着河口那边伸脖颈，眯缝着眼，噘着芬芳的小嘴，亲吻着河面上吹来的春天的风！她们做得那么投入、倾心、陶醉、神圣。风把她们的头发、围巾和长长的衣裙吹向斜后方，波浪似地飘动着，远看就像一件伟大的雕塑。这简直就是那些为人们带来春天的仙女们啊！谁能想到用心灵的吻去迎接春天？你说，还有哪个春天的画面，比这更迷人、更诗意、更浪漫、更震撼？

预设：五月的维也纳——震动人心

三月的维也纳——难以想象

师小结：在交流中，我们知道抓住一个词来理解全文，感受了花的勇气，生命的意义，也让我们领略了维也纳那独特的春天。

【点评9】不但要"小结"，而且要有效"小结"。学习需要"小结"，它对于知识的梳理和提升都是很有好处的。但要思考：是不是每个环节都要"小结"？可不可尽量让学生"小结"？能不能用多种方法"小结"？

【设计意图】用在本课学到知识抓住一个词来理解全文，学以致用，让学习更高效。

【总评】不但……而且……

有言道：方向比努力更重要。对本课设计采用了"不但……而且……"的句式进行点评，不是说本课设计意图有诸多错误和不足，而是点明本课教学行为改进的方向。"不但……而且……"的句式，是审视语文课堂教学的一种理性的、科学的思维方式。不但注意前后两者的内容及其关系，而且更关注后者的进展和水平。"不但……而且……"不是并列关系，而是一种递进关系，是一种扩展式和深入式的思维。希望本课的点评能给设计者和读者以一种思维上的启迪。

依着"不但……而且……"的思维方式，本课教学还有可更优化的教学改进方向：不但要注意精读课文教学的策略，而且更应关注略读课文的教学策略；不但要注意儿童的一般学习特点，而且更应关注四年级学生的学习水平；不但要注意课文的一般教学内容，而且更应关注课文的结构框架和表达方式……

（本课例由杭州绿城育华小学陈郁珍设计、执教，由浙江外国语学院汪潮教授点评和总评）

张幼琴执教《花的勇气》课堂实录及点评

【背景】在2015年3月京苏粤浙四省市小学语文卓越教师培训活动中，张幼琴老师执教了四年级略读课文《花的勇气》一课。课后，汪潮教授进行了即兴点评。这可以引发对"学本课堂"中"学"的深入探讨。

1. 预习反馈

> 师：今天我们学习一篇散文《花的勇气》。通过预习，你知道作者是谁？（生不知）请你关注这位作者——冯骥才（师板书），以后我们会看到这位作家不同风格的作品。
>
> 师：昨天同学们花20分钟预习了课文，张老师认真看了每位同学的学习单，首先要给大家提个建议，书写时不但要工整，还要规范，写成一段话开头空两格，有24位同学要引起注意。预习时，你认为哪些词语特别要提醒同学？（生提出"乏味"、"泛滥"、"铺满"等词。）

【点评1】词语学习建立在学生预习的基础之上。学本！

2. 梳理内容

> 师：预习时，我们做了第二件事，试着用自己的话说说课文讲了一件什么事（出示梅静怡同学的作业）？你发现什么问题？

生：读起来很啰嗦。

师：概括要用简洁的语言。像这样的同学有20多位同学。再来看看沈婷婷同学的概括（出示该同学的作业），你又发现什么问题？

生：好像故事还没完。

师：概括还要完整。那么这篇略读课文怎么概括内容呢？请关注课文导语（生读导语），哪句话提示我们概括课文内容的方法（生齐读：他为什么会从失望、遗憾到惊奇、心头怦然一震）？请浏览课文，圈出词语（生圈画词语，师板书，生读词）。你发现了什么？

生：这些词都是描写心情的。

师：作者在维也纳，心情为什么发生这么多变化？找出原因就能概括课文的主要内容了。请你联系上下文，想想作者为什么失望。

生：因为作者来到四月的维也纳，看到草地上只是绿色连着绿色，没有让他眼前亮起来的明媚的小花。

师：你用了一个长句子，有没有更简洁的？课文中有个词语就概括了这一长句话。

生：泛滥。

师：完整些，应该是"绿色泛滥"。你可以像老师一样在课文上批注一下关键词（课件出示教师示范批注）。请你用这样的方法找出"遗憾"和"惊奇"、"怦然一震"的原因。（生自主批注后全班交流，学生板书：花藏草下、拔地而起）

师：看着板书，说说故事的主要内容。（生个别说）

【点评2】用描写心情的词概括主要内容。这是一种词串概括法。得体！

师：这是一篇散文，散文最大的特点就是"形散而神不散"，在这篇课文中"不散的神"就是作者的情感线索，抓住这条主线可以帮助我们梳理内容。遇到类似课文时，也可运用这样的方法来提取课文主要信息。（课件出示人教版课文《我为你骄傲》、《风筝》、《钓鱼的启示》、《学会看病》、《剥豆》）

【点评3】注意文章之间的联系，有助于构建知识组块，形成知识体系。建构！

3. 品味语言

师：有位诗人说过，内容人人都知道，形式对很多人来说，只是个秘密。读懂课文写了什么只是第一层次，我们还要知道课文是怎么写的。冷风冷雨中的小花令作者怦然一震，那么冯骥才这位语言大师笔下哪些语言也令你怦然一震呢？预习时很多同学都摘抄了喜欢的句子，老师简单统计了一下，基本集中在这几处（课件出示学生喜欢的句子），这些语言背后肯定有许多语言奥妙值得我们好好品味一番。请你默读课文，一边读，一边画出一处你喜欢的句子，读一读，品一品，在旁边批注一下阅读感受，等会儿与大家来分享。（生默读批注，师个别指导）

【点评4】批注是一种简约而有效的学习方法。得法！

> 师：老师发现很多同学不知如何下手，那么张老师先来示范批注（课件出示）。我和三位同学一样最喜欢这一处句子，尤其喜欢"寂寞"这个词，它原指人的心情，在这儿指没有花的绿地显得冷冷清清，令作者心情失落，多么独特的表达。读着这样的词，我会想到没有风筝的天空是寂寞的，没有孩子的春天是寂寞的……（生鼓掌，继续默读批注5分钟后，全班交流）
>
> 生1：我喜欢第二段中的这一句：我用手拨开草一看，原来青草下边藏着满满一层小花，白的、黄的、紫的；纯洁、娇小、鲜亮；这么多、这么密、这么辽阔！我觉得这句话写出了花的颜色、样子和数量很多。（实物投影学生的批注）
>
> 师：也喜欢这一处的同学可以跟她对话。
>
> 生2：我也喜欢这一处，读着这一句话，我感受到了作者看到小花的那份兴奋、惊喜和激动。（实物投影学生的批注）
>
> 师：前一个同学读懂了句子的内容，后一个同学透过语言读到了文字背后的情感。

【点评5】教师的提示对提高学生的学习水平是十分必要的。提升！

> 师：那么我们通过朗读来体会一番。（生1读句子，但没有读出分句停顿）老师感觉你读成了这样：我用手拨开草一看，原来青草下边藏着满满一层小花，白的、黄的、紫的，纯洁、娇小、鲜亮，这么多、这么密、这么辽阔！你们有什么发现？
>
> 生3：她把分号读成了逗号，分号表达了小花的三个层面，应该停顿。（生3读出排比句三个分句的停顿、递进感，但没有读出三个词语的节奏。）
>
> 师：分号的层次感读出来了，但是你读成了这样：我用手拨开草一看，原来青草下边藏着满满一层小花，白的，黄的，紫的；纯洁，娇小，鲜亮；这么多，这么密，这么辽阔！你们又有什么发现？
>
> 生4：我觉得作者看到小花是那样惊喜，好像迫不及待地想表达出来，"白的、黄的、紫的；纯洁、娇小、鲜亮；这么多、这么密、这么辽阔"，中间用顿号而不是逗号，节奏很快，我可以体会他的那份惊喜。
>
> 生5：我觉得还有惊奇和不可思议，因为一开始草地上绿色泛滥，他很失望，这时候看到这么多色彩鲜艳的小花，他怎能不惊喜？
>
> 师：我们阅读时要多关注这些特别的句式，它往往表达了作者特别的情感。试着背诵积累起来。（生背诵）
>
> 生6：我画的句子是最后一段（生读句子）。作者在此刻想花儿在冷风冷雨中不顾一切拔地而起，它的这份勇气令作者惊讶、震撼！
>
> 生7：我跟他找的一样，我想的是小花竟有这样一种无可抵挡的勇气，我们人更需要有这样的勇气。
>
> 师：尤其是哪个词让你们感受到了花的勇气？

生：拔地而起。

师：我们一般用"拔起而起"来形容什么？

生：拔地而起的大厦（山峰、高楼）。

师：这些拔地而起的建筑物、山峰都有让我们仰望的高度，那么这些低矮的小花何以让我们仰望？不是小花的物理高度，而是……

生：小花的勇气！（小花的气魄、小花的精神高度）

师：我们也来仰望这丛拔地而起的小花吧！（生齐读，读得高亢）

师：同学们，表达心底的震撼，声音响不一定就有力量。放低点，试试看（个别读，破折号没有停顿）。

师：特别的标点有时也能传达情感，把破折号停顿再长一些，仿佛作者积蓄力量，表达心底的猛烈震撼。（生齐读）

【点评6】特别关注了语言表达。给力！

4. 拓展阅读

师：冷风冷雨中的小花因为勇气而绽放出生命的光彩，有一种花叫山苏花，它却错过了一次次开花的机会，为什么呢？请借助课文导语自己读懂《山苏花》。读完后想一想，你想对故事中的山苏花说些什么呢？拿起笔，结合《花的勇气》，写下你对勇气、对生命的感悟和思索吧！（生写感悟，师批阅，3分钟后交流。）

【点评7】互文阅读，在交互中学习，在对比中提升。增值！

生1：如此娇小的花儿都有这么大的勇气，那么我们又有什么理由在困难前面退缩？

师：你用一句反问表达你的感悟，这也是独特的表达。

生2：山苏花呀，因为退缩，你失去了一次次绽放生命的机会。机会是不能等待的，只有勇气，才能让生命更光彩有力！

师：好一个"光彩有力"！这是你对生命独特的理解。

生3：生命是什么？生命是砖缝中顽强生长的瓜苗，是绝境中奋力求生的小飞蛾，是那一声声强而有力的心跳！

师：你联系了学过的课文，用排比句这种特别的句式表达你此刻对生命的怦然一震，真了不起！

【点评8】教师着眼于语言表达的评价。智慧！

师：最后向大家推荐两本书，19世纪美国盲聋女作家海伦·凯勒的《假如给我三天光明》和美国作家纳塔莉·巴比特《不老泉》，相信阅读后，你对勇气、对生命会有更深层的感悟。

【点评9】把学习的视野引向课外阅读。点赞！

【总评】

学的起点、程序和策略。

张幼琴老师《花的勇气》这堂课，最大的特点是关注"学"。关于"学"，有三个学理问题值得讨论：

(1) 学的起点

"学本课堂"是建立在"学情"基础之上的。对"学情"的了解是提高教学有效性的基本保证。张老师这堂课，在"学的起点"上关注了三个方面：一是关注四年级学生原有的知识基础；二是关注这个班学生预习的基础；三是尊重学生本人的观点。这是难能可贵的。

深思"学的起点"，有两个问题值得注意：一是要不要预习，预习放在课内还是课外？是否安排一定的时间预习，要根据"学情"决定，并非所有课文的教学都要安排详细预习的。把预习一味地排在课外，是否增加了学生的学习负担？我的观点是尽量挤入课内，增加课堂教学的密度，提高课堂教学效率。二是学生已经掌握的内容要不要教，教到什么程度？要充分相信学生的聪明才智，让学生有充分展示自己所思所想的机会。对学生已经掌握的内容就不必重复教学。课堂教学要以学生的"学情"为依据，并为之转移。张老师在教学设计中有两个"补学"环节的预设，学生在课堂教学中都自己提出来并解答了，其实不用老师"补学"。当然，如果要补充和提升，则有教学之必要。

(2) 学的程序

张老师的这堂课，学的程序构建做了精心设计。例如，先学"阅读提示"，再据此学课文，这样学之自然，学有所依。又如，先让学生尝试概括，教师再引导补充，较好地发挥了学生和教师的各自作用。再如，先课内学课文，再引进课外的另一文章，进行互文阅读教学，……这些都值得我们借鉴和学习。

值得提示的是：张老师这堂课虽然尽量体现"以生为本"，但整体来看，还是以教师为中心的"演绎课堂"，教学程序的安排是从概括到具体的。"演绎法"是一种学习程序，"归纳法"是一种更好的学习程序。对于"传统课堂"和"现代课堂"，我以前从理念上来区分，认为"教师为中心"是传统的，"学生为中心"是现代的；后来我以时间作为标志，"课改"之前是传统的，"课改"之后是现代的；现在我以思维来判断，认为先概括，再具体，这种"演绎思维"的课堂是传统的，先具体，再概括，这种"归纳思维"的课堂是现代的。因为"归纳"更具有"学"的意义，它有充分的过程展开。因此，如何在课堂结构上真正实现从具体到概括的"学本课堂"的框架性结构变革，还需做更大的尝试和努力。

(3) 学的策略

张老师的这堂课在学的策略上做了很大努力，主要体现有：① 略读教学的策略，如抓大放小，先学后教，精略得当。② 文体教学策略，体现了散文的"形散神聚"和"语言优美"的文体特点。③ 整合的策略，把这篇课文的学习与本单元教学相联系，与学生已经学过的课文和以后要学的课文相整合。④ 批注学习的策略。⑤ 使用学习单的策略。以上策略运用时间适宜，而且较有成效。

从更高的学习策略要求看，要根据年级特点，特别是文本本身的特点和文章内在表达特点选择和确定学习的策略。我认为，四年级《花的勇气》最大的特点是构篇上的"先抑后扬"。如果本课能在这一点上引导学生关注这篇文章的结构表达特点，那是多么有意义的事。这是这篇课文

特有的语言表达特点,是学生在其他的课文中学不到的知识和能力。

(本课例由绍兴市柯桥小学张幼琴设计和执教,由浙江外国语学院汪潮教授点评和总评)

三、资源链接

(一) 略读课的教学策略

1. 学生足够独立

精读课中,常常见到这样的境界:教学过程环环相扣,层层推进,流水无痕;教学细节生动丰满,彼此照应,细致入微;师与生、生与生展开深入对话,在碰撞中闪现智慧的火花。有些优秀教师的精读课文字实录,简直无异于一篇精美的文章。这需要教师充分而高妙的引导。这固然是好课,但不是好的略读课,因为它有悖略读课的性质,没有充分体现略读课学生应有的独立性。略读课,必须给予学生足够的独立读书、思考和练习的时空;所有的教学活动,应力求是学生的独立学习活动。当然,这里的独立学习,指的是教师适度指导下的自我实践,而不是完全、彻底的自学。教师指导,包括下达学习任务、提示学习方法、组织交流评价等。不宜频繁进行师生交互性的活动,一般说来,谈话法不能大量运用,因为运用谈话法,就是组织师生交互性的活动,教师牵引成分较多。评价略读课的优劣,不以教师的表现是否出色为标准,主要是看学生是否在教师的指导下独立学习,是否在掌握学习方法、学会独立阅读方面获得发展和进步。另外,课外阅读是以独立阅读为主的,略读课既是课内走向课外的桥梁,就不宜经常、大量运用合作学习。

2. 打造"合体"任务

打造学习任务其实就是选择、组织教学内容。无论精读课还是略读课,都要依据单元的主题、课文的特点以及训练的要求等对课文内容进行取舍、重组,以构成合适的教学内容。略读课的教学内容必须合乎略读课之"体"。首先,必须与教学时间相匹配,确保教学任务能在规定时间内完成。其次,教学任务必须让学生通过努力基本上能够独立完成。任务不能太大、太难,但也不能太碎、太易。精读课中,老师们提出一个大的问题后,往往将其细化为一系列小问题,以便把学生引向深入,如此,便强化了教师的"导",而弱化了学生的独立性,这虽为精读课所必需,略读课则不宜如此办理。

3. 运用精读课经验

说到略读课,人们往往主张,教师应多进行方法的指导,少进行文本内容的分析和讲解。这诚然不错,但略读课的方法指导主要不是传授新方法,而是"从精读方面得到种种经验,应用这些经验"。"就教学而言,精读是主体,略读只是补充;但是就效果而言,精读是准备,略读才是应用。"在精读课中学生会获得哪些经验?快速浏览,捕捉主要信息;在文中勾画、批注,写上感受、体会;联系上下文和生活实际,理解词句的含义;抓住关键词句,体会作者或文中人物的思想感情等等。精读课中经常采用的这些做法,略读课大多可以采用。所不同的是,精读课教师介入较多;略读课学生独立活动较多;由于教学时间的关系,精读课可以更多地"咀嚼"和"解悟",略读课只能就课文一两处重点内容进行而已。

4. 更多采用默读

略读课当然不反对朗读,相反,对于课文精彩片段,需要朗读,提倡朗读,但更大量的应采用默读。比起朗读,默读省去发音动作,直接用视觉扫视,速度快于朗读。默读时,不必像朗读那样,辨认字音,斟酌语调,考虑停顿等等,便于将注意力聚焦于学习的内容。少了发音,便于静思默想。不易理解处,可慢读、重读、多读,直至理解。迅速、大量地阅读,必须借助略读,所以成为

课外阅读的主要手段。略读课只有多用默读,才能担负起"桥梁"的职能。当然,多用默读,也要依据不同学段而有所区别,小学中年级刚刚初步学会默读,可以朗读和默读相结合;已经学会默读的小学高年级和初中,就应该主要运用默读。

5. 确保多动笔墨

动笔是个体的独立行为,伴随动笔的是独立思考。精读课固然也应有让学生动笔的机会,而略读课,教师则给予学生更多时空,通过适当指导,让学生动笔,以充分彰显学生的独立性,体现略读课的半独立阅读性质。同时,"不动笔墨不读书"是一种良好的阅读习惯,作为课内外阅读桥梁的略读课,培养这种习惯,对于学生课外完全独立阅读意义重大。

(二)略读课教学方式

1. 方法迁移式

这是略读课最一般、最基本的模式,可称之为"母式",其他模式大都是由此演变而来的"子式"。其教学步骤大致是:第一步,由本组课文的主题切入,总结本组精读课的学习方法,导入新课。第二步,初读课文,整体把握课文大致内容。在这一步骤里,还应让学生利用工具书和上下文自学生字、新词,教师适当进行检查。第三步,提出一两个或两三个问题,让学生带着问题读书,运用从精读课中习得的方法,独立解决问题。这些问题可以是课文的思想内容,也可以是课文的表达形式。而后交流收获,组织评价。第四步,赏析精彩片段。第五步,总结延伸,应尽可能沟通课内外联系,鼓励学生课外进行完全独立的阅读。

2. 质疑解疑式

这是"方法迁移式"的变式,教学步骤与之基本相同。不同的是,在初读课文、了解文章大意的基础上,让学生提出不懂或者值得探究的问题,师生一起筛选出或整合为一两个、两三个问题,作为全班共同学习、探究的目标。进入新课程后,不少教师在精读课中也经常采用质疑解疑模式,但在交流过程中,教师往往相机把课文的重点词句拎出来,通过精心的设问,引导他们细致地"咀嚼"和深入地"解悟",并把有感情朗读巧妙地、和谐地穿插其中。略读课则应减少设问和穿插,重在交流学习的收获并进行适当评价。

3. 比较阅读式

这也是"方法迁移式"的变式,不同的是教学内容。现行教材都是以主题组元,同组略读课文与精读课文往往拥有共同的主题,文章的不同大多表现为选材和写法的差异。教师精心选择比较视点,让学生就选材或写法的异同展开探究。由于略读课的桥梁地位,也可选择主题相同的课外文章与略读课文进行比较。

4. 以测促读式

在导入新课后,出示测试题目;让学生带着完成测试的任务读书,边读书边做题;然后交流和订正答案;探讨普遍关注或普遍存在的问题,进一步引导读书。采用这一模式的关键是教师要精心设计测试题目,通过完成测试促进学生读书,达成把握课文主要内容、特点和积累语言等目的。题目应难易适度,题量应多寡适中,以确保大多数学生能顺利完成。

(三)"略读课文"篇目(人教版)

三上:《槐乡的孩子》、《我不能失信》、《听听,秋的声音》、《找骆驼》、《一幅名扬中外的画》、《香港,璀璨的明珠》、《狮子和鹿》、《好汉查理》

三下:《珍珠泉》、《路旁的橡树》、《想别人没想到的》、《绝招》、《妈妈的账单》、《果园机器人》、

《中国国际救援队，真棒》、《夸父追日》

四上：《雅鲁藏布大峡谷》、《火烧云》、《世界地图引出的发现》、《幸福是什么》、《小木偶的故事》、《白公鹅》、《母鸡》、《秦兵马俑》、《卡罗纳》、《给予是快乐的》、《乌塔》、《尺有所短 寸有所长》、《电脑住宅》、《飞船上的特殊乘客》

四下：《七月的天山》、《万年牢》、《将心比心》、《黄河是怎样变化的》、《大自然的启示》、《小英雄雨来》、《和我们一样享受春天》、《永生的眼睛》、《花的勇气》、《牧场之国》、《麦哨》、《全神贯注》、《父亲的菜园》、《文成公主进藏》、《渔夫的故事》

五上：《小苗和大树的对话》、《我的"长生果"》、《桂花雨》、《小桥流水人家》、《松鼠》、《假如没有灰尘》、《通往广场的路不止一条》、《珍珠鸟》、《慈母情深》、《学会看病》、《难忘的一课》、《最后一分钟》、《青山处处埋忠骨》、《毛主席在花山》

五下：《丝绸之路》、《把铁路修到拉萨去》、《祖父的园子》、《儿童诗两首》、《半截蜡烛》、《打电话》、《金色的鱼钩》、《梦想的力量》、《景阳冈》、《猴王出世》、《刷子李》、《金钱的魔力》、《与象共舞》、《彩色的非洲》

六上：《山雨》、《索溪峪的"野"》、《彩色的翅膀》、《中华少年》、《别饿坏了那匹马》、《用心灵去倾听》、《鹿和狼的故事》、《青山不老》、《一面》、《有的人》、《跑进家来的松鼠》、《金色的脚印》、《蒙娜丽莎之约》、《我的舞台》

六下：《顶碗少年》、《手指》、《藏戏》、《各具特色的民居》、《和田的维吾尔》、《灯光》、《一夜的工作》、《鲁宾逊漂流记》、《汤姆·索亚历险记》、《千年梦圆在今朝》、《我最好的老师》

四、推荐阅读资料

1. 宋燕晖. 小学中高年级略读课文教学模式研究. 小学语文教学，2003(9).

2. 施茂枝. 略读课文教学四问. 语文建设，2008(10).

3. 方亮辉. 略其所略重其所重——略读课文教学的困惑、思考和对策. 语文教学通讯，2009(1).

4. 陈和兴. 当前略读课文教学的误区及其对策. 小学教学研究，2009(2).

5. 虞大明. 引导学生抵达独立阅读的彼岸——关于略读课文教学的理性思考. 教学月刊：小学版，2010(2).

6. 曹鸿飞. 略读有"道"——人教版教材小学略读课文教学的调查分析. 小学语文教学，2011(34).

7. 汪潮. "略读课文教学"界说及策略. 小学教学设计，2012(25).

8. 汪潮. 试论略读课文教学的特点. 语文教学通讯：小学，2012(36).

9. 顾优女. 提升小学略读课文教学有效性策略研究. 浙江海洋学院学报：人文科学版，2012(3).

五、后续练习

《松鼠》（五上）教学设计

以下是杭州绿城育华小学曾水清老师设计的五年级上册文艺性说明文《松鼠》（略读课文）的详细教案，颇有特色。请你试着从说明文教学策略方面进行分析和点评。

（一）文本解读

1. 文艺性说明文的文体

《松鼠》一文为文艺性说明文，这是小学阶段第一次学习文艺性说明文。与常识性说明文

《鲸》在语言表达上有较大的差异，学生往往喜欢阅读，却疏于对文本奥妙的发掘。教学时，需要对《松鼠》一文的表达进行重点学习，借助与《鲸》比较学习能够比较清晰地看出两文之间的差异，也能发现文艺性说明文的表达的特征。当然，引导学生时，还需要进行细化，因为"表达"一词内容过于宽泛，在不同文体中有不同的定义与要求，而且学生对于"表达"的内涵并不明确，需要教师从说明文的角度，细化为更加明确的说明内容、说明方法、说明的语言特点，这样学生就不能理解了。这样细化，学生比较分析的针对性也强了。

2. 拟人体的语言表达特点

比较出差异之后，会很快发现本文拟人体表达的语言特点。那么，需要对此"响鼓重锤"地夯实学习，兵法云："伤其十指，不如断其一指。"因而，引导学生对拟人体表达作者对松鼠喜爱的句子需要画找"最能表现"的一句进行批注式品味，多位同学共同画找，自然就发现从外形到吃食处处都表达了作者对松鼠的喜爱。并进一步扩展至全文，从而达到举一反三的境界。

3. 从一篇到一类的推进思路

《松鼠》一文的作者为布封，既是博物学家，更是著名作家。尽管他自己从事博物学方面的工作，但其享誉世界的却是其文名，这也是造化弄人。为此，通过本文的学习，如果能够引导学生去阅读布封的其他作品，如《天鹅》《鸽子》《莺》《马》等，不啻为一种从一篇到一类的自然内化，也达成了指导学生课外阅读的效果。

（二）学情分析

（1）五年级上学期初期的学生，有一定梳理文本的基础，但还是比较弱，需要教师借助大致画好的文本结构的框架图进行填空式引导。让学生发现关键词，再思考如何正确地填入，从而内化对说明文一般文本结构的认识，形成大致的文章图式。

（2）根据新课标要求，第三学段学生要求逐渐关注、认识文章的表达，形成一定的文体意识。而五年级上学期的学生文体意识比较弱，关注表达是其弱点，因而需要做重点引导。

（3）该班学生有一定的合作学习基础，有一定的预习习惯，因此，可以采用批阅学生预习的办法，了解学生的学习起点和疑问，正如孔子云"不愤不启，不悱不发。举一隅不以三隅反，则不复也"，故，基于此进行教学更有针对性。

（三）教学目标

（1）梳理文本内容，在了解文章的内容结构之后，与《鲸》比较动物说明文说明内容的异同。

（2）小组合作，引导学生从"说明内容、说明方法、说明的语言特点"等方面填写维恩图，比较《松鼠》和《鲸》两文的第一自然段表达的异同（说明内容同是"外形"而略有区别）。

（3）品析拟人体的语言表达特点，发现全文各处的同类表达，拓展《天鹅》外形描写片段，荐读《自然史》和《动物素描》。

（四）教学重点

小组合作比较《松鼠》和《鲸》第一自然段表达的异同，填写维恩图。在此基础上，认识文艺性说明文。

（五）教学难点

在合作研究中发现"拟人体"这一表达特点，并做批注式品析。强化文艺性说明文之关键要素——"拟人体"的学习。

（六）教学准备

（1）教学课件 PPT。

（2）布封的文章材料：《天鹅》、《莺》。

（七）教学过程

1. 反馈预习，一比：比较《松鼠》和《鲸》说明内容和结构的异同

（1）谜语引入，揭示课题。

① PPT 出示：

小小脑袋尖尖嘴，身后拖着一大尾，经常生活在树上，松子是它好美味。（打一动物）

② 自然揭题，读题。

（2）比较两位具有代表性的学生预习的文本结构梳理，指正。

① PPT 出示具有代表性的两位同学（一位为典型个误，一位约 90％的同学代表）。

② 你更欣赏哪位同学的文本内容梳理，为什么？

预设：问"问什么"，是期待让学生自我发现其个误原因，聚焦让其他同学将来也避免。引导学生"知其然，更知其所以然"。

（3）分析《松鼠》和《鲸》两文文章结构图，发现异同。

① 同学们，请仔细看，这两篇文章的结构图一对比，你就会发现有些地方是相同的，有些地方又是不同的。先比较发现相同的地方——

【学生反馈预设】

生 1：我发现这两篇文章都是写动物的。——引导：说明对象不同，但类别相同。

生 2：我发现两篇文章的结构大致是相同的。——引导：都从哪些方面来写的。——都围绕动物的外形、生活习性、繁殖等生长特点来写的。

【引导】再来比较发现不同的地方。

生 3：两篇文章有些内容是不一样的，《松鼠》写了搭窝，而《鲸》没有；《鲸》写了睡觉和寿命，而《松鼠》没有。——引导：细化的说明内容，同中有异。

生 4：《松鼠》第 1 自然段不但写了外形，还写了吃食，而《鲸》只写了外形；《鲸》的说明内容是一段一段叙述的，《松鼠》是随意穿插的。——引导：《鲸》为顺序归类表达，《松鼠》随机穿插说明。

② 随机引导，顺势板书关键词总结。

《鲸》：顺序——《松鼠》：穿插。

2. 小组合作，二比：比较《松鼠》和《鲸》第一自然表达的异同

（1）学生预习质疑反馈，聚焦关键问题。

① 分析预习时的学生问题。

PPT 出示：

➢ 松鼠为什么不喜欢水？

➢ 松鼠为什么会换毛？

➢ 松鼠是怎样生孩子的？

➢ 松鼠是四足动物，作者却为什么说它最不像四足兽了？（滕同学）

——出示，让学生发现代表绝大多数同学的前三个问题为"知识性问题"。可以通过百科全书、百度搜索等方法解决。

② 表扬滕同学的问题特别有代表性,与文章的"课前学习导语"比较,发现问法不同,而实际相类似。因此,不妨就此开展研究。

(2) 小组合作学习,比较两课表达的异同。

① 小组合作研究,填写比较维恩图,教师巡回指导。

PPT 出示:

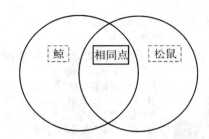

➤ 研读《松鼠》和《鲸》第一自然段,分析两篇文章在表达上有哪些相同的地方,有哪些不同的地方。时间为 8 分钟。

➤ (备注:可以从说明内容、说明方法、说明的语言特点等方面去研究)

② 具有代表性的三个小组展示学习成果。教师随机点评。

随机点评归纳:两篇文章说明内容大致相同,但说明方法不同,最主要的是《松鼠》一文的语言特点鲜明。

③ 三组学习成果比较,强化认识"拟人体"。

师引导:三组同学都不约而同地发现了《松鼠》的语言表达特点采用了拟人的手法来表达(随机板书:拟人体),这种表达的好处是——

【预设】生:让我们感受到作者非常喜欢松鼠。

3. 批注式品析"拟人体"表达的好处,认识"文艺性说明文"

(1) 批注式品析拟人句的好处。

① PPT 出示。

继续研读《松鼠》第一自然段,从哪里可以看出作者对松鼠的喜爱?画出最能表现作者喜爱的一句,写写阅读感受。

② 教师巡回指导。

③ 学生反馈,随机点拨。

【预设】对外形特点的"清秀"随机指导其专指女孩面容清秀。

(2) 引导到文章其他段落去画找作者喜爱松鼠的句子。

(3) 认识"文艺性说明文"。

① 我们已经知道,从说明文的分类来看,《鲸》叫作"常识性说明文",那么,《松鼠》可以叫作——,谁来给它取个名儿。

【预设】生 1:拟人体说明文。

生 2:拟人体常识性说明文。

② 顺势揭名,规范名称。

师板书,学生读:文艺性说明文。

文艺性说明文的最大特征是——

【预设】生：采用拟人的手法表达。

4. 感谢作者，引导课外阅读

（1）引入资料袋，认识作者。

① 朗读 PPT 所出示的资料袋内容。

感谢布封

布封是18世纪法国著名的博物学家、作家。他毕生从事博物学研究，用40年的时间写出了36册巨著《自然史》。这部作品对自然界作了详细而科学的描述，并因其文笔优美而著称于世。在布封的笔下，小松鼠善良可爱，大象温和憨厚，鸽子夫妇相亲相爱，具有人类的一切美好品质。

其实，除了《自然史》，布封还有名著《动物素描》。

② 读完后，你发现了什么？

（2）拓展阅读《天鹅》的外形描写片段。

① PPT 出示：

➢ 天鹅的面目优雅、形状妍美，与它那种天性的温和正好相称；俊秀的身段，圆润的形貌，优美的线条，皎洁的白色，婉转的、传神的动作，忽而兴致勃发，忽而悠然忘形的姿态，凡是它所到之处，它都成了这地方的点缀品，美化这地方；人人喜悦它，人人欢迎它，人人欣赏它。

——布封《天鹅》

② 读完后，你发现了什么？

【预设】生：发现了《天鹅》和《松鼠》一样，也采用了拟人的手法来表达喜欢之情。

（3）引导阅读《自然史》和《动物素描》。

① 导读目录。

【预设】生：我从目录中看到了《松鼠》和《天鹅》，我想看。

② 分享阅读，《自然史》奖励合作最好的一组，《动物素描》奖励质疑最有价值的同学。

【板书设计】

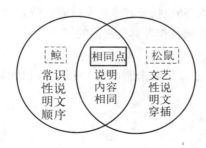

第八章　选 读 课

一、背景描述

　　小学语文教材将课文分为精读、略读和选读三类。从一下开始，每册教材后均安排了5—8篇语言活泼，体裁多样，内容生动，时代气息浓厚，人文精神丰富的选读课文。其目的是增加学生的阅读量，培养学生的阅读习惯，训练学生的阅读能力。然而，由于课程标准对该类课文没有具体的实施建议，配套的教师用书对此类课文既没有统一要求，也没有给予必要的教学指导，致使在课改研究如火如荼，老师们对精读课文精打细磨，对略读课上下求索的今天，对选读课文却视而不见。

二、课堂例析

《麻雀》(五上)课例研讨活动纪实

【课前研讨】

(一) 从选读课文的功能来定位教学目标

　　汪潮：人教版实验教材创造性地设计和安排了选读课文。从一年级下学期开始，每册教材最后均安排了5—8篇选读课文。从一年级下册到六年级下册共有选学课文81篇。其目的是增加学生的阅读量，培养学生的阅读策略，提升学生的阅读能力。

　　选读课文是在新课标理念指导下编写的一种新的课文类型。它不同于精读课文和略读课文，具有自身的一些特点，以及由此形成的不同的教学策略。研讨选读课文的教学应从选读课文的功能和目标的定位开始。

　　黄常清：《麻雀》是人教版第七册的一篇选读课文。关于选读课文，由于课程标准对其没有具体的实施建议，配套的教师用书对此类课文也没有统一的要求和必要的教学指导，致使很多老师对选读课文视而不见。

　　章璐：赞同这种观点，选读课文确实不应成为被遗忘的角落。人教版小语教材以专题组文，而附录的选读课文也基本与主题遥相配合。《麻雀》一文中提到的"这种伟大的力量"其实就是母爱。上好这篇课文，可以厚实"母爱"这一主题。在平时的阅读教学中，很多老师都要推荐孩子阅读相关文本，但寻找适切材料往往费尽周折。其实选读课文就是补充阅读的"近水楼台"，我们可以利用这种现成资源便捷引领，让孩子通过拓展阅读，使其对单元主题了解更全面，体会更深刻。

　　张建项：选读课文也是对训练载体的一种有效补充。教师通过一篇篇优秀的范文对学生进行识字写字、口语交际、想象启迪、语言积累、文字表达等能力的训练。但有时教完一个单元后，

我们对某一目标的达成总有意犹未尽之感或稍欠火候的遗憾,此时选读课文就是补充载体。我们可以在充分解读文本后,从文本中科学建构出我们需要"训练"的教学目标与内容,或启发孩子关注作者写法的精妙,或发展孩子自我设疑解疑的能力,或检验学生边读边用工具的能力等等。这样,选读课文就成了我们单元知识的"整理场地",教师根据学生学习的情况和教材的特点以及目标的设置,合理"修补",逐渐"更新",以期经过整理之后,以更扎实的基础迎接新的挑战。

高惠珍:基于以上的认识,对于《麻雀》这篇选读课文,我们的教学预期可以设定为在突显"母爱伟大"这一主题的同时,让学生完成文字感受、言语表达、想象体验、内容概括等各方面能力的训练,提高学生的语文素养。

汪潮:有人用大草原旅游学骑马的过程比喻精读课、略读课、选读课的定位。学骑马的时候,马夫先把马绑在一根马桩上,让游客骑马绕着马桩适应一下马背上的感觉;然后,牵着缰绳,沿着固定的马道,让游客感受骑马慢行的感觉;等游客有些熟练了以后,马夫会把缰绳交给游客,让游客在规定的区域内自己独自骑马,他只负责远远地望着。学习精读课文,好比绕着马桩骑马;学习略读课文,好比沿着固定的马道溜达;学习选读课文,好比在规定的区域独自骑马。

(二) 以语文素养提升为目的设计教学流程

汪潮:选读课文设计的基本思路是:(1) 提升学生的语文素养;(2) 富有创意的课堂设计;(3) 基于学情的教学策略。

章璐:汪教授提出了一些设计思路,那么《麻雀》一文的教学又该如何设计才能有效实现突显母爱主题、训练各项能力、提高语文素养的目的呢?

张建项:在这次研讨之前,我翻阅过网络及报纸杂志上发表过的其他老师对该课的教学设计,他们在导入部分,虽然有细微的出入,但大致的手法区别还是不大的,即通过课件一次展示"大树、掉在地上的小麻雀、猎狗"等,设置悬念:凶猛的猎狗张开了大嘴,马上要吞噬一只刚出生不久的小麻雀,你想象一下可能出现什么样的情形? 然后学生情绪高涨,说了各种各样的答案,老师不置可否,要求学生带着疑问到课文里找答案,从而勾起学生的阅读欲望。

黄常清:我认为这种导入设计只是起到了设置悬念、激发阅读兴趣的作用,其实完全可以在这一环节中加入言语表达的训练,如课件出示猎狗和麻雀的图片之后,抛出"这只猎狗给了你怎样的印象?""这是一只怎样的麻雀?"这两个问题,学生自然要寻找合适的词语来形容它们,这个过程就是一个"说"的言语表达训练。待这个言语表达训练之后,再设置"凶猛的猎狗、弱小的麻雀,当它们相遇时,会发生怎样的故事"这样的悬念,进入下一个教学环节。

高惠珍:嗯,这样的处理使得导入环节的功能就又充实了一些。下一环节就可以进入自由读文,感知课文内容的过程。这一环节,老师要给学生出示明确的读文要求,让他们知道要达到哪些要求,诸如"读准字音,读通课文"这类读的要求和"课文讲了一件什么事"这类概括类的要求。尤其是"课文讲了一件什么事"这个概括能力的训练,对于四年级的学生来说练习得并不多,是有难度的,在具体交流时要注意引导,设置辅助问题,如"这件事是什么情况下发生的,结果怎样?"引导他们把零散的信息提炼成完整的事件,这相当于是对学生概括课文内容的一种方法示范,对学生概括能力的形成会起到促进作用。

黄常清:在初步感知了课文内容之后,接下来就可以切入到从语言文字中去感受"伟大的母爱"这一环节了。一般可以聚焦"猎狗"和"麻雀"这两个主角,找到描写它们的关键词句品读感受,体会出猎狗"凶狠"和老麻雀"勇敢坚定"的特点,并通过老麻雀在遭遇威胁时仍无所畏惧地保

护小麻雀的高大形象去体会母爱的伟大。其间可以随机进行一些训练,如"突然,一只老麻雀从一棵树上飞下来,像一块石头似的落在猎狗面前"一句中去掉"像一块石头似的"与不去掉之间的比较,这是文字感受的训练;"它扎煞起全身的羽毛,绝望地尖叫着",此时的老麻雀在尖叫什么?这是想象体验方面的训练。还可以安排"如果你是这只老麻雀,当你站在一只比你强大很多的猎狗面前时,你会想些什么?请你在书上写一写"这样的写话能力训练。这样,这篇选学课文的训练载体功能就得到了释放,学生的阅读能力也在这种训练中得到进一步提升。

张建项:是的,不但学生的各方面能力得到训练提升,"母爱是伟大的"这一主题思想也将深深地烙印在他们的心中。总结以上的讨论,这篇课文的大致教学流程已逐渐清晰,简易描述如下:

一、创设情境,激发阅读欲望

1. 课件依次出示猎狗、麻雀图片,说说它们留给自己的印象。

2. 设置悬念,激发兴趣:猎狗和麻雀相遇时会发生怎样的故事?

二、初读课文,概括内容

1. 出示自学要求,学生自学。

2. 交流自学情况。(重点完成概括课文内容能力的训练)

三、抓关键词句,感受"伟大的力量"

1. 找画描写猎狗、老麻雀的相关词句,概括其特点。

其中两个重点句要抓住:

A."突然,一只老麻雀从一棵树上飞下来,像一块石头似的落在猎狗面前。"

B."它扎煞起全身的羽毛,绝望地尖叫着。"

(重点在于落实文字感受、想象体验、写话能力等方面的训练)

2. 用朗读表现自己体悟到的情感。

四、解读"伟大的力量",升华主题

汪潮:以上流程的设计在抓关键词句,感受"伟大的力量"方面做了较多的考虑,这是必要的。但是在文章的总体结构、情节安排、语言表达特点的教学方面还有待精心设计。

(三)以教师主导、学生主体的观念组织教学

张建项:刚才的讨论,基本清晰了教学思路,但我们还需要明白一个问题,就是教师在课堂上扮演什么角色的问题。现在的课堂重"教"轻"学"现象还是普遍存在,课堂上教师往往很强势,把自己设计的内容千方百计地塞给学生,却忘记了学生才是学习的主人,他们在学习过程当中需要思考,各方面能力需要得到训练,这样才能提高他们的语文能力。

高惠珍:尤其是那些比较"闹"的课堂,看似教学花样繁多,教学过程高潮迭起,其实大部分是在看老师的表演,学生只是老师表演的道具,是配角,一堂课下来,学生根本获得不到什么语文能力。反而是那些静静的课堂,学生在老师的轻声指引下深入地思考,仔细地画找,细心地体验,大胆地表达,各方面都得到了锻炼。所以,在组织这堂课的教学时,老师一定要把自己定位在"主导"地位,把学生放在"主体"地位,大胆放"权"给学生。老师只在关键处点拨,穿针引线即可,留出大把的时间让学生想、找、说、写,锻炼学生。

黄常清：刚才从三个方面对《麻雀》这篇文章进行了教学探讨。通过交流，我们重新认识了选读课文的功能，也对这篇课文进行了一次教学流程的设计，并且提出了在教学活动实施过程中应当注意的问题。当然，任何的构想都是蓝图，只有学生实实在在地"学得"、"获得"才是我们教学这篇文章的目的。

汪潮：选读课文，为教师创造性的设计教学提供了空间。大家畅所欲言，献计献策，以上的讨论是建设性的，很有意义。

【参与研讨人员简介】

黄常清：浙江省兰溪市聚仁教育集团振兴小学校长。

张建项：浙江省兰溪市聚仁教育集团振兴小学教师发展中心副主任。

高惠珍：浙江省兰溪市聚仁教育集团振兴小学语文教研组长。

章　璐：浙江省兰溪市聚仁教育集团振兴小学语文备课组长。

汪　潮：浙江外国语学院教师培训学院培训部主任、教授，浙江省名师名校长工作站小学语文工作室主持导师、首席导师。小学语文研究院学术院长、小学语文博物馆馆长、小学教育研究所所长。教育部"国家级培训"专家。

【课例呈现】

《麻雀》教学实录

师：今天老师给同学们带来了一只动物。（课件出示"猎狗"图片）

生齐：猎狗。

师：这只猎狗给了你怎样的印象？

生1：凶猛。

生2：强壮。

师：另一个特点被你发现了。

生3：霸气，相当霸气。

师：这是一只霸气的、强壮的、凶猛的猎狗。老师还带来了另一只小动物。（课件出示"麻雀"图片）

生齐：麻雀。

师：来，拿出小手，跟老师一起写一写。（板书：麻雀）

师：这是一只怎样的麻雀？

生1：这是一只可爱的麻雀。

生2：这是一只小巧玲珑的麻雀。

生：3：这是一只五彩缤纷的麻雀。

师补充：虽然麻雀的颜色是灰扑扑的，但花纹很漂亮，也有点五彩缤纷的感觉。

生4：这是一只胖胖的麻雀。

师：尽管它是麻雀里的胖子，但是和凶猛的猎狗比起来，还是太——

生5：太弱小了。

师：凶猛的猎狗、弱小的麻雀，当它们相遇时，会发生怎样的故事？这节课让我们一起品读俄国著名作家屠格涅夫笔下的《麻雀》。

（生齐读课题）

师：请同学们打开课本，根据老师给的要求认认真真地读课文，假如你读了一遍没有解决掉问题，可以读第二遍、第三遍，直到读懂为止。（出示初读要求：1. 读准字音，读通句子，难读的地方多读几遍；2. 课文讲了一件什么事）

（学生初读课文）

师：这篇课文中有很多好的词语，老师把它们分成了两组。（课件出示第一组：悄悄地、慢慢地、张开大嘴、锋利的牙齿、庞大的怪物）

生：（纷纷举手）我会读，我会读。

生：（读词语，全对）

师：老师并没有教，但这些词语你都读对了，真了不起。介绍一下，怎么学会的？

生：我课前已经预习过课文了。

师：祝贺你，你已经养成了预习的好习惯。如果人人都像你一样自觉就好了。我们一起来读一读。（生齐读）

师：来看第二组词语，这些词语你可能会读，但不一定读得好，自己先试一试。（课件出示第二组：掩护、紧张、拯救、扎煞起羽毛、绝望地尖叫、浑身发抖、嘶哑的声音、呆立着不动、准备搏斗）

师：这组词语比较多，谁来试一试？

生1：（读词语，"扎煞起羽毛"中的"扎煞"没有读对）

师：你很厉害！这么多高难度的词语你只读错了一个。哪一个没读对，老师先不告诉你。请你仔细听其他同学读，看能不能自己发现。

生2：（读词语，全对）

师：（问刚才没有全读对的学生）你发现了吗？

生1：我把"扎煞"两个字的声调读错了。

师：（高兴地）你能通过倾听别人的朗读发现自己的错误，真会学习！同学们，认真倾听别人的发言也是一种学习啊！想想这些词语的意思，谁再来读一读？

生2：（害怕、紧张地读）

师：读这些词语，你好像看到了什么？

生3：我好像看到了一只害怕的麻雀。

师：你真厉害！读词语，或者读词组，就是要将词语或词组的意思表达出来。词语会读了，谁来说说课文讲了一件什么事？

生1：课文讲了猎狗、小麻雀和老麻雀的故事。

师：你真厉害！你找到了故事中的主人公，同学们，找主人公就是很好的概括课文主要内容的方法！谁能把这几个主人公之间发生的故事再讲得具体点？

生2：在打猎回来的路上，猎狗看见了一只从树上掉下来的小麻雀，猎狗想吃了它，

一只老麻雀从树上飞下来,它想拯救自己的幼儿。

师:它救下来了吗?

生2:它救下来了。

师:找到方法了,谁再来试一试?

生3:课文讲了一个猎人打猎回来,他的猎狗想抓住那只从树上掉下来的小麻雀,老麻雀飞下来保护小麻雀,最后它救回了自己的孩子。

师:你看,我们这样就把课文读懂了。现在,请同学们把目光聚焦在两个主角身上(板书:猎狗、麻雀)。透过文字,你发现这两个主角有什么特点?你是从哪些文字中读出来的?请默读课文,边读边把相关的句子画出来,同桌也可以商量商量。

(生开始默读课文)

师:不动笔墨不读书,你也可以在句子旁边写写小批注。

(师巡视指导,不时鼓励有进步的同学,同学们有的在默默地读,有的在细细地画,还有的在悄悄地说)

师:真不简单!你们都有了自己的收获。让我们一起来交流交流。

生1:我觉得这是一只凶猛的猎狗,我从这里读出来:"猎狗慢慢地走近小麻雀,嗅了嗅,张开大嘴,露出锋利的牙齿。"(师板书:凶猛)

师:有理有据,真会读书!

生2:我觉得这是一只嗅觉灵敏的猎狗,我从这里读出来:"突然,猎狗放慢脚步,悄悄地向前走,好像嗅到了前面有什么野物。"(师板书:嗅觉灵敏)

生3:我从"突然,猎狗放慢脚步,悄悄地向前走,好像嗅到了前面有什么野物"还知道了这是一只尽忠的猎狗。

师(补充):一只尽忠职守的猎狗,因为猎狗的工作就是帮助猎人捕猎。

生4:这是一只胆怯的猎狗,因为"猎狗愣住了,它可能没料到老麻雀会有这么大的勇气,慢慢地,慢慢地向后退。"(师板书:胆怯)

师:究竟是什么力量让一只凶猛的猎狗变得胆怯,最后慢慢地,慢慢地向后退?

生:是被老麻雀的勇气和母爱震慑住了。(板书:勇气、母爱)

师:老麻雀的勇气和母爱体现在哪里?

生:突然,一只老麻雀从一棵树上飞下来,像一块石头似的落在猎狗面前。老麻雀是飞下来掩护小麻雀的。(课件出示:突然,一只老麻雀从一棵树上飞下来,像一块石头似的落在猎狗面前)

师:假如我把这句话改一改。(课件出示:突然,一只老麻雀从一棵树上飞下来,飞到猎狗面前)你觉得哪一句更好?好在哪里?

生1:我觉得第一句比较好,因为像一块石头似的落在猎狗面前显得老麻雀更勇敢。

师:像石头似的落下来是什么感觉?

生2:很快,很着急。

师:它生怕来不及救自己的孩子。请把你的感觉读出来。

师：现在请你闭上眼睛，听老师把这句话读一读，边听边想象画面。（师范读）这个画面给你怎样的感觉？

生3：老麻雀是毫不犹豫地飞下来的。

师：请你毫不犹豫地来读一读。

生4：我觉得老麻雀很坚定，像石头似的落在猎狗面前就不动了。

师：请你坚定地来读一读。

师：来，带上你自己的感觉，一起来读一读吧！

师：既然毫不犹豫，既然那么坚定，既然那么英勇，那它一定有把握战胜猎狗吧！

生：不是的。

师：哦？但是它像石头似的落在猎狗面前，好像很强大的样子嘛！

生1：但是猎狗比它更强大，强大很多倍。

生2：因为猎狗很庞大，很凶猛。

师：尽管老麻雀很勇敢，但是和猎狗比起来，力量实在是太悬殊了。所以实际上，老麻雀很——

生1：很弱小。

生2：很害怕。

生3：浑身发抖。

生4：紧张。

生5：很绝望。

师：你是从哪里读出来的？

生：它扎煞起全身的羽毛，绝望地尖叫着。（课件出示：它扎煞起全身的羽毛，绝望地尖叫着。）

师：什么叫"扎煞"？

生：张开，就是把全身的羽毛都张开。

师：它为什么要把全身的羽毛都张开呢？

生1：因为它很害怕。

生2：它要保护自己的孩子。

师：此时，它会尖叫些什么？

生1：救命啊！救命啊！

生2：谁来救救我的孩子？

师：可能会对猎狗说什么？

生1：走开！快走开！

生2：有我在，你是不可能吃掉我的幼儿的！

生3：怪物，走远点！

师：一起来读一读吧！（生齐读）

师：你还从哪里能读出老麻雀当时的心情？

生：老麻雀用自己的身躯掩护着小麻雀，想拯救自己的幼儿。可是因为紧张，它浑身发抖，发出嘶哑的声音。它呆立着不动，准备着一场搏斗。在它看来，猎狗是个多么庞大的怪物哇！（课件出示这几句话）

师：哪几个词让你特别有这种强烈的感受？

生1：紧张、浑身发抖，发出嘶哑的声音，准备一场搏斗。

生2：还有呆立着不动。

（老师给这几个词加上着重号）

师：孩子们，你们抓住了其中的关键词，把长长的句子读短了。抓关键词是一种很好的读懂句子的方法。

师：请你试着读一读，把当时老麻雀的心情读出来。（学生自由读）

师：孩子们，如果你是这只老麻雀，当你站在一只比你强大很多的猎狗面前时，你会想些什么？请你在书上写一写。（生认真写话，教师巡视）

生1：我一定要保护我的孩子！

师：信念很坚定！

生2：就算猎狗再凶猛，我也要保护我的幼儿，我会和它血战到底！

师：你很勇敢！可是猎狗那么强大，你不害怕吗？

生2：害怕。

师：那你为什么不逃？

生2：因为我要保护我的孩子！

师：你有没有想过要逃？

生3：没有。

师：你不怕猎狗先把你吃了？

生3：我怕。但我依然要留下来保护我的孩子。

师：你很纠结，对吗？你很害怕猎狗，所以你想——

生4：逃走。

师：可你的孩子在你的身后，所以你不能——

生4：逃走。

师：真是好纠结，好害怕，好难过！来读一读吧！

生1：（个别读，读出了害怕、紧张）

师：你已经体会到了这只老麻雀的心情。

生2：（个别读，也读出了老麻雀的心情）

师：让我们一起来读一读。（齐读）

师：究竟是一种怎样的力量能让这只老麻雀害怕却又坚定地站在凶猛的猎狗面前？

生：是母爱！

师：怎样的母爱？

生：伟大的母爱！（课件出示：它不能安然地站在高高的没有危险的树枝上，一种强

大的力量使它飞了下来)

师：这种强大的力量就是——

生：伟大的母爱！

师：这种强大的力量最后竟然使猎狗——

生：慢慢地向后退。

师：这是一种多么强大的力量啊！来，一起读一读！

（生齐读）

师：正是因为被这种强大的力量震撼了，所以"我"唤回了我的猎狗，搏斗最终没有发生。同学们，其实在文章的最后，作者还写了这么一段话。（课件出示：是的，请不要见笑，对那只小小的、英勇的鸟儿，对它的爱的激情，我是怀着虔敬之情的。我想，爱比死，比死的恐惧更强大——只有它，只有爱，才维系着生命，并使它充满活力）

（生齐读）

师：下课！

（本课例由浙江省兰溪市聚仁教育集团振兴小学章璐执教）

【课后反思】

《麻雀》是人教版四年级上册的一篇选学课文，出自19世纪俄国著名现实主义作家屠格涅夫之手。整篇文章构思新颖，文质兼美，叙述了一只弱小的老麻雀在凶猛的猎狗面前奋不顾身地保护小麻雀，使小麻雀免受伤害的动人故事。文章通过对不同角色的神态、动作的具体描写，表达了自己的真情实感。文章重点塑造了老麻雀在危急关头不顾个人安危，挺身而出护佑幼儿的果敢的伟大的母亲形象，热情地歌颂了"亲子""母爱"这"一种强大的力量"。我将本节课的教学目标预设为：1. 学习和理解课文中的词语；2. 理解课文内容，体会老麻雀为了保护自己的孩子表现出来的那种强大的力量，学习、掌握具体记叙和表达真情实感的方法；3. 有感情地朗读课文，背诵课文。

1. 凸显学生的主体地位

《语文课程标准》指出：阅读是教师、学生、文本、编者之间的对话过程。本节课不管是从生字词的学习、语言文字的训练还是情感的体验，都充分凸显学生的主体地位，教师只在旁边进行点拨和引导。"一切为了学生的发展"是语文教学的目的和最终归宿，在本节课的教学中得到了充分的体现。

2. 重视学生的情感体验

"水尝无华，相荡乃成涟漪；石本无火，相击乃成灵光"，从一开始，教师就通过图片将猎狗和麻雀的形象作一对比，制造矛盾冲突，为学生后面的情感体验和升华打下基础。整节课的学习，通过理解词语意思、想象画面、朗读等方法，让学生充分感受到了一个伟大的母亲的形象。特别是对里面主角的神态描写和动作描写的品读，不但让学生深刻体会了老麻雀内心的恐惧、纠结以及即便如此仍然誓死保护孩子的决心，同时也让学生明白真实、具体的描写对文本理解与情感体验的重要性。

3. 关注学生的语言发展

语言作为一种符号，却承载了太多的情和义，所谓"情动而辞发"，当学生的身心被情感所浸

润时,此时的对话便不再是干巴巴的语言符号,而是心灵的倾诉。本课在引导学生想象说话时,将学生置于老麻雀的位置,去感受,去体验,所以语言表达流畅、丰富、合情合理。

本节课的遗憾之处在于教师对整节课节奏的把控上还有待提高,轻重缓急还需拿捏得更恰当些,重难点之处的引导还需更到位。

【总评】

选读课文教学的"选""读"和"教"。

首先是"选"。选读课文作为教材的重要组成部分,绝非可读可不读。新课程倡导教师要努力开发和合理利用课程资源,而选读课文就是现成的课程资源。这个"选",应该是选择什么样的角度、什么样的方式去"读",而绝不是"不选"的意思。

其次是"读"。课文既然被命名为"选读",我们也选择了"读",但读什么、怎样读,应该根据学生或自身情况而定,应该具有很大的灵活性和自由度。教材中对课文的分类,侧重的是语文学习规律的考虑。教师还应该针对学情,进行教学调整。选读课文可以略读教学,也可以精读教学,或者作为学生独立阅读能力的测试材料等。

第三是"教"。选读课文有自身的教学策略。(1)精教选文。依托相应单元的训练重点,与单元训练重点一脉相承,围绕训练重点开展精挑细选式的教学。选读课文中需"精"读的点要更突出,更集中。(2)补教选文。把选读内容或整篇或片段作为精读、略读课文的补充教材进行使用,给主题教学注入活水。(3)比教选文。把选读内容作为精读课文的衬托,在人文内涵、语言特色等某一方面进行比较式阅读。

(本课例由黄常清、张建项、高惠珍、章璐和汪潮参与讨论,由汪潮指导和总评)

三、资源链接

(一)选读课的作用

1. 单元主题的深化

小学语文教材的内容一般都是以专题的方式进行组元的,也有的单元在选编课文的过程中也有所侧重。那么,教师就可以把选读课文提到与专题对应的单元中来学习,把它作为这一单元知识的有效补充。例如,在人教版第七册中,第五单元是"我国的世界遗产"专题,安排了3篇文章,分别是《长城》、《颐和园》、《秦兵马俑》,如果细细分析,不难看出,这三篇文章是关于人文景观和世界遗产的,但是自然景观却未涉及;如果仅仅上完这三堂课就了事,学生对于世界遗产不能有一个全面的理解,而与之对应选读课文第5课《迷人的张家界》描写的是自然景观遗产,教师就可以把这篇选读课文作为本单元的第四课,以略读方式进行教学。这样的补充,有利于学生知识面的扩展,有利于学生语文阅读能力的提高。

2. 教学缺失的补充

在小学语文教学过程中,由于学生的接受能力的不同,再加上教师在教学过程中难免会出现考虑不周或者是处理不当的现象,这就容易造成教学效果不佳,不能较好地达到教学目的。教师如果再对课文重复讲解,这就犯了"炒冷饭"的教学大忌,因此,利用相关的选读课文去弥补是教师的明智选择。这是一种特别有效的补充方法,对于知识的补充也具有重要的意义,因此,教师在教学的过程中要充分利用选读课文。由于选读课文与课本中的某一单元有着很多相连之处,教师利用选读课文能够检验学生对于本单元课文的掌握状况,检验学生的阅读能力。教师可以

设计几个与单元阅读能力相关的问题,让学生在相关的选读课文中去解答,利用这样的方法去检验学生的掌握情况。如果学生的阅读效果不理想,教师回过头对本单元知识进行强化,并发挥教师点拨的作用;如果学生的阅读能力很理想,那么说明取得了较好的教学效果,就可以推荐更多的同类阅读,来提高学生的语文阅读能力。

3. 活动材料的资源

新课程改革重视学生语文实践能力的培养,让学生接触大量的语文材料,在语文学习的过程中掌握语文学习的规律,并让学生在广泛的语言实践中培养学生用语文的能力。对于学生实践能力的培养,要开展多种语文实践活动,提升学生的综合素养。但是,从哪去寻找语文材料呢,对于选读课文的综合利用是再好不过的方法,教师可以利用选读课文的材料,就地取材,开展多种语文实践活动,激发学生的语文学习兴趣。例如,选读课文《神笔马良》,这是一篇有趣的童话故事,教师可以让学生读懂课文,然后进行分组排练,并进行一场生动有趣的演出,拉近学生与故事人物的距离,使学生更好地理解课文,培养学生的想象力,提升学生的语文素养,激发学生对选读课文的阅读和学习兴趣,使选读课文在语文的学习过程中,发挥出更大的作用。

(二)选读课的教学策略

1. 读什么:选择相应的教学目标

(1)体现对应单元目标。人教版教材每一单元之前有个"导读"。在五、六年级课文导读中,我们可以清楚地找到单元相应的人文性目标和工具性目标。比如六上第三组课文的人文性目标是"心灵之歌",工具性目标表述为"学习作者是如何通过对环境、人物心理活动等方面的描写,抒发美好情感的",选读课文是《小抄写员》。翻开课本发现该文的主题思想、表达方法与单元提出的目标是相吻合的,教师可以根据对应的单元目标来确定课文的训练目标,即如何通过心理活动和语言描写,来体现人物的美好心灵。初步统计,大部分选读课文与对应的单元提出的训练要点是一脉相承的。

(2)突出文本特色目标。当然,也会有一些选读课文在表达上具备明显的特色。主要表现在有的体裁不同,文体特色鲜明;有的谋篇布局精巧,一波三折,前后呼应;有的存在典型的语段,人物形象鲜明……却因为训练主题的选择原因而无法照顾到这些特色各异的文章,这时教师的灵活性就应该得到体现。教师要用发现的眼光择一文章特色之处,同时又是符合学生年龄特征、学生需要教师引导之处,引领学生认真读书,细细品味文本的特色。比如,四年级上册中的《延安,我把你追寻》是一篇讴歌延安精神的新体诗,与本册教材的各组课文都不存在必然联系,但如果我们将其排在国庆节前进行"选读",在课内着重通过朗读感受诗歌精练的语言、鲜明的节奏,课外通过对延安资料的收集,了解和弘扬延安精神,这样既抓住了文本特色,又感受了文本精髓,一举两得。

2. 怎么读——简约过程,选准时机

(1)板块设计,精简问题。事实上由于受课时等因素的影响,我们在对选读课文教学时,不可能花很多的时间与精力,往往会在一个课时内解决,因此我们的教学要简约,要摒弃繁琐的设计,提倡板块结构。

"阅读教学,是教师、学生、文本对话的过程"。过程要显得简约,教师必须把握对话的本质,以话题统领对话。《拉萨古城》是人教版五年级下册的选读课文,一位教师在备课时只围绕两个问题来设计教学:(1)自己去读书,看看读懂了什么。(2)再读书,并思考还有什么读不懂的。这两个板块设计简约,思路清晰。而教学过程用一封回信串来,回信一:"读着《拉萨古城》,我想

看……我想看……我最想看……”通过这样的练习来检测学生读懂了什么。当然,这中间教师也有适当的点拨、指导。接着继续交流回信二:“读完了《拉萨古城》,我想问一问……我想问一问……我还想问一问……”鼓励学生把自己的疑问、阅读思考充分地展现出来。整个过程既简约精致,又扎实有效。

(2) 学生自主,适度点拨。选读课文是阅读教学的一个“用件”,是“语料”,所以对待这类课文,教师的教学姿态应该是少扶多放,尽可能放手让学生自主阅读,强化学生的主人翁意识,强调学生自读自悟。上述《拉萨古城》的教学中,正是因为设计了两个极具开放性的问题,使得教师导得简洁而有效,又为学生精彩的生成提供了无限可能。其次,案例中突出了学生的自读自悟,强化了阅读交流的互动。教是为了不教。当学生在“精读、略读”课文中习得语言、感悟方法后,学选读课文时,就是学生的“试水”期。所以,作为选读课文,教师能用最大的空间让学生亲近语言、放飞思维、展示心得,这应该是选读课文教学的一种方向。

(3) 选择时机,勤于实践。选读课文在本质上与精读和略读课文是没有区别的,所以选择何时读,既是时间问题,更是理念问题。教师必须从“培养学生独立阅读能力”出发,选择好学生阅读实践的时机。

① 单元教学时作替换使用。精读、略读和选读课文只是分类与功能不同,并不代表无文本质量的差异。对照单元主题和目标,我们发现有些略读课文比起选读课文,反而略显逊色,因此,完全可以进行替换教学。比如六上第三组教材中略读课文是《用心灵去倾听》,选读课文是《小抄写员》。对照单元训练主题,无论是形式还是内容,前者并无略胜后者之处,所以笔者在使用中,将两篇课文作了替换处理。

② 单元回顾时作比较使用。人教版五、六年级教材在单元末安排了一个“回顾·拓展”。这个近似于以前“单元练习”或“基础训练”的内容,现在更突出了学生的主体地位和篇章写法的比较与总结。其安排的“交流平台”中往往突出了对一组教材的比较阅读,使学生发现单元文章中表达方法的差异。基于这样的教材安排,选读课文也可以在单元回顾时作比较阅读使用,具体可以以“交流平台”为基础,以选读教材为基点,内引外连,通过比较,适度拓展、延伸,使学生既可以在领悟精读和略读课文的精髓之后来验证,也可以在选读课文中发现“新大陆”。

③ 形成能力时作检测使用。仔细阅读这些选读课文,内容和形式都是极有学习训练价值的。教材编写者安排这类课文的意图之一也应该是增加学生的阅读量,为学生的自我阅读检测提供材料。而且这些文本往往都与整学期学生的语文能力建构有着紧密的内在联系,是对各主题单元所学的一次检测和提高。因此,教师可以根据学生的实际并结合课文的具体内容,拟出自学提纲或检测题,供学生自读自学自测使用。这样,既巩固了单元所学,又有利于训练、检测学生的独立阅读能力。

以三年级上册选读课文《做风车的故事》为例,可设计以下习题:

1. 用“√”给带点的字选择正确的读音。

jī(　　)几乎 jǐ(　　)　mó(　　)石磨 mò(　　)　shān(　　)扇子 shàn(　　)

2. 根据课文内容填空。

(1) 有一天,牛顿放学回家,看见村子旁边正在安装磨面的风车。他停下来(　　　　)地看,(　　　　)忘了回家。以后(　　　　)放学,他都要跑去看一阵子。

(2) 从此,牛顿(　　　　),遇到任何事情(　　　　),渐渐地养成了(　　　　)的习惯。

（3）牛顿的（　　　　　　）精神值得我们学习。

四、推荐阅读资料

1. 傅登顺. 小学语文选读课文教学策略初探. 教学与管理：小学版,2011(32).

2. 郑锦明. 小学语文选读课文教学的策略思考. 教学月刊：小学版,2011(7).

3. 朱瑛. 对人教版教材选读课文的认识与处理. 辽宁教育,2012(3).

4. 郑亚君. 选读课文有效教学例谈. 辽宁教育,2012(6).

5. 王红艳. 小学语文选读课文教学策略分析. 科海故事博览·科教论坛,2013(12).

6. 王璐. 从鸡肋到鸡汤——对人教版小学语文选读课文教学的认识与思考. 课程教育研究,2014(31).

7. 叶维伟. 人教版三年级下册语文选读课文《我爱故乡的杨梅》教学预设. 小作家选刊,2015(35).

8. 祝贵耀. 读懂意义非凡的"意外"——《麻雀》教学解读和预设. 教学月刊：小学版,2015(11).

9. 赖正清. 选读教学的"选". 教学月刊：小学版,2016(1).

五、后续练习

《除三害》(三下)教学设计

下面是浙江省永康市实验学校副校长、特级教师倪静川设计的选读课教案。请你点评。

（一）背景介绍

2012 年 9 月底,浙江省教育厅组建专家团赴青海省德令哈市、格尔木市支教,永康市实验学校倪静川老师执教了三下《除三害》一课,对当下的小学语文课堂进行了大胆的改革,看似"另类"的课堂引发了大家对三个关键词的思考：学本课堂、素读、研读。

（二）教学目标

（1）通过学生的素读,梳理故事内容,了解几件事之间的内在联系及详略处理。

（2）通过学生的素读,懂得只要有决心,任何缺点都能改正。

（3）通过师生的研读,发现文中对仗、排比等语言规律并体会其好处。

（4）通过师生的研读,积累"横行霸道、拍手称快、痛改前非"等四字词语,并借助关键词语复述故事。

（三）教学过程

课前预热：每人发放一张小纸片。

师：这是一张积分卡,这节课你将通过自己的努力获取学分,得分高的同学可以获得倪老师亲笔签名的"语文高手"的奖状。

第一板块　学生素读

1. 初读课题,了解民间故事

师：今天我们一起来学习一则民间故事,题目是《除三害》。（教师板书课题,学生齐读）

师：知道什么是民间故事吗？（学生自由说,教师根据学生发言小结：民间故事是从古至今在老百姓中流传的动人故事）

2. 素读课文,梳理故事内容

(1)自由朗读课文。

师:能在民间一传十、十传百、一代传一代的故事一定是很吸引人的。请大家自由读课文,读时注意把带拼音的字读准确,句子读通顺。

(2)交流读书收获。

师:读书,读着读着读出收获,这是一种能力。刚才读了课文,你有什么收获吗?(教师根据学生发言梳理故事大概内容并板书:周处杀猛虎、剁恶龙)

3. 二读课文,生生互问互学

(1)学生研读,发现问题。

师:读书读书,从故事中读出收获,是一种能力。读着读着,从故事中读出问题,那更是一种能力。请大家再次默读课文,在有疑问的地方作上记号。

(2)交流分享、解答问题。

师:发现问题是一种能力,能把问题清楚地表述出来,更是一种水平。提出一个有水平的问题得学分10分,如果你能回答出同学的问题得20分。

【预设问题一】从此以后,周处痛改前非,成了一个受人敬重的人。他以前有哪些"非"呢?后来又成了一个怎样的人呢?

①出示语段:古时候,有个人叫周处。周处年轻时,性格暴烈,仗着自己力气大、武艺强,横行霸道,欺侮百姓。因此,周处一上街,人们就远远躲开他。

②想象说话一:以前的周处大摇大摆地走在街上,有个人不小心碰到他,他就(　　　　　);他看到一个小孩手里拿着好玩的东西,他就(　　　　　);还有一次,……

③想象说话二:痛改前非以后,周处笑容满面地走在大街上,跟路过的人打招呼。他看见年迈的老人挑着沉甸甸的担子,就(　　　　　);他看见蛮横的无赖欺负老汉,就(　　　　　);他……

【预设问题二】人们的举动引起了周处的深思,他终于想明白了其中的道理,心里十分惭愧。人们的什么举动引起了周处的深思?他会想些什么?"明白了其中的道理",他明白了什么道理?

①出示语段:这下好了!猛虎死了,恶龙死了,周处也和它们同归于尽了!人人奔走相告,个个喜气洋洋……他想找个人问一问,可是人们只是远远地朝他点点头,赶紧躲开了。

②想象说话:人们的举动引起了周处的深思:他想起(　　　　　),想起(　　　　　),想起(　　　　　)……他终于明白了(　　　　　)。

【预设问题三】周处是怎么"伏虎、降龙"的?为什么写杀虎只用了一句话,写"剁龙"却整整用了一段话?

①出示语段一:周处上山了。傍晚,他把一只断气的大老虎拖下山。街坊们拍手称快,都夸周处本领大。

语段二:第二天,周处提着宝剑下河了。恶龙可不那么容易对付。它忽而浮出水面,跃到半空;忽面潜入水底,东奔西突。周处和它搏斗了三天三夜,搅得大河惊涛拍岸,浊浪冲天。三天以后,大河突然平静了,没有浪涌,没有涛声。恶龙不见了,周处也不见了。

②学生交流:A读着读着,你有什么感受?你看到了一个怎样的周处?B为什么写杀虎只用了一句话,写"剁龙"却整整用了一段话?

4. 三读课文,积累语言

师:刚才,同学们通过自己提问,同学互答,学得有滋有味。倪老师在读故事的时候也发现了几个问题,谁能回答出老师的问题,加倍给分。

教师提问一:读读加粗的短语和句子,你发现了它们在写作上有什么共同的特点? 你还能从文中找出类似的词句吗?

周处年轻时,性格暴烈,仗着自己力气大、武艺强,横行霸道,欺侮百姓。

山间的猛虎、河里的恶龙,还有地上的周处,是天下三害。

有人壮着胆子去找周处,见面就夸他胆子大,功夫好,上山能伏虎,下水能降龙;

恶龙可不那么容易对付。它忽而浮出水面,跃到半空;忽面潜入水底,东奔西突。

(1)学生自由交流发现的写作共同点。

(2)朗读指导:这样的句子和短语可以怎么读呢?(初步感受民间故事中语言风格的"说书"味)

(3)交流从文中找出的类似词句。

预设:

周处和它搏斗了三天三夜,搅得大河惊涛拍岸,浊浪冲天。

三天以后,大河突然平静了,没有浪涌,没有涛声。

恶龙不见了,周处也不见了。

猛虎死了,恶龙死了,周处也和它们同归于尽了!

人人奔走相告,个个喜气洋洋。

教师提问二:文中还有许多四字词语,你会读吗? 你能用上这些词语说说这个故事吗? 用上一个得10分。

横行霸道　欺侮百姓

伏虎降龙　拍手称快

惊涛拍岸　浊浪冲天

同归于尽　奔走相告

喜气洋洋　除害有功

痛改前非　受人敬重

(1)学生自由读词语。

(2)学生开火车读词语。

师:每个词语都是有情感的,不仅要会读,还要读出情感来。

(3)同桌之间尝试用上这些词语复述故事。

(4)推荐2—5名学生接龙复述故事。

(5)给故事加上结尾,补充相应的四字词语。

师:老师也用上几个4字词语给故事加了一个结尾,我们一起合作来读一读。老师叙述,大家读4字词语。

出示故事结尾:后来,周处立志好学,成为一代名将,在战场上立下了赫赫战功,直至战死沙

场。后人敬重他的品行,追认他为平西将军,还特地建造了周王庙来纪念他。

教师提问三:课文学完了,你能评价一下周处吗?

（1）学生自由评价。

（2）积累名言警句。

出示名言:

浪子回头金不换;

迷途知返,回头是岸;

亡羊补牢,为时不晚。

师:从古至今,有很多名言警句都是勉励人们知错就改的,一起念一念、记一记,并选择一句你最喜欢的抄下来。

（3）加横批。

师:老师根据大家所说的,编了一副对联送给周处,你能用自己的话或从上面选择其中的一句加个横批吗?

出示对联:杀虎刹龙显神通　痛改前非受敬重

5. 再读课题,感受精妙

师:老师加的横批是"除三害",理由是,小小"除"字,含义多,一杀,杀虎,二刹,刹龙,三是什么(周处)? 你能选一个合适的词语吗?(预设"改"、"降")。

师:连题目都如此精妙,难怪能在民间代代流传。(再读课题)

师:同学们,像这样精彩的民间故事还有很多很多。(课件显示)如《牛郎织女》、《孟家女》、《白蛇传》、《梁山伯与祝英台》等等。有兴趣的同学课后可以去看看。

第九章 名著导读课

一、背景描述

"名著"是指具有较高艺术价值和知名度,且包含永恒主题和经典的人物形象,能够经过时间考验经久不衰,被广泛认识以及流传的文学作品。它能给人们以警世和深远影响,以及对世人生存环境的感悟。名著可以使人陶冶情操,在经典的名著里去探索、去挖掘那些潜在的文学风格。一般认为,名著的特征是:

(1)"名著"拥有最广泛的读者。它们不是只风行一二年,而是经久不变的畅销书。

(2)"名著"为普通人而写。它所论述的是关于人类共同感兴趣的题材,而不是学究式的空谈。这些书并非为专业人士所作,而是为普通人而写。

(3)"名著"永不过时。为便于比较,我们把眼下流行的书称为"当代作品",它们只流行一二年或至多十多年。而"名著"却不会因思想运动、学说更迭、舆论分歧而过时。名著不是供学者研究而积满尘垢的遗著,而是当今世界上潜在的最强大的文明力量。

(4)"名著"令人百读不厌。名著一页书所包含的思想要比一整本普通书的内容还要丰富得多。它可以使你百读不厌,其中的养料汲之不尽。

(5)"名著"最富有教育意义。名著含有其他书籍所没有的东西,不论你是否赞同书中的观点,它们是人类不可缺少的老师。

导读,顾名思义,就是引导学生阅读,一般在孩子阅读一本书之前进行的。老师向全班孩子隆重推荐这本书,指导学生开始阅读。看着一本本散发着油墨香的书,听着老师的娓娓讲述,学生就会自然而然地参与阅读。导读就是在老师的引领下,生生共同分享阅读的快乐。

名著导读是十分具体而又复杂的课题。我们不能只是放任学生自读,认为有读就有成效。如果能巧妙设计,以此为阅读契机,引导学生真正爱上阅读名著,则不仅为学生打下一个厚实的文化基础,而且可以为他们铺设一条高起点的阅读之路,这必然有利于学生的语文学习,也必然有利于学生个人修养的提高。在指导学生课外阅读名著的践行之路上,虽然迷惘与困惑同在,优秀者与被动观望者同在,但是也看到,阅读名著,正在有效地改变教师的行走方式,改变学生的生存状态,使学生"腹有诗书气自华"。因此可以相信,用名著开启稚嫩的童心,通过阅读演绎精彩人生,学生一定能拥有人生最美丽的精彩。

二、课堂例析

名著《老人与海》导读课的设计与评点

（一）教学目标

（1）通过交流、小组合作完成以阅读单的形式梳理故事最精彩部分"老人与鲨鱼搏斗的情节"的内容，提高文本阅读的信息梳理能力。

（2）通过发现、讨论等方式，探究老人永不言败的硬汉精神，初步了解著作的语言特点。

（3）学会以写推荐词的形式向身边人推荐文学作品。

【点评1】名著阅读交流课的教学目标如何确定？名著阅读交流课的教学目标不但要考虑一般阅读课共性的目标要求，而且更要关注名著阅读交流课本身具有的个性教学目标，如"名著"名在哪些地方？"阅读"哪些内容？"交流"哪些问题？这也是名著阅读交流课的教学重点。

（二）教学重、难点

探究老人永不言败的硬汉精神，初步了解著作的语言特点。

（三）教学准备

课前学生认真阅读《老人与海》。

（四）教学时间

一课时。

（五）教学过程

【点评2】名著阅读交流课如何安排课的教学过程？名著阅读交流课属课外阅读的范畴，它的教学过程要比一般课内阅读课更大气而开放。本课设计了三个板块：聊读、赏读、享读。这是一种立足于整体观照的板块设计，避免了从头至尾层层讲解的流水线做法。

1. 聊读

说说故事梗概，交流读后感受。

【设计意图】说故事梗概既可以回顾故事的内容，又可以借这个过程梳理故事的主要内容。之后再进行读后感受的交流，拉近了学生和文本之间的距离，也奠定了读书分享课轻松的交流氛围。

【点评3】名著阅读交流课如何导课？本课设计了"聊读"，聊聊故事梗概，聊聊读后感受。这样的导课是随性的、开放的、轻松的。但是"随性"不是"随意"，简约的导课更需要精心设计。本课的"聊读"活动过于简略。建议有二：一是要标明具体教学环节，展示学习过程。二是教师要采用适当的指导策略。不然会面临"草草走过场"或"放得开却收不回"的困境。

2. 赏读

（1）赏读故事情节。

① 课前调查呈现，学生说发现，交流喜欢理由。

最喜欢的情节	人　数
桑迪亚哥与鲨鱼搏斗的情景	19
桑迪亚哥捕捉大马林鱼的场面	7
描写海景的片段	2

最喜欢的情节	人　　数
老人最后带鱼骨头回来的画面	1
老人和力气最大的黑人比手劲儿的情景	1

【设计意图】基于对学生阅读感受的尊重,课前对学生的阅读状况即最喜欢的情节这一内容做了调查。课前调查的客观呈现体现了学生们的阅读兴趣点。抓住学生的兴趣点展开教学,能更好地激发学生的课堂参与及学习热情。

【点评4】名著阅读交流课如何确定教学的起点?最有效的教学活动是建立在对学情充分了解的基础之上的。教学起始于学生的"学",是一种"学本课堂"的新理念。本课的"课前调查"及其呈现是有积极教学意义的。

② 小组合作填写学习单,交流反馈。

A. PPT 呈现阅读单。

	第一次	第二次	第三次	第四次	第五次
攻击者					
攻击者数量					
老人作战工具					
结　局					

学生观察阅读单,回忆书中情节或翻开书静静地阅读相关情节。

【设计意图】阅读单呈现后,让学生静静地回顾书中情景静静地回忆,是希望学生能静下心来走进文本,静下心来好好梳理精彩的故事情节。同时,一节读书课,应该有静静阅读的时间,有好好沉浸于书中的时间。阅读单的设计根据故事最受学生喜欢的精彩情节"老人和鲨鱼搏斗的情景"的内容而设计的。意在通过学习单的填写梳理这一精彩情节的主要内容,在梳理的过程中学会阅读的方法,锻炼提取信息、梳理信息的能力。

B. 小组合作完成阅读单。

【设计意图】阅读单的填写有些复杂,需要一定的信息搜索能力及概括能力,采用小组合作的形式可以降低难度,同时又加强了小组成员间的协作、互助。

C. 小组派代表发言。

【点评5】名著阅读交流课如何选择交流活动的方式?本课采用小组合作完成阅读单的方式,是值得称赞的。第一:阅读单是根据故事最受学生喜欢的精彩情节"老人和鲨鱼搏斗的情景"的内容设计的。第二:阅读单是在学生自主阅读和小组交流后完成的,不是一项简单的机械作业。第三:以阅读单为凭借的学习,有助于培养学生信息搜索能力和内容概括能力,使学生的交流落到了实处。

③ 借助阅读单,发现感悟

A. 观察阅读单,说发现。根据学生发言,适时板书。

【预设】a. 鲨鱼的攻击力越来越强。鲨鱼的数量也越来越多。

b. 老人的作战工具越来越少了,也越来越差了。

c. 老人的体力会越来越差,作战能力越来越弱。

d. 老人的收获越来越少,到最后只剩下鱼骨头。

【设计意图】填完阅读单引导学生交流发现,是为了激发学生对文本的探究。梳理内容之后,只有进一步地探究,才能激发学生的思考,才能引导学生真正走进人物的内心世界。

【点评6】名著阅读交流课如何促进交流活动的深入? 如果交流只是为了获得一个结果,那么必定是为交流而交流的形式主义。本课中,在填完阅读单后再次引导学生交流发现,探究更为有价值的东西。意义非凡! 这是一种有效的"推动教学"思想:推动学生进一步思考,推动学习的不断增量。

B. 谈感受。

【预设】(学生回答的关键词):永不言败 勇敢 证明 自己……

C. 故事的结尾,你喜欢吗? 说理由。

【预设】a. 不喜欢,有付出就应该有收获,桑迪亚哥那么辛苦甚至差点搭上了自己的命,却还是一无所获,这样的结局一点不美好。如果我是作者,我会设计美满的结局,让老人满载而归,这才对得起他的辛苦付出。

b. 喜欢,桑迪亚哥虽然没有满载而归,虽然那么辛苦只带回一个鱼骨头,可是他证明了自己呀,证明自己还是有能力捕获大鱼的,证明了自己还是最棒的渔夫。这个过程体现了老人永不放弃,永不言败的精神。对于老人来说,这是一次值得骄傲的经历,这也是收获。

【设计意图】设计关于故事结尾的讨论,是为了激发学生创造性的阅读体验,交流个体的阅读感受,同时也是对人物形象的再认识。学生通过讨论交流明白故事中的老人是个胜利的失败者,是个失败的英雄。

【点评7】名著阅读交流课如何呈现交流的主问题? 主问题是讨论交流的基本话题,没有主问题,阅读交流课就犹如散沙。这里,设计关于故事结尾的讨论固然是有意义的,但是,主问题的呈现太突兀。课中教师只是一句:"故事的结尾,你喜欢吗? 说理由。"没有了情境,缺乏了设计。课堂教学中的"主问题"是需要精心而又创意地设计和呈现的。

(2) 赏读:作品语言

【预设】① 书中有不少哲理性语言,如:"一个人并不是生来要给打败的,你尽可以把他消灭掉,可就是打不败他。""不过话得说回来,没有一桩事是容易的。"……

② 书中老人为排解孤独,为鼓励自己,经常和自己说话,有大量内心独白。

【设计意图】一部优秀的作品往往不仅有精彩的故事情节,还有独具特色的,充满魅力的语言。希望学生在阅读文学作品时,做到赏内容也能赏语言。而本书是经典中的经典,获得诺贝尔文学奖的作品,感悟作品语言的特点意义重大。

【点评8】名著阅读交流课如何选择交流的内容? 之所以成其为名著,是因为"名"在吸引人的情节上,"名"在深刻的哲理上,"名"在语言表达上。如果以"三名"为线索选择和确定交流的内容,那么名著阅读交流课就呈现了独特的精彩。本课还有必要在交流"内心独白"的语言表达上化时间、下功夫,这是名著欣赏之重点,也是阅读之本质。

3. 享读

(1) 交流如何推荐本书

【预设】可以通过情节、语言、深刻内涵等方面推荐本书。

（2）写推荐词，师生同交流

【设计意图】好书应该是大家共读共享的，为一本喜欢的作品写推荐词是件很有意思的事。交流如何推荐，可以让学生再次回顾作品，再次感受作品的特点。教师的推荐可以为学生提供写作范本，生生之间的作品交流可以促进学生之间的相互学习，共同提升。

【点评9】名著阅读交流课如何设计课的结尾？应该在"交流"上做文章。本课以"推荐"作结，是一种"总结式"的思维方式。积极倡导和努力追求"开放式"的课堂结尾，把学生的学习视野引向更为宽广的远方：从作品到作者、从作者的作品到作者的风格、从一"个"作品到一"类"作品、从文本作品到现实生活……

【总评】

本课的设计引发了对名著导读课设计和实施的进一步思考：

1. "名著"的文本解读

名著阅读交流课的前提是教师对名著文本的深入解读。对"名著"的文本解读有特殊要求：（1）要经历一个复杂的解读过程。善待文本、细读文本、读透文本、超越文本。（2）要全面欣赏名著的文、道、质。"文"就是文本表现或反映客观事物的语言文字，"道"就是文本的思想内容，"质"就是连接"文"与"道"的成文法则，表达方式。就一篇名著而言，必须从文入手悟道，从质入手解析文，再从道入手把握文，从文入手把握质。（3）要科学把握文本解读的思维方式。要注意两种倾向：一种认为应尊重名著的文本价值，要站在历史的角度审视文本。另一种认为，历史是发展的，文本的解读是读者个性阅读的过程，可以突破历史的界限，用现代意识或生活观来重新审视名著文本。

2. "阅读"的前置设计

名著阅读交流课的基础是"学生的自主阅读"。只有学生对名著充分地自主阅读，才能确保名著阅读交流课目标的达成和教学任务的完成。所以，课前安排"学生的自主阅读"显得非常必要，要精心设计：（1）要确保学生课前阅读名著充分的、自由的时间。（2）要进行阅读方法的指导。把课堂教学中学到的课文的阅读方法主动迁移到名著的阅读之中。（3）要有学习任务驱动。设计阅读导学单，让学生课前自主完成，就是一种有效的阅读方式。

3. "交流"的执行策略

名著阅读交流课的主体是"交流活动"。名著阅读交流的三个策略是：（1）交流的内容有名著的故事情节概况、深刻的哲理启示、语言的理解和表达三方面。根据名著文本的不同特点，选择和确定交流的最主要内容。要保证最主要内容（如语言的理解和表达）的交流机会和时间。（2）交流的方式有师生交流、生生交流。不仅要有师生交流，而且更要有生生交流。通过小组合作学习的方式，充分发挥班级中生生交流的积极性和群体优势。（3）交流的类型有信息交流、知识交流、情节交流、情感交流、方法交流、思维交流等。要突出学习名著的方法交流和思维交流。把名著阅读交流课上成集知识、方法与能力为一体的名著欣赏课，这是我们应当努力的。

（本课例由杭州绿城育华小学胡妙设计与执教，由浙江外国语学院汪潮教授点评和总评）

三、资源链接

（一）小学名著导读策略

1. 激发兴趣，引导"我想读"

导读的目的就是激发孩子阅读的兴趣。教师可以利用现有的资源，引导学生阅读，激发学生

阅读的兴趣。这不但要在学习的层面上得到体现,而且要在心理的层面上得到体现。通俗地讲,就是让阅读成为学生的一种心理需要。

(1) 精选读本,以魅力吸引学生,激发学生的阅读兴趣。例如《一百条裙子》的导读,我以谈话开始,引发学生的阅读期待。我这样问学生:"你拥有多少条裙子呢?"学生有的回答说两条,有的回答说三条。教师接着说:"有一个小女孩说她拥有一百条裙子,你相信吗?"学生听后感觉不可思议,因为他们以为一个女孩子不需要那么多的裙子,误以为文中讲的是真正的裙子。就这样,学生的兴趣被激活,深入阅读也就顺理成章了。

(2) 利用媒体资源,激发阅读兴趣。当今社会,是知识爆炸的时代,电视、网络对人们的生活影响巨大。小学生由于年龄小、生理发育还不成熟,对直观的形象的动画有浓厚的兴趣。如《春光灿烂猪八戒》,孩子们笑得合不拢嘴,会觉得猪八戒很有意思。这时我们就可告诉他们,吴承恩的《西游记》可是精彩多了,孙悟空、猪八戒、唐僧等人物形象更是栩栩如生,推荐孩子阅读《西游记》(儿童版)。现在许多的电视剧都把原著改得面目全非,对孩子的人生观、是非观影响很大。在这种情况下,教师要告诉学生,精彩情节都在书里,大家要慢慢去品读,才能读出作品的真味。

2. 精彩切入,引导学生读什么

根据作品的特点,我们可以从以下几个方面切入:

(1) 从"故事情节"方面切入。对孩子最有吸引力的是故事情节,我们可以向学生介绍精彩的故事情节,以故事情节贯穿人生,如百家讲坛一样,以故事说情节。比如《一百条裙子》的导读,我选择了这样几个情节:"旺达因为什么而被人讥笑"、"旺达为什么要转学"和"旺达怎样令人刮目相看"。通过我的入场讲述,学生对故事产生了浓厚的兴趣,对旺达的形象有所体会,从而产生对其敬佩的情感,在这种情感的主导下,阅读作品也就兴趣盎然了。

(2) 从"人物形象"切入。许多作品的人物形象特别鲜明,能给学生留下深刻的印象。因此可以从人物形象切入,然后引导学生在阅读作品时,紧紧把握人物的性格特点。曹文轩的《草房子》中,主要人物有:桑桑、秃鹤、杜小康等,他们个性鲜明,形象丰满。导读开始时,我先讲述桑桑的故事:他把家里橱柜的腿锯掉了,做成鸽子笼,妈妈气得浑身发抖。他还用家里的蚊帐去捕鱼。夏天最热的时候,却还穿着棉袄,因为他一直纳闷,冰棍包裹在棉被里面为何不会融化,也许衣服穿得越厚里面越冷。有一次,他把父亲的荣誉证书拆了,装订书本,要知道,那可是父亲最珍贵的东西。讲着这些小故事的时候,学生脸上洋溢微笑,一种迫不及待阅读的欲望产生了。然后我问学生:你觉得这是个怎样的孩子? 这个调皮的孩子是谁呢? 他还做了哪些事情呢? 在这种情况下我出示名著——《草房子》,学生因为有了阅读期待,因而很快就进入了作品的情境。

(3) 从"作品语言"切入。"语言是思想的物质外壳"。经过语言这一通道,学生找到了进入作品的途径,在语境中口味语言,感受人物形象,领悟作品情感。不同作家其作品的语言风格也是截然不同的。导读时,可以以特色语言、精彩语言作为切入点,"把孩子们投入到语言的海洋中去"。教师可以声情并茂地朗读作品片段,引领学生感知作品语言的魅力,也可以师生之间角色朗读人物对话,在朗读中进入作品的语言境界。比如曹文轩的《草房子》是"诗一般的语言",教师可以选择作品中"诗一般"的片段,在轻音乐的伴奏下,带领孩子走进"油麻地",走进"草房子",走进杜小康的孤独之旅。

3. 渗透方法,引领学生"怎样读"

名著导读课仅仅局限于激发孩子阅读的兴趣是不够的,还要教给学生阅读名著的方法,指导

学生怎样去阅读名著,教给孩子阅读的方法。我们可以采取讲述和大声朗读相结合的方法进行导读。"讲述"是用精彩的叙述性语言把章节内容经过概括后生动地讲给孩子听,而"大声读"则是有选择地把精彩片段念给孩子听,两种方法的结合可以让孩子在有限的时间里,既了解内容情节,又对语言风格等有所感知。

(1)指导学生观察封面。如《一百条裙子》,在指导孩子看封面图时,让学生了解小女孩住在荒凉的山坡上的一座简陋的房子里,感受到小女孩的孤单和贫穷。孩子就会根据自己的生活经验,产生一些疑问:这样贫穷的女孩为什么会有一百条裙子呢? 这一百条裙子又是从哪里来的呢? 这些疑问,很好地激起了学生的兴趣。

(2)自主阅读。教师适当地选择几个精彩的章节,让孩子自主阅读,以激发学生阅读整本书的兴趣。要避免像"交流课"那样把主旨内涵都提炼出来,限制学生多元理解与个性化阅读。不应要求学生像语文阅读课那样,有深刻的感悟;因为儿童文学是以快乐感动孩子的,只要心有所动,情感就会自然所至。

如进行《一百条裙子》导读时,先让学生感受旺达的人物形象,如:旺达佩特罗斯基,十三班里的孩子们没有人有这样奇怪的名字。周一,旺达佩特罗斯基的座位是空着的,也没有人注意她没有来学校……就这样引领学生从字里行间感受人物,一个贫穷、孤单的旺达,在班级里不受关注的、备受冷落的女孩,怎么可能会有一百条漂亮的裙子呢? 又一次激起了孩子的阅读期待。

(李望)

(二)名著导读方法

1. 看封面,抓住基本信息

对于任何一本书来说,封面无疑是基本信息最为丰富的地方,要指导学生学会看封面,抓信息,对即将开始阅读的书目有基本的了解。

封面上的信息总的来说可以分为文字信息和图画信息。文字信息包括书的名字、作者、出版社、获得荣誉等信息,图画信息一般是纯文字书籍中和内容有关的、最能体现书中精彩之处的配图,或者是图文并茂类书籍中最能吸引人、体现书的阅读主旨的插图。

对于文字信息,我们要带领学生去发现、去解读。任何一本书的名字都是图书内容的缩影,或概括了主要内容,或表达了强烈情感,或具有想象空间,或具有激趣价值,对于书名,要让学生在识记的同时探究其特点,引发学习对于书籍风格的初步领略,或平实,或奇趣,或唯美、或沉郁,一本书的眼睛就在此刻开始闪光了。而对于不同的作者,我们要了解其基本的生平事迹,了解其创作风格,了解其著作成就,只有了解了作者,才能读懂他的文字,才能走进作品的文字深处。对于出版社信息,学生也要了解,因为随着学生阅读书目的增多,许多"有追求、有志向"的出版社所发行的书籍也许会成为他们的挚爱,某个书系会成为他们选择书籍的参考。书目所获得的荣誉,有时候也会成为"直接广告",让学生对书籍留下深刻的印象。当学生知道《尼尔斯骑鹅旅行记》是世界文学史上第一部,也是唯一一部获得诺贝尔文学奖的童话作品时,还会不想看吗? 有人曾说,当你还没有找到适合自己的书时,就看那些获得国内国际大奖的作家作品,因为那些书都是非常有价值的,其实也不无道理。

对于图画信息,我们要指导学生去观察、猜测、评议,了解画面的主要内容、色彩感受,甚至通过想象让画面活起来,成为读书的"预告片"。有图画的封面,或者隐含了书籍的主要内容,或者包含了文本的表达主旨,或者展现了书目中的奇妙情境,或者体现了书中人物的不同心情,这一

幅幅精美的画面就好像为我们打开了阅读书籍的一扇窗，让我们暂时瞥见了一抹靓丽，等待我们去发现更多的精彩。我们可以说说自己看到的、想到的，说不定就猜到了故事架构；还可以提出自己的疑问，说不定会发现解读文本的密码；我们甚至可以指导学生将图画和书名相结合，也许会有更多的发现和体会。

2. 看目录，了解人物、情节

一本书的目录，是整本书内容的浓缩，通过阅读目录就可以大致了解整本书的主要内容和人物。目录不仅可以让学生发现自己感兴趣的情节，还可以帮助学生迅速找到相关的页码，可以说是速读的基础。

很多书籍的目录非常有特色，有的目录词句表达方式相近，充满文学性，比如《西游记》、《三国演义》；有的目录描述用语奇特，充满趣味性，例如《我和小姐姐克拉拉》；有的目录极具概括性，一看就知道故事的时间、地点，或者主要情节，如《夏洛的网》；有的目录充满地域特点，让读者恍如面对整个世界，如《尼尔斯骑鹅旅行记》。不同的目录有着不同的特点，却都可以让学生迅速把握书籍内容，激发学生的阅读兴趣。

对于目录的阅读要让学生统观全局，全部浏览，大致了解书的人物、情节，猜测故事走向，甚至还可以对自己感兴趣的地方提出问题，表达渴望阅读的愿望。好的目录可以体现作者的创作风格，作品的语言特点，更可以让学生带着遐想和问题开始阅读，有目的的阅读，收获会更加丰硕。

3. 看书页，浏览主要特点

整本书的内容是非常丰富的，单凭一节导读课，学生不能完全了解，但是，通过翻阅书籍了解其基本特点也可以激发学生的阅读兴趣。

对于纯文字的书籍，学生在浏览的时候，也许会被某一个情节吸引，开始阅读，进而寻找其前因后果，牵动对整本书的阅读，例如学生阅读高尔基的《童年》，如果看到阿廖沙被外公打的时候，难免引发疑问，想要了解个中缘由，也许由此开展拓展阅读；对于图文并茂的书籍，学生在翻阅的时候，会被某一幅插图吸引，渴望了解主人公的奇趣经历，例如学生阅读《淘气包埃米尔》，在看到他将妹妹升上旗杆、踩着高跷从窗外掉进室内的餐桌上，怎会不想了解事情的前因后果呢？当学生看到每一章节的题目都是由日期和主要情节概括组成，一定能很快发现作者用日记的方式记录淘气包故事的独特写法。

虽然只是随手翻翻，却翻出了整本书最吸引人的地方，翻出了对阅读的渴望，翻出了对作者写作风格的了解，一举多得，却只是翻翻而已。

4. 看情节，引入内容情境

如何让学生对一本自己并不熟悉、从未看过的书籍产生兴趣，仅仅靠看封面、目录或者随手翻阅是不够的，必须找到文章中最精彩的情节带着学生去阅读、去赏析、去品鉴，指导学生学会自己阅读和思考，真正走进书本的字里行间，去寻找精神力量的源泉。

例如，《尼尔斯骑鹅旅行记》是瑞典女作家塞尔玛·拉格洛芙的作品，一个叫尼尔斯的小男孩十分调皮。有一天他得罪了一位小狐仙，被变成了一个能听懂动物语言的小人儿。他骑着家鹅，随着大雁开始了漫长而有意义的旅程。在旅行中，尼尔斯领略了祖国的美丽风光，增长了许多新知识，结识了许多好朋友，听了许多传奇故事，同时也经历了许多许多的困难与危险，并从各种动物那里学习、培养了勇于舍己、助人为乐的优秀品德。这么富有奇趣的故事，又发生在异国他乡，我们就需要通过精彩情节的引读带学生走进故事情境，品味书本语言，领略异国风姿，甚至可以

补充与文本相关的文字或者图片,让学生在惊叹之余产生浓厚的阅读兴趣,以点带面,促进学校自主阅读活动的开展。

5. 看书评,知晓书目价值

很多优秀的书籍在出版发行后,由于受到很多读者的欢迎而一版再版,许多著名的作家和文学评论家也为书籍撰写相关的推荐词或者书评,这也是导读活动的好"引子",让学生从名家名言中发现书籍的独特魅力。

当我们看到瑞典文学院院士阿托尔·隆德克维斯特为《淘气包埃米尔》《长袜子皮皮》等著名作品的作者阿斯特丽德·林格伦所写的评论"尊敬的夫人,在目前从事文艺活动的瑞典人中,大概除了英玛尔·伯格曼之外,没有一个人像您那样蜚声世界""您在这个世界上选择了自己的世界,这个世界是属于儿童的,他们是我们当中的天外来客,而您似乎有着特殊的能力和令人惊异的方法认识他们和了解他们……"这样的语言时,怎能不对她的作品产生浓厚的兴趣?当我们知道德国著名作家迪米特尔·茵可夫所写的《我和小姐姐克拉拉》被誉为"描写童心童趣的当代世界儿童经典之作"时,有谁不想去寻找"童心童趣",阅读"儿童经典"呢?

好的书评,会让我们了解书的价值,会让我们分享读书的感受,会让更多的读者喜欢读书,带着学生阅读书评,品味书评,证明书评,甚至编创书评,不但可以让学生开始阅读,更可以让学生回味阅读。

（吕海花）

四、推荐阅读资料

1. 李海达."名著导读"课程的特点及教学策略. 小学语文教师,2006(12).
2. 窦桂梅. 高贵是最美的童话——《丑小鸭》名著导读课设计. 语文教学通讯,2008(7).
3. 陈吉荣. 名著导读教学模式初探——《刘姥姥二进荣国府》(节选)教学例谈. 小学语文教学,2008(7).
4. 段红. 整体感知——"外国名篇名著"单元导读设计与评析. 教学月刊:小学版,2009(1).
5. 闫晓枫. 踏上名著导读之旅——《卖火柴的小女孩》导读研究. 小学教学:语文版,2010(6).
6. 张学青. 猴王出世——《西游记》名著导读课实录与反思. 小学教学:语文版,2012(Z1).
7. 杨越. 打开名著之门,体验阅读之趣——名著导读课的设计构想. 学子:教材教法研究,2012(8).
8. 李望. 小学生名著导读方法初探. 考试周刊,2013(26).
9. 叶俊英. 小学名著导读三字经. 教育科学论坛,2013(9).

五、后续练习

请你仔细阅读以下《草房子》课外阅读指导方案,提出自己的建议。
【名著分析】

《草房子》是曹文轩继《山羊不吃天堂草》之后又一部扛鼎力作。这部优秀的长篇小说写了男孩桑桑刻骨铭心、终生难忘的六年小学生活。六年中,他亲眼目睹或直接参与了一连串看似寻常但又催人泪下、撼动人心的故事。作品沿袭了曹文轩一贯的厚重、质朴的写作风格,洋溢着浓浓的人文气息。在今天这样浮躁的社会、冷漠的世态中,它能真正感动所有的孩子,让他们回归精神的家园。

【学生分析】

对于今天衣食无忧的孩子来说,缺少人生的历练,使他们的性格产生了这样那样的缺陷。面对这样一个物欲横流的社会,他们更多地表现出的是对他人的漠视和对人生的迷茫。而《草房子》为他们搭建起的精神殿堂,能真正唤醒他们心底的人文情怀,使他们的心变得柔软起来,让他们真正学会感动。

【设计理念】

"成长"与"苦难"是曹文轩写作的两大主题,也是现在的孩子最需要但最缺少的东西。《草房子》一书感情真挚、细腻,书中的孩子们都在各自的苦难中成长着,在生活的磨砺,暴风雨的洗礼中学会了坚强,毅力与责任。于是,我从苦难与成长的主题切入,引导学生感受文章的魅力,体悟作品对生命的诠释。

【教学目标】

(1)采用"班级读书会"的形式,创设愉悦的交流氛围,让学生更深入地走近书中的人物,感受人物形象,感受作品的内在魅力。

(2)赏析精彩片段,培养学生对语言艺术的理解能力和鉴赏能力。

(3)感受《草房子》表现出的真善美,激发学生的阅读兴趣。

【教学重点】

感受作品中人物形象,感受作品诗一般的语言,感受作品的内在魅力。

【教学难点】

指导学生学会从人物性格、作品的语言等角度去赏析文学作品。

<h2 style="text-align:center">第 一 课 时</h2>

(一)谈话,引出作者

(1)同学们,每个学期,老师都会推荐一部作品,我们师生一块,在同一时间,阅读同一本书,然后交流彼此的读书感受。我们曾经一起读了《上下五千年》、《假如给我三天光明》。这学期开学以来,我们一起阅读纯美小说《草房子》,草房子的作者是谁?(板书:草房子 曹文轩)

(2)对曹文轩你了解多少呢? 从书中找找有关的信息。

(3)简单介绍《草房子》的主要内容:草房子主要写了男孩桑桑在草房子里度过的刻骨铭心、终生难忘的六年小学生活。六年中,他亲眼目睹或直接参与了一连串看似寻常但又催人泪下、撼动人心的故事。

(二)走近草房子,感受意境美

(1)过渡:我们先来看看看草房子是什么样的吧。出示:

在这些草房子的前后或在这些草房子之间,总有一些安排,或一丛两丛竹子,或三株两株蔷薇,或一片花开得五颜六色的美人蕉,或干脆就是一小片夹杂着小花的草丛。这些安排,没有一丝刻意的痕迹,仿佛是这个校园里原本就有的,原本就是这个样子。

这种草房子实际上是很贵重的。它不是用一般稻草或麦秸盖成的,而是从三百里外的海滩上打来的茅草盖成的。那茅草旺盛地长在海滩上,受着海风的吹拂与毫无遮挡的阳光的暴晒,一根一根地都长得很有韧性。阳光一照,闪闪发亮如铜丝,海风一吹,竟然能发出金属般的声响。用这种草盖成的房子,是经久不朽的。

油麻地小学的草房子里,冬天是温暖的,夏天却又是凉爽的。这一幢幢房子,在乡野纯净的天空下,透出一派古朴来。而当太阳凌空而照时,那房顶上金泽闪闪,又显出一派华贵来。

(2)作家曹文轩用诗一样的语言,用饱含深情的笔触,把我们带入了一个纯美、温情的画面,一起来读这清新典雅、富有诗意的文字。

(3)在作家的笔下,草房子是什么样的?贵重、经久不朽、华贵的草房子!贵重、经久不朽、华贵的仅仅是草房子吗?让我们一起走进草房子吧。

(三)猜一猜,初步感受人物形象

(1)过渡:在这些美丽的草房子里,生活着众多个性鲜明的人物。有桑桑、秃鹤、纸月等,我从书中裁剪了一些文字片段,请仔细听我读,你们在感受作者语言魅力的同时,迅速判断出文字描写的是书中的哪个人物。

他用长长的好看的脖子,支撑起那么一颗光溜溜的脑袋。这颗脑袋绝无一丝瘢痕,光滑得竟然那么均匀。阳光下,这颗脑袋像打了蜡一般亮,让他的同学们无端地想起,夜里它也会亮的。由于秃成这样,孩子们就会常常出神地去看,并会在心里生出要用手指头蘸了一点唾沫去轻轻摩挲它一下的愿望。

——秃鹤

他在屋里屋外转来转去,一眼看到了支在父母床上的蚊帐。这明明是蚊帐,但在他的眼里,却是一张很不错的网。他三下两下将蚊帐扯下来,然后找来一把剪子,三下五除二地将蚊帐改制成了一张网,然后又找来阿恕他们,用竹竿做成网架,撑了一条放鸭的小船,到河上打鱼去了。

——桑桑

他个头长得很高,比其他同龄的孩子高出一个头多,但并不胖,脸色红润,很健康,是一个女孩子的脸色。他往油麻地的孩子里一钻,就能很清楚地与油麻地的孩子们区别开来,像一簸箕黑芝麻中的一粒富有光泽的白芝麻。

——杜小康

那时,他正坐在小镇的水码头的最低的石阶上,望着被月光照得波光粼粼的河水。桑桑一直走到他跟前,在他身边蹲下:"我是来找你的,大家都在找你。"桑桑听到了他的啜泣声。油麻地小学的许多师生都找来了。他们沿着石阶走了下来,对秃鹤说:"我们回家吧。"桑乔拍了拍他的肩:"走,回家了。"他用嘴咬住指头,想不让自己哭出声来,但哭声还是克制不住地从喉咙里奔涌而出,几乎变成了号啕大哭。纸月哭了,许多孩子也都哭了。纯净的月光照着大河,照着油麻地小学的师生们,也照着世界上最英俊的少年……

——秃鹤

他的身体明显变坏了。他每天下午开始发烧,夜里睡觉时,动不动就一身虚汗,就像刚被从水里打捞出来的一般。早晨起来,他有一种轻飘飘的感觉,仿佛自己不久就会像他的鸽子一样飘入空中。

——桑桑

走在后面的他，好像又长高了。裤管显得很短，膝盖和屁股，都有洞和裂口，衣服上缺了许多的纽扣，袖口破了，飘着布条。头发很长，与他的父亲一样干枯，却黑得发亮，脖子已多日不洗，黑糊糊的。面容清瘦，但一双眼睛却出奇得亮，并透出一种油麻地的任何一个孩子都不可能有的早熟。

——杜小康

2、6个片段中，前3个是他们刚出场时候的形象，后3个是他们经历的一些事情之后的形象。说说作者安排有什么变化？

【小结】《草房子》就是一群孩子的成长小说。

（四）聚焦主要人物，朗读相关情节

（1）读读关于秃鹤的章节。

（2）太多太多的感动洋溢在我们的心头。请同学们好好读读这部书，设计一下读书计划表，我们下节课就来交流一下。

<h2 style="text-align:center">第 二 课 时</h2>

自主读书，一周内完成小书虫阅读报告

<h3 style="text-align:center">小书虫阅读报告</h3>

班级：＿＿＿＿＿＿＿　　姓名：＿＿＿＿＿＿＿

书名：《草房子》　　作者：＿＿＿＿＿＿＿

（1）这部小说里面的主人公有：＿＿＿＿＿＿＿＿＿＿＿＿＿＿＿＿＿＿＿＿＿
其中你最喜欢谁，简单地写写他的经历。

_____

_____

（2）在这则故事中有很多扣人心弦的细节，例如：当纸月在桥边遇到桑乔背着桑桑看病回来的时候，桥上有点湿，她用柔弱的手搬来了稻草，铺在了桥上。这就是一个少年成长历程中的细节，你也能找出类似的细节吗？

_____

_____

_____

（3）这部小说的文字极其优美，景物刻画栩栩如生，请你选择你认为写得最美的一段景物描写摘录下来，并说说写得美的理由。

我摘录的美文：

_____

_____

_____

我觉得写得美的理由：

（一）复习导入

（1）读完了《草房子》，说说草房子中有哪些少年形象？能否选一位少年，然后简要概述他的成长经历。

（2）小结读书方法：我们在概括这些少年的成长历程的时候，我们是不必要面面俱到的，我们只要把他成长历程中最重要、最关键的情节提炼出来就可以了。这就是一种读书的方法。这种读书的方法我们称之为：提要式读书。

（二）重温成长细节，走进人物内心

（1）在这些少年的成长历程中，一定有让我们留下深刻印象的成长细节，咱们一起来回忆这些细节，请同学们打开书本，寻找细节，朗读、圈画。

（2）学生交流，教师点评。

（3）聚焦细节，给予方法。

那时，秃鹤正坐在小镇的水码头的最低的石阶上，望着被月光照得波光粼粼的河水。

桑桑一直走到他跟前，在他身边蹲下："我是来找你的，大家都在找你。"

桑桑听到了秃鹤的啜泣声。

油麻地小学的许多师生都找来了。他们沿着石阶走了下来，对秃鹤说："我们回家吧。"桑乔拍了拍他的肩："走，回家了。"

秃鹤用嘴咬住指头，想不让自己哭出声来，但哭声还是抑制不住地从喉咙里奔涌而出，几乎变成了号啕大哭。

纸月哭了，许多孩子也都哭了。

纯净的月光照着大河，照着油麻地小学的师生们，也照着世界上一个最英俊的少年……

① 写写自己的感受。

② 点评：尝试采用"不是……而是……"这种句式。

③ 揭示方法：圈点式读书。

④ 教师举例，学生尝试书写。"成长"，就是残疾少年秃鹤对尊严的执着坚守；"成长"，就是……

（三）聚焦语言文字，感受美

（1）曹文轩自己曾经说过这样一段话："感动我们中学生的应该是道义的力量、情感的力量、智慧的力量和美的力量，而这一切都是美丽的，都是永恒的。"老师觉得，《草房子》的美，体现在以下几个方面：水乡景物的优美。一年四季，从早到晚，田野河流，水乡，给了我们美的享受。风土人情的淳美。师：邻里之间的真诚相助，同学之间毫无瑕疵的纯情，大人之间诗情画意的情感纠葛……都给我们留下了美的印象。道义人性的恒美。厄运来临时的责任担当，垂暮老人在临走之际人格光彩的闪耀，少年面对死亡时仍能美好地看待明天的勇气和平静……所有这些美的东西，都让我们深深感动。

（2）在你的脑海里，曾经有这样一幅美丽的画面令你久久沉醉吗？请你读一读，说一说。

（3）美段细读，给予方法。

在这些草房子的前后或在这些草房子之间，总有一些安排，或一丛两丛竹子，或三株两株蔷薇，或一片花开得五颜六色的美人蕉，或干脆就是一小片夹杂着小花的草丛。这些安排，没有一丝刻意的痕迹，仿佛是这个校园里原本就有的，原本就是这个样子。

教师进行从选景、炼词、造句、手法上进行细节赏读。

（4）小结：老师建议大家重新去读《草房子》，细细品味它纯美的语言，细细揣摩作者怎样用美的语言来书写美的故事。

第十章　群文阅读课

一、背景描述

2007 年,台湾地区的陈易志老师上了一节"群文阅读"课,他让学生读了 6 篇文章:《石头汤》、《雷公糕》、《南瓜汤》、《敌人派》、《肉丸子汤》、《兔子蛋糕》(绘本),然后鼓励学生进行比较阅读(内容、叙写手法、文学要点的比较),引导学生进行交错的分析(《石头汤》里的和尚会如何解决敌人派里的困难)。这样的一堂"群文阅读"课,与我们传统的课文教学似乎格格不入,但是不少听课教师又感觉到它的巨大价值。台湾赵镜中教授曾这样描述台湾新课程改革后阅读教学的一种变化:在当局"大力推动儿童阅读运动的影响下,学生的阅读量开始增加,虽然教师还是习惯于单篇课文的教学,但随着"统整"课程概念的推广,教师也开始尝试群文的阅读教学活动,结合教材及课外读物,针对相同的议题,进行多文本的阅读教学。"这段话里,出现了"群文"这个概念,并且大致描述了群文阅读的方向:多个文本、同一个议题、教学。

群文阅读教学是最近两年在我国悄然兴起的一种具有突破性的阅读教学实践。简单地讲,群文阅读,就是把一组文章,以一定的方式组合在一起,指导学生阅读,并在阅读中发展出自己的观点,进而提升阅读力和思考力。群文阅读就是师生围绕着一个或多个议题选择一组文章,而后师生围绕议题进行阅读和集体建构,最终达成共识的过程。

相关的实践探索大体上分为 5 个类型:

第一种类型:以教材为主,强调单元整合,以"单元整组"阅读教学为代表。

第二种类型:突破了教材,强调以课内文本为主,增加课外阅读,"一篇带多篇",基本上是这个思路。

第三种类型:和上述思路一样,但是把范围扩展到整本书的阅读,强调"整本书阅读"或者"一本带多本"的阅读。

第四种类型:提出阅读教学需要围绕一个核心主题展开,以"主题阅读"为代表。

第五种类型:把课内和课外阅读打通,具体形式以"班级读书会"为典型,更加灵活的则以"书香校园"的建设为典型。

二、课堂例析
"小小说群文阅读"课堂实录及评析

(一) 材料背景

《一件运动衫》是人教版第十册的一篇选学课文。这篇小小说,描写了一件运动衫得而复失,

失而复得的感人故事。《爱之链》是苏教版十一册第二单元的精读课文，也是一篇小小说，主要讲乔、老妇人、女店主之间爱的链接。两篇小小说主旨都是颂扬人间平凡的真爱。

（二）教学过程

> 课前谈话：直击热点，唤醒阅读记忆。
> 师：最近中国有一件大喜事，有一个人，获得了一个很重要的奖。你知道是哪件事吗？
> 生：莫言获得了诺贝尔文学奖。
> 师：好！你们平时喜欢读小说吗？（看学生没有反应）不一定是小说，看过的书也可以说。
> （生交流：《爱的教育》《时代广场的蟋蟀》《了不起的狐狸爸爸》《鲁滨逊漂流记》、《西游记》……）
> 师：你们读小说的时候，最先关注什么？
> （学生先后回答：内容、人物、小说带给自己的思考等）
> 师：今天这节课我们就来讨论小说怎么阅读。
> 宣布上课。

【点评1】张祖庆老师的课堂，总是行走在"当下"。他非常重视引领学生对现实生活的关注。课堂上，和教学内容有关的"生鲜"材料，他总是能顺手拈来，在看似闲聊的过程中，引导学生去关注生活，关注文学，把学生的目光指向更深广的语文学习。

板块一：趣读小小说，初识特点

> 师：（屏幕出示一篇只有一句话的小小说）有人说这是世界上最短的小说，你信吗？
> 生齐读：地球上最后一个人独自坐在房间里，这时突然响起了敲门声……
> 师：一句话，时间、地点、人物、情节都有了，而且带给我们无限的遐想。读了这句话，你脑子里会冒出哪些问题？
> 生：后来会发生什么样的事情呢？
> 师：你有很好的阅读习惯——推想阅读，看到前面，推想后面会发生什么事情。
> 生：是谁在敲门？
> 师：对呀，既然是最后一个人，那个敲门的人是谁，是外星人吗？很多很多问题由此产生了。据说，这是史上最短的科幻小说。接下来，我们要分享一篇据说是史上最一波三折的小小说。
> （分片段出示小说《三封电报》）
> （出示）伊莉薇娜的弟弟佛莱特伴着她的丈夫巴布去非洲打猎。不久，她在家里接到弟弟的电报："巴布猎狮身死。——佛莱特"
> 师：获得了什么信息？
> 生：巴布被狮子咬死，弟弟告诉姐姐。
> （出示）伊莉薇娜悲不自胜，回电给弟弟："运其尸回家。"三星期后，从非洲运来了一

个大包裹,里面是一只狮尸。她又赶发了一个电报:"狮收到。弟误。"

师:伊莉薇娜有没有收到丈夫的尸体?她此时心情会怎样?

生:没有收到。伊莉薇娜此时肯定非常高兴,原来我的丈夫没有死!

(出示)很快得到了非洲的回电:"无误,巴布在狮腹内。——佛莱特"。

师:这个故事巧妙在哪里?

生:巧在运回来的包袱里,尸体是在狮子的腹内。我们读到最后一段才明白故事的结局。

师:是啊,小小说往往有一个特点,读到故事结尾,才让人突然明白,哦,原来是这样!你看伊莉薇娜从开始的悲痛到后来的喜悦再到最后的悲痛,经历了一波三折。

【点评2】用"史上最短的科幻小小说"和"史上最一波三折的小小说"作为引子,在最短的时间里把学生的学习注意指向小小说阅读,用简洁的问答有效渗透了小小说阅读的主要方法:(1)围绕故事的人物、情节等进行推想;(2)体会故事情节的曲折,感受故事情节在小说中的作用。

板块二:概读小小说,把握整体

师:这节课,我们来讨论两篇小小说《一件运动衫》和《爱之链》。大家有没有预习过?(生:有)第一遍读小说,我们一般要关注故事情节和人物。回忆一下,《一件运动衫》主要写了哪两个人?

生:康威先生和"我"。

师:"我"为康威先生做了什么事情?

生:"我"用康威先生给"我"修鞋的钱和运动衫换来的钱,买了一双鞋给康威先生。

师:康威先生又为"我"做了什么事?

生:康威先生用小狗给"我"换了一件运动衫。

教师出示人物情节关系图:

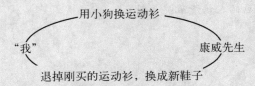

师:哪位同学看着人物、故事情节图,用自己的话大致说一说这篇小说的主要内容。

(生说略。)

师:大致说清楚了。这篇文章中涉及的人物还有很多,有售货员、小男孩、小男孩的爸爸,还有修鞋的吉特勒先生等。读小说的时候,我们抓主要人物和主要的情节,就能一下子把故事拎出来。自己平时读小说的时候,也要记得抓主要人物和主要情节。

【点评3】有人说,现代文阅读,90%的文本内容,学生是自己能够读懂的。如何检测和提升这

能读懂的90％？张祖庆老师针对小小说的文体特征,采用"画人物情节图"的阅读策略,帮助学生理清故事的主要人物和主要情节,说出故事的主要内容。在教师的指导帮助下,学生能在众多人、事中,围绕主要人物和主要情节,"一下子把故事拎出来",说明"画人物情节图"的小小说阅读策略,运用是得当的。

师:好,请同学们用同样的方法快速阅读《爱之链》,用最简洁的线条和文字,形象地画出人物关系和情节图。自己先读,然后五人小组讨论,最后由一个同学执笔画在海报纸上。

(5分钟后,教师利用黑板,贴出第一组学生画的人物情节关系图)

生(讲述):主要人物是乔,老太太和女侍者,乔帮老太太修车,女侍者照顾老太太,老太太给了女侍者一百元钱,女侍者安慰乔。

师:我有一个问题不懂,女侍者为什么要安慰乔?

生:女侍者是乔的妻子。

师:哦,夫妻之间相互安慰,这是很正常的。否则,人家就要纳闷,一个女人家忽然跑过去安慰一个男人,不明不白的,对吧?所以"女侍者"后面可以加个括号,写上"乔的妻子"。

师:乔帮助老太太修车这儿,你们认为讲明白了吗?

生:是老太太的车轮胎瘪了,乔帮她换车胎,不要钱。

师:对,所以修车要改成"换车胎"。请你回去后把这两个地方改一改。请下一组。

(出示第二组学生画的人物情节关系图)

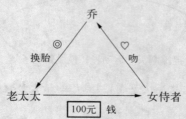

生(上台讲述):乔为老太太换轮胎,老太太给了女侍者100美元,女侍者给乔一个吻。

师:他们组非常有创意!用图形来代替情节中的关键元素,用三角形来表示人物关系,语言非常简洁。一个小建议:女侍者的身份也要交代一下。有请第三组。

(出示第三组学生画的人物情节关系图)

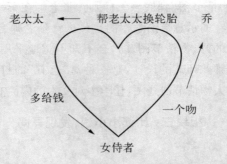

老太太 ← 帮老太太换轮胎　乔

多给钱　女侍者　一个吻

生（上台讲述）：乔帮老太太换车轮不要钱，女侍者帮老太太擦头发，老太太感激女侍者，多给了一些钱，女侍者给乔一个吻。

师：他们组画了一个爱心的样子，把文章的主题紧扣住了，很有创意！阅读一篇小小说，关注主要人物、主要情节，然后用简单的情节图梳理主要内容，这是一种很重要的本领，希望大家在以后的阅读中可以尝试着用。

【点评4】学习的目的是为了运用。前一篇小小说是教师扶着学，通过"画人物情节图"来概括主要内容。后一篇小小说，张老师就完全放手了。让学生自己试着用"画人物情节图"的小小说阅读策略，来梳理、概括故事的主要内容。事实上，对于大多数学生来说，阅读策略只有在有目的的反复练习中才能掌握。课堂上要把该教的教到位，该练的要给足时间练习，如此学生才会明白自己学的是什么，要学到什么程度，学习也才有效果。尤其值得称道的是，张老师再次用简练的语言，提醒学生课外阅读时注重运用学过的方法，把学习的空间纵深推进，让学生在自主运用中形成能力。

师：我在自己班级上这个课的时候，有一个同学画了这样一幅情节图，你们觉得好不好，为什么？

（出示）

乔　换胎不收钱　安慰丈夫乔

老太太　女侍者　吃饭多给钱

生：我觉得用这个形式非常好，用简单的线条就点明了这是一条爱的链条，就点明了主题。

师：为什么链条不封闭？

生：因为爱是在不断地延长，每个人都可以加入到这条爱之链中。

师：你很有见地！这样开放的画法也是一种创意。

【点评5】 小小说的"人物情节图"到底该怎样画？张老师在第一篇小小说学习指导时，采用的是封闭式的画法。这种潜在的示意带给学生的是什么？张老师有着清醒的认识：学生在学着画接下来学习的两篇小小说的"人物情节图"时，会不知不觉地采用封闭式画法，而这，对学生的思维也会是一种限制。张老师此环节的设计，是一种对"已有"的打破，换一种思路想问题，将会看到不一样的风景。开放的人物情节曲线图，让学生对文本的内涵有了更深的领悟。

板块三：比读小小说，发现异同

师：阅读两篇差不多的小说，我们可以通过比较去发现，这两篇小说有什么相同点和不同点。比较的时候，可以从文章的结构、主题、细节、人物的身份等方面去揣摩。你们手上有两张便利帖，一张便利贴写一条相同点，另一张便利贴写一条不同点。

学生阅读，教师随机点拨和提醒：阅读就是发现，如果你发现了两条，可以写两张；写的时候不要写长句子，写几个关键词就可以了。（学生小组交流，教师巡视）

师：各小组可以选一个同学上来交流，另一个同学补充。（第一组同学上台）

生1：小说的相同点是帮助别人就是帮助自己，帮助别人自己也是很快乐的。

师：你一下子就扣准了小说的主题。很好，请你贴到黑板这个区域（黑板上画一颗爱心，教师把爱心分成三个区域，生1贴便利贴）。（对另一生）你接着说第二条。

生2：两篇小说都是关于爱的。

生3：都是平凡的人做出不平凡的事。

生4：都是年轻人帮助老年人，老年人回报年轻人。

生5：结尾都是出乎意料的。

师：这个很有意思。请你说一说，为什么结尾都是出乎意料的？

（生一时答不上）

师：为什么结尾都是出乎意料的？我们来聚焦结尾。大家认真地看两篇文章的结尾，如果结尾的那一句话没有了，整个故事就没有味道了。

（出示《爱之链》最后一段）

生："一切都会好的，我爱你，乔。"

师：为什么没有这句话，整个故事就不一样了？

生：因为故事一直没有说"女侍者是乔的妻子"，到最后才说明白，让我们恍然大悟。

师：这就是小说的奥妙所在。如果老师把一个字去掉，整个人物关系就不清楚了。是哪个字？

生："乔"。

师：去掉"乔"，读读故事结尾，是不是就表述不清了？

（生齐读去掉"乔"的结尾段落）

师：没有"乔"，你是不是还会想到女侍者的丈夫就是"乔"吗？好多小小说有一个共同的特点，都有一个异峰突起的结尾。我们再来看看《一件运动衫》。

师：假如把故事最后两个自然段用方框框掉，去掉了。你觉得这个故事有什么不一样？

生：去掉结尾的话，就变成"我"在帮助康威老先生，而康威先生有没有帮助"我"，我们却不知道。

师：是啊，有了这个结尾，我们才忽然明白，原来"我"在帮助康威先生的时候，康威先生也用自己的行动来帮助我。我们读最后一段。

（生齐读最后一段）

师：一个孤独的、贫穷的老人，能够为他的邻居小孩做出这样的事情，非常了不起，非常感人！这就是这个结尾带给我们的震撼。同学们，小小说的结尾一般既出人意料，又合情合理，让读者发出原来如此的惊叹！今后我们在读小小说的时候，特别关注结尾的作用。

【点评6】张老师在此环节中采用两篇小小说"对比阅读策略"，让学生感悟同主题文本的内涵时，也感悟到小小说表达方式的最大特点：小小说的结尾一般既出人意料，又合情合理，让读者发出原来如此的惊叹。张老师的教学设计同样"令人惊叹"！

师：那这两篇小小说有哪些不同点呢？

生1：第一篇是语言描写比较多，第二篇是细节描写比较多。

师：因为时间关系，我们不展开，同学们下课后可以去关注这两种不同的描写。你把你的便利贴贴到黑板的这个区域里。（生贴便利贴）

生2：第一篇是叫"我"去帮忙，第二篇是主动去帮忙。

生3：第一篇是帮助熟人，第二篇是帮助不认识的人。

生4：第一篇是邻居之间的爱，第二篇是陌生人之间的爱。

生5：第一篇是两人互相回报，第二篇是三人轮流回报。

生6：两篇文章帮助别人的方式也是不同。

师：同学们说的都非常好。我有一个问题，《一件运动衫》这篇小说也可以用"爱之链"做题目吗？为什么？希望听到你们最真实的思考。

生：可以用"爱之链"。因为售货员也帮助了"我"。那双鞋子本来是要用美元买的，但她同意用运动衫加1美元45美分卖给"我"。

师：既然谈到钱了，我们来关注几个数字：鞋子4美元50美分、运动衫3美元、修鞋子1美元45美分。减一减，发现了什么？

生：还差5美分。也就是说售货员亏了5美分。

师：仅仅亏了5美分吗？还亏了什么？

生：一双袜子。

师：为什么以赚钱为目的的售货员居然亏本卖给"我"鞋子，而且还贴一双袜子？

生：因为售货员被我的爱打动了，才愿意主动贴钱、贴袜子。

师：售货员是"爱"的链条中很重要的一环，如果她不愿意卖，那么这份爱就传递不下去了。所以，可以用"爱之链"做题目，接着讨论。

生：我也觉得可以用"爱之链"做题目。因为文中猎人的孩子也是这条"爱之链"中的一分子，假如猎人的孩子不肯拿运动衫换小狗的话，康威先生也就换不到运动衫了，也就没有这个故事的结尾了。

　　师：这个小男孩也是这条"爱之链"中很重要的一环。同学们，既然我们都认为故事真可以用"爱之链"做题目，可作者为什么偏偏用"一件运动衫"做题目呢？

　　生：因为是围绕着运动衫发生了一连串的事情。先是小男孩看到运动衫，然后想买运动衫，再是买到了运动衫，接着把运动衫退还，最后换了鞋子，康威先生却把运动衫给了他，失而复得。

　　师：是呀，这样写，故事就一波三折了。"文似看山不喜平"，写小说也一样，切忌平铺直叙。一波三折，跌宕起伏，这就是作者用这个题目的匠心所在。

【点评7】 "寻找写法的不同点"，读懂这部分，学生才能明白"这一个文本"和别个文本的不同之处，才能体会到"这一文本"的独特之所在。这样的小小说对比阅读，摈弃了浮光掠影，走马观花，让学生沉下心来，深入文本深处。张祖庆老师紧扣《一件运动衫》"一波三折"的写法，让学生在自主探究、伙伴讨论和教师点拨中明白：平铺直叙是小说的大忌，跌宕起伏的故事情节是小说的生命所在。

板块四：回读小小说，质疑拓展

　　师：最后，我们讨论一下，两篇小说，你更喜欢哪一篇？

　　生：我更喜欢《一件运动衫》，因为它里面有爱。

　　师：这个"爱"有些笼统。不过，有些时候，"爱"就是"爱"，理由是"莫言"。但，我更想听到有理由的答案。

　　生：我更喜欢《爱之链》，因为这篇小说里的爱比《一件运动衫》里的更浓。

　　师：嗯！《爱之链》里有一句话深深地打动着我们，我们一起再来读一遍。

　　生齐读句子：如果你真爱我，就不要让爱的链条在你这儿中断。

　　生：我更喜欢《一件运动衫》，因为小男孩为了给康威老先生买鞋子，把自己最喜欢的运动衫换成了鞋子。一个小孩子，能为他人着想，不简单啊。

　　生：我也更喜欢《一件运动衫》，因为康威老先生，"我"，还有售货员之间的这种人与人之间的爱打动了我。

　　师：嗯，这种平凡而真挚的爱打动了你，所以你喜欢，很好。同学们，无论是《一件运动衫》还是《爱之链》，都折射出普通人愿意为他人付出的爱。只有这种爱不断地付出，不断地付出，形成一条长长的链条的时候，我们这个社会才会充满温暖。那么，这两篇文章中，有没有不懂的问题需要讨论？有时候读出问题比得出结论意义更大，一定要读出问题来。

　　（师生围绕着文本进行质疑析疑，过程略）

师：同学们，《爱之链》这个故事还有一个很重要的研究空间：老太太和乔之间发生的故事，女侍者不知道，女侍者和老太太之间的故事，乔也不知道。小说中的人物不知道，但作为读者的我们全知道。这也是小说研究的一个角度，可以尝试。回去以后，请大家研究小说《麦琪的礼物》，完成如下两项任务：

（出示要求：① 画情节图。② 选读《欧·享利短篇小说》，体会欧享利小说结尾艺术）

下课。

【点评8】在"画情节图""对比阅读"等小小说基本阅读策略的教授和练习后，张祖庆老师在课的结尾处很好地"隐藏"了更多的小小说阅读策略："联结阅读策略"——你更喜欢哪一篇，为什么？帮助学生建立小说与小说、小说与自己、自己与伙伴之间的联结；"自我监控阅读策略"——自己去研究《麦琪的礼物》，学习的目的指向"阅读策略"的自觉运用。

【总评】

1. 教阅读：紧扣文体，精选内容

小小说怎么教，或许大家各有见解。环境、情节、人物形象、主题、语言艺术、标题含义、结尾匠心等等，都能成为课堂教学的内容。张祖庆老师在"小小说群文阅读"中，重点选了两个点：人物关系与情节，独具匠心的结尾。采用的主要阅读策略是"画情节图"和"对比阅读"。课堂上，注重学生自己提问，伙伴讨论，教师随机提供相应的策略和方法，帮助学生建立课堂中各种相关因子之间的联结，很好地体现了"教阅读"的目的：培养学生独立阅读和批判性思考的能力，能够自己运用阅读经验解决问题。

2. 读群文：指向策略，提升能力

张祖庆老师根据"同一个主题"开展多个文本的"小小说群文阅读"是一种探索。群文阅读一节课里要读多篇文章，势必不能面面俱到，教师必须对文本特质有清醒的认识，进行大胆的取舍，选取一两个精要点进行，留出大块儿的时间让学生自读自悟。张老师的课堂，因其选点准确——理清小小说中人物情节关系，对比两篇小小说写法的异同。课堂富有强大的张力：学生对小小说问题的特征把握，对阅读策略的学习运用，对文本主题的体会领悟等无不令人惊叹。如此，阅读教学也回归到它的本质上，让学生有在阅读的过程中提升阅读能力。

张老师的课堂没有边界，阅读没有边界，学习没有边界！

（本课例由杭州市下城区教育学院张祖庆执教，由杭州市长寿桥小学曹爱卫整理并评析）

三、资源链接

（一）三种概念的区别

下面分析"群文阅读"与"主题阅读"、"单元整组教学"的异同。

这三者有诸多表象相似之处，如：三者都是突破单篇文章的阅读，都关注阅读主题的把握和处理等，都是以"群"的形式出现。但深究之，不难发现，三者源自不尽一致的教学理念。

"主题阅读"的文本组合，往往建立在一个十分清晰的阅读主题之上。而"主题"，只是群文阅读的一种结构。在"群文阅读"的语境中，阅读文本以一定的逻辑关联组合在一起，这种逻辑关联可以外现为一定的"主题"，也可以内隐为一个多元的"议题"。

"单元整组"呈现的文本均出自"教材",只是把教材中的课文"整组"了。而群文阅读的文本来源却跳出了教材的束缚,它既可以教材为基础进行补充,也可完全出于教学者的精心选择。

群文阅读的出现,赋予了普通一线教师"编者"的身份,让其拥有了选择的自由和责任,教师研究群文阅读,可以在一定的范围内,以自己对语文的认识与理解,组合起一定数量的群文,实践自己心目中理想的语文课堂。当然更重要的,还是群文到底如何组合,群文阅读如何实施。

(二)群文阅读的组合

(1)以儿童阅读视角为线索进行组合。当教师选择的群组文本呈现在学生面前时,他们有往下读的强烈欲望;读完以后,他们又有与人交流的强烈需要。尊重儿童的阅读视角,应该成为群文组合最为重要的线索,是儿童发现的眼光,是儿童的自我认知和精神成长。

(2)以文本多样性为线索进行组合。为了让学生获得比较准确、规范的语言表达方式,现行教材从语言的表达形式,到篇章的布局结构都过分注重模仿性和迁移性。如:写景的文章常常以方位为序,说明文则用总分结构。这样的编写,显然的好处是,便于学生从读到写的模仿,但却抹杀了文章的表达个性,容易使学生产生阅读倦怠和审美疲劳。我认为,在教学三年级上册《太阳》的时候,可以加入散文和诗歌体裁的描写太阳的文章,这样就丰富了文本的多样性,使学生的语言和认知得到发展和升华。

(3)以主题的多元探究为线索进行组合。阅读是学生的个性化行为,只有倡导多元化的主题探究,才能让学生拥有独特的感悟,迸发多彩的灵性,唤醒潜在的生命意识,真正提高学生的阅读素养。

例如:"爱的不同形式"一组,取材于三年级上册《掌声》、《一次成功的实验》、《给予树》、《好汉查理》与课外莫怀戚的《散步》、朱自清的《背影》的组合,主题是"爱"。通过这一组文章,就是要学生在比较阅读中主动去发现和思考,因为这一组文章"相似处"和"不同点"都显而易见。尤其是不同之处,学生通过比较,多角度地探讨"爱的多种形式",丰富了他们对爱的多元理解。

(三)群文阅读的实施

1. 填写"群文略读记录表"

单元学习接近尾声的时候,教师要求学生用自习时间,可以课内,也可以课外,自主阅读同步阅读教材上的几篇课文,并作好批注,填写"群文阅读记录表"。

课文标题	作　者	主要内容	最精彩的片段或句子	想提出的问题

"群文阅读记录表"是为了让学生的自主阅读更有目的、有重点地进行,同时记录整理阅读之后的心得及想法。老师也可以通过"群文阅读记录表"了解学生的阅读状况,适时给予合理的阅读建议,更可以通过阅读记录的撰写,训练孩子的做读书笔记的习惯和能力。学生一开始进行课外阅读时,老师就鼓励他们做好阅读记录,养成习惯。针对不同的年级,老师可以有不同的要求。比如,今天课堂所呈现的阅读记录表就包括"主要内容"、"精彩片段"、"想提出的问题"等这样几个方面。老师要把握的是,既不让阅读记录成为学生的负担,又不让学生觉得是无关紧要的琐事。

2. 五步教学策略

群文阅读可采用"五步教学法"：主题回顾→阅读概览→片段分享→精彩赏析→主题拓展。

第一步是"主题回顾"。旨在简单回顾课内的几篇课文，提炼出这个单元的主题，并以"画知识树"的方法进行呈现。这实际上也是在训练学生的归纳概括能力，使学生达到用简练的语句对文章内容进行概括。比如人教版五年级单元主题"父爱"的知识树和"感动"的知识树就是师生共同画出来的。

第二步是"阅读概览"。学生在回顾课内文章的基础上延伸到课外同步阅读，这同样需要学生对同步阅读中的几篇课文进行整体把握。在课堂上，多数学生都能借助课外填写的"阅读记录表"进行较为准确的概括。

第三步是"片段分享"。这是课堂的主体环节，在这个环节中，开展民主、互动、多元的对话，不仅能让孩子们一同分享到阅读心得，而且营造出浓厚的团队读书氛围，提高了个体与群体的阅读素养。在这里，学生的感悟无论是深刻还是肤浅，都是属于他们的独特感悟，教师都应充分地尊重，让他们感受到成功的喜悦。

此时，教师摆正自己在活动中的角色最为重要。教师应该是学生阅读兴趣的激发者，应该是学生开展阅读活动的引导者，应该是读书会过程的组织者，还应该是阅读活动的参与者与聆听者。

第四步是"精彩赏析"。在学生充分交流的基础上，教师也需要在一两个点上引导学生的思考向纵深发展。该选择怎样的点来展开呢？这就需要教师设置一定的话题。话题是讨论的灵魂，一个好的话题，既能反映阅读材料的主题，又能激活学生的阅读积累和生活经验，触动学生思维和心灵的琴弦。好的话题可以是学生阅读中可能存在的疑问的预设，也可以是课堂上的临时生成。但一般有价值的话题产生于这样四个方面：一是着眼于对作品的整体把握；二是产生于学生的认知冲突或矛盾点；三是来源于作品的文体特征和作家的表达风格；四是能够链接学生的生活和感情世界。

第五步是"主题拓展"。课堂的功能只相当于一个例子、一块试验田、一把钥匙，更广阔丰富、更生动多变、更精彩的世界在课外、在生活中。这样，学生有课内阅读所扎下的根，又有课外阅读和生活中生发出的枝和叶，必将结出累累的硕果。

3. 画知识树

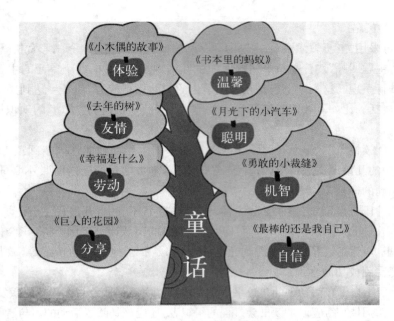

以上环节中，师生共同"画知识树"来完成主题回顾和阅读概览：知识树的树干表现的就是本单元的主题：感动、父爱、童话等；知识树的树叶表现的是课内和课外的几篇文章；果实对应的则是该篇文章所表达的主题。最后还通过描述知识树来拓展本单元的主题和内容，更好地整合了和深化了本单元的课文主题，丰富了主题的内容。

（冯学敏）

（四）三"议"群文阅读教学

对近两年兴起的小学群文阅读教学，评议有三，求教诸位。

1. 一议"群文"

从阅读文章数量的多少看，可以把阅读教学分为单文阅读、互文阅读和群文阅读。不同的阅读教学类型具有不同的教学价值和不同的教学策略。群文阅读教学的教学策略在于"群文"。从学理看，"群文"在构建知识体系、实施比较策略、探索文章特点等方面具有重要意义。但是，"群文"有两个至关重要的问题：一是"群文"主题的确定。目前有课内的"单元主题群文教学"和课外的"自拟主题群文教学"。前者相对容易，后者谈何容易。二是"群文"组文的选择。选择围绕一个主题适合一个年级学生阅读的多篇文章不容易，而使多篇文章形成一定的知识结构体系和按序列编排则更不简单了。可见，爱上"群文"不容易。这给语文教师提出了新的挑战。所以，在目前教学条件下，积极探索小学语文互文阅读更有现实意义。

2. 二议"阅读"

单文阅读也好，互文阅读也罢、群文阅读也罢，都要符合小学生的阅读心理特点，在提高阅读能力上下功夫。一是阅读对象。群文阅读教学的对象是小学高年级学生。虽然他们是高年级学生了，但要让他们在一节课的40分钟时间里阅读4—5篇文章或更多，学生是否接受得了？二是阅读容量。在单位时间里，阅读内容是有一定限量的，尽管目前尚无法确定这个数量。但过少或过多都是不利于学生阅读能力提高的。过少过易，当然没有教学效率；然而，过量过难，又如何体现阅读价值？三是阅读方法。阅读文章有精读、略读和浏览之分，尽管浏览是必要的，也需要适

当训练,然而,蜻蜓点水,一扫而过,不用花时深入理解,就是采取这种方式全文通读一遍的时间都无法保证,怎么了得? 常言道: 语文是一种慢的艺术。小学语文课堂教学还是要倡导精读为主、略读为辅、浏览次之的阅读策略。

3. 三议"教学"

有报道称:日本实施了"群本阅读",港台开展了"多文本阅读"。然而,有三点值得我们注意:一是他们在中学实施,二是主要在课外进行,三是旨在新兴课程的开发和建设。这启发我们对群文阅读教学进行深入思考:与其说群文阅读教学是一种阅读教学方式的变化,还不如说这是一种阅读课程建设的变革。(1)群文阅读是一种阅读课程理念。旨在培养学生阅读比较、分析能力和对信息的综合处理能力。因而它弥足珍贵。(2)群文阅读是一种阅读课程形态。它是在众多媒介融合的背景下,阅读者从不同载体上提取和聚合各种资源,从而自主建构有意义的活动。因而它富有活力。(3)群文阅读是一种阅读课程模型。要从课程建设的角度审视其课程目标、课程内容、课程编排和课程评价等。因而它研制艰难。

据此,笔者认为:把目前的"群文阅读教学"修正为"群文阅读课程",并把它定位于小学高年级(第三学段)课外的、群文阅读的、综合实践的语文活动课程较为妥帖。

(汪潮)

四、推荐阅读资料

1. 李怀源.说明文群文阅读教学设计.语文教学通讯,2011(33).

2. 吴瑕.《南辕北辙》群文阅读教学设计.散文百家—教育百家,2013(1).

3. 张益.拟声词叩响童诗之门——寻找小学低段群文阅读教学之突破口.新教育时代电子杂志—教师版,2014(24).

4. 谢丹.群文阅读教学在小学语文中的有效性探究.读书文摘,2014(10).

5. 李冬云.聚焦儿童诗:小学中年级群文阅读教学设计.小学语文教学,2015(27).

6. 李祖文.关于群文阅读教学的一些冷思考.语文教学通讯,2015(1).

7. 陈莹."儿歌中的小动物"群文阅读教学设计及评析.小学语文教学,2015(27).

8. 韩海波.探寻情感密码,关注语言表达——基于教材单元"回顾·拓展"的群文阅读教学实录及评析.小学教学——语文版,2015(3).

9. 程军.小学语文教学中群文阅读教学的策略研究.学周刊,2016(8).

五、后续练习

蒋军晶群文阅读教学观点

杭州市天长小学副校长、特级教师蒋军晶近些年对群文阅读教学颇有研究,下面是他的一些观点。谈谈你的看法。

"一节课里读一群文章",意味着教师不能讲太多话,不能提太多问题,不能发起太多讨论,群文阅读旨在让学生自己读,让学生自己在阅读中学习阅读。

"一节课里读一群文章",意味着教师对课堂结构的艺术性不能有太多苛求,起承转合、层层递进、环环相扣、步步为营、前后呼应、高潮迭起……过于精致细腻的课堂,往往是联结和环节偏多、转换频繁的课堂,这样的课堂间接地侵占了孩子自读自悟、大块时间读、大块时间悟的时间,

这样的课堂,群文阅读不可能实现。

"一节课里读一群文章",意味着教师不可能这么深、这么细、这么透地讲析文章。微言大义、字斟句酌、咀来嚼去……这是内容分析式阅读的典型特征。20 字的《登鹳雀楼》,在小学二年级要条分缕析 35 分钟,热热闹闹一节课,数数字数 20 个!

"一节课里读一群文章",意味着教师不能按部就班地"从字词的学习开始,经由句式、篇章结构、内容探讨进行教学",进行群文阅读,教学目标一定要抓住重点,突出要点,把握难点,一定要学会放弃。

"一节课里读一群文章",意味着不能将"朗读"、"有感情朗读"无限放大,必须根据读物的不同性质,更多地尝试略读、浏览、跳读等阅读方式,必须更多地尝试生活化阅读。

第三
部分 习作课例

第十一章　命题习作课

一、背景描述

《语文课程标准》指出，习作教学应使学生"能具体明确、文从字顺地表述自己的意思。能根据日常生活需要，运用常见的表达方式写作"。"具有日常口语交际的基本能力，在各种交际活动中，学会倾听，表达与交流，初步学会文明地进行人际沟通和社会交往，发展合作精神。"小学作文教学包括读、写、说、听、思和观察的诸种技巧。这些技巧的发展是一个终生努力以求的过程。这些技巧发展的程度足以影响个人能力的自我完善，并能促使他多作贡献而使一生富有成果。使学生通过读、写、说、听、思以及运用而参加社会活动，能够流畅可靠地表达。

命题作文，一般是指出题者给出一个既定的题目，要求应试者根据这个给定题目进行写作。它包含事件、人物、场面等要素。

1. 命题特点

（1）命题内容。近年来全命题作文的命题内容呈现出丰富多彩的倾向：或贴近考生生活关注个体成长，或启迪考生思考人生哲理，或引导考生聚焦社会热点……丰富多样的命题，给考生作文的选材提供了更为广阔的空间。

（2）命题形式。一般有两种形式：一是单纯以"命题"出现，前后没有提示或导语，这种形式，从字面上看限制较少，审题上没有障碍，让考生有相当宽泛的选材范围。如中考作文命题"我的视线"，一切人、事、物，只要是目之所及，均可纳入写作范围，让每个考生都有写作的空间。二是以"提示语＋命题"的形式出现，通过导语或提示语，为考生在审题和选材上作出了一定的引导，同样有较大的开放性和自由度。如中考作文命题"充满活力的岁月"，在题目之前，加上了一段导语："在成长的愉悦中，在探求的欣喜中，我们每一个人都积极进取，充满活力；在丰富多彩的校园活动中，我们朝气蓬勃，充满活力；和谐温馨的家庭，洋溢欢乐，充满活力；日新月异的社区、家乡、祖国……蒸蒸日上，充满活力。"这段话对写作材料的选择、对"活力"的判断有着明显的暗示作用。

2. 写作方法

（1）抓题眼，把握表意重心

文章表意的重心就是最能体现文章中心的关键性词语，只有抓住了关键性词语，才能体现文章的特色，写出更好的作文。一般来说，偏正短语结构重在修饰语部分，如：《有意义的生活》，其表意的重心在"有意义"三个字上，审题时紧扣"有意义"三个字思考就可以了。再如：《充满活力

的岁月》,其表意的重心在"充满活力"四个字,考生需要思考的是怎样通过具体的人、事、物,来诠释一个中学生对"活力"的理解与界定。

（2）明限制,确定选材范围

限制的内容大致有时间、地点、对象、内容、数量等,审题时要弄清楚,作文时则不能越"雷池"半步。没有限制的内容,题目上没写,需要自己去想。因为只有想到没有限制的内容,才能找到选材的广阔天地,扩大选材的范围。

如:《发生在我身边的一件趣事》,题目限制了对象——我,内容——趣事,数量——一件,范围——身边,没有限制时间、地点。这样,写作时就可以不去考虑时间、地点因素,选材的范围大多了。《美丽的谎言》,明确规定了事情的属性——本身是带有欺骗性的,但其实质必须是善意的、美丽的;没有限制的有:对象——任何人,具体内容——欺骗的具体内容和经过,数量——N个谎言,范围——过去现在,身边远近等等,这些都可以作为写作的内容。

再如:《我想唱首歌》,题目虽规定了主题——褒扬、赞美生活,但没有限制赞美的对象、赞美的原因。如此,我们既可以为自己唱首歌,也可以为他人唱首歌;既可以为个人唱首歌,也可以为集体、为社会唱首歌;既可以写事,也可以写人……只要对生活有着欣赏与感激,对得失成败有自己的体验与思考,就能切中题意。又如:《充满活力的岁月》,虽要思考活力的表现,也要兼顾对"岁月"一词的理解,但对写作的主体——"谁充满活力"则完全没作限定。

（3）展联想,深入挖掘主旨

充分发挥想象和联想,以题目为载体,向深层次挖掘,使自己的作文有深度,这也是得高分的重要一环。

如《妈妈,我长大了》这个文题,其关键在于对"长大"的理解。如果认为"长大"的含义只是生理、身体的变化,或是学会了某种生活技能,能够照顾自己,胆子变大了,能对付别人的欺负等等,那么这种理解就比较肤浅。而如果能够寓理于事,从不同的角度写正处于花季年龄的初中生成长中的追求、向往、烦恼和困惑,以及对人生的初步认识,写人生中的各种各样的责任感已经在心中出现,那么,这样的思考就准确而较深刻地把握了文题的含义。

（4）巧构思,化抽象为具体

"一粒沙里见世界,一瓣花上说人情"。选材若太宽太泛,会给人"空"或"浮"的感觉。要解决这一问题,不妨采取"化大为小"、"化虚为实"或"化宽为窄"的方式,从细微处,具体生动地展现对生活的感悟。

（5）炼语言,注重个性化表达

语言是作文最外在最鲜活的东西,无论是平实朴素的,还是充满文学韵味的,锤炼语言,使表情达意确切、形象、简约而意韵丰富,应是不懈的追求。

二、课堂例析
《我家还缺啥》(五年级)课堂实录及评析

课前谈话:

师:同学们好!上课前我们先来玩一个游戏,游戏的名字叫"真话假话"——我说一句话,你们判断一下我说的是真话还是假话。明白了吗?

生：明白了。

师：第一句话：我给大家带来了一份礼物。是真话还是假话？

（学生众说纷纭，有的说是真话，有的说是假话）

师：（请一位同学起立）你觉得是真话还是假话？

生：假话。

师：不相信啊？那你上来看看老师的包里有没有礼物。

（学生上台，从老师的包里拿出一本书——《作文拉面馆》）

师：是送给大家的礼物吗？打开看看。

（学生打开书，发现扉页上写着"赠盛泽实验小学五(2)班"字样）

师：是送给大家的吗？

生：是的。

师：那我刚才说的是真话还是假话？

生：真话。

师：好，下面请听好第二句话：这本书是我写的。真话假话？

（学生兴致很高，意见不一致，大部分学生不相信，少数学生相信）

师：（请一位学生）来，请你看看这本书的作者是谁？

生：董宏——（"猷"字不认识，老师告诉他）和董尚元。

师：知道董宏猷吗？大名鼎鼎的儿童文学作家。董尚元知道是谁吗？

生：不知道。

师：不知道？今天就知道了——董尚元，在下是也。现在说说看，我刚才说的是真话还是假话？

生：是一句半真半假的话。

师：哦，为什么？

生：因为这本书有两位作者，其中一位是您，所以半真半假。

师：你说得很有道理。好，这本书就送给咱们班，希望大家喜欢。

师：刚才我说了一句真话，一句半真半假的话，本来还想说一句假话的，大庭广众之下，还是不说为妙。（学生会心一笑）

下面我们来进行一个关于作文的真心话大调查。觉得写作文难的请举手。

（部分学生马上举起了手，部分学生犹豫着，相互看了看，然后举起了手）

师：（请一位举手的同学起立）来，请你说说看，你觉得写作文最大的困难是什么？

生：（想了想）最大的困难是……是不知道写什么。

师：和他有同感的请举手。

（很多学生举起了手）

师：是的。谈到写作文，很多同学都曾有过不知道写什么的苦恼。那么是不是因为我们的生活太平淡，没有内容可写呢？咱们盛泽实验小学的薛校长有一句话给了我们很多启示。薛校长说"发现比观察更重要"，很多时候我们觉得没有内容可写是因为我们缺

少关注、缺少发现、缺少思考,让许多原本可以成为写作内容的素材变成了过眼云烟。所以我今天要送给大家的第一句话就是"文成于思"。

（板书：文成于思）

师：要想写好作文,你首先得让自己成为一个爱思考、会思考的人。今天的课堂上,我们就看看哪位同学善于思考、敢于表达。好吗?

(一)明晰话题,激活思维

师：同学们,我所在的学校有一座校园电视台,每年"六一"的时候,都会邀请一些同学去录制一期访谈节目,今年"六一"儿童节,电视台就向我们发出了这样的邀请,我们一起看看。

播放多媒体课件,视频中电视台主持人邀请函如下:

[关注孩子,关注成长]。大家好! 我是武汉大学电视台节目主持人张培琳,欢迎大家收看由我主持的校园电视节目。在每个拥有孩子的家庭里,无论贫穷还是富有,爸爸妈妈们都尽力让我们拥有一个幸福快乐的童年,千方百计地满足我们的各种需求。

随着人们生活水平的不断提高,我们的家也许越来越气派,越来越舒适,你也许拥有各式各样的玩具、高档先进的电器、温馨漂亮的房间、豪华舒适的汽车、陪伴自己的宠物等等。

可是,我们的家是否就应有尽有了呢? 你有没有想过我们家里还缺些什么呢? 在"六一"儿童节即将到来之际,欢迎大家参与到我们的"说说心里话"栏目中来,说出你的心里话,和主持人姐姐说说"我家还缺啥"。

师：听清楚要求了吗? 要我们——

（师生一起说：说真话,说心里话,说说——我家还缺啥）

同学们,我们的家我们都非常熟悉,对不对? 那今天我们的家里还缺些什么? 大家有没有想过这个问题?

（老师板书：我家还缺啥）

【点评1】上课伊始创设录制访谈节目的情境,让学生"说说心里话",说说"我家还缺啥"。导入设计非常巧妙,首先是情境创设得好,学生对电视访谈节目很熟悉,但平时都是以观众的身份收看电视,而在这一情境中学生是以被采访者的身份参与其中,有参与感,也很真实,容易激发学生的表达热情;第二是话题创设很好,"我家还缺啥"? 每个学生都是生活在特定的家庭中,非常熟悉自己家庭的情况,因此有话可说。

(二)引发思考,唤醒生活

师：现在,咱们家里是不是要什么有什么,啥都不缺了吧?

（生思考片刻）

师：谁来说说看,我们家里还缺些什么?

生：我家缺一次全家旅行。

师：缺旅行，有意思。

生：我们家缺钱。（生笑）

师：缺钱。表扬你，敢说真话。

生：我家还缺一台电脑。

师：你一定有自己的烦恼，一定有自己的故事。还有缺什么的？

生：我们家缺少伙伴。

师：缺一个童年的伙伴。

生：我家还缺爸爸的陪伴。

师：你的答案与众不同，是一种精神上的需求。

生：我家还缺诚实。

师：缺诚实？应该是缺诚信吧？

（生点头同意）

生：我家缺欢乐。

师：缺欢乐。看来，我们用心想想，每个人的家庭都或多或少缺些什么。刚才大家说到的既有物质上的，更难得的是还有精神上、情感上的需求。来，拿起笔，把你认为家里缺少的，你最想要的工工整整地写在文稿纸的第一行。

（学生书写，教师巡视，提醒学生没有想好不要急着动笔，继续想）

师：我又发现了几个同学的答案与众不同，来，请你说说。

生1：我家还缺植物。

生2：我家缺朋友。

生3：我家还缺父爱。

生4：我家还缺一个陪伴我的伙伴。

生5：我家还缺爱我的奶奶。

师：为什么觉得缺奶奶呢？以前奶奶很疼你吧？

生：爸爸小的时候奶奶就去世了……

师：孩子们，来，我们掌声安慰下她（学生鼓掌）。当我们许多同学都有奶奶疼爱的时候，你觉得自己——

生：（哽咽着）我觉得自己很孤独。

师：我很能理解你的这份孤独。如果你能把自己的感受告诉父母、告诉伙伴，我相信他们一定会更加关心、更加疼爱你。

【点评2】每个家庭的成员组合和周遭机遇都不相同，因此每个家庭发生的故事肯定是多样化的。教师设计了两次选材交流：先是口头交流，"我们家里还缺些什么"，"缺全家旅行"、"缺钱"、"缺电脑"、"缺少伙伴"、"缺爸爸的陪伴"、"缺诚信"、"缺欢乐"，每个家庭缺的东西都是不一样的，教师及时进行梳理："刚才大家说到的既有物质上的，更难得的是还有精神上、情感上的需求。"这样就拓宽了学生的选材思路；然后再要求每个学生动笔写下来，写完后再进行一次交流。

两次选材交流,学生经历了两次头脑风暴,基本上解决了学生写作主题的选择问题,花时不多,但效果很好。

> 师:刚才同学们都把自己的思考写了下来,我看了一下,大家的答案各不相同,一定各有各的理由,各有各的故事。同学们想想看,如果我们到电视台去做嘉宾,主持人会怎样采访我们,会提哪些问题呢?
> 生:主持人会问你家缺什么,然后还会问为什么缺少它。
> 师:这个问题一定会问到——缺少它的理由。(板书:理由)还会问什么?
> 生:还会问怎么样得到它。
> 师:有没有什么办法可以得到,可以弥补。这个问题提得好,你很有当主持人的潜质。
> 生:还会问缺少它心里会怎样想。
> 师:对啊,缺少它会怎么想,有什么样的感受呢?这个问题很有可能问到。(板书:感受)

(三)范文引路,习得方法

> 师:刚才我们提出了好几个有价值的问题。同学们,我想请大家深情地注视下我们刚才写在文稿纸上的那个词,我们的家里真的缺少它吗?是什么触动了你,让你觉得家里缺少它呢?来,咱们同位交流交流,说的同学一定要注意说真话,听的同学要好好想想他有没有将理由说清楚。
> (同位互说,交流"我家还缺啥"以及缺少的理由)

【点评3】明确了家里缺什么,只是解决了学生选材的角度、意向,本次习作学生最大的难点是如何将自己家里缺什么表达清楚,这应该是指导的重点。教师及时抓住了这一重点,开展了第二层次的指导。这就瞄准了学习难点,抓住了关键。

> 师:好了,同学们,稍微停一下。给我们推荐一下,刚才谁的理由说得比较清楚。
> (生推荐一个学生)
> 师:来,请你说说你家里缺少什么。
> 生:我家缺少欢乐。
> 师:咦,我们现在应该是最幸福的时候,怎么会缺少欢乐呢?
> 生:因为我看到别的同学的爸爸妈妈经常陪他们,有的还有兄弟姐妹,而我们家就我一个小孩,我的爸爸妈妈每天都很忙,很少陪我,所以我觉得家里缺少欢乐。
> 师:听清楚了没有?(生点头示意听清楚了)你们觉得她家里缺少欢乐吗?
> 生:缺少。
> 师:那她是怎样说清楚的呢?
> 生:她是通过对比,先说别人家,然后说自己家。

师：你听得真仔细，听出她是通过对比，说出了自己家里的一种情形。（板书：一种情形）别的同学家有人陪，自己家却孤孤单单的。那这样说是不是就说得很清楚了呢？（生思考，有人点头，有人摇头）有没觉得还差点什么？怎么样说就能说得更清楚呢？

生：我觉得陈思雨还没有说得很清楚，还可以说一下自己孤单，一个人在家，房子很大，家里空荡荡的那种心情。

师：哦，还可以说说自己的感受。是不是？

（生答：是）

师：说理由的时候，除了说一种情形外，还可以怎样说就更加清楚呢？我班上有一位同学写了一篇文章，我将题目隐去了，大家看看能不能从中看出他家缺少什么，是怎么看出来的。

课件出示文章，学生阅读。文章如下：

电视、电脑、沙发、房子、私家车……这些物质上的财产我家样样齐全，可我总感觉我们家缺点啥。我们家有三口人，但是每个人看见对方都拉着个苦瓜脸。

有一天晚上，快十二点了，爸爸拖着疲惫的身躯回到家里，关上门，门也不锁就倒在沙发上长叹了一口气，说："啊！累死我了！"这时，妈妈从楼上走下来，阴着脸说："去哪啦？跟哪帮狐朋狗友出去玩啦？喝了多少酒啊？有没有酒后驾驶啊？有没有被警察抓住啊？"

妈妈的唠叨让爸爸勃然大怒："我出去陪客户吃饭有错吗？我为了这个家难道有错吗？我已经很累了，你还指责我，你能不能理解一下我！"爸爸的话仿佛是一把火，点燃了妈妈心中的那片危险的汽油，她手指着敞开的门，像火山爆发般地大吼："你口口声声说为了这个家，但是进门连门都不锁，这样一件小事，反映出你对这个家的不闻不问！你这样是为了这个家的表现吗？"就这样，他俩你一言我一语地争吵起来。

师：看出他家里缺少什么了吗？来，这位同学，请你说。

生1：他家里缺少和谐。

生2：缺少温馨。

师：缺少温馨，缺少和谐。你是怎么看出来的呢？

生：我是从他爸爸妈妈交谈的语言中看出来的。

师：是一种特别的交谈，一种我们不太喜欢的交谈方式——

生：吵架。

师：他向我们描述了爸爸妈妈——

生：吵架。

师：吵架这件事情。他是通过什么让我们感受到他家缺少温馨的？

生：是通过一件事情。

师：这篇文章给我们一个启示，我们要把理由说清楚，还可以通过什么来说？

生：还可以通过事情。

【点评4】如何让学生将"我家还缺啥"说清楚,教师没有直接点明方法,而是抓住这一关键问题设计三步:先让学生同位互说,尝试说出"我家还缺啥"的理由;再推荐"说得比较清楚"的学生进行交流,交流中让学生通过实例认识到仅仅通过"对比",说出"感受",还不足以说清理由;然后再出示例文,让学生认识"要把理由说清楚,还可以通过具体事情"这一方法。三步指导设计非常合理,前两个环节是让学生"试误",在学生遇到困境,找不到出路,"山穷水尽疑无路"时再点拨解决问题的方法,学生就会有"柳暗花明又一村"的感受,相比一开始就直接将方法交给学生要管用得多,也有效得多。

> 师:对啊,还可以通过具体的事例来说理由。(走到刚才说家里缺少"欢乐"的同学身旁)那你再说说看,家里缺少欢乐,有没有哪一件事情让你印象特别深刻?
>
> (陈思雨起立,但还没考虑好,不知道怎么说)
>
> 师:你们觉得怎么帮帮她,她的理由会说得更清楚?
>
> 生:可以说"六一"节很想爸爸妈妈带自己出去玩,但爸爸妈妈都没空。
>
> 师:说得好。(转向陈思雨)想起来没有?有没有哪件事情让你印象深刻?
>
> 陈思雨:想起来了。就是有一次学校放假,一早上起来,爸爸妈妈都走了,然后把早餐放在桌子上,我吃完早餐后就在家里写作业。写完后,非常孤独,我看到院子里他们(小伙伴)在踢球,我就很想出去玩,但是爸爸妈妈把门锁了,我出不去。所以我在家一会儿看看电视,一会儿在床上躺一下,觉得非常无聊。
>
> 师:爸爸妈妈把你锁在家里,你就像被——
>
> 陈思雨:锁在笼中的小鸟。
>
> 师:渴望——
>
> 陈思雨:自由。
>
> 师:谢谢你!请坐。这样说,我们是不是听得更清楚了?
>
> (生点头。)
>
> 师:咱们在说理由的时候,除了说一种情形以外,还要通过具体的事例来说。
>
> (板书:一个事例)

【点评5】"用一个具体实例说清楚我家还缺啥的理由"。这一方法看似很简单,学生应该也理解了,可是对小学生来说,"理解"并不等于"会运用"。从课堂现场反应来看,陈思雨同学的学习能力在班级里肯定是属于中上乘的,但即使是这样的学生,要将这样方法迁移运用到自己的作文中,还是有一定的困难。难能可贵的是,教师没有满足于方法的"教过",而是继续抓住陈思雨这个典型的个案,让学生再一次讨论怎样将这一方法运用到自己的作文中去,直到陈思雨同学自己想出具体事例为止,实现了从"理解"到"会运用"的飞跃。通过一个典型案例,让学生体验如何将理解的方法运用到自己的习作中,这样指导写作方法,才有可能取得真正的实效。

(四)举一反三,形成能力

> 师:同学们,让我们再次深情地注视一下刚才写在纸上的那个词,你的脑海中有没有回想起一件事情、一种情形或是一个画面呢?(稍停顿)

生：就是一次我在回家的时候,看到一位同学坐在姥姥的车上,不知因为什么原因跟姥姥吵了起来。我感觉我家里缺少一位关爱我的姥姥。

师：看到同学和姥姥吵架,那个同学一定很难受,对不对?（生点头）但对你来说?

生：对我来说我觉得不应该这样做,而应该关心家人。

师：其实你是想说看到同学和姥姥吵架,你都有点羡慕。为什么?

生：因为我的姥姥已经去世了,所以每当看到别人的姥姥和他们在一起的时候我都有点羡慕她们。

师：孩子们,姥姥和我们在一起的时候我们没觉得什么,可是当姥姥走了以后,看到别人的姥姥跟她们吵架,那对于我们来说都是一种幸福。所以你现在觉得家里最缺的是——

生：（眼里含着泪花,动情地说）是姥姥。

师：多希望姥姥还在,多希望姥姥能再和自己吵吵架啊!

师：由于时间关系,咱们不能请同学们一一来说,让我们拿起笔,把心里想说的话写下来,写的时候一定要通过具体的事例将理由写清楚。

（学生写作,教师巡视指导）

【点评6】陈思雨同学能够迁移运用这个方法了,问题似乎解决了,但这只是一个个案,并不等于其他同学都能运用这一方法。要让每个学生都能迁移运用这个方法,必须让学生亲自去实践,去练习。这一环节必不可少。

（15分钟后）

师：同学们,由于时间关系,我们稍微停一下。有没有哪位同学愿意给我们交流一下?愿意的请举手。

（请一位学生上台,实物展台出示学生作文）

师：她写的是我家还缺一位好爸爸。我们一起来看看。

（请这位学生读自己的作文。相机引导学生修改错字和语句问题。如:"今天,我看见了一幕,这一幕让我又气愤又羡慕。"改为:"今天,我看见了让我又气愤又羡慕的一幕。"）

师：大家觉得她的作文写得好吗?

生：好。

师：为什么觉得写得好?（无人回答）

师：我们有没有感受到她说的是真话,抒的是真情?来,后面那位同学,你来说说。

生：我觉得她真的缺少一位好爸爸。

师：从字里行间,同学们能够到你的那份真情。那,她是怎么把理由写清楚的?同学们再看看。有没有为我们描述一种情形?大家看这儿。（红笔圈画学生的作文:爸爸以前是和我们分居,经常在外面,很少回家）这就向我们描述了一种情形。

师：那大家想想,她还可以怎样写,理由就更清楚了?请同学们看这儿。（红笔圈画

学生的作文：爸爸来了，也不会顾着我，就算顾着，也是平淡的几句话）

生：爸爸说的几句话是哪几句话？我觉得她可以选择一次爸爸回来，把发生的事情写清楚。

师：可以写什么？

生：可以写出爸爸的语言、做的事情等等。

师：还有没有什么好的建议？

生：还可以写爸爸回家是为了一件什么事情。

师：是啊，到底是一件什么事情，爸爸回来后是怎么对待你，你和爸爸之间有没有交流。如果能够把这件事写清楚，理由就更充分了。明白了吗？

生：明白了。

师：她的这篇文章，还有一个很大的优点，请同学们看这里。（圈画学生作文中写感受的句子）你们觉得这儿写得好吗？

生：好！

师：这是写的什么？

生：是她的想法。

师：对，是她的想法，她的感受。同学们，把自己的感受写出来，文章立马就活了。文章不是无情物，我们带着真情去写，通过一件具体的事例，描述一种情形，就能让我们真切地感受到你家里真的缺少它。你们知道怎么修改了吗？

生：知道了。

师：好，同学们，大家可以借鉴刚才这位同学的作文，来修改自己的作文，刚才没有写完的，也可以接着写。

【点评7】从学生的现场表现分析，还有学生对如何运用具体事例来说清楚"我家缺什么"这一方法还有困难。比如这位学生就没有集中写好一件事情。这其实很正常，因为学生的学习能力是有差异的。因此这里设计的写作后交流点评环节很有必要，其实就是这一方法的二次指导，很有针对性，能真实地检验出学生对一方法的掌握情况。可惜的是，这一环节的指导重点有些偏移，教师不经意地将学生的注意力引向"说真话，抒真情"，"写出自己的感受"方面，这就与本次习作的指导重点不一致了。如果教师在评讲时引导学生讨论如何用一个具体事例来说清楚"我家还缺一位好爸爸"，将注意力继续集中在"什么是具体事例"这一方法的讨论上，效果可能会更好。

（学生修改或继续完成自己的作文，教师巡视）

（4分钟后）

师：真不忍心打断大家。咱们再请一位同学交流下自己的作文，谁愿意？

师：我发现这位同学的作文写得非常好，我们请你交流一下，可以吗？

生：可以。

（请学生上台交流）

师：孩子，你的作文写得非常好！三分文章七分读，来，老师为你配上音乐，把你的感情读出来。

（学生配乐朗读自己的作文——《我家还缺关爱》，读得很投入，读到动情处声音有些哽咽，眼里也噙着泪水）

师：她觉得家里缺少关爱，你们觉得她把理由写清楚了吗？

生：写清楚了。

师：是怎么写清楚的呢？有没有写一件具体的事例？

生：写了。

师：对，同学们，咱们通过一种情形、一件事例（边说边给板书加上括号），这样才能把自己的理由写得更清楚。

师：（转向刚才交流作文的孩子）文中写的这些话跟爸爸妈妈说过吗？

（学生摇头，心情还未完全平静）

师：没有。我建议你把这篇文章给爸爸妈妈看一看，我想爸爸妈妈看后一定会抽出时间来陪陪你。好吗？

（学生含着泪点头）

师：（请学生回到座位）她的眼睛里含着泪水。是的，有很多平时我们没有跟家长说的话，咱们可以写下来。同学们，写作，其实可以成为我们的一种生活方式，作文，可以帮助我们化解矛盾，与人沟通，可以让我们的生活变得更加美好。

【点评8】其实这篇作文主要不是写给老师看的，更应该是写给家长看的。如果这里老师明确要求将这篇作文修改以后给家长去看，那就可以实现本次习作社会交际功能的最大化，也可以最大程度地激发起学生习作动机。其实作文就是一种社会交流，可以沟通人与人之间的联系，这是作文的本质功能。如果我们将作文教学不仅视作为一种书面表达练习，同时也视作为引导学生参与社会生活、沟通人与人之间联系的一种方式，它就能使学生作文有更加明确的目的和对象，回归习作的本来功能。

师：其实，除了写我家还缺啥以外，我们还可以写咱班还缺啥、学校还缺啥、社区还缺啥。

（出示 PPT，与学生一起说）

——咱们吴江还缺啥、中国还缺啥、世界还缺啥。

师：关注生活，可以让我们的作文丰富多彩，今天的课就上到这里，谢谢同学们！

板书设计：

我家还缺啥

一种情形	文成于思
理由	感受
一个事例	辞达于意
……	

【总评】

（1）这是一篇命题作文。学生写"我家缺什么"这篇作文，需要解决两个问题，一是"写什么"，二是"怎样写"。而"写什么"是学生首先必须面对的问题，因此不少教师会不自觉地将指导重点放在"写什么"的指导上，帮助学生解决写作材料问题，至于"怎样写"，则让学生各显神通，因为写无定法，无须统一。这样选择指导重点从理论上说似乎也说得过去。然而董老师的这节课却是将指导重点放在"怎样写"上，用了大量的时间，精心设计练习，让学生学习"怎样将我家缺什么的理由写清楚"的方法。事实说明，学生写这篇作文，"怎么写"的矛盾更加突出，更需要教师的细致具体的指导。作文作为一种书面表达练习，其主要目的就是掌握书面表达技能，提高学生书面表达能力。因此小学阶段的作文指导，在材料的选择上需降低要求，教师要尽可能用最少的时间化解学生选材的困难，这样才能将指导重点放在表达方法指导和表达技能训练上。董老师这堂课在处理"写什么"和"怎样写"的时间分配上是合理的，正确把握住了学生写这篇作文的难点。

（2）习作指导课不仅要指导学生写好这篇作文，还要让学生通过这次作文认识并掌握某一种作文的方法，这已经逐步成为智慧型语文教师的共识，并越来越多地为语文教师所认同。这节作文指导课，教师着力指导的是"怎样用一个具体事例把我家缺什么说清楚"这样一种写作方法。学生写这篇作文，难就难在"如何将我家缺什么表达清楚"。从学生课堂表现分析看，让学生选定"我家缺什么"其实并不难，但是要将"我家缺什么"表达清楚难度很高。怎样把"我家缺什么"表达清楚呢？通过讨论，通过学生的构思和同桌互说，然后推荐一个说得比较清楚的学生交流等环节，可以发现学生的思路主要还是集中在笼统地说感受。我们看评讲交流中最后一个同学说的一段话："我觉得陈思雨还没有说得很清楚，还可以说一下自己孤单，一个人在家，房子很大，家里空荡荡的那种心情。"应该说这位同学思路比较开阔，但还是在说感受，还是很难将"我家缺什么"写清楚。当学生思维遭遇困境时，教师适时出示一篇例文，让学生认识"要把理由说清楚，还可以通过具体事情"这一方法，顿时学生的思路豁然开朗。这样给出的方法，对学生而言犹如雪中送炭，相比一开始就直接将方法交给学生要管用得多，也有效得多。用具体事例来说明理由，其实是小学生作文中最常用的一种写作方法，学会这样的方法，今后无论记事写人，都可以迁移运用。

（3）习作方法指导的目的是引导学生在习作中加以运用。"理解"习作方法是一回事，能"运用"习作方法又是另一回事，两者相比，后者的难度更高。因此习作方法的指导，教师绝不能满足于学生"理解"，而应该在指导学生运用上花力气，下功夫。董老师通过例文讨论，在学生"理解"习作方法以后，继续抓住陈思雨写的"缺好爸爸"这个典型的个案，让学生再一次讨论怎样将这一方法运用到自己的作文中去，直到陈思雨同学自己想出具体事例为止，实现了从"理解"到"会运用"的飞跃。然后在学生写完作文初稿后，抓住另一个学生的"我家缺少欢乐"反面案例，引导学生再次认识如何将理解的方法运用到自己的习作中；最后又在修改习作展示时抓住以《我家还缺关爱》的正面例子，再次认识这一方法的正确运用。通过这样反复几次重锤敲打，让学生对这一写作方法有更加正确和深入的认识，这样的指导设计可圈可点，值得称道。其实评价一堂习作指导课的教学效率，不是看教师"教过"多少习作方法，而是看学生"学会"了多少习作方法，这才是评价课堂教学效率的关键。

（4）这堂课教师围绕习作方法的指导，安排了两次学生动笔写作的练习，时间约为 20 分钟：第一次围绕"我家缺什么"写"一件事情、一种情形或是一个画面"，大约 15 分钟；第二次是经过现场习作的评价讨论，学生动笔修改自己的习作，时间约 5 分钟。当下我国语文课程设置中习作课

时比例本身就偏少,学生在阅读课上严重缺乏动笔写作的练习,如果习作课还不给学生动笔写的机会,而是将非常宝贵的时间过多用于教师的讲解指导,就会使原来就少得可怜的学生动笔写作时间变得更少。我曾经对一次全国性语文教学观摩活动中的习作课用时进行统计,用于学生动笔写的时间最多的是 20 分钟,最少的仅 6 分钟,平均 15 分钟左右,总体看时间偏少。造成这种现象的一大原因是公开课容易导致教师追求自身素养的展现和现场效果,长时间地让学生动笔写作容易冷场。其实语文教师都知道,学生的书面表达能力只有通过自身的书面表达实践才能提高,因此习作课必须保证学生动笔写作的时间。董老师上的也是一节公开课,但是他留出 50％左右的时间用于学生的动笔写作,用于学生习作后的评讲和修改,这一点是值得肯定的。我们很难硬性规定习作指导课学生动笔的时间比例,但是习作课必须控制教师指导的时间,必须充分保证学生动笔写作的时间,这应该是硬道理。

(本课例由武汉大学第一附属小学董尚元执教,上海师范大学吴忠豪教授评析)

三、资源链接

(一) 小学作文教学性质

小学作文教学的性质,概括起来,大体上有以下几点:一是它有鲜明的目的性,即指导学生能够正确地运用祖国的语言文字,使学生初步具有写的能力,并在这种训练中受到思想政治教育和道德品质的教育;二是它有很强的实践性,作文是一种能力,是运用语言文字处理表达思想感情的能力,要获得这种能力,则须多写多练;三是它有明显的连续性和阶段性,作文教学同其他学科的教学一样,同样需要循序渐进,从写话到写段,写片段到写篇,体现了小学了作文教学的序列;四是它的综合性;五是它的基本性。下面就第四点和第五点做些详细的说明。

1. 小学作文教学是一种综合训练

所谓综合训练,就不是单一的训练,必然是多方面的。作文是学生认识水平和语言文字表达能力的体现。小学作文教学的这种综合训练主要体现在以下两方面:一方面,作文教学要培养学生的认识能力,另一方面要培养学生的语言文字表达能力。

认识水平,指的是认识事物能力的高低,具体体现是观察能力与思维能力;语言文字表达能力主要指的是书面语言表达能力,具体体现则是学生用词造句、连句成段、连段成篇的能力,或者说是语文基础知识的综合运用。作文教学必须注重培养学生的认识能力和语言文字表达能力,忽视任何一方面的训练,都不可能是完整的作文训练。

(1) 认识能力的训练

就作文而言,认识能力的训练包括两方面:一是培养观察能力;二是提高思维能力。

① 培养观察能力

认识事物首先要从感知事物开始,感知事物又离不开观察,观察是人们在实践中认识世界,增长知识的重要途径,是求知的第一步。具体到作文教学来说,观察还有着特殊的意义。文章是社会生活在人们头脑中的反映,小学生的作文同样是客观事物的反映,因此,生活是小学生获取作文材料的唯一源泉。如何从这唯一的源泉中获得材料?唯一的方法就是对生活进行观察,从生活中观察和获取作文的材料,舍去观察,学生的作文就成了无源之水和无米之炊。因此,指导学生观察,就成为作文教学中一个十分重要的环节。培养学生的观察能力,就成为作文教学中一项十分重要的任务。学生学会了观察,可以说是迈出了认识事物的第一步,为表达奠定了基础,

提供了材料,输入了信息;作文如果没有观察作为起始,作为基础,后面的程序则无法进行。

　　② 提高思维能力

　　观察能力的培养在作文教学中有着非常重要的意义,但说到底,观察仅仅是认识事物的开始,是获得感性材料的手段,它不是我们作文教学过程的终极和目的。因为作文绝不会像照镜子那样简单,一旦事物进入镜面,影像就会映现出来;也不像照相和录像那样,图像是静止的或者是与现实生活毫无差别的。从观察到表达,从客观现实到语言文字,这中间是有过程的,是需要中介的,这个中间过程就叫作思维,这个中介就是人的心理。这样,我们就可以把学生写作文的过程简单地概括为这样的公式:"观察——思维——表达"或者"客观现实——心理——语言文字"。

　　观察只能使人们获得感性的、无序性的材料。我们要求学生写作文,绝不是让他们将这些杂乱的材料表现出来,而是要指导他们对这些材料进行选择、整理和加工,这就是在作文教学过程中培养思维能力的具体体现。我们要指导学生根据观察到的材料,首先确定作文的中心,凡是作文的中心,都是一种思想认识。因为中心最集中地概括了作文的内容,所以中心的明确与否,又最集中地体现了学生的认识水平的高低,体现了他们分析、综合、概括、抽象的能力的高低。中心确定后,就要紧紧围绕中心,对观察到的材料进行选择,确定哪些是有用的,哪些是无用的;有用的哪些是主要的,哪些是次要的,使用这些资料时,还要确定这些材料叙述的先后顺序。至此,我们可以说基本上完成了由观察到表达的转化工作,由客观现实到语言文字的转化工作,由信息的输入到信息输出的转化工作。这一转化是通过思维来完成的,从中心的确定,到材料的选择和使用,都是思维的产物,既有形象思维的参与又有抽象思维的参与。对观察到感性材料有分析,有综合;有抽象,有概括;有想象,有联想;还有感情的融入;这就是学生作文的一般心理活动(观察与思维),也是作文构思的一般过程(确定中心,选择材料,使用材料);这样的心理活动,这样的构思过程,体现着学生的认识水平。由此可见,认识水平的高低,决定于观察与思维能力的强弱,认识能力是观察能力与思维能力的体现,认识能力的培养,是观察能力与思维能力的综合训练。

　　(2)锻炼语言文字的表达能力

　　锻炼学生的语言文字表达能力,与培养学生认识能力一样,同样也是一种综合训练。这里虽然讲的仅是语言文字表达的问题,但是学生在作文里使用某个词、写出某句话时,他要将自己所具有的词、句乃至段、篇的知识储备全部调动起来,以期能用恰当的词句准确地表达自己的思想感情。因此,语言文字的表达能力,其实是综合运用语文基础知识的能力,同时也体现着阅读能力。

　　既然语言表达也是一种综合训练,我们就必须在阅读教学中扎扎实实为学生打好有关字、词、句、段、篇知识的基础,使学生在这样的训练中,获得综合性的能力。

　　锻炼学生的语言表达能力,首先应该抓理解和积累。在小学语文阅读教学中,自始至终,都应十分重视对词语理解的训练。这种训练在语文教学中有着举足轻重的意义,它不仅能够培养学生的阅读能力,理解语言和感受语言的能力,而且是对语言的一种贮存和积累。语言的积累,方式很多,其中重要的一条,就是在不知不觉潜移默化的理解中获得积累。对语言理解得深刻了,感受丰富了,积累厚实了,就为表达奠定了坚实的基础。因为理解了才有可能运用,积之愈厚则发之愈烈。

　　表达能力除了体现在语言文字方面外,还有一个布局谋篇的问题。就小学作文教学来说,我们把布局谋篇具体化或简单化为连句成段,连段成篇。所谓连句成段,就是把通顺、意思连贯的

几句话按照一定的顺序连起来,共同表达一个意思,所谓连段成篇,就是把几段意思相关的话,按照一定的顺序连起来,共同表达一个意思。在阅读教学中,培养学生分析句子之间、段落之间联系的能力,就为学生在作文时布局谋篇打下了基础。我们应该使教材的每一篇课文,特别是课文的表达顺序、层次结构,成为学生学习布局谋篇的典范,使学生学会分析作者的写作顺序,从中受到启发,并将这些布局谋篇的方法有意识地运用到自己平时的习作中去。

(3) 正确处理观察、思维(认识)和表达之间的关系

小学作文教学既然是一种综合训练,在作文教学中,就应该统筹兼顾,抓住训练中的各个环节,各个方面,缺一不可。但是这种综合性又不是几个方面训练的简单相加,更不是孤立的、毫无关系的。它们之间既有区别,又有着内在的联系。

观察,为思维获取了感性材料,输入了信息,但是这些材料带有感性和凌乱的特点,这些材料真伪并存,主次不分,表面而肤浅。只有经过思维的加工,这些材料才有可能去伪存真,并然有序,主次分明,精细深刻。经过思维贮存和加工的材料和信息,才有可能成为真正表达的材料或输出的信息,才能为顺利地表达和输出做好准备。由此可见,从观察到表达,在这中间思维是起着贯通、转化和中介作用的。没有思维,观察到的材料是毫无意义的,离开思维,表达也无从谈起。不仅如此,思维对观察和表达还起支配作用,并参与其间。思维能力强,并富于联想和想象,观察和表达的质量必然就高。因此,思维是认识与表达中的关键环节,提高思维能力,就成为我们作文教学中,至关重要的组成部分。

但是,语言又是思维的"外衣",思维借助于语言才能进行。所以,思想丰富,思维能力强,一定表现为词汇、语言的丰富;相反,词汇贫乏,语言干巴,其思想也一定是贫瘠的,思维能力也一定是很低下的。语言的丰富,对思维的发展起促进作用。因此,小学作文教学,将培养观察、思维(认识能力和表达能力)有机结合起来,使作文教学成为一个有内在联系的整体和一种综合性的训练。这无疑对提高小学作文教学质量有重大意义。

2. 小学作文教学是一种基本训练

小学作文教学就是指导学生写文章。但是这种练习是最基本的练习,也就是说小学生作文是初步和最简单的写作活动,再通俗点讲,就是练笔。既然是练笔,就有一个由不会到会、由生疏到熟练的过程,这个过程不会是一朝一夕,小学花五六年的时间,直至中学、大学,写作课仍然是学生的一门基础课程。

小学生作文训练这种"初步"、"最简单"的特点,主要体现在内容和形式上。换句话说,无论从内容上讲,还是从形式上讲,对小学生作文的要求是最初步和最简单的。内容上,要求写小学生自己所熟悉学校生活、家庭生活,不能脱离儿童的生活实际,这样所规定的小学生作文习作题材,当然是最简单不过的了;另外从内容上还要逐步做到具体、有中心、有重点,有真情实感。从形式上,从练习写句子开始,然后到练习写段,逐步过渡到写篇;同时要求做到有条理,有详有略,用词准确,句子通顺连贯,使用标点正确等;从文体上看,以写记叙文为主,同时练习写常用应用文。记叙文与其他文体相比,如小说、诗歌、议论文、说明文等,应该说容易写一些。因为它的内容具体、形象、易于把握,强调的是叙述,在小学阶段,则不要求议论、说明和抒怀,也不要求夹叙夹议,议论、说明和抒怀的难度往往要比记叙文大得多。使用记叙手段,只要做到清楚、具体即可。

小学作文教学既然是一种基本训练,在实际教学中,要求就不能过高。要求过高,就是揠苗

助长,就是急于求成,就是操之过急,是违背教学规律和儿童心理发展规律的。这种拔高,在当前作文教学中存在比较普遍,表现有以下几点:一是超前要求,比如中年级,教学大纲要求以训练写片段为主,大概要到四年级下学期的后期才开始学写简单的记叙文。但是在学生一上到三年级就要求写成篇的命题作文现象也不少,结果是欲速则不达,过犹不及;二是在形式上要求过多、过高,比如对开头结尾的讲究,要求题材新颖,语言主动等等,这些要求对大多数学生来说,显然是不切实际的;三是把小学生的作文与创作、与作品相混淆。小学生的文章是习作,是练笔,是作文,严格说起来算不上一般意义上的文章,因而就不是作品。作品是正规写作的结果,作文不过是练习写作,就不能算是一种正规的写作,正如工厂的徒工练习基本功与师傅生产产品一样,从操作到结果都有区别。因此,在学生的作文中,表现出种种幼稚和天真,存在着这样或那样的缺点和不足,都是不足为怪的。

我们要把那些不切实际的、过高的作文教学要求降下来,降到符合教学大纲精神为止。当然,我们要把要求过高和严格要求相区别。过高的要求必须要降,但这种降低不是无限度的,对学生作文中的错字连篇、病句累牍、层次混乱等现象也不去纠正,那就是放任自流了。我们应该把教学大纲对作文教学的要求作为标准,不折不扣地按照这个标准去做,使小学生的作文教学成为名副其实的基本训练。

(孟令全)

(二)写作本位的阅读教学

新中国成立以后的六十年代,以叶圣陶先生为主流代表的教育者提出了"阅读是写作的基础"、"写作的根是阅读"的主张,注重"以读带写"、"读写结合",这就是阅读本位的语文教学理念。几十年来,这种理念深刻地烙在了语文教育者的心里,也烙在了语文课堂的细节上,及语文课评价的言说里。就算是 21 世纪的当下,诸多语文教育者的灵魂里,也依旧沿袭过往,难以超拔。阅读本位的语文教育教学理念,认为:

(1)写作的基础是阅读,阅读决定了写作;写作的"根"在阅读,写作只是"根"上抽出的"枝叶"。这就确立了以阅读为本位的以读带(促)写的语文教学规范。

(2)写作的目的是"应用"、"实用",而写作倾吐得如何,则是由阅读的吸收情况所决定的,即由吸收而致"应用"、"实用",进而转化为"实用吸收"。

由上我们可以感受到阅读本位的教学框架是建立在吸收功能之上的(叶圣陶先生说"阅读是吸收"),就是通过阅读吸收他人的知识和思想。然而,我们认为,吸收功能,绝不是语文教育的基本功能。吸收的目的应是将他人的创造作为自己生命发展的营养,使自己变得更充实和更美好,使自己也能进行有价值的言语表现和创造,并将自己的言语创造回馈于他人和社会,把生命托付给言语,用言语展开、延续生命,这才是"存在"意义上的言语行为。从这个意义上来说,叶圣陶、吕叔湘先生的"阅读是一种能力,是教学目的"的命题的正确性同样是很可疑的。"培养和提高阅读的能力,本身就是目的,读书并不就是为了写文章",这似乎有道理,但是由这一观点必然导致的"为读而读"的语文教学实践,就表明了这一认知存在偏颇。

要实现培养学生言语表现力的目标,写作本位的教学理念无疑将优于阅读本位的教学理念。

关于写作本位,其先驱者,可以追溯到黎锦熙和胡适先生。在 20 世纪 20 年代,黎锦熙先生在《各级学校作文教学改革案》一文中指出,各级学校本国语文课,其水准颇有江河日下之势,原因全在教学方法的陈陈相因,不凭经验以谋改革,他提出:"教学上的三原则:一写作重于讲读;二改

错先于求美；三日札优于作文。"

胡适先生也主张把"人人能用国语自由发表思想——作文，演说——都能明白晓畅没有文法上的错误"列为中学语文教学三条理想标准中的第一条，也是国语教学唯一的一条标准。此与叶圣陶注重学生阅读程度的观点，形成了鲜明的对比。

而当代的教育专家潘新和先生在其著作《语文：表现与存在》中更是旗帜鲜明地提出了"写作本位"的读写观。潘新和先生说："我始终认为，阅读指向言语表现，指向写作，这才是阅读的唯一目的。"他又说："在写作本位的读写观里，读完一篇文章，阅读教学才完成一半。另一半更重要，这就是使学生学以致用，就是要让学生把从读中学到的用在文章写作中，让他们把对文本的理解、感想说出来，或写出来。这才能算是真正完成了阅读教学的一个完整过程。学生将来走上工作岗位，需要考核的只有说或写，笔试就是写，面试就是说，绝对不会只问你读过哪些书，读懂了没有，或者问你会不会读书消遣。一个人如果不会说与写，读不能致用，读了再多的书也是白搭。可见，阅读的归宿，必定是言语表现，包括说和写——由于写的能力涵盖了说的能力。所以我们也将这一目的简洁地表述为指向写作。"

此外，语文教育专家王尚文教授在《语文是什么》（刊登于《小学语文教师》2008 年 4 月）一文中明确指出：语文教学要守住话语形式这一门槛。语文课改只有循着话语形式这条路，才真正指向学生语文素养的养成。语文教育专家汪潮教授在《语言习得在语文教学中的意义》一文中旗帜鲜明地指出"以语言带动内容是高效的阅读教学"。这些教育专家的观点理念，都很好地为写作本位的阅读教学提供了理论基础。

研读专家"写作本位"的理论观点，我们可以发现要实现学生言语表现力的目标，"写作本位"的教学无疑要优于"阅读本位"的教学，可以从以下几方面表明：

（1）写作的功用大于阅读的功用（或者说写作包含了阅读）。阅读的"吸收"（阅读并非只是被动的吸收，这里权且按旧说），固然也是一种功用，但人不可能为"吸收"而"吸收"，"吸收"不是终极目的，"吸收"的功用在于改善人的认知状况、身心修养及更好地应用和表现等。没有人学习语文仅仅是为了一辈子当一名读者。而一个人不论将从事何种职业，只要想得到一定程度的发展，他学习语文的主要目的必将是指向言语的"表现"功能。人的自我成就、自我实现和人的本体发展等，都离不开言语的表现，"表现"的功用自然要大于单纯性的"吸收"。言语"表现"包括"说"和"写"，两者当是同样重要的。只是由于"写"是运用文字符号的"表现"，其能力的形成，包含的后天教育的含量更大些，而且，"写"也可以看作是"说"的深化和提高，更具传远、"立言"、事功之效，因而，在语文教学架构中，最能体现"表现性"特征的应是"写"。

（2）写作活动兼容了阅读活动。阅读活动，不一定要借助写作来完成。写作有助于阅读，能深化、促进阅读，但阅读活动未必都要写作的介入。写作就不同了，写作活动的完成必须包含阅读，写作行为过程中，始终隐含着阅读活动，这隐含着的阅读活动，也就是我们通常所说的读者意识、受众意识的体现。作者，必然同时也须是读者，一厢情愿的自言自语，称不上真正意义上的写作。写作与阅读在具体要求上存在的上述差异，决定了"会读未必会写，会写必然会读"。

（3）写作能力的要求高于阅读能力的要求。阅读是读者对文章提供的可能性的破译和选择，是读者的介入性的转换和二度创作；而写作是直接对原生态的素材的破译和选择，是作者独立的发现和原创。读者的解读能力如何，这一般是无法苛求的，阅读活动是一种个人行为，读者大多只对自己负责；而写作一般是面向大众的，应对读者负责，文章的质量是必须苛求的，在智力的投

入上,自然也要高于阅读。就是说,在智能层级上,写作也兼容了阅读。

(4)阅读有益于写作,写作更能促进阅读。阅读对写作和写作学习的作用自不待言,但值得注意的是它既有正面的作用,也有负面的影响,关键在于怎么读。诚如宋人陈辅所言:"万卷人谁不读,下笔未必有神。"写作对阅读的作用,则基本上是正面的:其一,阅读的感想和心得,只有透过语词化(写作),才能有真正清晰、深刻的印象和体悟,这就是历代学者都十分重视写读书札记的原因。真正高质量的阅读,有赖于写作的推动。其二,写作必然会促使人去读更多的书,"书到用时方恨少",写然后知不足,这就引导人们去有目地读书和思考,形成写、读、思的良性循环。为写而读,比泛泛而读,自然其功效要大得多。从这个意义上说,写作又何尝不能带动、促进阅读[以写带(促)读]呢?

(5)"写作本位"比"阅读本位"更能达成教学结构和功能的和谐统一。现有的"阅读本位"的教学架构,是试图将阅读的知识经验"图式"转换迁移到写作上,这只是一种先验的感性化的认识,其实阅读对写作的作用是很有限的。阅读的对象——文章(指广义的书面表达形式),只是写作的成品,从"成品"中如何能学到"制作"呢? 这就如一个美食家,无论他如何善于品评珍馐美肴,也未能因而成为特级厨师一样。从文章中所读到的业已定型化了的言、物、意,并未昭示着写作运思过程中物、意、言的萌发和生长的规律,文章的言、物、意,与写作运思过程中的物、意、言,其能指与所指都是不一样的,不论是多么高明的教师,要想把"成品"还原到"制作过程"中都是一种臆测,而绝不可能是"科学"的,从"阅读"中所能直接迁移到"写作"中的,唯有文体形式,对于写作学习来说最重要的是对构思过程的揭示,而阅读对此是无能为力的。因而,绝不可能有阅读上的进展能决定写作上的相应的提高这样的事情。叶圣陶的"阅读得其法,阅读程度提高了,写作程度没有不提高的","老师教得好,学生读得好,才写得好"这一认识,显然是经不起推敲的。在现实中,大量"学富五车"的人却写不好文章就是证明。同样,在"阅读本位"的教学架构中,由于基本功能是"吸收",因此,听和说的训练也难以体现它们各自的规律,使之处于和"写"一样的无序状态。这一架构,是以损害听、说、写的能力的培养为代价,来成全低水平的、无目的的、少慢差费的阅读教学的。

"写作本位"的教学架构就不同了。由于"写"的教学最能体现语文教育"发展"、"表现"的目的与功能,同时它对听、读、说的教学有极大的兼容性,因而,它不但不会损害相关方面能力的培养,相反,将给它们以助益。例如"读"的能力的培养,如前所述,写作能力包含了阅读能力。一个写作的人,在写作活动中,不是自顾自地"写",他须既作为作者又同时作为读者存在着;就接受美学的观点看,"写"的过程,是由作者和一定的读者共同完成的。法国著名的哲学家、文学家萨特说:"……在写作行动里包含着阅读行动,后者与前者辩证地相互依存,这两个相关联的行为需要两个不同的施动者。精神产品这个既是具体的又是想象出来的客体只有在作者和读者的联合努力之下才能出现。"因而,一个完整的"写"的教学系统,必然涵盖了"读"的教学内容。此外,"写"和"听"、"说"也是相互依存的,"写"的教学,能够很自然地兼顾到"听"和"说"的训练,"听"、"读"、"说"都可以体现在"写"上。"写"使教学内容在"表现"这一功能上,达成教学序列的和谐统一、简约高效。

由此可见,不论是从语文教育的目的、功能教学架构,还是从长期教育实践的效果看,"以阅读为本位"的"吸收实用"型规范均已不再具有存在的合理性。其基本观念既远远落后于当代的学术进展,也无法适应时代、社会的发展对人的语文能力的需求。因而,现有以"阅读为本位"的

"吸收实用型"语文教育规范的消亡,和以"写作为本位"的"表现发展"型新语文教育规范的建构,已是势所必然。

(傅世玉)

(三) 小学命题作文大全

小学三年级上册作文

第一单元　课余生活　　　　　　　　第二单元　熟悉的人

第三单元　秋天的画　　　　　　　　第四单元　观察日记

第五单元　我最想告诉你　　　　　　第六单元　我去过的地方

第七单元　编童话故事　　　　　　　第八单元　自由写作

小学三年级下册作文

第一单元　家乡的景物　　　　　　　第二单元　家乡环境

第三单元　自我介绍　　　　　　　　第四单元　学本领

第五单元　爸爸妈妈对我的爱　　　　第六单元　想象:未来的生活

第七单元　我最想写的　　　　　　　第八单元　我变成了……

小学四年级上册作文

第一单元　自然景观旅游景点　　　　第二单元　你留心观察的事物

第三单元　小动物之间的故事　　　　第四单元　喜欢的小动物

第五单元　"世界遗产"导游词　　　　第六单元　胜似亲人——看图写话

第七单元　从《乌塔》想到的　　　　第八单元　想象作文

小学四年级下册作文

第一单元　校园的美景　　　　　　　第二单元　我想对＿＿＿＿＿说

第三单元　动物给我们的启示　　　　第四单元　战争中的孩子

第五单元　关爱生命感悟生命　　　　第六单元　乡村景色

第七单元　我敬佩的一个人　　　　　第八单元　自由命题作文

小学五年级上册作文

第一单元　开卷是否有益　　　　　　第二单元　二十年后回故乡

第三单元　我是小小推销员　　　　　第四单元　文明——看图作文

第五单元　遨游汉字王国　　　　　　第六单元　父母的爱

第七单元　读后感　　　　　　　　　第八单元　我爱看革命影视

小学五年级下册作文

第一单元　给＿＿＿＿＿的一封信　　第二单元　难忘的童年

第三单元　演讲稿发言稿　　　　　　第四单元　一件令我感动的事

第五单元　课文缩写　　　　　　　　第六单元　(略)

第七单元　一个特点鲜明的人　　　　第八单元　写人、写事、写景

小学六年级上册作文
第一单元　感受自然或暑假　　　　第二单元　祖国在我心中
第三单元　诚信与善意谎言　　　　第四单元　珍惜资源或建议书
第五单元　我和陈明是好朋友　　　　第六单元　小学生诗歌
第七单元　关于动物/保护动物　　　　第八单元　身边的艺术

小学六年级下册作文
第一单元　难忘的第一次　　　　第二单元　描写各地民俗
第三单元　我的理想/梦想　　　　第四单元　名著读后感
第五单元　我和书的故事

四、推荐阅读资料

1. 张化万.小学作文教学最优化研究.现代中小学教育,1990(1).
2. 李春旺.要加强小学作文教学基础性研究.北京教育,1999(4).
3. 康静涵.小学作文开放式教学程序研究.小学语文教学,1999(4).
4. 王凤兰.小学作文教学的有效方法研究.中国科教创新导刊,2014(2).
5. 吴晓英.小学作文教学力研究.师资建设,2015(3).
6. 牛振华.仿写——低年级习作教学的源头活水——关于小学作文教学实效性策略研究.教育实践与研究,2015(9).
7. 王娅.小学语文作文教学策略研究.吉林教育,2015(29).
8. 陶维渝.关于小学语文作文起步教学的研究.读写算：教育教学研究,2015(30).
9. 张艳华.新课标小学语文作文教学研究.课程教育研究：学法教法研究,2015(30).

五、后续练习

《毕业赠言》(六年级)教学设计

下面是一个教材上的习作训练项目的课堂实录及评析。请你提出建设性意见。

(一) 教材内容

人教版六年级下册第六组综合性学习：难忘小学生活中的第二板块依依惜别。

第三课时：毕业赠言。

【点评1】小学生的习作主要有两种类型：一是教材中的习作项目,二是活动中的习作练习。前者是规定的,有特定的教学要求;后者是随机的,具有较大灵活性的。一般来说,前者难,后者易。但从教研角度看,选择教材中规定的习作项目更有必要。陈贤彬老师选择六年级下册第六组"综合性学习"(难忘小学生活)中第三课时《毕业赠言》作为执教内容,立足课堂,直面教材,这种做法值得提倡。

(二) 教学目标

1. 学生写、猜赠言,从中学会写具有特性、情真意切的毕业赠言

2. 学生在读、赠赠言中加深师生情谊

【点评 2】教学目标是习作教学的"纲"，纲举才能目张。本课从两个方面确立教学目标，比较集中简易。但是，这两个教学目标的表述反映了设计者比较关注了情意（情谊）目标，忽视了习作教学关于知识、能力和过程、方法的目标。习作教学的目的是培养学生的习作能力。习作能力只有在习作过程中通过习作活动培养，所以关于习作过程和方法的关注就显得尤为重要。建议强化赠言的写、猜、读、赠的知识、能力、过程、方法的目标确立，使三维教学目标更好地整合起来。如：初步运用排比、反复、比喻、隐语的表达方法学写情真意切的毕业赠言。

（三）教学准备

教学课件，记号笔 6 支，8 开素描纸 6—8 张、各种形状彩色卡纸 31 份。

（四）教学过程

（课前播放课件）

1. 回顾往事，创设写作情境

刚才的照片是不是让大家回忆起很多很多往事，其实，值得回忆的事远远不止这些，谁来说说最令自己难忘的镜头？这是多么难忘的镜头，这是多么值得回忆片段。

揭题：这节课我们来学习《毕业赠言》（板书：毕业赠言）

【点评 3】小学生的行为是在一定的情境下产生的，而且不同的情境其行为是不同的。课始播放课件，创设有利于学生习作的情境和氛围，对学生习作是有帮助的，理应是无可非议的。但是，要十分注意情境内容与习作内容之间的内在逻辑联系。通过课件播放过去的一些照片，对学生回顾往事确有作用，此时安排写一个回忆录，合情合理。但怎么能激发写赠言的欲望呢？倒不如讲述一个名人写赠言的故事为好，既简约又迅速指向学写赠言的目标。

2. 欣赏范例，激发创作欲望

怎样写赠言呢？首先我们来欣赏课文给我们提供的范例。

春雨，绿了世界，而自己却无声地消失在泥土之中。老师，您是我们心田的春雨，我们将永远感谢您。

指名读，说说：这则赠言写得好不好？你会送给谁？还可以送给谁？你会怎么写？

【点评 4】使用课文提供的范例，是教学的基本手段。它是一个"个"，可以推导一个"类"，由此及彼，达到举一反三的目的。在这个环节中，让学生读、让学生说、让学生评，充分调动了学生的积极性，较好地体现了以学生为本的思想。

3. 竞猜赠言，习得赠言特性

（1）到底怎样的赠言令人感动，令人难以忘怀？我来一次猜赠言比赛吧！

课件出示：

猜猜赠给谁？

写：每人写一则赠言送给班级里的一位同学（不能出现姓名），写好后，小组讨论选出一则参加班级评选。

猜：请写的同学上台朗读赠言，其他组成员来猜。如果猜中，写和猜的小组各加一分。只能猜三次。

赏：猜中后，请被赠同学来评议，如果认为赠言能打动他，对方再加 1 分。

（2）请小组讨论，你觉得怎样写赠言令人难忘？选择 1—2 点写下来。

（3）反馈，总结：（展示在黑板上）谁来总结一下，怎样写赠言令人难忘？

【点评5】这个教学环节设计精彩！竞猜赠言，有猜、有赛、有趣、有味。不仅符合小学生好胜的心理特点，更重要的是通过竞猜赠言，让学生了解了赠言的内容与赠送对象之间的关联性。引导学生根据不同的赠言对象，撰写不同内容的赠言，这是一种现代习作理论的"读者意识"。

4．写送赠言，叙离别之情

（1）下面我们把自己总结的要点在赠言中体现出来，你准备给谁写毕业赠言？还有谁？老师、同学、校长……

（2）是呀，再过一个多月，你们将小学毕业，将告别小学生涯，离开这美丽的校园、温馨的教室，离开这朝夕相处的老师、同学们。在临别之际，让我们拿起手中的笔，写出你的**丝丝离别情**，道出你的浓浓祝福意。（组长分发小卡纸）

（3）请2—3位上台朗读赠言，简单评议。说说好在哪里。

（4）由于时间关系，不能让同学们一一展示。请同学们带上你的卡片，到你要赠送的老师或同学面前，读读你的赠言，再把赠言卡片送给他吧。

【点评6】这是本课的关键环节。引导学生经历写、读、评、送等步骤，展开了写赠言的过程，此时学生的注意力集中，积极性高涨。需要指出的是：在这个环节，教师较多地关注了各种活动的形式，使课堂"虚化了"，忽略了习作方法的具体指导。这样，在习作课堂上，语言表达方式的习得增量不多，习作训练的实效性不够明显。

5．制作册子，永远珍藏

这是曹知非同学设计的《毕业留言册》的封面，让我们真心地去写、改毕业赠言，然后录入其中，让它成为我们永生难忘的回忆。

【点评7】好哇！同学设计的封面，同学撰写的毕业赠言，同学珍藏的册子。这真的将是同学之间一次永生难忘的回忆。学生的深情厚谊，蕴含其中。

最后我们以朗诵诗歌《同学录》来结束这节课。全体起立。

同　学　录

毕业分手的时候，
一本同学录，留下全班每个人的
笔迹、语气和姿势，
还有各种不同门牌号码的微笑。

从此，课堂上的座位被重新编排，
成为联络图，成为年轻的问候，
成为纪念邮票。

日后，当今天成为昨天，
思念和日子和邮戳一起，
将会领着我，沿着小巷一般的信笺格子，
找到那些陌生的门窗和熟悉的面容，

以及那些种在校园里永远长不大的记忆，

那些留在岁月中永远忘不掉的纯真。

【总评】

这是一次习作教研的大胆尝试。从习作研究的出发点看，这个动机已是弥足珍贵了，它的成败已是次要的了。观其课后，我在进一步思考以下问题，与大家交流与分享：

一是习作选择什么类型？是教材中的习作项目还是活动中的习作练习。从教学意义上说，应该首先尊重教材中规定的习作项目，并把它作为习作教学研究的首选对象。因为它具有更普遍、更实用也更为有效的教研价值。目前许多公开场合的教研活动几乎是清一色的活动习作，这种现象值得反思。

二是习作目标如何确定？是"抒情感"还是"练表达"。众所周知，习作教学应把语言性和人文性有机整合起来，但这个"整合"很有讲究。是以情感为主线还是以习作方法为主线进行整合，值得深入研究。通过语言方式（特别是"写法"）表达情感，是上策，所以，语言表达方式训练是习作教学的最重要目标。

三是习作过程怎样安排？是"教教材"还是"用教材教"，是一般游戏还是语文活动，是"教师教"还是"学生学"等，其中确实存在矛盾和两难困境，但是对习作教学来说，"学生的习作方法和能力"是永恒的主题，是习作教学的焦点。教材的编写、课堂的运行、师生的交流都是为之服务的。要防止习作过程的"泛化"、"虚化"，一节课忙忙碌碌，为活动而活动，为写而写，其实对提高学生的习作能力作用不大。这是需要引起语文教师高度警觉的。

要提醒的是：本设计中使用了"写作"、"创作"、"特性"之类的词语，对于小学习作教学来说，用词不够妥帖。

（本课例由杭州绿城育华小学陈贤彬设计并执教，由浙江外国语学院汪潮教授点评）

第十二章 读 写 一 体 课

一、背景描述

当前班级读书会、阅读指导课的研讨开展得如火如荼,但大多停留在激发阅读兴趣,分享阅读感受,指导阅读策略等层面,即使课堂中安排了写,也基本属于点缀。同时,习作教学的研讨也精彩纷呈,但习作内容基本停留在老生常谈的一些主题上,难以激起学生写作的兴趣。可见,语文教学中阅读与写作存在着"脱节"和"分离"的现象。2011版《语文课程标准》提出:"要重视写作教学与阅读教学、口语交际教学之间的联系,善于将读与写、说与写有机结合,相互促进。"因而,注重听说读写之间的有机联系,加强教学内容的整合,强化读写一体,统筹安排教学活动,促进学生语文素养的整体提高,是语文教师亟待研究探讨的问题。

"读写一体"指的是在语文教学情境中阅读和写作的相互作用和紧密联系。从读写结合的时效看,读写结合的类型分两种:(1)显性结合。学完一篇课文立即对照课文进行仿写。(2)隐性结合。学完一篇课文后不马上仿写,课上所得的词语、句式、表达方式等对以后的写作起潜在作用。从读写结合的表现方式看,有三种类型:(1)形式结合。模仿课文的写作方法、表现形式等,并运用于作文。(2)内容结合。从课文内容的思想、观点、感情得到启发,迁移于作文之中。(3)"触发"结合,从一篇课文中的一个人、一件事、一个情节,甚至一个动作,触景生情,与自己的原有生活经验联系起来,有感而作。读写结合首先是语文教学方法的出现,而后逐渐超出方法的范畴,成为一种意义更深远,使用范围更广泛的教学思想,对提高小学语文教学质量,特别是作文教学质量起了十分重要的作用。

二、课堂例析

读写一体课《我是白痴》(四年级)课堂实录及评析

本课以台湾作家王淑芬《我是白痴》一书为例,进行了读写一体化教学的尝试。

第 一 课 时

初读:感知"白痴"轮廓   初写:尝试"白痴"自述

师(屏幕出示"白痴"二字):当这两个字映入你眼帘时,眼前浮现出怎样的形象?谁来描述一下?

生：我没见过白痴，但我想这个人应该是痴痴呆呆的。

生：有一次，我去公园玩，看见一个白痴，披头散发的，在公园里走来走去，嘴里念念有词。（生笑）

生：那次我去外婆家玩，走过一条大街，看见一个人躺在大街的转弯处，挥舞着报纸，在那儿跳来跳去，傻里傻气的。

师：我们五(4)班的同学，包括下面听课的老师都非常幸运，因为我们大家的智力都是正常的，不是白痴。但非常抱歉，今天我要让大家当一回白痴。（生作惊讶状）

（出示写话要求：假如你就是白痴，你会怎样介绍自己？用上第一人称写一段话）

师：时间三分钟，课堂时间很宝贵，要尽可能在规定时间内完成，开始写。（生写）

师：三分钟到，停笔。现在开始交流。仔细听，我们来评价：有没有用上第一人称？有没有写出一点白痴的味道？

生：我喜欢冬天穿短衣服，夏天穿厚衣服。我喜欢吃别人扔掉的烂苹果，我喜欢一听到音乐就跳舞。

生：他用了第一人称来写，写出了白痴傻傻的样子。

生：你们好！我是个活泼可爱、有上进心的人。大家都要叫我白痴，虽然我不知道白痴是什么意思，但是只要有人叫我，我都会对他笑笑……哦，刚刚讲到哪了？哦，我忘了告诉你们我真正的名字叫饶奕雯，我每天都很快乐。

生：饶奕雯用了第一人称来写。从"不知道白痴是什么意思"看出他傻傻的。

生：我觉得饶奕雯写出白痴的味道来了，比如他很健忘，也看出他智力上有点问题。

生：谁不认识我啊！我就是班里那位爱好广泛的帅哥。我喜欢跑步，一跑就是1000米；我喜欢看书，一下子就能翻完一本；考试时，没人做得比我快，我会用最短的时间画满整整一张试卷，老师看了总是笑笑从我身边走过去。这就是我，大名鼎鼎的周书立。

生：他写的白痴不认为自己笨，还说自己爱好广泛，考试答题很快，很有意思。

师：对呀，这就是他写的高明之处。我刚才在下面看，许多同学第一句话都是这么写的：我是一个白痴。白痴知道自己是白痴吗？（笑声）他就跟你们不一样，明明很傻，还自认为爱好广泛，大名鼎鼎，更加突显了白痴的样子。你看，同学们第一回当白痴就成功了，自我介绍得这么好！给自己一点掌声。（学生鼓掌）

师：每个人心目中的白痴是不一样的，老师今天也来向大家介绍一位白痴。我们来看看这位白痴是怎样介绍自己的？

（出示《我是白痴》一书中"自我介绍"片段，请一生读）

我每天都很快乐。

我认得"大""中""一"，我每天去给同学们提开水，路过操场时，我会停下来偷听榕树上的鸟叫。我还有一个朋友，叫"跛脚"，不过，你不能这样叫，他会生气的。

我有一个妹妹，她不许我告诉别人说我是她哥哥，也不许我靠近她。可是有一次她摔倒了，很痛，她怪我不过去扶她，我就知道了，她摔倒的时候我可以当哥哥，我就希望妹妹常常摔倒。

> 我叫彭铁男,不过多数人叫我"白痴"。
>
> 我每天都很快乐。

师:读了这个片段,你知道他的名字吗?文中还提到了一个人,叫"跛脚",看这两个字,你猜猜这是一个怎样的人?

生:腿脚有残疾,走路一瘸一拐的。

师:是呀,白痴只能交上像"跛脚"这样的朋友。文中的白痴给你留下了怎样的印象?

(生回答:傻傻的、快乐、天真、可爱、乐观、乐于助人……)

师:这个片段也是用第一人称来写的。用第一人称来写读起来有一种什么感觉?

生:很亲切。

生:读者一下子就能和文中的人物亲近起来。

师:读了这段话,我们认识了一个天真、乐于助人、可爱的白痴。你喜欢这个白痴吗?

(生齐答喜欢)

【点评1】如何激发学生读写的欲望,当以趣为先。从见过的白痴聊起,激起学生的兴趣;尝试当一回白痴,带给学生新奇的体验;然后走进文本,学生读之始,趣味益然。从写的角度看,试着用第一人称来介绍白痴,指向明晰,要求简单,学生自然乐意尝试。值得一提的是,老师关注了学生写作的速度,这与新课标提出的"习作要有一定的速度"是相吻合的。

二读:走进"白痴"内心   二写:细描"白痴"特点

师:白痴的智力较正常人低下,他肯定比我们要笨一点,傻一点。但是他也一样要学习、上课,想了解他是怎么上课的吗?让我们继续走进故事,读一读。

(出示书中"白痴上课"片段,学生读)

> 我也想好好读书。老师上课时,我都坐得很直,用力地听,但是都听不懂;黑板上写的,也看不懂。所以,有时候,我就会睡着。
>
> 以后我不可以睡了,我要好好读书。
>
> 我就开始好好读书。上历史课时,我拿出课本,用手指着上面的字,一个一个往下数;数到一百,再从一开始数。我认真数,就没有睡。
>
> 历史老师在黑板上写满了字,同学都把它抄在课本上。我也赶快拿出笔,用力看,终于被我找到三个认识的字。我低下头写"中"、"大"、"一"。
>
> 我还想再找认识的字时,历史老师已经擦掉,又重新写别的了。
>
> 我没事干,就用铅笔帮课本上的人画胡子,还给他带手枪。我这样画,妈妈一定会骂,所以我又用橡皮擦擦掉。我再找黑板上认识的字,又给我找到了,还是"中"、"大"、"一"。我赶快抄到第二页。
>
> 这一节课,我没有睡着,我很高兴。

师：读了这个片段,你认为这还是一个怎样的白痴?

（生回答：有上进心的、也想好好读书、幼稚、容易满足的、很想睡觉的……）

师：对于白痴而言,历史课上是这样度过的,其他课上是否也这样? 语文课、数学课、音乐课、体育课等等,我——彭铁男又会是怎么做? 怎么想的呢? 继续用第一人称写一个片段,写出彭铁男上其他课的情景。时间六分钟。

（生写,时间到即停笔交流）

师：我们开始交流。评一评：什么地方写得最好? 写出了一个怎样的白痴?

生：我最喜欢音乐课了。每当老师弹着钢琴的时候,我的头就会随着老师的节拍点啊点的,我觉得那样很好玩,每当同学唱歌时,我就开始唱："大——中——一,大——中——一……"因为我只认识这三个字,我还会编曲呢! 因为每次唱大、中、一时我都会唱出不同的音调。可是每次音乐考试时,老师都给我打0分,难道我唱得不好听吗?

生：她写出了白痴喜欢唱歌,非常天真的特点。她还会接着前面读到的片段往下写,比如说"他只认得中、大、一"。

师：他形象地向我们描述了白痴上音乐课时的样子。他的想法也特别有趣,符合白痴的特点。

生：这是一节语文课,我没事做,低着头在课本上画太阳、小草、月亮。老师见我没盯着她看,于是问我："林黛玉是怎么死的?"我站了起来,摸了摸头说："老师,别怪我,不是我杀的……"全班都大笑了起来,连老师也笑了。我非常不解,他们为什么笑啊? 肯定是相信我不会杀林黛玉吧!

生：我觉得老师的问题以及白痴的回答写得很妙。写出了一个可爱的白痴。

生：我喜欢上数学课,因为听得懂,尤其是一加一等于几我是知道的。我没事的时候还会念叨一番："一加一等于二。"数学老师夸我能干,我非常开心。我最不喜欢电脑课了,每次上电脑课我都听不懂,别的同学电脑上已经出现了很多花花绿绿的东西,我还不知道哪里开机呢。电脑老师经常骂我大傻蛋。

师：这位同学很高明,用了对比的方法,写出了他上这两种课时的不同表现。

师：同学们写得真不错! 我想采访一下,你们为什么能写得这么好呀? 请你来说说。

生：我在写的时候,就把自己想成那个白痴,好像能和他同甘共苦了。

师：说得多好呀! 因为我们走进了白痴这一人物的内心世界,与他感同身受了,才能写出他会做些什么,想写什么,从而活灵活现地写出了白痴这个人物的特点。

师：白痴是这样上课的。因为他智力低下,正如同学们所写的那样,白痴在说话、理解方面有异于常人。除了上课的表现与我们不同外,在其他方面又是怎样的表现呢? 让我们再来读一个片段。

（出示书中"母亲节送花"片段,一生读）

> 母亲节到了,老师叫我们做一朵花送给妈妈。
>
> "跛脚"做好的花很大,像个大碗。"跛脚"是我的好朋友。他对我说："我的妈妈很可怜,为我吃过不少苦。"

> 我知道什么是"可怜",就是会哭的那一种。
>
> 他又说:"彭铁男,你的妈妈也一定为你吃过不少苦。"
>
> 我其实不知道妈妈吃什么,我有看过她吃饭和面。有没有吃苦,我也不晓得。
>
> 放学的时候,我把花拿在手中,一直背:"母亲节快乐。"丁同走过我身边,把他做的花扔进垃圾桶。
>
> 他回头看我,说:"白痴,赶快把花送给妈妈,好让妈妈喂你吃奶。"
>
> 他大概不知道,我已经没有吃奶了,现在我都吃面。他是不是没有妈妈,才把花丢掉?
>
> 不过,我没有问他。我如果说别的话,会把刚才背的"母亲节快乐"忘记。

师:读到这儿,你觉得这还是一个怎样的白痴?从哪儿读出来的?

(生回答:天真、有孝心等,并从文中找出了相关的句子)

师:我们一开始以为白痴只是傻傻的,读着读着,我们发现他还是个可爱的、乐观的、天真的、有孝心的人。你们喜欢上他了吗?

生:喜欢。

【点评2】第二次读,精选了书中的两个片段,记叙的故事情境和人物经历贴近学生的生活实际,学生逐渐建构了一个立体、丰满的白痴形象。第二次写,有书中的片段作参照,加之脑海中已有人物丰满的形象,大部分学生在六分钟时间里完成了片段练习,写作速度明显提高,在继续运用第一人称写法的基础上,无痕地进行了"走进人物内心,抓住人物的言行,写出人物特点"的写法指导。与第一次读写相比,似乎能聆听到学生读写能力生长拔节的声音。

第 二 课 时

三读:浏览书籍全貌 三写:创写"白痴"故事

师:刚才我们一起去认识了一位虽然傻傻的,但却又可爱善良的白痴。你知道刚才我们阅读的这些片段来自哪本书吗?

(师介绍书籍《我是白痴》,介绍台湾作家王淑芬)

师:想读这本书吗?我给大家带来了整本书的目录(屏幕出示)。读读目录中的这些标题。(生读)

1. 我是白痴 2. 我是快乐的 3. 我要好好读书 4. 全部都写"1" 5. 我做一朵花 6. 送给"跛脚"的 7. 水球大战 8. 英文补习班 9. 我的座位 10. 英雄与白痴

……

师:你最想看哪个章节?老师推荐大家一起来阅读其中一个章节——《全部都写"1"》(文本内容此处略)。(下发纸质稿,学生自读)

师:这个章节留给你印象最深的是什么地方呢?

生:老师教给他考试的诀窍,让他全部都写"1"。我觉得我们老师也会这样做!

生："生物课老师骂同学,选择题第三题全班都中陷阱,只有一个彭铁男答对,你们都是白痴吗? 同学不服气,说彭铁男是猜的,老师更生气了。"这里我印象最深,觉得好笑。白痴竟然能歪打正着,猜对答案。

师:从这个章节中,你觉得这还是一个怎样的白痴?

生:很谦虚的白痴。

生:听话的白痴。

……

师:读完了这个章节,你能学着写一个章节,也来讲一讲白痴的故事吗?

(出示要求:用上第一人称,走进人物的内心,选择合适的事例,通过人物的言行,写出人物的特点。可选用书上目录中的题目,也可自拟题目。要求一气呵成,尽量少涂改,时间十五分钟)

(生写,交流)

生1:我写的是《我画木瓜》:

> 我喜欢美术课,因为我不需要用力的去看黑板上认识的字,只需要在纸上画想画的东西就可以了,美术教师曾经跟我说过:你不会写字没关系,只要你爱画画,会画画,以后一定能有个不错的事业。虽然我不知道事业是什么东东,是作业的意思吗? 不过,听美术老师的口气是一个不错的东东,所以我喜欢美术课,更喜欢画图画。
>
> "铃铃铃"上课了,这节是我最喜欢的美术课,我又可以画我喜欢的红苹果和大坦克了。我坐得直直的,等着老师来上课。美术老师走了进来,让我们画木瓜,可是,我不知道什么是木瓜,可是我不想老师对我失望,所以我用力地想,"木"嘛,应该就是木头吧! 于是我很认真地在纸上画了一块木头,"瓜"嘛,应该是西瓜吧,于是我又认真地在纸上画了一个西瓜。我想:这一定是一个最完美的"木瓜"吧! 我自信满满地把我画的"木瓜"交给了老师,我想我一定会受到表扬的。
>
> 老师看了我的画,鼻孔扩大,呼吸越来越急促,是为什么呢? 一定是我画得太棒了,老师太激动了吧!

生2:我写的是《月考是什么》:

> 今天,我们进行了单元考试,我不知道写什么,在那傻傻地坐着。突然,耳边传来了杨老师排山倒海似的声音:"彭铁男! 你这个白痴,试卷都传好了,做白日梦也不用做得那么专心啊。"我说:"杨老师,白天人是不会做梦的,没有床,没得做。"杨老师被我气得说不出话来。
>
> 过了一会儿,她才说:"算了,不和你争,明天月考考好一点就行了。"我一听,非常高兴,心想:去月球上考试,太好了! 我还没去过月球呢。
>
> 第二天,我兴奋地来到学校,等待宇宙飞船把我们接到月球去。可是,老师却开始发卷了,我对杨老师说:"杨老师,我们不是去月球上考试吗,怎么现在就开始发卷?

宇宙飞船还没来呢！"刚说完，杨老师就生气地说："彭铁男，你怎么还没明白，月考是每月一考，我跟你说过多少次了！"

这节课，我一直在位子上琢磨月考的意思，直到下课还没想明白，月考难道不是去月球考试吗？

直到现在，我还是不明白月考的意思，哎——

【点评3】第三次读，把学生引向整本书的阅读。通过呈现目录浏览书籍全貌，引发学生那颗跃跃欲试的阅读之心。推荐阅读其中一个完整的章节，再次深入感受白痴这一人物形象。第三次写，顺理成章地指向了篇章。有了前面读的积淀，写的指导，学生的写选材多样、内容丰富，趣味盎然。在他们的笔下出现了一个个天真、可爱又傻傻呆呆的白痴形象，就连语言也贴近了作者原有的风格。

续读：带上思考阅读　续写：尝试合作写书

师：想知道作者王淑芬为什么写《我是白痴》这本书吗？

（出示后记《他不是白痴》，学生阅读）

我之所以写这本书，就是想替那些智力发展迟缓的人，说几句话："请你不必嘲笑我，因为我听不懂；请你给我一些帮助，让我多认几个字，学会一两样本事。聪明的你，一定知道该对我做些什么。"

我不能造桥铺路，无力参与慈善事业，只能保有一颗温软的同情心，作为对世界的回馈。我很希望，有一天，有一个人，因为看了这本书，改变了心中的一些想法。

世间弱势者，哪一天被真心且长期地注目过？

师：看了这段后记，你有什么想说的吗？

生：以后再遇见白痴，我会尽我的能力教他一项本领，经常陪他们聊天，帮助他们过正常的生活。

生：以前我们班里就有一个白痴，大家都不愿意和他在一起，今后我会多帮助他，不歧视他。

生：我没有想到白痴身上也有值得我们学习的地方，他们虽然笨了一点，但他们善良、天真，也想努力学习，我们应该给他们多一点关爱。

师：同学们说得很好。其实世界上，像白痴这样的弱势者还有很多，比如乞丐、残疾人……需要我们真心且长期的注目。相信你读了这本书后，想法上会有一些改变。作者后记的标题用的是"他不是白痴"。现在，我想问大家，你现在还会叫他白痴吗？（生答不会）老师想给板书中的"白痴"去掉，更换一个词，你们觉得应该换成什么？

生：应该称呼他的名字，堂堂正正地称呼他"彭铁男"！

生：应该改成"人"。白痴也是人，和我们一样有生命，有丰富的感情……

师：从同学们的交流中，老师感受到了你们对白痴看法的转变。是呀，他们也是活生生的人，理应得到我们的尊重与爱护。这节课就上到这儿。请同学们课后完成两项作业：完成《我是白痴》整本书的阅读；将你写的故事进行修改润色，全班同学汇集一起打印成集，创一本属于我们自己的书，题目也叫《我是白痴》。

【点评4】课虽终，读未完。在老师的引导下，相信孩子们会迫不及待地捧起书阅读，在读中继续思考感悟；课已结，写还续，孩子们在读的过程中，会对写有修改补充，将每个人的故事汇集成册，编一本属于自己的书。这种富有挑战性的作业，会让孩子们再次掀起读写的涟漪，这种读写会伴随着他们的生命一起成长。

【总评】

"读写一体课"，是语文教学中一次大胆有创意的尝试。整节课的设计直指当前阅读与写作脱节分离的现象，注重听说读写之间的有机联系，强化了读写一体化。当读与写融为一体时，读如源头活水，汩汩不断，滋润着写作之花；写如娇艳之花，芬芳美丽，点缀着阅读之水。

从"读"的视角看，课堂从轻松聊天开始，从学生原有的生活经历中唤醒"白痴"形象，激发学生阅读的兴趣。通过阅读精彩片段，把孩子的心引入到一个有趣的故事中，建构了一个立体、多样、全面的"白痴"形象，在学生欲罢不能的时候，推荐阅读整本书，达到了导读的目标。

从"写"的视角看，学生进行了三次写作练习。第一次是学习用第一人称写以往了解的白痴形象，用时3分钟，评价的重点在于第一人称的运用。第二次是模仿写一个片段，结合自己的学习生活经历抒写课堂中的白痴形象，用时6分钟，评价的重点是是否走进人物内心，抓住人物言行，写出人物特点。第三次是补白章节，写一个完整的白痴故事，用时为15分钟，评价的重点是综合运用读书过程中学到的各种写作方法。三次"写"是有层次的，从句到段再到篇章，从学用人称到模仿迁移，再到独立构思习作，由易到难，层层递进，巧妙地渗透了写作方法的指导。

从"读写一体"的视角看，整个教学过程中三次写四次读，读读写写，写写读读，以读带写，以写促读，读中有写，写中有读，读与写不是孤立平行的，而是层层推进，相互交织，融合在一起的，真正体现了课标提出的"善于将读与写、说与写有机结合，相互促进"的理念。

值得一提的是，在引领学生进行"读"、"写"实践的同时，教师还关注了育人目标的渗透。多读书，还要读好书，读书不仅为习得语文知识，提高语文素养，还要从书中"为学生形成正确的世界观、人生观、价值观，形成良好个性和健全人格打下基础，为学生的全面发展和终身发展打下基础。"

（本课例由浙江省衢州市教育局教研室特级教师施燕红设计并执教，由衢州市柯城区新星学校许燕评析）

三、资源链接

（一）"读写一体课"的理论基础

"读写一体课"主张读中学写，写中促读，读写结合，相得益彰。它的整个教学过程就是训练学生读写的过程，就是提高学生读写能力的过程。读写结合具有深刻的理论依据：

1．读写结合符合语文学习规律

阅读是从语言文字到思想内容的理解过程,写作是从思想内容到语言文字的表达过程。虽然阅读和写作有内化的理解和外化的表达的区别,但它们又具有共同性。从要素上看,阅读和写作都有材料、结构、表达方式等因素;从内容上说,阅读和写作都是以生活经验、思想认识和心理水平为基础;从形式上看,它们都以语言文字为工具;从学习的程序看,它们都是从词到句,从句到段,从段到篇,循序渐进。阅读和写作的这种同步性,使读写结合成为完全可能的事。读写结合符合语文学习的特点和规律。

2．读写结合符合阅读心理过程

语文教学心理学的研究表明:阅读和写作是两个不同的心理过程,前者是自外而内的意义吸收,后者是自内而外的思想表达,但这两个心理过程之间又是可以互相沟通的。从阅读过程的心理机制看,阅读存在两个心理"回合":一是从感知语言文字入手,由词到句,由句到段,逐步理解,从而把握课文的中心思想,这是一个从语言到思想、从形式到内容、从外表到内部、从部分到整体的心理过程。一是从上一"回合"探索到的中心思想出发,研究作者是如何围绕中心选材组材、布局谋篇、遣词造句的,这是从思想到语言、从内容到形式、从内部到外表、从整体到部分的心理过程。这两个"回合"恰好相反,前一个"回合"是基础,但有待于发展到后一个"回合"。一个完整的阅读教学过程,不仅要实现第一个"回合",也要实现第二个"回合"。在低年级的阅读教学中,一般重在第一个"回合"的引导,而中、高年级则必须把握两个"回合"的结合。第二个"回合"恰好与写作的心理过程相吻合,从这个意义上说,阅读教学已包含了作文教学的指导。

3．读写结合符合小学生心理特点

模仿是小学生的天性。小学生不仅需要模仿,而且善于模仿。可以说,小学生的最初学习是从模仿开始的。小学生初学作文,必须提供适当的范文,范文可以形象地告诉学生怎样写作文,这比任何解释都要清楚。教师从外部提供范文,学生在仿写中就形成一种"内部轮廓",就为他以后的作文构思提供了材料和模式的准备。阅读教学与作文教学紧密结合,符合小学生模仿的心理特点。

小学生具有强烈的发表欲,很想把所见、所闻、所想、所感,通过文字表达出来。读写结合教学法,借助大量写片段的形式,及时运用阅读获得的知识进行写作,正是满足了小学生发表欲的需要。

4．读写结合符合认知心理原理

中国小学语文读写结合教学的杰出代表是广东的丁有宽老师。他的读写结合教学法存在多种学习迁移的例证。特别具有特色的是他提出了七条读写对应规律,这使读写之间的学习迁移更具有稳定的性质,并带上理论的色彩。

(1) 阅读学解题与作文练审题和拟题相对应。

(2) 阅读学概括中心与作文练怎样表达中心相对应。

(3) 阅读学分段、概括段意与作文练拟写作提纲相对应。

(4) 阅读学区分课文内容的主次与作文练怎样安排详略相对应。

(5) 阅读学捕捉中心段与作文练怎样突出中心相对应。

(6) 阅读学品评词句与作文练怎样遣词造句相对应。

(7) 阅读学作者怎样观察事物与作文练观察的方法相对应。

以上读写对应规律的提出，是符合认知心理学关于寻找"思维组块"以解决实际问题的学习迁移原理的。认知心理学认为，人在学习中会形成各种有效的认知结构，当他解决面临的问题时，就利用相似联系在已有的认知结构中寻找与要解决的问题相关的"思维组块"（相似块），借以对照、分析、推理，直至问题的解决。所以，知识的作用，主要不是知识量的作用，而是良好的知识结构的作用，即"思维组块"的作用。一个学生知识量大，但未把知识系统化，形成有效的知识结构，则只能解决记忆性的问题，不能解决复杂的问题。丁有宽提出的七条读写对应规律，正是提供良好的"思维组块"。当学生面临有关的读写任务时，就会较顺利地利用这些"组块"，达成知识的沟通和运用，形成迁移能力。

5. 读写结合符合认识论观点

辩证唯物主义的认识论强调认识对于实践的依赖关系，指出人类的实践是认识的唯一源泉，即坚持实践第一的观点。根据这一观点，作为人的心理能力一个方面的读写能力，也只能在相应的实践活动中才能得到培养、发展、表现和检验，否则，必然是天马行空，缘木求鱼。目前有的语文课堂教学存在"三少"（读少、写少、思少）的现象。丁有宽的读写结合教学法一扫上述弊端，始终如一地坚持实践第一观点，采用"华中求实，突出重点，精讲多练"的方法。丁有宽的教学实践又一次证明，只有在大量的读写活动中，才能使知识和能力统一，才能使阅读与写作真正结合。

（汪潮）

（二）"读写一体课"的三种课型

1. "促写"型读写结合

"促写"型读写结合，是指借助阅读来促进写作的读写结合教学课型。该课型中，阅读为写作服务，重在通过阅读来为写作提供语言积累、素材资源、文本形式和写作技法等内容，写作是学习的最终目标。这一读写结合课型在我国拥有比较丰富的理论思考和实践积淀：无论是古代的"读书破万卷，下笔如有神"，还是现代语文教育家的"阅读是吸收，写作是倾吐，倾吐能否合于法度，显然与吸收有密切的关系"，乃至一线教师广泛采用炼字、造句、仿句、析句、改句、仿写等教学方法，本质上都是在追求"促写"型读写结合。

这里根据阅读对写作的具体促进作用，进一步细分为：信息提供类读写结合、写作借鉴类读写结合。前者侧重于为写作提供写作内容，后者侧重于为写作提供文本形式和写作技法。

（1）信息提供类读写结合

① 功能定位：阅读为写作提供足够的语言储备、写作素材、观点、事实等信息。"巧妇难为无米之炊"，写作必须基于足够的信息资源。阅读是为写作提供信息资源的重要途径之一。通过大量的阅读和浏览，写作者可以搜集写作需要的资料、信息、事实、数据、材料、案例等信息，弥补写作者直接的生活信息的贫乏，是积累写作内容的重要途径。

② 读写结合点：信息提供类读写结合的"读写结合点"，主要是阅读文本的语言材料、信息内容和相关主题，一般不刻意追求对阅读文本的形式和写作方法进行借鉴。如五上《鲸》的小练笔："根据课文内容和自己搜集的资料，以'鲸的自述'为内容写一篇短文。"这一读写结合训练中，"读写结合点"是"关于鲸的信息"，其中的阅读是为写作提供必需的写作内容和素材。

③ 读写结合的教学形式：一是积累语言材料。即在阅读过程中，采用背诵、抄写等形式积累优美（或典型的）词句、段落、篇章，为以后写作提供语言词汇、句式、篇章图式等方面的储备。这类教学形式的阅读积累与写作之间的结合，时效跨度比较大，往往不是在一节课上就能实现从读

到写的迁移和结合。二是信息或主题拓展类写作。即基于阅读文本的文本信息和主题，在课外展开相关信息和主题的写作。信息类拓展写作教学设计，大多是要求学生基于阅读文本提供的信息展开进一步的写作，如五上《新型玻璃》的课后练习："请你试着做一回小发明家，把你想发明的玻璃用你喜欢的方式写出来。"主题拓展类写作教学设计，大多是要求学生在阅读教材选文之后，围绕某一人文主题展开进一步的写作。如五上《"精彩极了"和"糟糕透了"》的小练笔："在本文作者看来，爱有两种表现形式。你在生活中有过类似的感受吗？先说一说，再写一写。"在这里阅读是为写作提供一个写作的"引子"或"话题"。

（2）写作借鉴类读写结合

① 功能定位：阅读为写作提供文本形式和写作技法的借鉴。这类读写结合在我国有着优良的传统。由于在我国漫长的封建社会中，以文章取仕。读书人读经，是为了写文章。读，是一种手段，是为写服务的。因此，阅读教学长期是写作教学的附庸，似乎教阅读就是为了写作。可以说，在国内提到"读写结合"，大多情况下是这类读写结合。

② 读写结合点：句、段、篇的文本形式和各种写作技法。这类读写结合的"读写结合点"是可资写作借鉴的"文本形式"或"写作技法"。在这方面一线老师们已经有过卓有成效的探索。以丁有宽为例，他明确提出了读写结合的教育思想，在阅读教学过程中，一边进行扎实的字、词、句、段、篇的教学，一边进行对应性的仿写训练，开发了七条读写对应关系，并按照写作的知识体系形成一个序列："四素句"——四种句群（连续、并列、总分、概括与具体）——四种结构段（连续、并列、总分、概括与具体）——六项写作能力（审题、立意、选材、组材、修改、观察）——自作自改能力。

另外，现行语文教材比较注意这方面的开发，如六上《小虫的村落》的"小练笔"："丰富的想象使课文中的小甲虫有情有义。请你写一写自己观察过的小虫，注意展开想象，融入自己的感受。"这一设计提取了"想象"这一写作技巧，也给出了很明晰的读写结合点，为教师的读写结合教学设计提供了很大的方便。

③ 读写结合的形式：写作借鉴类读写结合的课堂教学有着丰富的实践经验，经常采用的读写结合形式有两类：一是仿写。即教师从阅读文本中提取值得借鉴的文本形式要素或写作技法要素，通过教师的讲解示例，学生再来模仿写作。其基本的教学流程是"寻找仿写点——讲解与示例——仿写与运用——评价"。鉴于此类教学实践比较丰富，此处不再赘述。二是"写—读"教学。即学生带着写作任务进入阅读，在阅读过程中全方位吸纳写作所需的各种文本形式要素和写作技法。这种借鉴类读写结合的教学形式，相对于"仿写"而言，有几个优点：其一，学习动机更加强烈，因为预先告知学生阅读后要写一篇什么样的作文，会有效激发学生的学习积极性。其二，写作的目标更加明确，因为有了写作的任务，学生更加积极地提取与写作有关的元素。其三，阅读的质量也得以提高，因为学生为了将阅读材料用到作文中，会把符合作文要求的信息进行主动加工、转换、记忆，这样学生在完成作文的同时，又深化了对课文内容的理解。其基本的操作流程是：布置作文任务——提供可资借鉴的阅读材料——围绕作文任务研读阅读材料，提取写作相关的要素——写作。比如六上第五组文章的学习可设计如下"写—读"教学过程：

第一步：布置作文任务
回忆身边的朋友和亲人，写篇记人的文章。
第二步：明确要研究的文章
鲁迅的《少年闰土》、周晔的《我的伯父鲁迅先生》、阿累的《一面》。

第三步：围绕写作任务，设计研读的要求：

① 在你的写人文章中，你准备如何开头？研究一下上述三篇文章，看看它们是怎样开头的，你最喜欢哪一种开头，尝试确定自己文章的开头。

② 上述 3 篇文章的写作顺序是怎样的？你准备选择怎样的写作顺序？

③ 上述 3 篇文章都通过具体的事件来表现人物的性格，它们分别选取了哪些事件？你选择的事件是什么？

④ 上述 3 篇文章在刻画人物的时候都用了哪些手法？你喜欢哪些手法？你希望在自己的作文中用到哪些手法？

⑤ 你还比较欣赏上述 3 篇文章中的哪些写作技巧？你的文章适合采用哪些技巧？

2. "促读"型读写结合

"促读"型读写结合，是指借助写作来促进阅读的读写结合教学课型。该课型中的写作为阅读服务，即通过写作来更彻底、清晰、明确地领会作品，阅读是最终的学习目标。这一功能定位突破了"阅读促进写作"的常态思维模式，指明了"写作具有促进阅读"的功能。这一理解不仅是对读写结合理解的深化，也是对写作功能认识的深化：写作不仅具有"表情达意"的交际功能，还有"促进阅读"的认知功能，写作本身是一种很好的学习方式，可以贯穿到包括阅读在内的语文教学之中。

根据写作对阅读的促进作用，又可以进一步细分为：理解体验类读写结合、归纳整理类读写结合。

（1）理解体验类读写结合

① 功能定位：写作能促进学生对文本内容和主旨的理解体验。这类读写结合中的写作，是为了帮助学生更好地理解文本的关键字、重点句、空白点，更深刻地体验文本内涵，把握文本主旨。

② 读写结合的"结合点"：文本重点字、词、句含义和文本主旨。这类读写结合教学中，"读"和"写"的结合点选择是文本重点字词句的理解和文本主题，一般不考虑文本形式和写作技能方面的"写作教学价值"。

在这方面，国内各版本的语文教材大多给予比较明显的提示。以人教版为例，课后的很多"小练笔"实际就是该类型的读写结合设计。如六上《最后的战象》中的"小练笔"："嘎羧告别村寨的场面，伫立江滩回想往事的情景，都十分感人，选择其中一个场景，想象嘎羧内心的感受，并写下来。"除了"小练笔"外，课后的很多作业设计都可以转化为该类读写结合。比如五上《窃读记》课后练习："课文中有很多地方写了'我'如饥似渴地读书，抄写这样的句子，并说说自己的体会。""联系课文和生活实际，说说对'你们是吃饭长大的，也是读书长大的'这句话的理解。"《钓鱼的启示》的课后练习："课文中有一些含义深刻的句子，如，'道德只是一个简单的是与非的问题，实践起来却很困难'。请把这样的句子找出来，说说自己的理解。""课文中哪些语句对你有启示？你由此想到了什么？写下来和大家交流。"

③ 常见教学形式：一是"随文练笔"。在阅读教学的过程中，遇到关键字、词、句时，停下来设计"联系自己的实际，写一写你是怎样理解的"之类的小练笔，促进学生对文本的理解和体验。如前所述，语文教材上的练习题为开展"随文练笔"提供了很多方便。但在实施这类小练笔时，教师要避免简单、粗浅的"写一写"，建议教师要善于为学生创设练笔的情境，并为学生提供必要的写

作支持。

比如六上《老人与海鸥》中有一句："十多年了，一到冬天，老人每天必来，和海鸥就像亲人一样。"对这句话的理解，教师不宜简单地开展读写结合，提问学生："你如何理解这句话的含义？拿出笔来写一写。"建议做如下设计：

教师先引导：老人到底付出了什么，才能做到"和海鸥就像亲人一样"呢？他在家里进行了怎样的准备才做到的？书上没有写出来，那就让我们联系课文前面的描述，展开丰富的想象，动笔写一写。然后教师出示下面的填空题：晨光初现，当人们还躺在温暖的被窝里时，老人（　　）；寒风凛冽，当人们都围坐在温暖的室内聊天时，老人（　　）；在美丽的翠湖边上，当人们都在嬉戏游玩的时候，老人（　　）；夜晚降临，当人们都和家人在一起看电视、聊天的时候，老人（　　）。

二是移情补充、续写。在阅读教学中，请学生与文本中主人公"移情"，让学生以文本主人公的身份来体验和感受文本的内容，并通过写作传递出来。比如六上《唯一的听众》可以设计为："假如你是文中的'我'，若干年以后，在一次文艺晚会的舞台上面对成千上万的观众演奏小提琴时，你见到台下竟然坐着那位老太太，演出结束后你会走过去对她说些什么？"

三是变体改编。在阅读教学过程中，为了促进学生更好地理解把握文本内容，可以让学生变换一个文体来改写原文。比如五上《古诗三首》的练习设计："想象《秋思》中绘画的画面，把《秋思》改写成一个小故事。"

四是写读后感。在对文本进行整体、全面的阅读之后，充分抒发自己的阅读体验。这是检验、推动阅读质量的重要手段。实践中已被教师广泛运用，此处不再赘述。

（2）归纳整理类读写结合

① 功能定位：写作有助于高效归纳整理文本信息，掌握有效阅读策略。这类读写结合中的"写作"，是为了帮助学生有效提取、梳理、概括文本信息，理清思路脉络，并掌握相应的阅读策略。

② 读写结合的"结合点"：是文本信息的归纳整理和思路脉络的梳理。这类读写结合教学中，读写结合点主要放在文本信息的归类整理和思路脉络的梳理，一般也不考虑文本内涵和主旨的理解体悟，也不考虑文本形式和写作技法的"写作教学价值"。比如五上《新型玻璃》课后练习："默读课文，想一想课文介绍了几种新型玻璃，它们有什么特点和作用。小组合作设计一个表格，把它们的特点和作用填在表格里。"在这里，对"新型玻璃的特点和作用"的梳理就是读写结合的"结合点"。

③ 常见教学形式：归纳整理类读写结合教学的关键是开发行之有效的、能帮助归纳整理文本信息的写作形式。常见的教学形式有：一是画结构图、线索图、提纲、表格等。这类教学形式在常规语文课堂中也经常使用，能有效地帮助学生把握文本信息、掌握文本结构和行文脉络。在具体的教学中，对小学生来说各类图表还显得有些抽象，建议老师要创造性地开发更新颖有趣的非连续性文本形式，降低图表使用难度。比如五上《松鼠》，就可以画一棵挂满苹果的苹果树，第一个树杈上写着"外形特点"，第二个树杈上写着"生活习性"，然后要求学生在每个树杈上的"苹果"中填写具体信息。

二是学习填写读书卡、学习笔记等。教学生学会填写读书卡、学习笔记等，不仅有助于学生归纳整理文本信息，也有助于学生掌握有效的学习方法。对于刚接触这些写作形式的学生而言，每一个学习工具都需要一段时间的学习和熟练，建议教师设计一个"扶——放"的过程，先明确讲解基本操作要领，再结合具体文本进行教师示范，之后慢慢放手让学生独立填写和制作。比如五

上《钓鱼的启示》可以要求学生制作一个《钓鱼的启示》读书卡，上面记录项目有：题目、作者、出处、内容摘要、阅读心得、文中精彩语句摘录等。

三是概括、缩写、多角度叙述、分类集锦等。这类教学形式旨在通过概括缩写、视角转换、分类等写作活动，对文本信息进行"再加工"和"深加工"，这是对文本信息进行的更高级别的归类整理。

"概括缩写"是对文本信息主要观点的简要概括，要求学生能够对文本信息进行"系统观照"。比如阅读五上《鲸》，先要求学生用不超过 200 个字写"鲸的简介"，继而再用不超过 20 个字概括。在这种逐渐减缩的过程中，读者对文本信息的把握将更加准确、深刻。"多角度叙述"，是指从不用的角度概述课文，要求学生能够对文本信息进行熟能生巧的"变通性把握"。比如学习《落花生》，可以要求学生从父亲的角度撰写一篇新的《落花生》。"分类集锦"是对一篇或多篇的文本信息进行分类归纳，要求学生能够按照某一标准对文本信息进行分类归纳整理，以加深对文章内容的理解和把握。比如：五上回顾·拓展四的一个练习设计："本组的几篇课文有一个共同点，就是每篇课文都有一些重点语句，表达了作者的感受、讲出了作者受到的启发。如《钓鱼的启示》中，作者写道：'一个人要是从小受到像把钓到的大鲈鱼放回湖中这样严格的教育的话，就会获得道德实践的勇气和理论。'和同学交流，从课文、课外找出类似语句，再抄写下来，作为自己的'生活启示录'。"再如学完六上的一组文章后，让学生把课文描写的美丽景色集合起来，重新组合，再写一篇《流淌在语文书里的美景》。

3. "任务"型读写结合

"任务"型读写结合，是指借助阅读和写作的共同配合，来完成某一任务的读写结合课型。该课型中，阅读和写作有着深度的融合，读写结合进一步深化，既不是"以读促写"也不是"以写促读"，而是读写即时交互作用，共同参与意义建构，共同完成某一任务。这一类型的读写结合，极大地推进了读写结合的深度和广度，打破了我国传统读写结合徘徊在"以读促写"和"以写促读"之间的二元分离格局。

这里根据"任务"的类型又可细分为"运用类读写结合"和"研究性读写结合"。

（1）运用类读写结合

运用类读写结合，是指在某一交际语境中（读者、目的），为了完成一定的任务，创造性运用原有阅读文本的读写结合类型。比如："请为某少年期刊写信推荐《少年闰土》，推荐信要写出《少年闰土》为什么比较适合青少年阅读，争取劝说杂志社刊用。"在这里，为了推荐《少年闰土》，学生要在阅读《少年闰土》的基础上，根据要求进行写作加工，创造性运用原有阅读文本。

① 功能定位：创造性运用原有阅读文本。这类读写结合的主要功能是：基于一定的语境和任务，创造性运用原有阅读文本，激活阅读文本的实用价值和功能，避免学生死读书、读死书。仍以《少年闰土》为例，还可进行如下教学设计：假如你在参与"城市和农村哪个更有利于孩子成长"的讨论话题，读了《少年闰土》以后，你会持一个什么样的观点？你会选择《少年闰土》中的哪些材料来支持你的观点？把你的观点和支持材料写出来。在这一设计中，情境化的写作任务引领学生灵活运用所阅读的文本。

② 读写结合点：特定的交际语境和任务。如上例所述，在这类读写结合中，制约和联结"读写结合"的关键是特定的交际语境和任务。离开了特定的交际语境和任务，原有阅读文本就失去使用的空间和机会。

③ 读写结合的教学形式：情境模拟。该类读写结合的教学形式主要是"情境模拟"，即创设交际语境（读者、目的）和交际任务，促进学生创造性运用原有阅读文本。比如五上《鲸》的教学："低年级的小朋友们不知道鲸是鱼类还是哺乳动物，假如请你去跟小朋友们作出简要的解释，你会选用《鲸》这篇文章中的哪些文字？请挑选出来，重新组织成一段文字。"也可以设计为：假如有一个动物园要为"鲸鱼图片"撰写解说词，你会从本文中选择哪些内容？请挑选出来，重新组织成一段文字。再比如，五上《地震中的父与子》，可以设计"假如正在评选年度最感动人物，请你根据《地震中的父与子》一文，给评选办的人员写一封推荐信，推荐阿曼达和他的父亲，推荐信的开头是：'这里有一对了不起的父与子……'"

该类读写结合教学设计因为加入了交际语境和任务，与传统的"变体改写"相比，写作目标更清晰、写作动机更强烈、写作形式也更生动有趣，与多元开放的生活世界有着更紧密的联系，更能激发对原有阅读文本的创造性运用。

（2）研究性读写结合

研究性读写结合，是指基于相关文本材料的阅读思考，完成特定的研究任务后，再撰写成文。在这里，学生不仅要从阅读材料中获取素材，更主要的是要基于阅读产生自己的观点和看法，然后才能撰写成文。这种读写结合具有鲜明的研究性学习特点，体现了阅读与写作之间更为深刻的融合，是读写结合解决现实问题的真实形态，与"以写促读"和"以读促写"显然不是一个层面。这类读写结合也是国外读写结合的主流，比如美国 2010 共同核心标准（2010CCSS）的"写作标准9"，非常重视"能从文学作品或信息文本中去寻找支撑分析、思考和研究的资源"的写作能力，其本质就是这种研究性读写结合。然而，恰恰这类读写结合在我国还有些缺乏。

① 功能定位：能通过阅读相关材料，完成研究话题，撰写成文。即阅读是开展研究性学习的重要手段。学生应该能基于研究需要，搜索、阅读相关文本，展开思考，撰写成文。

② 读写结合点：特定的研究话题。这类读写结合中，制约和联结"读写结合"的关键是特定的研究话题。现行教材中也有所涉及，比如五上《新型玻璃》后的选做题："课后找一些商品说明书读一读，看看它们是怎样介绍商品及其使用方法的。"在这里，不仅要通过阅读获取一定的写作资料，还要进一步研究思考，提炼出关于"怎样介绍"的观点。这种读写结合因为加入了"研究"成分，就与信息重组类的读写结合有所区别。

③ 读写结合的教学形式：研究性学习。该类读写结合的教学形式主要是开展"研究性学习"，即围绕研究话题，搜集相关阅读材料，开展研究，最后得出研究结论、撰写成文。在这里，为了凸显研究性学习中的读写结合特点，此处的"研究"主要依托各种文本的阅读展开，以强化学生"从文本中寻找支撑分析、思考和研究的资源"的能力；而研究的结果主要采用"写作"形式呈现，以培养其实用性写作能力。但是具体的阅读和写作可以设计成学生喜闻乐见的形式。可结合课文内容设计，如学完六上《鹿和狼的故事》，可以设计研究话题如下：你发现本地有哪些需要引起大家注意的环保问题，针对其提出自己的建议，并从图书馆里或因特网上找到相关介绍资料支持自己的观点，包括文字、照片或图画，制成一个宣传栏，在恰当的地方张贴。也可以脱离教材设计研究话题，如设计旅游研究话题：你最希望去哪一个国家或地区去旅游？为什么？请你从书上或网上搜集相关资料，来说明选择的理由。很显然，这类"阅读"的文本范围是多元、松散、开放的，这类"阅读"的过程伴随着深度的思考研究，支撑后期的写作。因此，这类读写结合的难度高于其他类别的读写结合，最能彰显读写结合深度和广度。而恰恰是这类读写结合，也是最逼近真实生

活世界所需的读写结合形态,有助于学生获取工作和生活所需的读写能力。

(魏小娜)

四、推荐阅读资料

1. 丁有宽. 小学语文读写结合法. 广州:广东教育出版社,1985.
2. 汪潮. 中国语文读写结合研究. 上海:华东师范大学出版社,1997.
3. 李莹. 网络环境下小学语文读写一体化教学探索. 江西教育科研,2004(5).
4. 吕媛. 新课改过程中读写一体化作文教学研究. 辽宁师范大学,2009.
5. 王雯秋. "读写一体化"课程设计构想与实践. 外国语文,2013(S1).
6. 于燕. 关于"读写一体化"板块设计的构想. 小学语文教学,2014(5).
7. 陈金铭. "读写一体化"的路怎么走. 小学语文教师,2015(9).
8. 胡丹华. 小学中年级语文读写一体化教学策略研究. 作文成功之路·旬刊,2015(9).
9. 蔡清. "读写一体化四部曲"教学模式. 科学咨询,2015(44).

五、后续练习

《翠鸟》(三上)教后感

下面是一位老师写的三年级上册《翠鸟》的教后感。不知你有没有同感?说说你的观点。

《翠鸟》一文写得精致,小巧,适合三年级儿童阅读,模仿。特别是第一自然段,几乎能作为儿童禽类写作的范本。先看看文本,想想看,你会怎么教?

课文:

> 翠鸟喜欢停在水边的苇秆上,一双红色的小爪子紧紧地抓住苇秆。它的颜色非常鲜艳。头上的羽毛像橄榄色的头巾,绣满了翠绿色的花纹。背上的羽毛像浅绿色的外衣。腹部的羽毛像赤褐色的衬衫。它小巧玲珑,一双透亮灵活的眼睛下面,长着一双又尖又长的嘴。

我这样教。首先,想办法激发学生学习的欲望。一上课,我就说:孩子们,今天要学习的课文,对我们的一生都很有帮助。学好了这篇《翠鸟》,今后写小动物就不在话下了。特别是写鸟类,有了之前的《燕子》,再加上今天的《翠鸟》,管保写鸟没问题。说这番话的时候我留意到孩子的眼中闪着异样的光。我知道他们都被话激"活"了。苏霍姆林斯基说,教师要能用二十种不同的语气说"你过来"。我就用了"神秘兮兮"的语气说这句开场白,起到了效果。三年级孩童,兴趣的作用是无穷的。

紧接着,就放手让学生自己读,自己发现。作者怎么写翠鸟?写了翠鸟的哪些部分?自己拿起笔,一边读一边圈画。我喜欢学生拿着笔上课,随时记录感受,做好笔记,我感觉这才像上课的样子。许多沉迷阅读,懂得阅读的成年人,也有动笔读书的习惯。之前在凤凰网开公益讲座,网络管理员邮寄给我她的藏书作为感谢。一本《萨特文学创作论》中随处可见作者的笔记。班上孩童的语文课本,存着大量笔记,那是阅读痕迹,学习的轨迹。我一直想:如果课本能保存很久,这些笔记就更加珍贵;如果课本能传给他人,这些笔记就足以让拥有者感到自豪。

有了体验与发现后开讲，那就叫分享与互动。此过程中，我和大家一样，会让学生欣赏作者对翠鸟的拟人化写法，但我更将教学重点落在发现细腻的"色差"描写上。例如翠绿色、浅绿色、橄榄色，三种颜色是有差别的，教师引导学生发现作者用笔描写的精致，观察的精细，这都是写作意识的渗透。三年级学生知道橄榄但不知道橄榄色，会读翠绿但不知道翠绿和浅绿的差别。语文教师的责任就在于让其明白有一种颜色的写法是"物＋色"，色如其物；有一种写法是"形容＋色"，色如其词；有一种写法是"程度＋色"，色彩深浅浓淡有不同。而这些，都源于作者对物的观察，对词汇的积累。学生一下明白，写好作文的要义就是观察与积累。之前我并非如此敏感，听了《蒋勋细说红楼梦》后，发现"细"对于阅读教学的重要意义。教学，就是引导学生发现自主阅读中不能发现的地方，解开这些奥妙之后的写作真义。《红楼梦》中多处对人物衣物色泽的描写，出现许多关于颜色的词，许多都是今天不再见到的。有的是物已经不在，有的是色已经不存，还有的是因为今人的语言贫乏，写作随意，不像曹雪芹那样呕心沥血，用生命书写一段永恒定格的历史风貌。所以，能碰到这些高雅的言语，我都会让学生多学习，借鉴，模仿。

最后就是让学生多读几遍，这胜过老师不停交代：要写什么，要怎么写。儿童写作，更多依靠模仿。学习过程，阅读过程，都是模仿的生成过程，有益。课文中的语言有着暗含的节奏感，短小精致，动态十足，多读几遍，也是语感的积累。儿童写作，很多是第一时间的直觉反应，语感图式的建立，起着至关重要的作用。所以，在我的课堂上，主张三点：书声琅琅，议论纷纷，笔不离手。

课后，我看见了很有意思的现象。"中午百字"练习，不少同学写动物，模仿的意味很足。一个在我面前写作的学生，坐在金鱼缸前，一边看鱼，一边写，最后写成一段很像样的话。鱼和鸟的差别很大，《翠鸟》中学的几招居然也能迁移过来，真让人佩服学生的能力。百字写作完全是自由写作，没有命题要求，没有仿写的设计，学生会忘我地坐在鱼缸旁，倚靠着小凳子写，都是课堂教学激发出的浓厚写作兴趣所致。所以，适当的教学就是最好的减负！

那时候，我真恨不得养的是鸟而不是鱼。

（施丽聪）

第十三章　生活习作课

一、背景描述

我们都知道,作品是来源于生活,并高于生活的。作家想要创造一部好的作品,就必须深入生活,体验生活,对生活有所感悟。作文亦是如此。叶圣陶先生曾说过:"作文不是生活的点缀,而是生活的必需,跟说话完全一个样。"可以说,生活是作文的本源,离开了生活,作文就失去了源头和生命力。因而,在作文教学中,我们就应从"生活"入手,采用多种方式和手段,努力实践生活作文教学新理念,让学生切身感受到"生活处处是作文"。

凡是与生活相融的写作,是"绿色"的,它符合作文生态圈,具有顽强生命力。没有生活就没有写作,没有熟悉的生活也就没有了出色的习作。学生的生活是丰富多彩的,也充满了新奇事物,在他们眼里,什么都是那么鲜活。生活中的他们有喜、怒、哀、乐,具有独特的情感和体验。因此,我们就更多地有目的地带领孩子亲近自然,步入社会,引导他们参与实践去体验生活、感受生活,寻找生活中的焦点,为他们提供丰富多彩的广阔的认知天地,帮助他们积累丰富的写作素材。如课余假日带领学生到名胜古迹去了解祖国灿烂的文化遗产;到山川河谷去饱览祖国山河的秀色;到农村农家去做客,去体会农家生活的甜美;漫步田园,去吮吸五谷的清香……参观旅游途中,引导学生仔细去看,用心去想,并随时记下所见所闻。通过走一走、看一看、说一说、绘一绘、写一写等多种形式,提高学生的观察能力、思维能力、语言表达等诸多能力。

生活是作文的因,作文是生活的果。就像语言是花朵,行动是果实一样。作文是生活的一部分,生活是作文的来源。

大教育家朱熹的两句诗可以用来形象地表述写作与生活的关系:"问渠那得清如许,为有源头活水来。"

二、课堂例析

生活习作课《捶捶乐》(五年级)课堂实录及评析

师:同学们好!

生:老师好!

师:有的同学微笑地看着我,所以,我特别愿意听同学们的问候,还想再听听,同学们好!

生：老师好！

师：这个词是个泛指，可以向我问好，也可以向台下这么多的老师问好，转过去，再一次微笑地看着他们，再问一声好！

生：（转向全体听课老师）老师好！

师：（鼓掌走向一学生）哎，没见过我，对吧！猜猜，我姓什么，多大岁数，孩子跟你们多大距离，年龄？

生：30。

师：30，稍微年轻了一点。你妈妈多大？

生：36。

师：36。再猜猜我多大，（指脸）我相信你善于去观察，找到感觉。

生：37。

师：37。祝贺你，我老了一点点，（问另一学生）那你猜猜我多大岁数？

生：35。

师：35。小了一点点，（拍拍学生肩膀）我跟你的妈妈是……

生：同样的。

师：同样的，36 岁。我就像你们的妈妈一样，妈妈爱你们，当然我也爱你们，我和我的孩子是朋友，当然和你们也就是……

生：朋友。

【点评1】看似随意的交谈，却拉近了师生的距离，"朋友"这两个亲切的字眼将学生对老师的陌生感以及由此产生的敬而远之的心情一扫而去，接下去的理解与沟通自然而然没了障碍。它充分显示了课堂对话的魅力。

师：朋友见面，分外亲切，是吗？我相信今天我们的历程，将给你的生命历程留下深深的印记，我们也会给听课的老师们留下难忘的痕迹。那么好，我们做这样的一个小练习，每一个人，包括窦老师，包括听课的老师都找到这样的感觉。把手放在自己的肩膀上，（师示范，两手交叉放在肩膀上，闭上眼睛）对着自己的心灵说："我很棒！"

生：（安静）

师：（鼓励）大声说出来，我很棒！

生齐：我很棒！

师：我真的很棒！

生齐：我真的很棒！

师：我真的真的很棒！

生齐：我真的真的很棒！

师：有的同学在大声地呼喊，你的灵魂受不了，你的心灵该发颤了，平心静气地用你的声音重重地敲击在你的心灵上。重复地把这三句话完整地来一遍。

生齐：我很棒！我真的很棒！我真的真的很棒！

师：找到感觉没有？

生：找到了。

生：找到了，我非常自信。

师：你呢？

生：我也找到了，我也非常自信。

师：所以你刚才挺会用词，加上个"也"，坐下吧。（面向全体）你们都找到了自己的感受，那么真的……

生齐：很棒！

师：真的真的——

生齐：很棒！

师：再给你的同桌来一份鼓励和祝福，拍着你同桌的肩膀，微笑着面对他，互相祝福。

师：（引）你——

生齐：很棒！

师：你——

生齐：真的很棒！

师：你——

生齐：真的真的很棒！

师：我也想让你们夸夸我，夸夸台下的老师们，让我们也找到我们的感觉，行不行？

生齐：行！

师：来，竖起大拇指（师竖大拇指示范），可以这样，可以这样，可以这样，都可以。这样，来，来，给我们感觉，想对谁说都可以。

生齐：（竖大拇指，对着想说的对象）你很棒！你真的很棒！你真的真的很棒！

【点评2】真的真的是很棒的调动学生学习积极性的一个案例。虽然感觉煽动的力度有点东北风味的夸张，但学生的自信心是绝对地空前地高涨！有了这么强的自信心，学生当然更愿意积极主动地投入到学习的过程中去。这正是我们最期盼的课堂学习氛围。

师：（竖大拇指）我们大家都真的真的很棒！就带着这种感觉，让我们一同走进……（出示多媒体画面）。

生齐：昨夜星辰。

师：出现了这样的一个乐章，你有怎样的体会？"昨夜星辰"你联想到些什么？

生：我联想到昨天晚上星星一定很多，很美。

师：这样很可爱，还有吗？来，还有没有，

生：我联想到昨天晚上并不是很多星星。

师：满天的一眨一眨的没完没了的星星，自然有它们自己的内涵和意境。你们还联

想到些什么？难道仅仅是昨天晚上出现的星辰吗？

生：我想到我童年的美好回忆。

生：我想到更多的星辰，每天晚上都有。

师：还有吗？

生：我想到了我的朋友们。

师：是呀，你以往学习的一些伙伴们，你以往经历的所有的事情，就像那天上一眨一眨的星星，伫立在你人生成长的旅途上。那么，咱们就把这么多璀璨的、数也数不清的你人生经历的那些星星缩小、缩小，定格在我们最近几天所经历的昨夜星辰上。比如，就在上一个星期日的这个时候，或者清晨最早的时候，是 4 月 5 日——

生：清明节。

师：清明时节——

生齐：雨纷纷，路上行人欲断魂。借问酒家何处有，牧童遥指杏花村。

师：在那个时候，我们会送去对故去的亲人、对牺牲的烈士们的问候；过元宵节、过元旦、过新年、过教师节，我们都会送去对老师的——

生：问候。

生：就在三八妇女节的时候，那天正好是我妈妈的生日，我就送给她一束非常美丽的鲜花，还送给她一个大大的蛋糕。

师：是花钱买的吧？

生：是的。

师：是零用钱省下来的吗？

生：没错。

师：多么有孝心的孩子，

生：谢谢老师！

师：哎，激动了吧，好一个爱妈妈的孩子，你们也都是爱妈妈的——

生：孩子。

师：是呀，我们不仅问候妈妈，我们还问候爷爷、奶奶、姥姥、姥爷，是吗？我相信，你们不光用你们的语言传达你无尽的感激和爱戴，你们也会用你们的行动来表达你们的问候。你用零用钱去买鲜花，可能你有特殊的经历和记载。今天窦老师想带给大家一份特殊的小礼物，这个小礼物呀！物美价廉，也许你能把它介绍给你的姥姥、姥爷、亲人，朋友，还有包括你的老师们，让它带去你对他们的问候。那么大家看，是什么呢？（出示多媒体画面）。没有认识的吧？谁认识？

生：捶捶乐。

师：看把你乐的。哎，他说对了，就叫——

生：捶捶乐。

【点评 3】利用课件进行联想作文训练？感觉是绕了一个大弯子终于引出了课的主人公——捶捶乐。我不太理解窦老师的用心。窦老师若能大驾光临，请指点指点，谢谢！

师：谁到前面把这几个字写一写？谁敢到前面把捶字写一写？你来，好，我们大家跟着他来写写看。（生上台写）

师：一起跟着说说，写得正确吗？

生：正确。

师：你很棒！你领大家读一读这个题目。

生：（领）捶捶乐。

生齐：捶捶乐。

师：她这样读你爱听吗？捶捶乐。你爱听吗？你再读读，看着这个字你心里体会，不用讲这个捶什么意思，你用你心里的感受读。

生：（领）捶捶乐。

生齐：捶捶乐。

师：这样你愿意听吗？

生：愿意。

师：你再看着这个词，也许和你刚才的滋味又不一样。

生：捶捶乐。

师：乐！——你听，咱们再读。

生齐：捶捶乐

师：（指生）这是她读的滋味，就这个捶，这个乐，我找同学再读，读你自己的滋味。

生1：捶捶乐。

生2：捶捶乐。

生3：捶捶乐。

生4：捶捶乐。

生5：捶捶乐。

生6：捶捶乐。

师：用自己的滋味来读，捶——

生：捶乐。

师：顾名思义，捶捶就——（师笑）

生齐：乐！

师：那么，它怎么不说"敲"呀？你说这"捶"和"敲"有什么区别？

生："捶"比较轻点。

师：所以轻轻捶就怎么样？

生：乐！

师：真好，你再读这个词，你味又不一样了，不信你再读读。

生：捶捶乐。

生：捶捶乐。

生：捶捶乐。

师：哎，好了，再读。

生齐：捶捶乐。

【点评 4】 特意引导学生用心读出捶捶乐的"舒服的味儿"，并将捶与敲对比，设法逐步使学生对捶捶乐三个字建立起比较深刻的、感性的认识和理解。老师点拨得很耐心，也注意随时鼓励学生——很棒，用自己的独特方式保持学生学习的积极性。

师：（出示捶捶乐实物）来，用眼睛观察观察，说说吧，你看到了些什么，怎么看的呢，就怎么说，我们六年级的同学我相信，我们可不用再讲什么顺序呀，方法呀，你根据你自己的观察习惯，说出来。

生：我看到了上面是一个蓝宝石一样的球，下面很像一个帮人抓痒的手，中间是一个柄子，这样就把两个分散的物体连接起来了。

师：不错，来（鼓掌）多会观察呀，我发现她很有顺序！没有人教她，她自己却根据观察顺序来讲，而且抓住重点来讲，不该讲的就不讲，我也尊重她。（指其他学生）还想再说说吗？

生：我看到了一个弹簧。

师：嘿，也许会抓住这个最关键的，你就会想，哎哟，这个地方为什么会搁个弹簧？是不是呀？

生：是。

师：所以呀，我也尊重你，咱们大家也尊重你，她观察抓住最关键的地方来说，也可以，还有补充吗？

生：我看到球和弹簧之间有一个托住的东西。

【点评 5】 指导观察捶捶乐的外形，大力提倡学生掌握正确的观察事物的方法——有顺序，抓重点、关键，而且教师毫不吝啬热情的鼓励性的语言——"所以呀，我也尊重你，咱们大家也尊重你。"

师：好，坐下，太好了，亲爱的同学们哪！这个小小的捶捶乐呀，就是我的一个朋友王叔叔开的保健品商店的一个最便宜的一个保健品。于是呀，我就在想，我们每个人都有这样那样的爱心，我们不是非得要帮王叔叔推销这个产品。但是，我们觉得，我们可以拿非常有意义的实用的东西来表达我们对他们的爱，然后王叔叔在我临走时要到咱们武夷山，你们是哪个学校的呀？

生：实验小学。

师：实验小学。我说呀，我要到武夷山去。他说，哎呀，武夷山正是旅游景区，而且武夷山那地方的孩子们你跟他们交流的时候，你不妨向他们介绍介绍我这个产品，我一听，这个忙，咱能帮，咱们帮着介绍就是来了解了解它，也有利于我们今后我们对待别人，我们帮助别人，奉献我们的爱心，也是可以的。所以我就说，行啊，拿来吧！他说呀，那就拜托窦老师，帮我介绍介绍，你们看，这个捶捶乐呀，有一份说明书，他们公司写的（出示多

媒体画),让我们"慧眼识文"。看看说明书讲的都是些什么? 好,同学们,就在刚才,短短的时间内,5分钟前,我发给了你这份说明书,看谁在短的时间内迅速地捕捉到说明书的信息,两个人一份,个别同学没有,把你获得的信息和大家做一交流。

【点评6】创设情境——帮王叔叔推销产品,以及"慧眼识文"四个字,激发学生投入学习和思考的积极性。

生:(读说明书)。
师:好,说说读了这份说明书,你获得了怎样的信息,了解到些什么。
生:捶捶乐的作用是可以舒筋活血,可以治半偏瘫、关节炎、头痛、失眠等症状。
师:你说的这些是讲它的什么?
生:作用。
师:这都是作用吗?
生齐:适用范围。
师:(对刚才回答的学生)你再说一遍。
生:适用范围。
师:再说一遍。
生:适用范围。
师:比如,(指屏幕说明书)我们看这里也行,看你手里那份资料也行,通过阅读我们了解到这份说明书有一部分写了它的适用范围,是吗? 我们一起来聊聊,适用范围,能治——
生:偏瘫。
师:学名是偏瘫,我们口语,生活中的语言叫——
生:半身不遂。
师:还能治——
生:关节炎、头痛、失眠等。
师:这个"等"是什么意思?
生:还有很多。
师:哦,同学们真了不起,那么通过读这份说明书,我们迅速地能了解到它的适用范围,迅速地捕捉到这样一个关键的信息,这是很好的阅读说明书的一种方法。太好了,我们再说一遍,啊,这个适用范围,能治——
生:偏瘫、关节、炎头痛、失眠等。
师:很好,还有吗?
生:我还懂得捶捶乐的作用,捶捶乐它可以调节神经功能,增强身体抵抗能力,以及起到舒筋活血等作用,特别是对某些常见的多发病症有独到的治疗效果。
师:好不好?

生：好！

师：好，给这些同学掌声。

生：（齐鼓掌）

师：好的，你坐下，他知道了它的作用，我们就有必要运用它来怎么样发挥这个作用。同学们，为了强化它，咱们一起再聊聊，用捶捶乐敲击身体各关节、肌肉及相关穴位，就能起到调节——

生：神经功能，增强身体抵抗能力，以及舒筋活血等作用，

师：特别是对——

生：某些常见的多发病症有独到的治疗效果。

师：这篇说明书就讲了这两个作用吗？讲了这两个方面的内容吗？作用、范围，还有什么？一起说说，这位举手的同学。

生：使用方法。

师：使用方法，你看，分成了几部分来写的。

生：两部分。

师：作为六年极的同学，我相信你一定能概括这两部分。你可以用两个字概括，或用一个词组列个小标题。第一种情况是什么？

生：无病。

师：OK，OK，太棒了，太棒了。另一个是——

生：有病。

师：一句话，就是有病的时候是吧？再聊聊，再聊聊，有病的时候怎样，无病的时候怎样？

生：（交流）

【点评7】在聊天似的氛围中，鼓励学生自己把说明书的几部分内容梳理清楚，并彻底读懂弄明白，这个环节不可忽视。为后边评价和改写说明书以及"推销产品"等精彩环节做充分的准备，使学生有话可说可写。

走进生活，体验生活
——窦桂梅习作课《捶捶乐》分析

最近，笔者有幸聆听了特级教师窦桂梅六年级的作文示范课《捶捶乐》，不禁被她那精湛的教学艺术所折服。在这堂课中，窦桂梅老师以爱唤情，以情激情，使整个课堂激情四溢；她还精心创设生活体验的情境，引领学生走进生活，体验生活，让学生在体验成功喜悦的同时达到"我口抒我心，我手书我口"这样一个习作的最佳境界。笔者摘录其中一个教学环节，与同仁们共同赏析。

（在学生了解了捶捶乐的特点、用法、用途后，窦老师继续引导学生习作训练）

师：王叔叔还有第二个任务，同学们，咱们能不能帮帮他？

生齐：能！

师:王叔叔的公司刚开不长时间,他说,窦老师,我这里的服务员不像你们的基础教育,正在进行新一轮课改,正在推行素质教育。那时,他们毕业得早,而且待人接物,推销的经验各个方面都欠修炼。他说,能不能麻烦你的同学帮忙推销推销,然后让他们把推销的体会写成文章,作为今后培训员工的继续教育资料……

(此时,学生兴趣盎然,跃跃欲试)

师:那就让我们真正进行一次——(出示多媒体画面)

生齐:生活体验。

师:今天,我们是一次特殊的公开课,我们不用上街去找市场。我们怎么去推销捶捶乐?

(学生们纷纷发言,师小结:我们推销时要真实,感情要真挚,言语要真切。)

(学生迫不及待地到听课老师中去推销。此时气氛热烈,学生个个兴致勃勃。5分钟后,学生推销结束返回座位)

师:谈谈你们的体验吧!

生:我没有推销出去是因为我推销的方式太死板。

师:怎么死板?

生:我就把说明书读了一遍。

师:没有把说明书上的内容变成自己的语言,看来回去你得练一练。这也是体验,所以我们说,失败是成功之母。

生:我们是产品不够,又没有零钱找给顾客。

师:这说明事先准备不充分,以后要把产品准备好了,这也是一种体验。

生:……

师:推销出去的也谈谈体验吧。

(众生举手,师环视四周)

师:(笑)所以我们说成功也是成功之母。

生:刚开始客户对我们的产品不信任,后来我们把产品的好处说给他听,还说如果买了觉得不满意,将会作什么处理。

师:你成功最大的体验是什么?

生:产品的安全保障。

师:再找一个成功人士。

生:我最大的体会是当一个推销员真不容易!

师:怎么不容易?

生:(略)(说出自己推销的经过)

师:是啊,推销员的工作真是不容易。其实,不光是推销员的工作不容易,任何工作都很不容易。你们真的体会到生活的滋味了……

这个片段的教学分为三个层次:一是创设情境,激发学生主动体验的兴趣;二是亲身实践,体验推销的酸甜苦辣;三是抒发感受,表达独特的感受。

1. 在平等对话中入情

课堂中,当老师走进学生的情感世界,当课堂弥漫着民主、平等、积极、愉悦的情感,当课堂成为师生交流的平台,当置身于课堂中的教师以全部的生命力投身其中,往往可以点燃学生们智慧的火花,激发他们心灵深处的灵感。窦老师的这节课,正是把这一点体现得淋漓尽致。在课的伊始,她就笑盈盈地让学生猜她的年龄,然后饱含深情地告诉学生:"我就像你们的妈妈一样,妈妈爱你们,我当然也爱你们,我和我的孩子是朋友,跟你们也就是朋友,朋友见面,分外亲切。"从上述这个环节她创设的情境谈话中,她更是以朋友的身份,用商量的语气与学生平等对话,比如她说:"王叔叔让我们帮第二个忙,帮他推销推销捶捶乐,再把你们推销的体会写成文章……"像这样,学生们听到老师朋友似的亲切话语,感受着老师慈母般的关爱,愉悦的情绪油然而生,还有什么不能说?还有什么不愿做?

2. 在亲身经历中体情

平常,学生面对习作普遍感到两大难处:一是没题材写,二是有话写不出。如何化难为易,使习作成为孩子们心灵的乐园,并通过习作激励他们展示自我,传递信息,交流情感,体验生活呢?窦老师在这方面给了我们很大的启示。她巧妙设计"推销捶捶乐"这个环节,看似顺手拈来,其实却煞费苦心,可谓匠心独运。她善于挖掘教育资源——现场上百位听课的老师,作为孩子们推销的市场,营造了一个利于孩子们积极体验,师生互动的平台,巧妙地把习作融入生活,让学生全身心地投入推销实践活动,在学生亲身的经历中,体验着成功、艰难、无奈、喜悦等各种真实的情感。此时,同学们正以一种愉悦的情感,激动的心情,去推销,去体验,去交流,尽情享受真实的生活,不断丰富自己的体验。

3. 在自主抒发中言情

成功的习作应该追求一种"我口抒我心,我手书我口"的最佳境界。短短的5分钟推销实践结束后,窦老师不失时机地在黑板上写出"我口抒我心"这几个字,并鼓励学生谈谈推销的感受和体验。于是,推销失败的学生谈到自己失败的原因,认识了自己的不足;推销成功的学生尝到成功喜悦的同时,体会到当一个推销员的不容易。从学生畅所欲言的抒发中,我们可以看到学生确确实实走进了生活,体验了生活,并且在自由抒发中表达了自己的独特感受和真情实感。此外,老师还十分注意提升学生的体验,比如当一个学生说他体会到推销员的工作不容易时,窦老师引导学生体会:"其实,不光是推销工作不容易,任何工作都不容易。"在这种润物细无声的言语中,学生的生活体验得以升华,健康的人格得以发展。

(本课例由清华大学附属小学特级教师窦桂梅执教,由陈福建评析)

三、资源链接

(一) 小学生作文指导之"多"

有一位老师介绍了作文指导的经验,朴素而有效,值得大家借鉴。

(1)多看书。老师的责任是帮助学生选择看什么书。三年级以上的学生必须读名著(中国的/国外的),增强学生对文学的爱好。老师应尽量帮助学生了解作者经历、写作过程、写作特点和写作背景等。

(2)多读书。让学生多读好文章。读的时候应该感情丰富,注意语调和语气。阅读能够扩大学生文学知识面,所以对于重点句子要熟读和背诵。

（3）多写作。要求学生坚持写日记，不强求学生写得多好，但要坚持。

（4）多讲解。在讲解课文时要把文章的结构、中心思想、写作方法等讲给学生听。模仿写作很重要，特别是对三年级的学生来讲。

（5）多指导。学生往往不会写开头。文章的开头千变万化，没有规定模式，只要符合作文要求就行。开头要简明，不要俗套。文章结构要理清，结尾要出彩。

（6）多观察。没有生活就没有文章。指导学生观察社会、观察自然、观察事物，让学生从中体验生活的乐趣，这样才能写出好作文。虽然不能事事观察，但要引导学生多观察事物，积极联想。

（7）多交流。让学生在课堂上多交流，看看别人是怎样写作文的，有什么值得学习的经验和方法。这样可以相互帮助，相互提高，不要闭门造车，堵塞思路。学会使用多媒体，与时俱进。

（8）多学习。二年级的学生就应该学习语法和修辞，学习经典句子，学习诗词写作，提高写作兴趣。特别是诗词模仿写作。语法的学习不太受重视，这是学生写作出问题的重要原因。

（9）多鼓励。学生需要老师的鼓励。在写作上，老师应该多鼓励学生，不要经常责怪学生。要看到学生的进步，特别是对学生作文中的好句子，应当及时表扬，给学生以信心。

（二）课堂的生活气息

《生活中的提示语》习作教学片段及评析

1. 片段一：图片导入，初步感知，激发兴趣

（1）出示图片。展示一组来自学生身边的提示标牌及提示语，揭示课题。

师：走进我们美丽的校园，老师发现校园里设立了许多的提示标牌和提示语。（播放图片，逐条出示提示语）

上下楼梯靠右行走。（楼梯口）

手心手背要搓洗。（洗手间）

好习惯终生受益。（教室黑板前）

用心做事才能把事情做好。（校园长廊里）

一粥一饭当思来之不易，半丝半缕恒念物力维艰。（学校餐厅）

守护一片绿，增添一份美。（校园草坪）

师：这些提示标牌和提示语成了校园里一道靓丽的风景。它们像一位默默无闻的老师，每天提醒着我们注意自己的言行举止，展现自己的文明风采。

（2）学生交流。说说自己平时见过的印象深刻的提示语。

师：同学们在平时生活中也一定见到过这样的提示语，你能说说给你印象最为深刻的一句吗？

生1：顺"便"冲水。这是我在卫生间看到的。

生2：我在马路上看到的提示语是：带着平安上路，载着幸福回家。

生3：我还在草坪上看到一句提示语：别踩我，我怕疼！

生4：我看到过节约用水的提示语：滴滴情深自来水，请你拭去我的泪。

……

师：同学们都是生活的有心人，这些文明提示语自然就逃不过你们的眼睛。今天这节课，就让我们和这些提示语来一个亲密接触，一起走近生活中的这些提示语。

【点评1】由校园中的提示语导入，给学生既亲切又新鲜之感。亲切的是这些提示语来自自

己天天生活学习着的校园,虽熟视无睹,却似曾相识;新鲜的是这些自己已熟视无睹的提示语竟然也能登上语文课堂,而且仔细念起来确实有些别具一格。这种亲切新鲜之感能很快激起学生学习的兴趣。课前事先布置孩子们收集自己印象深刻的提示语,是一个极好的搜集、筛选提示语的机会,通过到生活中找寻同伴交流以及父母的帮助,孩子们初步接触了提示语,建立了学习起点,为本课的集中学习打下了基础。

2. 片段二:比较异同,改写练习,小试牛刀

(1)比较下面两组提示语,说说有何异同。

(公厕)请便后冲水。来也匆匆,去也冲冲。

(阅览室)严禁大声喧哗。轻轻地我走了,正如我轻轻地来。

(公园里)禁止攀折花木。一花一草皆生命,一枝一叶总关情。

师:两组提示语意思一样,你们喜欢哪一组?为什么?

生1:我喜欢第二组的提示语,读起来很舒服,让人感到亲切。

生2:第一组好像都是用命令的口气,第二组比较委婉,使人容易接受。

生3:第一组语句简短,明确禁止我们不能做什么,第二组语言要优美一些,读了觉得亲切。所以我喜欢第二组。

……

师小结:两组提示语表达的意思一样,第一组用了"禁止"、"严禁"等词,更具有警告作用。第二组表达委婉含蓄,显得亲切友善,富有文采,更容易让人接受。

(2)模仿练习。

牛刀小试:改写下面的提示语,使之亲切友善,生动而不失原意。

提示语:(卫生间)请节约用水。改写为:_____

提示语:(阅览室)报刊不得带出,违者罚款。改写为:_____

学生展示自己的作品:

生1:我把"节约用水"改为"珍惜生命之源,'关'住点点滴滴"。

生2:请不要让我无故流泪!

生3:现在我们有水喝,以后地球渴了怎么办?

生4:第2句我改为:带走知识,留下报刊。

生5:除了思想什么也别带走,除了报刊什么也别留下。

(3)老师小结:提示语的目的是提醒人们注意,为了达到这一目的,有些提示语委婉含蓄,亲切友善,充满温情,甚至不乏幽默。这些构思巧妙、语言亲切、耐人寻味的提示语令人耳目一新,更具有令人难忘的宣传、警诫和启发作用。同学们真能干,你们也能写出这样的提示语了,真不错!

【点评2】出示两组意思一样的提示语进行比较,学生很快就能发现其异同,从而体会到提示语的不同的表述方法,此环节简单有效;接下来设计的改写练习让学生跃跃欲试,通过练习真正体会提示语委婉含蓄的魅力所在,从学生改写的提示语中不难看出练习的有效性。

3. 片段三:竞猜交流,品味写法,大显身手

(1)快乐竞猜。

师:猜一猜这是写在什么地方的提示语?说说这些提示语有什么共同的特点。

请不要与我亲吻。(小汽车后面)

昂首阔步时,我在你的脚下呻吟!(草坪)

请您近距离投篮。(垃圾筒)

滴滴情深自来水,请你拭去我的泪。(水池旁)

你手中的垃圾我最爱,请不要对我不理不睬。(垃圾筒)

天黑我照着你,天亮你关照我!(路灯)

喜欢你深情的注视,讨厌你用刀子表达对我的刻骨铭心。(树木、桌椅或墙壁的诉说)

生1:这些提示语都用"我"的口气来写的,好像在和我们对话。

生2:我觉得这些提示语都用了比喻、拟人等写法,非常生动形象,让人过目不忘。

(2)老师小结:这些提示语都采用了拟人的写法,用第一人称来写,似乎这些事物都变成了有生命的东西,在和我们真诚倾诉,在和我们深情交流,娓娓道来,情真意切,为我们的心灵送上丝丝温馨,缕缕情意。

(3)大显身手:用上第一人称的写法,请你替垃圾桶抒发自己的心声,真诚委婉地提醒人们将垃圾入桶。

(4)交流评议。

生1:不要把我的美味扔在离我不远的地方,我看了会十分眼馋。

生2:请不要让垃圾无家可归。

生3:请将垃圾喂给我吧,不要让它在大街上随风跳舞。

生4:你们的果皮纸屑我最爱,快快把它扔给我。

生5:把垃圾喂给我吧!大地妈妈刚换上了一件干净的衣服。

生6:垃圾说:"让我回到我日夜思念的家吧!不要让我到处流浪。"

……

师:不妨将我们创作的提示语张贴或装饰在垃圾桶上,我相信这些美好的倾诉会唤起人们停止乱扔手中的垃圾,我们的大街小巷或许将变得更为洁净。

【点评3】此环节设计的竞猜游戏让学生在快乐竞猜中再次感受到提示语的表达艺术和语言魅力,轻松地发现了这些提示语的共同特点。学生在竞猜的过程中激发了兴趣,他们在竞猜中找到了思维的乐趣,增加了思维的挑战性,从感性认识走向理性思考,既有情趣又有理趣。接下来安排的"用上第一人称的写法,请你替垃圾桶抒发自己的心声,真诚委婉地提醒人们将垃圾入桶"的练习可谓水到渠成,从学生创作出的一句句生动的提示语中可见一斑。教师有意识地提醒学生将这些创作好的提示语贴到垃圾桶上,更给了学生一个学以致用的机会。

4. 片段四:重点鉴赏,尝试创作,学以致用

(1)师:同学们,曾经因为提示语,让我爱上了一个并不有名的风景区。那里的风景并没有特别地与众不同,但景区里的提示语却打动了我的心。我愿意带来和大家一起分享。出示图片及相应的提示语,学生朗读体悟,评议交流。

句1:人间仙境,不食人间烟火。(禁止吸烟的提示语)

句2:"我的承受能力有限,最多不能超过15人,更经不起剧烈摇晃。切记。"(铁索桥宣言)

句3:一棵大树可制造千万根火柴,一根火柴可烧毁千万棵大树。(禁止用火的提示语)

句4:请不要把我往下扔,将我带入我的归属——垃圾桶。我由衷地感谢和自豪,只因我曾服务于你。(垃圾告白)

句5：平安与你同行：在溪石上跳跃固然欢快，但要时刻注意安全。（小溪边的提示语）

句6：到这里似乎一下子安静下来，这柔美恬静的一池碧水，让我们想起了唐朝诗人常建的两句诗："山光悦鸟性，潭影空人心。"这里故名"静心池"。（景点介绍语）

句7：就是你那轻轻的一投，却打开了我沉闷的心扉。（垃圾桶致谢）

（2）师小结：这些提示语写法新颖，或比喻，或对比，或排比，独具匠心，令人难忘。或许，正是有了这些如此美妙的提示语，风景区每一处都是那样的靓丽整洁；正是有了这些精心设计的提示语，才使得游客在那里既进行了一次愉快的旅行，又经历了一次文明的洗礼。

（3）活学活用：出示公园里游客乱扔垃圾、攀折树木、损坏公物、踩踏雕像等不文明行为的图片，学生观看。

师：同学们，我们刚才我们看到了公园里不文明、不和谐的一幕幕，相信同学们都不愿意再次看到这样的行为。让我们拿起手中的笔，为公园创作合适的提示语。要求：创作的提示语温馨而有内涵，它不但对制止不好的、不文明的行为能够起到更好的作用，还会把文明的气氛不知不觉地渗透进人们的心中。创作好后想办法和公园管理处联系，为公园变得更为美丽洁净出一份力。

（4）交流展示。

人间知己容易寻，公园草木不易栽。（为攀折的树木而写）

手下留情花似锦，脚下留情草如茵。（为公园美丽的花草而写）

把美的记忆带走，把美的心灵留下。（提醒在公园里文明游玩）

孔子乃圣人，不可攀登也。（为踩踏的孔子雕像而写）

我禁得起千年的风雨，却禁不住你的万般折磨。（为攀折的大树而写）

我还年轻，不想伤痕累累地面对这个世界。（写给受伤的垃圾桶）

"除了足迹您什么也别留下，除了照片您什么也别带走。"（提醒在公园里文明游玩）

踏破青毡可惜，多行数步何妨。（提醒不要践踏草坪）

弯弯腰，伸伸手，让公园变得更美丽。（提醒将垃圾入桶）

（5）小结本课。

师：同学们，来自生活中的这些美妙的提示语已深深地记在了我们的心里，感谢这些提示语，它让我们经历了文明的洗礼，它让我们感受到了语文的魅力。课余我们可以在班级里开展提示语征集活动，为学校的走廊、餐厅、图书室、包干区、操场分别设计几条新颖的提示语。最后送给大家一句话：生活处处有语文。

【点评4】此环节出示景区中别具一格的提示语将本课的学习推向了高潮，学生在朗读领悟，评议交流中积累了更多表达不一、令人难忘的提示语，加深了对提示语的认识。教师随后展现公园里不文明的一幕幕，为学生创作提示语创设了一个生活化的情境，激起了学生创作的灵感和热情，一个个拿起笔，写下一句句耐人寻味的提示语，深藏在孩子心灵深处的智慧得到了淋漓尽致的发挥和表现。

【思考】

第一，教师要善于发掘利用生活中的教学资源，使习作教学内容更丰满。

笔者平时对生活中的提示语感兴趣，乐于收集整理，并经常把它当作一句句有趣的话语，说来与同事朋友一起分享。直至有一天在一个景区发现了大量新颖独特，别具一格的提示语，萌发了将"生活中随处可见的各种提示语"搬进习作课堂的想法。这些简洁、精妙的提示语不正是习

作教学的最佳材料吗？通过自己的归纳整理,使之成为有效的习作教学资源,学生一定喜欢并且会受益匪浅。事实证明,对这些来自生活中的活生生的语言材料,学生不仅感觉亲切,而且陶醉其中,一起在快乐中感受到了语言的魅力。实践证明,教师善于发掘利用生活中的课程资源,我们的习作教学内容就会更加丰满。

第二,教师要善于归纳提炼生活中的教学资源,使习作教学过程更有效。

语文老师一定要善于归纳和总结,要把原本看上去杂乱无章的东西进行整理、提炼,总结出规律,有序地引导孩子们主动学习,这样才能使发现挖掘到的语文资源真正发挥作用。在本课中,我先让孩子们欣赏了来自校园里的提示语,让孩子们初步感知提示语就来自自己的身边,激起学习的兴趣。接着安排了三次活动:一是比较异同,牛刀小试,改写提示语,使之亲切友善,生动而不失原意;二是竞猜游戏,大显身手,让学生猜一猜这些是写在什么地方的提示语,用上第一人称的写法,为垃圾桶抒发自己的心声,含蓄委婉地提醒人们将垃圾入桶;三是重点鉴赏,学以致用,为公园创作合适的提示语。三次活动循序渐进,由易到难,很自然地把孩子们带进了提示语的主动学习中,真正做到了有效学习。孩子们不仅接触了很多幽默、耐人寻味的提示语,饶有兴趣地总结出提示语的规律,还激起了创作的灵感和热情。整个学习过程源于生活,用于生活,课堂洋溢着浓浓的生活气息,孩子们真正体会到了生活处处有语文。

（施燕红）

四、推荐阅读资料

1. 刘琦. 小学作文教学与学生生活沟通的研究. 荆楚学刊,2003(1).
2. 屠铁梅. 博客在小学作文教学中的应用研究. 浙江现代教育技术,2007(Z1).
3. 柴冬青. 小学整合式作文教学策略研究. 上海教育科研,2008(12).
4. 殷淑平. 小学作文教学生活化研究. 成功:教育版,2008(12).
5. 薛梅花. 向生活开放,向学生的精神家园开放——基于深度学习的小学作文教学研究. 科学咨询:教育科研,2012(5).
6. 陆丹. 生活化小学作文教学研究. 教育科研论坛,2012(11).
7. 吴杨梅. 基于学生经验的小学作文教学研究. 作文成功之路:教育教学研究,2015(1).
8. 夏灿. 小学生活作文教学研究述评. 现代教育科学:普教研究,2015(2).
9. 王栓. 小学作文教学生活化的研究. 新课程:小学,2015(10).

五、后续练习

《生话习作》(五年级)教研活动纪实

下面是《小学语文教师》编辑部组织的一次由薛法根老师执教的生活习作研讨活动的部分实录。请你积极参与讨论,并写出你的宝贵意见。

调查:还原事实,关注细节

师:同学们好!
生:薛校长好!

师：同学们，你们看我今天开心吗？

生：开心！

师：怎么知道的？

生：表情！

生：笑！

师：笑有很多种。一种真的是很高兴，开怀大笑；一种是苦笑。你看我的笑是什么笑呢？

生：（迷惑不解）

师：猜不出来了？最近老师有点烦。昨天晚上七点多，我接到一个电话，是我们学校的庄老师打来的，电话里面她不停地在哭。到底发生什么事情呢？想了解吗？

生：想！

师：为了解整个事件的来龙去脉，老师先进行了调查，并且做好了记录。这儿有几份记录。现在我请几个同学来读一读。第一份调查记录是庄老师提供给我们的，看看庄老师怎么说的。

生：（读）昨天下午四点五十九分，我接到钱同学家长的来电，说补习班老师没有接到孩子，父母也没有接到，问老师有没有把孩子留下来，我说没有。五点半，他们又打电话来，说没有找到孩子。于是，我立即到校园里寻找。问了南门北门的保安和门卫，他们都说没有看到这个孩子。父母确认孩子不在补习班，于是孩子爸爸报了警。在与孩子父母与补习班老师的交谈中，我了解到：前一天孩子的妈妈告诉孩子今天不用去补习班了，在门卫处等妈妈来接。而孩子的妈妈并没有告诉补习班的老师今天孩子不去补习班了。应父母的要求，他们要查看监控，看孩子是否出校门。在看监控的过程中，孩子的大伯、爷爷、奶奶陆续到了。其中孩子的奶奶情绪最为激动，我安慰道：不要太着急，大家都在想办法。此时，孩子的大伯用手指指着我，大声说："活生生的一个人就这么不见了，你还让我不着急。"说完，冲进门卫室朝我抡起拳头。保安和警察见状，立即上前制止。接着，孩子的爷爷也喊起来了："孩子在学校不见了，就要找你们老师。"说着，也抡起拳头打过来。保安和警察拼命拦住。这样的场面持续了两三分钟。之后，他们都出去找孩子了，我也在校园找去了。晚上七点左右，孩子妈妈接到电话，说孩子已经到家里了。这时。家长们都回去了，警察也都走了，保安对我说："万一今天吃到拳头了该怎么办？"我伤心地流下了眼泪。

师：谢谢这位同学。好了，听明白了吗？事情是不是有点复杂？

生：是。

师：了解事情真相不能只听一面之词。你觉得还应该调查哪些人？

生：同学的爸爸妈妈。

生：那个保安。

师：保安，他是见证人。对！还有呢？

生：那个同学。

师：我把他的名字省略了，称为"钱同学"吧。我这儿还有两份材料。一份是钱同学的，我请两个同学上来读，一个读老师的问话，一个读钱同学的回答。

生：（分角色读材料）

生1：你昨天放学后是怎么回家的？

生2：昨天放学我和同学一起排队的，庄老师送我们到北门。因为前天妈妈说放学后要到学校来接我，我就在北门找了一圈，但没有看到妈妈，于是就到前门找妈妈，结果没有找到，我又回到北门，还是没有找到。我就想先去奶奶家，因为我们一家经常去奶奶家吃饭，然后我就走了两个小时，晚上七点到了奶奶家。看到了我哥哥，哥哥说："家里其他人都去找我了。"然后我哥哥就打电话给家里人，叫他们都回来。后来爸爸妈妈对我说以后不要走了，就在学校等。

生1：平时是谁接你回家的？

生2：平时我参加补习班，补习班老师来接我。昨天妈妈告诉我放学后她来接我，所以我昨天就先去看妈妈在不在北门，看她不在就自己回家了。

生1：你昨天有没有看到补习班老师来接你？

生2：昨天我没有看到补习班老师。

生1：你昨天一个人走了两个小时很勇敢，但也让你的老师和家人很担心。他们找了你两个多小时才报了警，你不应该让那么多人为你担心，你知道以后该怎么做了吗？

生2：知道了。

师：老师和他还谈了很多话，但是这些都是关于钱同学以后该怎么做的，省略了。谢谢两位同学。听了刚才钱同学和老师的问答，同学们对这件事情是不是有了更真切的了解？更清楚了吗？

生：清楚了。

师：再来看第三份记录，这份比较简洁，这是学校的保安的叙述。他是见证人，他见证了在门卫室发生的那场争执。谁愿意上来读一读？

生：（读）昨天晚上六点左右，我接到庄老师电话，要看学校的监控，看看小孩在不在学校，监控中发现，小孩在五点左右还在南门等候区，后来我们没有看到。我们继续看录像，到六点多的时候，孩子的爷爷奶奶以及伯伯都陆续到了学校，这时警察也到了。家长情绪比较激动，怪老师没有看好孩子。孩子的爷爷和伯伯冲上去要打庄老师，被我们及时拦住。后来七点左右，孩子家里打来电话，说孩子已经在家里了。之后，他们就都回去了。

师：听了保安的叙述，这件事更清楚了吗？现在谁能用简单的语句概述一下到底发生了什么事情？有点难度？先说钱同学怎么做的，再说他的父母怎么做的，最后说老师怎么做的。我们只要抓住这些关键的人物，就能把这件事情说清楚了。

生：二年级的钱同学放学后本来应该去补习班，但由于妈妈今天不让他去补习班，所以今天他不去补习班，在学校门口等妈妈放学来接送他。

师："接他"不是"接送他"，把你刚才说的话用一句话说。

生：二年级的钱同学放学后在校门口等妈妈来学校接，并没有找到妈妈，就独自一人去了奶奶家。

师：清楚了吗？好，继续。

生：然后父母就以为钱同学丢了，很着急，打电话给了警察、老师还有他的亲戚。大家一起去看录像，但是大家并没有找到钱同学。最终钱同学的家里打来电话，说钱同学已经在家里了。

师：清楚了吗？但是，他的概括中恰恰漏掉了最重要的一个情节。

生：（沉默）

师：有一个细节是不能省略的，要不然薛老师就不会不开心了。这个孩子走了两个多小时，走到家里，应该令我们很高兴，但为什么我不高兴呢？为什么会出问题了呢？

生：因为家长由于过度着急，打电话给老师，想请老师帮忙，但是一气之下家长决定打老师。

师：不是"决定"，他们讨都没有讨论，他们冲动之下就——

生：他们冲动之下就想打老师，辛亏保安和警察阻止。

师：对，这个情节能不能省略掉？

生：不能。

师：这个情节如果省略掉了这件事情就变成好事情了。因为有了这个情节，这件事情变成了一件非常复杂的、让老师心里挺不开心的一件事了。

师：好，清楚了没有？

生：清楚了。

分析：因果推断，是非判断

师：常言道"没有调查就没有发言权"。调查完了之后这件事情你们怎么看？我们要进行分析。这件事情我们怎么分析呢？有一个办法，就是按照事情的发展进行推理。事情总有前因后果，所以我们要进行因果的推理。首先看起因，庄老师在电话里干什么？

生：哭。

师：她为什么哭呢？

生：钱同学的家长一气之下想要打庄老师。

师：想要打庄老师，所以庄老师受到了——

生：惊吓。

师：一个弱小的女老师，两个大男人要揍她，要施暴，因此她受了惊吓。那么往前推，为什么她会受惊吓，是谁造成的？

生：主要是钱同学，如果他再能等一下妈妈的话，就不会发生后面的事情了。

师：这是间接的原因。最直接的原因是什么？

生：因为她没有看好钱同学。

师：是吗？她该打是吗？

生：（笑）

师：我们要像破案一样要进行严密的推理。

生：他妈妈。

生：两个男人。

师：两个男人是谁？一个是钱同学的伯伯，一个是钱同学的爷爷，我们称为钱家长。不是有钱的家长，是姓钱的家长。钱家长怎么使庄老师受到惊吓？

生：施暴。

师：但是这个施暴有没有成功？犯罪没有成功叫犯罪未遂，施暴没有成功叫——施暴未遂。钱家长为什么会施暴？再往前推，推出一个原因来。

生：因为钱家长怕自己的孩子会被绑架什么的。

师：被绑架？被绑架也不用质问老师呀！直接的原因是什么？

生：因为钱家长认为是老师没有看好孩子。

生：钱同学不见了。

师：不见了，他们着急，冲动了。还有吗？再推，钱同学怎么会不见的？

生：他没有找到妈妈。

师：还有呢？

生：补习班的老师也没有来接他。

师：这里的原因是什么？钱家长没有接，补习班的老师也没有接，于是这个孩子就不见了。现在理清楚了吗？庄老师哭是因为——（生）家长暴力未遂，钱家长暴力未遂是因为——（生）钱同学不见了，钱同学不见了是因为——（生）家长没有来接、补习班老师没有来接。所以，这件事是由谁造成的？

生：钱同学的家长、补习班的老师。

师：补习班的老师和钱家长什么关系呀？

生：卖家。

师：卖家？在卖人吗？

生：（笑）

师：钱家长是补习班的——顾客，他把孩子委托给补习班。照道理他们之间应该怎么样？

生：先联系好。

师：对。但是现在家长没有告诉补习班的老师今天孩子不去补习班，补习班也没有告诉家长这个孩子放学的时候就找不到了。所以家长有问题，那个补习班也有问题。我们要做一个问题的推理，找到问题的根本原因。这叫什么？

生：分析。

师：分析完之后我们要做什么？判断。这件事情当中谁是谁非？是非判断会吗？我们一个个看。钱同学有问题吗？

生：有。

师：有什么问题？

生：他没有等妈妈来接。

师：也就是他没有听妈妈的话。钱同学还有什么问题吗？

生：自己走回家。

生：他没有找老师。

师：他没有打电话找老师，也没有打电话联系，是不是这样的？总之，孩子有没有问题？

生：有！

师：但是，孩子有再多的问题我们都可以原谅，因为孩子还未成年，犯错在所难免，但老师也要教育。补习班的问题在哪？

生：老师没有接到孩子，也没有和家长及时联系。

师：人家把孩子交给你了，你却没有尽到责任，这叫什么？

生：违约。

师：叫失职。钱家长呢？

生：没有及时来接孩子。

师：也是失职。作为家长放学要接孩子，家长有看护孩子的责任。

生：家长也不该因为没有找到孩子而一气之下打老师。

师：对，暴力未遂，这是第二个错误。

生：也没有教育好自己的孩子。

师：这也是失职。

生：没有告诉孩子在哪里等。

师：这个就是没有教育好孩子。

生：没有和补习班老师沟通好。

师：这些我们都可以把它们归为家长的失职。还有，他们在找不到孩子的时候把责任归结在谁身上？

生：庄老师。

师：怪对人了吗？没有！这叫什么？错怪。如果我们整理一下，这个钱家长的错误第一在失职，第二在错怪，第三在暴力未遂。庄老师有责任吗？

生：没有看好孩子。

师：刚才已经讲了庄老师把学生安全送到北门。没有哪个老师是到校门外还一天到晚看着的，校门之外应该是谁的责任？

生：家长。

师：如果说从教室到校门老师没有护送，那么这是老师的责任，护送了这是谁的责任？

生：家长。

师：庄老师有没有责任？

生：没有。

对策：写信沟通，目的鲜明

师：这叫——是非判断。接下来怎么办呢？

生：解决问题。

师：你看看，作为校长，哪些问题需要解决？

生：和家长沟通。

师：为什么？

生：家长做得不对，不应该那么冲动想要打老师。

师：对，其他还要做什么？

生：教育钱同学。

师：对！

生：还要安慰庄老师。

师：三件事了。

生：还要和补习班沟流一下。

师：没有"沟流"这个词，叫"沟通"。

生：在学校提醒其他同学。

师：提醒平时也是和钱同学一样自顾自走的同学。

生：要让门卫把好门。

师：可以。不但是一个家长，我们学校很多家长都是这样的，出了事总是找老师，不从自己身上找原因。所以还要和其他家长做沟通。你看七件事了吧？你说校长忙不忙？

生：忙！

师：那么同学们能不能帮助我做一件事情呢？这七件事情中哪一件最紧急？

生：找钱同学。

师：钱同学找到了，他回家了。

生：和其他同学说一下。

师：要做，但是现在最紧急的事情是什么？

生：和钱家长沟通。

师：为什么要和家长沟通？

生：要他们向庄老师道歉。

师：解铃还须系铃人，找到钱家长既能解决庄老师的问题，也能解决钱同学的问题，还能解决补习班的问题。所有的问题解决只有找到钱家长。那么，我去找钱家长谈应该怎么谈，我的目的是什么？

生：让他教育自己的孩子、让他和补习班联系，不要把错误全怪在老师身上，要想想自身的错误。

师：你说的都是家长的错误，这叫指出错误。

生：老师的责任在于指导孩子的学习。孩子只要一出校门就需要家长负责。

师：还有一个最重要的是什么？

生：道歉。

师：应该道歉吗？

生：应该。

内容：叙述事件，指出错误，提出建议

师：因为每个人看待问题的角度不同，看到的都是一部分，所以一开始你要注意什么？要——叙述事情的整个过程，把事情还原，再指出错误，提出建议。如果这样和家长谈行不行？

生：行！

师：先把事情还原，再指出错误，最后提出建议，这是我们和家长谈的——

生：目的。

师：这个目的要非常明确，要非常鲜明。沟通有几种方式：一种当面讲，还可以怎么讲？

生：电话、写信、家访等。

师：那你们能帮老师写一封信给家长吗？

生：能！

师：如果家长一看到你们的信，下星期跑到学校来向庄老师道歉，说明——你写得比较成功；如果你写好之后给他看，他都不睬你，说明——你写得失败。有了明确的目的，有了写信的内容，还应该注意什么呢？这封信是以谁的口吻写的？

生：校长。

师：我是校长，他是家长，两个都是"长"，所以写信的时候能不能把他当作我的下属？（生）不能！所以在写信的时候语言要得体，要注意语气和表达方式。等一下你们回到教室之后就写这样的一封信。写三个内容：一是叙述事件，二是指出错误，三是提出建议。说话语言要得体。行吗？今天能写好吗？用多少时间？

生：一节课！

师：好！今天的课就上到这里。

"源于生活，为了生活"专家点评实录

作文课：讲什么，如何评

主持人（陈金铭）：作文一直是语文教学研究中最难的一个问题，研究阅读教学的非常多，但是研究作文教学的却很少。我们编辑部发起了"新体系作文进校园"活动，就是为了共同突破这个作文教学这个难关。活动的第一板块内容，就是盛泽实验小学薛法根老师和周菊芬老师分别执教了"作前指导课"和"作文讲评课"。我们先来谈谈这两节课。

余家友（吴江区教育局教研室书记）：周老师这堂作文讲评课其实很具有我们吴江"二次作文"的基本特色。我们提出，作文教学第一步是作文指导，作文课指导完了以后要当堂完成。第

二步是快速批改,要求注重实效性,要求老师在三天之内把作文批完。第三步要求及时讲评,然后二次作文。周老师在上课之前做作前指导的时候,我想肯定是很淡化的,只是提了一些基本的要求,如动作、心理、发现,主要让学生放开去写。写完之后,老师在批的时候,把重点放在哪?放在学生第一次作文的批改情况上,并把这个作为作文讲评的一个重要素材。作文教学不是学生写完了就算了,更需要教师指导学生修改作文。今天周老师关注的是这样的一个问题。

谢江峰(上海松江实验小学书记):刚才听了余书记的话,对于周老师的课,我还在学习当中,初步对"二次作文"有了一些了解。一个小小的想法,指导的内容有一些偏多,要让学生发现、要有想象、要猜想、具体今天课堂上要让学习的点在哪里,好像每一项都很重要,但是每一项还是不够,如再往前走一步,如果再沉下去一点,可能效果会更好。

吴忠豪(上海师范大学教授):这个评讲,我认为应该和习作指导的目标一致起来,就是习作指导重点是什么,然后让学生根据这个目标来评讲,我这个作文怎么样,把这个作前指导和作后指导一致起来,可能不太容易。另外呢,二次写作,还是多次,修改修改,评讲以后怎么发挥作用,吴江采用的是二次作文的方式。一般的思路就是把作文的评改放在回家的作业上,我觉得还是把这个放在课堂里面,会更加落实一点。

杨文华(《小学语文教师》主编):周老师的这节课,就是余书记提到的"二次作文"。现在的作文都是写一次,然后老师要批两个礼拜,忘记了批改,等你批改完了,孩子看也不看,就看看等第,每一次的训练都是浮于表面。二次作文最大的好处,是让一次次的修改都能落到实处,所以有一位老师说过:"作文在于三分写,七分改。"我们的作文一定要改,大家都知道,文章都是要进行修改的,好的东西都是改出来的,不是写出来的,不仅是学生自己改,同学之间可以互相修改,老师一定要帮助学生形成这样一个互评互助互改的行为,所以周老师这节课总体来讲思路很清楚,她就是按照这个思路来的,我建议还要增加小组互动,师生互动,甚至家长参与的方式,让我们的作文真正地在这样一种交际的氛围下进行。

主持人(陈金铭):听了各位的点评、讲评,为什么评,如何评,心里都有了或多或少的认识。那么,对于薛老师的作前指导课,大家是如何认识的呢?

谢江峰(上海松江实验小学书记):听了薛老师的课后,我写了这样八个字"简单、醇厚、朴实、浓郁"。说简单,阅读课也好,作文课也好,薛老师的课一贯都是这样,一张嘴,一支粉笔,也没有多余的指导,但其中有思维的训练。我们讲,有语言的训练,有作文的指导,作文的指导就是贯穿在跟孩子的聊天、对话当中,后面四个字是朴实、浓郁,为什么我这样说呢?薛老师的课没有要怎么样写,要达到什么,我们写作一定要注意心理啊、动作啊,这些概念化的东西都没有,但是透过这样的一份朴实,我们看到的是薛老师指导孩子怎样给钱家长写好这封信,写这封信有哪些具体的要求,所以呢,这里面指导还是比较到位的。有一个不成熟的想法。如果今天这个素材能够发生在孩子生活当中,如果两个小朋友打架了,是不是跟孩子离得更近,或者离我们的孩子会更近一些。

吴忠豪(上海师范大学教授):"源于生活,为了生活",我觉得这两句话很好,一个是讲的是生活作文来源于哪里,源泉在哪里,源泉在生活,那么今天这个课,薛校长这个课,就是从生活中提取的、鲜活的一个材料,是给人印象深刻的材料,这是作文训练。还有就是"为"字,这个讲的是作文的动机目的的问题,到底为什么来写作?是为了生活,怎么理解?这篇作文,从它的功能来说是从生活的角度,代校长给家长写一封信。它还有一个作用,是培养学生今后参加社会交际的能

力,使他们能够成为社会化的人。因此,还有一个内涵,就是让孩子适应,让孩子受教,所以这两句话,在今天这堂课中表现得非常突出。这样的生活突发事件,变成孩子学习写作的一个题材,然后在设计的时候,又巧妙地把这个材料设计成一封代校长为家长写的一封信。

"源于生活,为了生活",应该说这个思路是好的,那么怎么能够更好? 刚才我们薛校长的课,要求学生代校长给家长写一封信,这个对孩子来说,毕竟太远太远了,所以我刚才建议出一期板报,把这件事情,讲给同学听,然后让同学来发表感想:你出这个板报的目的是什么? 或者以后碰到这样的事情你该怎么应对? 或者是碰到这样的事情,我们怎么跟家长去沟通,就是说,今天这堂课,是从校长这个角度出发,给家长写一封信。如果转化成从儿童的角度出发,学生从这件事情上可以得到什么,那么我觉得这堂课素材的转换会更加儿童化,更符合儿童的角度,这是我的一点想法。

吴立岗(上海师范大学教授):我觉得薛老师今天这节课,好像是考虑一个重点,那就是真实。陶行知说的:"千教万教,教人求真!"今天还没和他碰面之前,另外一位校长对我说发生了一件什么事情,我在想那么严重的事情倒是要处理一下的。我没想到,吃饭的时候薛校长说,这件事情我要让学生来写,我想你胆子真够大的,让学生来写,相信学生,让学生充分地发挥,自由地依照自己的直觉发展,充分挖掘学生的潜能,这个用我们行话来说就是教育的机智。

生活作文:是什么,为什么

主持人(陈金铭):课堂是教学思想最直接的反映。"源于生活,为了生活",这是盛泽实小对"生活作文"最核心的理解。对于这种理解,各位有自己的看法吗?

余家友(吴江区教育局教研室书记):对于"生活作文"的理解,我从两个方面来说。

第一点,作文离不开生活。没有生活,写不好作文。莫言在村小读了五年书之后就辍学放牛,十八岁当兵,从事文书,渐渐成长为一个军旅作家,最后从一位普通作家成长为一名知名作家,从一位获得茅盾文学奖到获得诺贝尔文学奖的大作家。莫言之所以成为大作家,是什么给了他写作的动力、写作的源泉? 是什么? 我们今天的一个主题词"生活",是他的阅读生活,是他的人生经历。他的语文学习是在开放的大语文的基础上,而且还体现人文性和工具性的融合。所以我觉得没有生活,就没有莫言,没有生活就没有我们小学生的作文,所以我觉得作文离不开生活。

第二点,生活不能等同于作文。如果说把生活等同于作文,我给你生活,你就一定写得出来? 是这么回事吗? 不是这么回事。所以我们要先让学生去写,在写的过程中,学生慢慢学习。要训练什么,看了很久,学生心里渐渐明朗,学会注意一些语法的知识、技术的知识,运用这样的知识去指导自己的作文,修改自己的作文。

谢江峰(上海松江实验小学书记):我觉得生活作文有三个关键的要素。第一个要素就是实际性。生活作文就是跟我们的生活实际相联系,就是来自学生的生活。第二个,我觉得就是实用性。实用性包含在生活当中,学做人。生活中真实的场景、画面、事件变成我们孩子写作的素材,成为学生写作的源源不绝的材料,并在作文当中体现出来。第三个,我觉得就是时效性。我们现在作文的低效,甚至无效,实在太多太多。生活作文的训练,能提高我们作文教学的有效性。刚才很细心地听了报告,其实在这里面,它有一些训练,有一些评价,确实感觉到很有时效性,回去还得好好学习。

吴忠豪(上海师范大学教授)：沈校长在介绍作文经验的时候，我觉得这句话可以再考虑一下，作文要培养两种能力，一种产生思想内容的能力，一种表达思想内容的能力，两种能力在作文课中并立，是否合适？这个问题我想值得研究，为什么这样说？产生思想的能力不仅仅是作文课，整个基础教育都应该是具有产生思想内容的能力，那么这门课也不例外，今天薛老师这堂课，一堂课都是在产生思想，但是这个课，如果我们发散开去，放在思想品德课变成这样，也可以呀，这没什么不可以。语文课，作文课，它重点应该表达思想的能力，你怎么表达。产生思想有赖于整个基础教育，还包括高等教育，这样一个大教育，而我们作文是在表达思想的过程中，能够让孩子的思想更加条理化，更加正确，更加深刻，所以这两者之间的关系怎么改，这可以研究。

生活作文：向更深处漫溯

主持人(陈金铭)：生活作文，是作文教学的一部分，是语文教学的一部分，是学校教育的一部分。把它放置在大语文中，大教育中，我们或许能看到更多有价值的东西。

李永元(上海青浦区教研室主任)：作文教学老是绕来绕去，就变成老师面前的一个大难题。能不能在源头方面先考虑三个问题，第一个问题，价值层面的东西先考虑，作文的价值，到底应该是什么？如果一个事物，它是什么？为了什么？这个问题都没有搞清楚，其他问题慢慢再讨论。第二个问题考虑考虑学生，我们一直说尊重学生的认知规律，我的教学怎么教的，是不是真的尊重他们的认知规律？学生从认识事物，认识内容开始，到表达这个内容，我们学生到底是什么感受。第三个问题，研究语言规律，刚才沈校长说了一个表达思想内容的规律，语言规律到底有没有规律？实际上，语言是很有规律的，小到填词造句，大到鸿篇巨作，你去看，没有一个东西不存在自己的内核轨迹和形态，你说是不是？想一想，如果这个孩子方法都不会，基本的法则他绕不清楚，他怎么能够学会？他老是在迷茫当中，最最基本的都做不到，所以我们要认识语言的规律。

吴立岗(上海师范大学教授)：作文教学，应该让学生产生思想。但是，产生思想的地方，任何地方都可以。我这里指的是要培养产生思想的方法，产生思想的方法和习惯，比如说你有没有一种很好的观察习惯。现在我们每一门课都注重思维的培养，但是，却没有材料。提供素材，你把它积累下来，这个很重要，这个是要着重培养的。我写了一篇文章。这篇文章其中有一个搜集资料的能力，就是如何从客观现实，如何从童话，如何从网络，如何从媒体，来搜集资料，积累资料，把它写下来。所以我们课标上面有一条，把自己的积累、体验、思想要写出来。我上次在中国习作协会开会，发现最大的问题是什么呢？那些清华北大学生的作文都是高分，但是进来以后文章都不会写，为什么进来的时候分数那么高啊？背出来的啊！他没有一个积累。

我觉得作文训练还是重在一点，在思维，在求真。刚才吴教授提了一个很好的建议，就是一个板报的形式，我觉得呢，可以拓宽一点，写记叙文：《一件不该发生的事情》《警察来过以后》……写议论文也可以。但是要有一个规则。这个规则在第二堂课就表达出来了，注意了许多特殊的能力。但还有很多基本能力，你说四年级的基本能力是什么？审题，确定中心思想；然后五年级是搜集材料；六年级时整理材料。现在人教版教材出现了三种变化，苏教版我不知道，一种是随文练笔。第二个是内容作文，它的内容是主题作文，人文性的作文。每一个单元有一篇大作文，但是现在人教版八个单元已经变成七个单元了，还腾出一个专题的时间就是作文专题训练。

杨文华(《小学语文教师》主编)：老师们现在都普遍地害怕作文，最近我发现了很奇怪的两个

现象,第一个现象是从我们的陈老师,我们的陈编辑的小孩开始说起,他的小孩现在读五年级,在三年级的时候也是非常害怕作文,到了四年级,发生了质的变化。他们的小孩都在看科幻小说,看着看着,班级里的小孩就开始偷偷地写。陈老师的孩子也偷偷写。那一本笔记本,在桌子上,有一次趁他不在的时候,陈老师把这个日记本拿出来,他自己都吓一跳,写了一万多字,写得那个情节的生动、有趣,简直让他吃惊。为什么小孩子不愿意写课堂作文,却要去偷偷摸摸地写科幻小说?

第二个也是一个很奇怪的现象。有一位心理老师,试图去疏导孩子,就找了一个方法,让孩子去记日记。他发现最大的收获就是小孩的作文水平有了很大的提高,明显高于同班同学,究竟是什么原因呢?所以这里面藏着一些写作方面的秘诀,主要是看这样有没有给小孩子产生写作的需要,写作的动力。他可能有了这种需要,就会想方设法去写,而且有很多的写作技巧他自己回去摸索。

所以我们要写好作文,首先你要了解"生活教育"这个思想观念。可以说,现在真正接近生命的教育是生活教育。从卢梭的自然主义教育再到杜威,再到中国的陶行知,他们的观点都是生活教育,但我们现在的教育是完全违背生活教育的。我们孩子都没有自己的生活,所以写的都是僵化的、书本上的知识,还是没有自己真实的生活,所以孩子写假话、写空话,不是写真话,因为我们没有给他真实的生活,都是一些虚假的东西,所以薛老师提出的"生活作文"思想非常好。

人物聚焦:我的生活作文教学观

主持人(陈金铭):在座各位,从不同视角,谈了自己眼中的作文课堂,自己心中的"生活作文",令人很受启发。今天,把"新体系作文进校园"第二站放在盛泽实验小学,除了因为盛泽实小本身具备的深厚文化底蕴外,更为主要的是,这里有全国的名师——薛法根老师。接下来,就请薛老师对本次"生活作文"整体活动谈谈自己的想法。

薛法根(苏州市吴江区盛泽实验小学校长):今天这个课不成熟,因为刚刚改的,原来我这课已经准备好了,跟作文讲评课是配套的,写一次实验。这个课是真实的,也没有进行过艺术的加工,所以我这里想讲几点意见。

第一个是生活作文,它的素材取决于生活,是真实的生活,当然生活并不等于作文,在这个方面呢,我觉得有这样的几个观点:

第一,一定要从生活素材中提炼或者发现教学的价值,这就是作文教学的价值,价值在哪里?有可能我们会把这个价值定位在怎么表达上,但是生活素材的写作价值还有一个,就是对这个素材的认识。因为认识才是学生自己的真情实感,那么像这类比较复杂的事件,我们的孩子缺乏一种深刻的、完整的认识,当然今天这个课深了一步,所以我主要是训练我们孩子的推理和思维判断,这是非常重要的,产生思想观点的一个价值,这跟思想品德课还是有所不同的。当然,用四十分钟太长了一点,最好用二十分钟或二十五分钟合适一点。

第二,我们对于这个素材,还有一个目标的定位。这个定位是培养学生写作方法的能力,还是为了改变我们学生的生活?当然都需要。从长远的目标来看,写作是为了生活,如果这样的话,那肯定是学生希望写作给他的生活带来的一种变化,如果从更长远的目标来定位我们的写作教学目标的话,那就是不为写作而写作才是最好的写作。最好的教育是感不到在接受教育,最好的作文就是他感受不到他在写作文就写成了,那是最好,最理想的状态。

第三，我考虑的是一个角度的转换，同样一个素材，一定要有儿童立场，刚才吴教授都在讲这个，我非常赞同。就是同样的素材你站在什么样立场和角度、视角去看，那么他可能难易程度不一样，写出来的思想观点也不一样，写作的方式方法不一样，写作的最后呈现文体也不一样。

第四，就是方法的指导，方法的指导有两种，一个是写的方法，第二个是思考的方法，实际上我研究思维方法与写作，与表达方式的关系，发现表达方式、表达能力很大程度上取决于他的思维方法。思维的品质决定了写作的品质，所以今天我敢着眼于思维训练这个角度。其实，五年级的孩子一般来说，他叙述的功夫是有的，叙述的能力是有的，为什么叙述混乱，交代不清，主要是因为他思维不清晰，他没想清楚，所以方法的指导主要是思和写，即思考和写作，两者都需要，当然不同的课有不同的侧重点。

第五，就是写作的时间，我一直提倡的是，限时作文，就是一定时间一定要写完，四十分钟就四十分钟，二十分钟就二十分钟。限时作文有它的好处，除了有一种应试的功能，还会给学生一种思维高峰的体验，就是写作的高峰体验。今天这个课上没有体现这个限时作文。

这五点是我对生活作文从这个课例上产生的想法，不成熟的课例和成熟的课例有什么区别呢？成熟的课例呢，很好看，赞声一片，像好的作品一样，但是你只觉得好看，值得你学的东西没有了，为什么？艺术化的东西很难迁移，很难移植。不成熟的课能给我们很多的启示和启发，比如说，我们会发现如何改进的路径和方法、策略。它是一步步改进的，所以这个课是不成熟的，也是真实的，不成熟也有好处，接下来第二次上，我肯定是要有艺术化的东西。上一个对比的课，是最有研究价值的课，这里面的研究价值很重要。所以今天应该讲生活作文研究更恰当，最后感谢所有的专家和所有老师的参与，谢谢！

第十四章　活动习作课

一、背景描述

习作教学一直是小学语文教学中的难题,长期以来困扰着小学语文教师,并制约了小学语文教学的改革,影响了小学语文教学效率的提高。纵观小学习作教学的现状,出现了一些总是不得不令人忧虑的现象,诸如:"假",说假话,写假事;"大",小孩子说大人话,毫无童心童趣;"空",内容空洞,不实在,不具体;"抄",一段一段甚至整篇整篇地抄写别人的作文;"套",千人一面,没有个性和特点,几乎是从一个模式里走出来的。究其原因,主要在:作文与学生生活、学习严重脱节,学生无内容可写,形成了"巧妇难为无米之炊"的尴尬局面,逐渐失去对作文的兴趣。"丰富的作文内容"成了制约习作教学改革的瓶颈。应当从什么地方切入,才能找到问题的症结,帮助学生摆脱困境,爱上作文呢? 根据小学生喜欢活动,喜欢玩的天性,应以"活动"为载体,以"体验"为突破口,开展活动习作改革,尝试改进小学习作教学。

在教学实践中,活动习作教学有其明显的意义:

(1)活动习作能激发学生习作的兴趣。学生动手操作、动脑思考,愉快参与,思维活跃,有话可写,有话要写。活动教学反映了现代作文训练的特点,即注意了学生的主体性、教学的趣味性、能力的综合性、知识的实用性。

(2)活动习作能激发学生的探究愿望和热情。作为组织者、策动者、引导者的教师,在活动教学中的作用是十分关键的。在一定的时间和空间内,教师要帮助并促成学生对某一知识的"发现",必须选取探究性材料、预设探究结果、指导探究路径……并且要对探究过程及时地调控。这一切努力都必然集中体现于教师创设的问题情境中,合理有效的问题情境将使学生的探究活动始终处于"最近发展区",激发起学生探究愿望与热情,最终实现"有所发现"的预期结果,从而进行水到渠成的文字表达。

(3)活动习作能培养学生的动手能力和解决问题的能力。学生在活动教学中探究其问题过程中经历了类似于科学发现的某些思考、分析、概括的过程,而这种方式方法是解决各种问题以及将来从事研究探索工作所需要的,因而具有较高的迁移价值,从这个角度来讲,它的意义远远大于活动的本身。

二、课堂例析

活动习作《吹泡泡》(三年级)课堂实录及评析

导入:老师示范吹泡泡。

师：孩子们，老师刚才在干什么呀？

生：吹泡泡。

师：想吹吗？

生：想。

师：这节课我们就一起来吹泡泡。（板书：吹泡泡）

活动一：引导学生观察怎么吹

师：吹过的孩子请举手？老师请三个孩子上来展示一下本领。指名上台吹泡泡。

师：其他孩子注意观察他们的动作、表情，吹出的泡泡。

生：吹。

师：孩子们，快看，好多泡泡飞出来了！谢谢你们，请回到座位上。

师：谁来说说你看到了什么？

生：他们吹泡泡很高兴。

师：你感受到了他们的开心。

生：有一位男同学，他吹了，还接住了一个泡泡再吹。

师：你看到了他是怎么吹的？

生：那个男同学吹得很多。

生：这位女同学吹得有点小。

师：看到了泡泡的大小。

生：刚才那位男同学吹的泡泡又大又圆，又好看。

师：她看到了泡泡的什么呀？

生：形状。（板书：形状）

师：咱们班的孩子观察得可真仔细。看到了泡泡形状，并且还用到了一个好词——又大又圆。（板书：又大又圆）又大又圆的泡泡像什么呀？

生：西瓜。

师：把这个句子说完整好吗？

生：泡泡像一个西瓜。

师：真棒！你能把这个句子说得更美一点吗？不要紧，再想一想，谁来帮帮他？

生：圆圆的泡泡像一个大西瓜。

生：这些泡泡像满天飞舞的雪花。

师：真美。

生：五颜六色的泡泡又大又圆。

师：她不但看到了泡泡的形状，还看到了泡泡的什么呀？

生：颜色。（板书：颜色）

师：有哪些颜色呀？

生：红色、黄色、蓝色……

师：这么多的颜色，可以用什么词语来表示？

生：五彩缤纷。

师：真棒！（板书：五彩缤纷）

生：五光十色。（板书：五光十色）

师：咱们班的孩子真了不起，收集了这么多好词。孩子们想一想，小小的、圆圆的泡泡像什么？

生：像红枣。

师：宝贝儿，把句子说完整。

生：圆圆的泡泡像红枣。

生：小小的泡泡像亮晶晶的珍珠。

师：真棒！掌声送给她，用到了一个好词：亮晶晶。（板书：亮晶晶）

生：五彩缤纷的泡泡像又大又圆的棒棒糖。

生：圆圆的泡泡像飞散的蝴蝶。

生：圆圆的泡泡像五光十色戒指。

生：五光十色的泡泡像彩虹。

生：五光十色的泡泡像小灯笼。

生：泡泡像又红又圆的樱桃。

师：让人垂涎欲滴，两三个连在一起的泡泡像什么？

生：两三个连在一起的泡泡像毛毛虫。

师：很可爱。

生：两三个连在一起的像气球。

生：泡泡连在一起好像一串冰糖葫芦。

师：你的想象很丰富。

生：泡泡连在一起像一个美丽的蝴蝶结。

师：带在头上一定很美。

生：三两个连起来的泡泡像大树连起来的根。

师：像大树的根连在一块儿，亲密无间。孩子们想一想：吹泡泡时有哪些动作呀？

生：他们吹泡泡的时候，都会深深地吸一口气，然后再吹出。

师：你观察得很仔细。

生：他们吹泡泡的时候仰起了头。

生：他们脸上露出了笑容。

生：他们吹泡泡的时候都要拿起泡泡圈蘸一下泡泡水。

活动二：引导学生体验乐趣

师：在孩子们眼中泡泡多么可爱呀！想玩吗？老师给大家提个醒儿：不要把泡泡水弄到眼睛和嘴里。边玩边观察别人的动作、表情，泡泡的颜色、形状。孩子们，行动起来，尽情地玩吧！（生吹）

师：你们俩比试比试谁吹的泡泡大。哇，泡泡像彩蝶一样在空中翩翩起舞！我们教

室都变成了童话般的泡泡乐园了！（学生在音乐声中吹泡泡。）

师：孩子们停下来，收好你们的泡泡瓶，比一比，看哪一组的孩子动作最快。谁愿意告诉老师你刚才是怎么吹的？你看到了什么？想到了什么？

生：我们吹泡泡的时候有好多泡泡，数不清，而且这些泡泡就像下雪花一样，一个一个永远都数不完，颜色也很美。

生：刚才有五个泡泡连在一起像一朵花，让我想起了一个美丽的花园，有很多花，五光十色的。

师：这一定是仙女住的花园。

生：有很多泡泡像天空飞舞的蝴蝶。

师：很美，是吧！

生：刚才我和她一起吹泡泡，有两个泡泡连在一起就像一只长长的毛毛虫。

师：你怕不怕呀？

生：不怕。

师：为什么不怕？

生：因为毛毛虫非常可爱。

生：它们连成一串像一串串葡萄。

师：像一串串怎样的葡萄？

生：美味的葡萄。

师：你想不想吃？

生：想吃。

生：我看见很多泡泡在天空一闪一闪的好像很多星星，永远数不完。

师：掌声送给她，像一颗颗小星星，数不清，多美呀！

生：同学们吹的泡泡有像糖葫芦的，有像花的，仿佛来到了游乐场和花园。

师：你的想象很丰富。

生：我看到两个泡泡连在一起像葫芦一样。

师：这儿有三个句子，（大屏幕出示）谁能把它填得更好、更美呢？选择最喜欢的一句，先说给同桌听一听。

全班交流。生：你瞧，大家吹出来的泡泡各式各样：有的像冰糖葫芦，有的像满天飞舞的雪花，还有的像一串串葡萄，真像魔术师在变戏法呀！

师：你的想象很丰富。

生：看，泡泡的颜色有红色，有黄色，有绿色，有蓝色……真是太美了呀！

师：听你一说确实很美。谁来挑战一下第一个句子？吹泡泡时，我先用泡泡圈蘸一下泡泡液，再把泡泡圈送到嘴边，噘着小嘴巴，然后轻轻一吹，泡泡就飞上了天空。

师：她把吹泡泡的过程叙述得很清楚。这三个句子连起来，就是一篇小小的习作。

（动笔写作，留住快乐）

师：你们想把这份快乐永远留住吗？"最淡的笔墨胜过最强的记忆。"那就把你做过

的，看到的，想到的，用一段话写下来吧。

温馨提示：（可以写你们的动作、表情，也可以写泡泡的颜色、形状，以及自己的想法、心情……）

（1）生写，师巡视。

（2）讲评：例文1讲评方法的指导。

师：大部分同学已经写好了，没写好的也没关系，待会儿再写，先把笔停下来，我们一起来看一看这位同学写的。写了吹泡泡时的动作、泡泡的颜色、形状，自己的心情，书写工整，还用到了好词，如果能不写错别字就更好了。

【片段欣赏】

吹泡泡也是冰心奶奶小时候爱玩的游戏，我们欣赏一下她送给孩子们的两段话。（师读）

师：小小的泡泡在冰心奶奶的笔下变得多么有趣呀！好文章是改出来的，冰心奶奶的这两段文字也经过了反复的修改。请孩子们把写的片段自己先改一改，再拿给同桌评一评，没写好的同学继续写。

（3）自改，同桌互评。

结束语：这节课同学们玩得很开心，写得很精彩，只要仔细观察，认真思考，就能写出一篇优美的文章。

【总评】

1. 创设情境、激趣导入

朱义老师能抓住儿童好奇心强的特点，创设一个吹泡泡的游戏导入，学生首先观察老师吹泡泡，然后每个学生都尝试吹泡泡，体验游戏的乐趣，在游戏的过程中指导学生观察和想象，把学生带进喜闻乐见，贴近儿童生活的作文情境中。这样就激发学生的口头作文表达的兴趣，学生用了一些好词好句，老师能及时适当加以肯定，这就为学生的写作奠定了基础。

2. 发掘"材"源，独具匠心

写作是生活的需要，是有话要说，有情要抒，有事要叙。作文是生活之反映，为生活而作，因生活需要而作，内容为生活，形式为生活，终极目的也是为生活。离开了生活便没有了作文。《语文课程标准（2011年版）》在习作目标中指出："养成留心观察周围事物的习惯，有意识地丰富自己的见闻，珍视个人的独特感受，积累习作素材。"其目的在于让学生以多姿多彩的生活为素材，写出富有生活气息的习作。可是，城市的学生生活并不丰富，他们每天奔走于学校及各种特长班之间，日程单调，生活空间狭小，缺乏丰富的生活源泉。学生怕写作文，总感到写不好，主要症结在于没素材可选，于是只好拼凑或抄袭。针对这些情况，朱老师根据低中段学生的心理特征、兴趣爱好，为学生提供了形象生动、充满童趣的作文题材。整堂课中，学生用自己的眼睛去看五彩缤纷的泡泡世界，用心灵去想象梦幻般的世界。让学生"心动"、"口动"、"笔动"，解决了"作文难"的问题。无论是口语交际，还是写话，学生皆兴趣盎然，真是"童心之下万物皆活"之感。

3. 文化渗透，快乐作文

这次作文课是一堂文化习作教学的比赛课。朱老师没有在课堂教学中硬塞所谓的"文化"，

而是滋润渗透,雨过无痕。老师指导学生选用恰当的好词美句,欣赏名家冰心先生描写吹泡泡的美文,这些都是对学生的文化渗透和文化滋养。老师创设的吹泡泡的这个游戏,本身就有乐趣,在玩的过程中,朱老师不着痕迹地亲切引导学生观察吹泡泡时的人物神态、动作、泡泡的大小形状、颜色变化,启发学生的奇思妙想。课堂上师生互动,生生互动,气氛融洽,学生轻轻松松地收获了习作素材和习作方法,课堂效果相当好。

4. 难度与梯度,巧妙整合

这堂课让游戏成为观察、想象作文的依托,同时,学生的口头作文又丰富了对游戏的观察、认识。在处理本堂课的过程中,朱老师采用"句——段——篇"这样一个程序来过渡,重点落在对句子的指导上。在指导写句子的过程中,朱老师先给出孩子们观察的对象,再教给他们观察的方法,用眼睛看样子、看颜色、看特点、看动态;用心感受、联想、想象。这样一来,学生便有了一定的方法和模式,原来的无话可说变成有话想说了。在这个过程中,学生就像爬楼梯一样顺利地到达顶端,本课的教学目标达到了,难点也突破了。

(本课例由重庆市璧山璧泉小学朱义执教,重庆市璧山中学特级教师巫正鸿点评)

三、资源链接

(一) 活动习作的原则

"活动习作"兼有活动课程与学科课程的特点,其操作没有固定的格式,应因势利导,因地制宜。现以开展的一些"活动习作"课例,对"活动习作"的操作要点略加说明。

1. 精心设计,精心准备

活动是作文的前提,富有趣味性的活动,能极大地调动学生参与的积极性。开展的活动求新求趣,既可以是传统的游戏,如"添鼻子",也可以是一些传统活动的延伸和新发展,还可以是学生生活的迁移,如"护蛋行动",甚至可以让学生自己设计,自己玩。

有言道,教无定法。但活动设计好以后,教者必须对活动的过程了然于胸,充分准备好所需的器材,并对活动过程中可能出现的情况,以及活动中作文指导的切入点有充分的准备,以便活动能顺利进行,同时又能起到快乐作文的作用。否则要么活动失败,大家扫兴,要么只知玩得快乐,忘记了作文。

2. 尽情参与,积累体验

活动习作,其主旨便是减轻学生作文的压力,因此,不宜在活动之前就"明确作文的要求",学生有了心理负担,还能玩得尽兴吗? 在活动过程中要适时地引导学生观察,并逐步让学生在活动中养成勤于观察,仔细观察的习惯。同时要注重引导学生体会在活动中自己的心情,从别人的表情上揣摩别人的心情。有一定的体验的积累,是成功习作的保证。如:《亲情测试》活动习作,让学生一次次割舍亲人,体验亲情。学生在活动中有的竟哭得泪流满面。

3. 回顾活动,以说促写

活动和作文是有机融合的,不宜将活动和作文截然分开,作文的指导要"不露斧凿之功"。如果活动比较复杂,可以将活动分为几个部分,边玩边说。如果活动比较简单,也可以在活动完成之后,再引导学生回忆活动的过程。活动习作尤其不宜在活动之后,就让学生动笔,将"刚才的活动写下来"。这样不仅会挫伤学生作文的积极性,甚至会挫伤学生活动的积极性。好的做法是,边做边说,让学生谈谈:刚才你观察(发现)到了什么? 印象最深的是什么? 你的心情怎样? 你当

时是怎么想的？这样在自然的表达中，自然而然地提高了表达的能力，最后让学生不吐不快，再下笔成文，便水到渠成了。

4. 真情表达，个性成文

小学生作文，不要多"高"（立意高），不要多"深"（认识深），关键在"真"，让学生从小说真话，说心里话。正如《语文课程标准（2011年版）》指出的："写作教学应贴近学生实际，让学生易于动笔，乐于表达，应引导学生关注现实，热爱生活，表达真情实感。"

活动习作，要鼓励学生从自己的实际出发，写自己在活动中印象最深的一幕，说自己最想说的话，不要人云亦云，更不要无病呻吟。谋篇构段、详略安排、开头结尾要富有个性。

（二）活动习作的方式

活动式习作教学力求突破传统，寻求开放、自由的习作及指导形式，把活动的特性尽力彰显出来，让写前、写中、写后都趣味无穷。为此，教学实践中可以设计灵活多样的训练方式。

1. 听写式

让学生听了、看了再写。学生只有亲身经历过、体验过的事情，才能使他们有话可写，"耳闻目睹"是学生接触生活的最快捷的方式。

——听写作文。由老师说一段优美的文章，让学生边听边写，录成一段文章。听写作文融听的训练与写的训练于一体，不仅可以综合提高边听边记的能力和笔录整理成文的能力，而且有助于发展思维。如《听音乐，编故事》音响作文等。

2. 看写式

——实物作文。实物作文是一种取材广泛、简单易行的习作训练方式。玩具、文具、动物、植物、人物、场景等均可作为题材，让学生能面对实物，抓住特征，用准确明白的语言把对象的特点、情况勾勒出来。这类作文，有助于培养学生的观察能力，而观察是认识事物的基础，也是学生写好作文的前提。这种训练还有助于学生积累生活知识和常用词汇，掌握段和篇的写作技能。当然，随着写作水平的不断提高，所写实物可以由室内转向室外，由静态转向动态，由记叙为主转向叙议（抒情）结合。如《我喜爱的水果》《赏菊》《水果拼盘》等活动习作。

——看图作文。这是一种让学生仔细观察图片后，根据图画内容写出一篇作文的训练方法。看图作文，可以开拓写作题材，培养学生的观察力、想象力，发展形象思维。

——照片作文。让学生选一张自己认为有欣赏价值的照片，在作文课上展出，让学生去讨论，然后让他们为它写一张说明书。

——游记、参观记、访问记等。结合学生生活实际，通过组织开展春游、秋游、参观工厂、农村、商店等活动，引导学生与自然、社会相接触，开阔视野，丰富知识，提高学生写作的兴趣与能力。

——观后感、读后感、时事评述等。结合形势和学生写作实际，通过观看电影电视、收听新闻联播、组织开展读书活动等，来指导学生开展写作活动，鼓励学生表达真情实感，提高学生欣赏鉴别能力。如《话说西游》《秋天的发现》等。

3. 玩写式

让学生玩了再写。小学生天性喜欢玩，玩是他们生活中的一项重要内容，它不仅是写作素材的重要源泉，而且还有利于促进学生的身心健康。因此，我们常采用以下方法：

——游戏作文法。作文前老师有意识地组织一次集中的学生喜爱的课堂游戏，游戏后再让大家把活动全过程写成作文。通过活动写活动，使学生有事可记，有情可抒，有感可发。如活动

习作《桌上拔河》、《摔鸡蛋的学问》、《木头人》。

——剪贴作文。让学生把自己喜爱的,认为有故事可编的图剪下来,拼贴成一幅有主题的画,然后借助"想象",把画面编成故事写下来。由于剪贴作文是让学生决定所写的内容,因而最容易触着孩子的"兴奋点",另外,通过剪、拼、贴或影描、涂色等操作,不仅可以使学生增长知识,培养学生的动手能力,而且大大激发学生的作文兴趣。如作文《快乐手抄报》。

4. 做写式

让学生做了再写。好动是小学生的特点。利用这一特点,让他们动手操作,然后再动手写下来。只有学生亲手做过的事,才能使学生在写作时有"不吐不快"的感觉。因此,我们常采用以下方法:

——连续观察作文。让学生对同一事物作连续观察写成作文。连续观察作文要把每次观察中最有趣、最新鲜的情况作为作文的基本内容,这种作文教学有利于观察能力的培养。如活动习作《故事会的故事》。

——科普作文。组织学生通过亲自动手做小制作、做小实验,或通过查阅有关科学知识方面的资料等,组织学生写小制作、科学小论文等。如实验活动习作《鸡蛋浮上来了》、《水上浮针》、《烧不坏的手帕》。

——考察作文。组织学生开展社会调查、实践等活动,倡导学生自主、合作、探究的学习方式,提高学生的语文实践能力。如活动习作《家乡的小河》、《小河的哭诉》。

5. 体验式

通过组织学生开展参加家务劳动、社区活动,为敬老院老人做好事,当小营业员、小报童、小交警等活动,引导学生关注现实,热爱生活,表达真情实感,提高写作能力。如活动体验作文《天才考试》、《亲情测试》、《护蛋大行动》、《今天我当家》、《我为妈妈洗脚》。

6. 想象式

让学生想了再写。这里的想是指想象,幻想。通过启发学生想,让他们展开想象的翅膀,不但能培养儿童的探索精神和创造能力,而且能发展他们的想象力,提高作文兴趣,常用的方法是:

——推测作文。以事情的结果为起点,推测事情的起因和经过。

——再创作文。利用课文结尾续写情节,如教学寓言《滥竽充数》一文时,让学生续写《南郭先生逃走以后》的作文。有的写他逃出宫廷后,悔过自新,发愤图强,重返宫廷,齐泯王免他死罪;有的写他回到乡下,仍旧好吃懒做,希望在其他行业滥竽充数,结果郁郁而死……还可根据课文略写部分扩写故事,改变课文的人称、顺序和主题等。

(徐卓军)

(三) 活动习作的步骤

活动习作可采用"指导观察明确——趣味活动建构——回味观察生成——多元修改成稿——百花齐放评价"的趣味活动习作教学操作样式,来努力提高学生的作文水平。

1. 指导观察

对小学生来讲,观察力是他们认识世界的窗户,是思维的触角,是记忆力、想象力的基础。苏联教育家苏霍姆林斯基也认为学生观察实物易于产生鲜明的表象,产生写作激情。因此教师要注意引导学生用眼细看,用耳谛听,用手抚摸,用鼻深嗅,用心灵感悟。

如写一个人,就要指导学生从人物的外貌、服装、语言、行动、神态、心理等方面来观察,来反

映人物的不同职业或年龄、善良或凶恶、勤劳或懒惰、勇敢或胆怯、诚实或虚伪等特征；又如记一件事，就要指导学生从事件发生的时间、地点、人物、起因、经过、结果等方面观察，进而揭示其全过程；再如写一只动物，就要指导学生从动物的外形、姿态、动作、声音等方面来观察来反映它的特征。

学生的好奇心和求知欲是很强烈的，当他们的这种心理被激发出来之后，观察事物时就会兴致勃勃，特别细心认真，效果也会格外好。因此，在每次开展活动之前，教师一定要明确本次活动的观察要求，引导学生细致地观察，掌握观察的方法。

2. 活动建构

（1）文体竞赛。学校开展的文体活动是对学生进行写作实践的最好形式之一。因此，语文老师要大力鼓励、支持学生参与其中。如拔河、踢毽、歌咏、书法等校园"艺术节"、校园"体育节"活动，要组织学生踊跃参加，在活动中激发学生的集体主义热情，参与意识，勇于进取、不甘落后的精神，在浓郁的氛围中受到教育和熏陶，从而使学生写出来的作文具有真情实感。

（2）兴趣小组活动。经常开展各种兴趣小组活动可以扩大学生的知识领域，弥补所学各科知识的不足，提高学生的文化素质，更为重要的是激发学生的求知欲望、表达欲望。在班级中，针对具体情况，利用午休或其他活动时间，开设书法、剪纸、下棋、阅读等兴趣小组活动，每组选出有一定特长的同学全面负责，定期举行汇报展出或比赛，定期邀请有特长的家长来班级作辅导。这样学生写出来的作文是自己所熟悉的活动，才会充满生机和活力。

（3）重大节假日或时事系列活动。抓住一些重大节日或时事系列活动，要求学生为父母、为贫困同学、为老师、为爷爷奶奶、为社会争做一些力所能及的好事。在为人民服务的德育实践中，使学生真正感悟"我为人人，人人为我"的观点；又如结合"五一"、"十一"黄金周旅游，让同学们在大自然的怀抱中自由呼吸、徜徉、畅游，感受祖国山河的美丽神奇。这样学生习作的主题自然而然地深化了。

（4）班队活动。班队活动是小学生常规的活动之一，也是学生积累素材的一方面。经常利用班队时间开展讲故事、学唱歌、演课本、展才华、去郊游、放风筝、采茶叶、搞野炊等活动，让学生开开心心地玩。在全身心放松的玩乐中亲近大自然、亲近生活和伙伴，用活动唤醒学生沉睡的童真，让他们思维的触角不断地伸出新的枝丫。

（5）家务劳动与社区服务。在实验班中规定学生在双休日时，必须参加"今日我当家"活动。学生自己主宰一天的全部生活，自己上街买菜，烧饭做菜，打扫卫生。同时发放调查表，要求写出此次活动自己的心理感受及家长意见。平时还要组织学生开展社区服务，如慰问老人、参观访问等。

（6）综合实践活动和社会调查。综合实践课程的深入发展，越来越受到学生的欢迎，因此，利用学生在活动中的所见、所闻、所感、所想来反映学生在活动中的收获是非常有效的。如结合课程，开展"游、尝、访、问、观"等活动形式累积题材。

走进社会，开展社会调查，是学生了解社会的好办法，同时也是拓宽学生写作思路的好方法。让学生调查统计每家每户的塑料袋使用情况并与之配套实施一系列活动："净化我家"、"提着菜篮上市场"、"弯腰行动队"等，树立环保意识；让学生调查统计一年内小区违法乱纪的人数，开展法律知识讲座，增强法制观念；让学生调查统计一年内小区因交通出事故的人数，开展"安全在我心"、"珍惜生命"等主题队活动，进行安全教育。通过这些调查活动，让学生用心去感

悟,并且让学生真实地记录下来。用一个个触目惊心的数字来激发学生发自肺腑的创作热情。

（7）课堂趣味活动。作文课堂教学是提高学生作文能力的主阵地。为此,教师要精心设计教案,根据不同的作文内容创设各种趣味活动,来激发学生写作的热情。如教师故弄玄虚,变个戏法,表演个魔术;排练一个课本剧,编排一个小品;设计一个实验;发放一张调查表;设计一个小问题;讲一个小故事;展一下自己的才华,露一手自己的绝活;缝一颗纽扣;做一个拼盘;展示生活的小窍门;当一个记者;做一回主持;做一个设计师;运用角色表演,让学生扮演写作题材中的人物,通过人物的音容笑貌、言行举止,栩栩如生地创演或重演事情经过,让扮演者亲自体验事件中的人和事,让观看者亲眼目睹事件的全过程,从而大家都能在写作中形象地反映出所见所闻所感,写出真切感人的文章来;播放一些名歌名曲,让学生在悠扬的旋律中海阔天空任遨游;启发学生欣赏一些优秀画作,让学生在多彩的画面中发现美感悟美,受到心灵的震颤;经常画一些简笔画,引导学生从不同角度、不同视点、不同层面去思考同一问题,让学生获得多种不同的感受和体验,使学生生命深处的创新能量得到最大限度的释放;充分利用先进的现代化教学技术,使多媒体应用于习作教学,利用直观形象、音画结合、声情并茂的特点,充分调动学生作文的积极性,促进学生思维的发展及能力的提高。

（8）拓展教材活动。学习了故事类、戏剧类的课文让学生自编自演课本剧;利用教材上口语交际提供的内容进行辩论赛;学习了《新闻报道一则》,让学生收集新闻,召开新闻发布会。

3. 回味观察生成

（1）蓦然回首——回味观察、选择题材

当趣味活动结束后,教师要有目的地指导学生回顾活动的过程以及活动中自己所观察的对象,把自己在活动中的见、闻、想用语言表达出来,教师和同学们在旁帮着补充和修正。同时,教师要帮学生理清活动的思路,从活动中选择典型的材料进行重点回味指导,告诉学生要注意选材的代表性,要做到以小见大,力求新颖。

（2）画龙点睛——拟题立意

《语文课程标准》指出:要为学生的自主写作提供有利条件和广阔空间,减少对学生写作的束缚,鼓励自由表达和有创意地表达,提倡学生自主拟题,少写命题作文。为了让学生对作文感兴趣,必须把作文的主动权交给学生,让学生通过自主拟题,写自己感兴趣的内容。在开始阶段,教师要组织学生从交流作文素材入手,引导学生从自己积累的作文素材中拟定作文的题目,然后组织班级评比,看谁拟定的作文题目新颖、有趣,让学生从中初步掌握拟题的一般方法,最后要求学生在作文时,自拟题目,逐步提高学生自主拟题的能力。

任何事物都是有其两面性的,我们往往重视一面,而忽视其另一面。因此,要深化习作的主题,关键是教师要引导学生摆脱思维定势的束缚,从另一角度、另一方位、另一侧面来考虑事物,激活学生的求异思维,往往能独辟蹊径,发现新大陆。

（3）巧手打扮——谋篇布局

选材、拟题、立意之后,教师要指导学生组织材料。研究先写什么,后写什么,怎样开头,怎样结尾,怎样过渡,怎样前后照应,哪些材料作为重点写,哪些材料可以几笔带过去,做到详略得当;同时要求学生会引用自己已掌握的名言名句、古诗等,增加习作的文化内涵,使文章读起来更有吸引力。

指导学生谋篇布局时，开始要详略具体，以后逐步放手，每次指导应突出一两个重点，不要面面俱到。指导要放开思路，防止千篇一律。

（4）左顾右盼——学样模仿（有时可删去这一环节）

小学语文教材中每一篇都是文质优美的范文。在习作生成这一环节中，我们可以联想到相关的课文，教师要充分发挥教材的典范作用，注意引导学生从教材中学到写作方法和写作技巧，然后模仿习作——独立运用——内化习惯。

（5）跃跃欲试——自由表达

一切就绪后，学生迫不及待地想表达自己的欲望，这时，教师让学生自由表达。启发学生自由表达，一是要学生自主选择表达内容，写真话，说实话，抒真情；二是要让学生根据表达的需要，自主选择表达的方式，或记叙、或说明、或抒情，为学生营造宽松的思维与写作环境，减轻学生对作文的心理负担。

4. 多元修改成稿

长期以来，教师讲，学生写，教师改，成了习作教学的模式。这既不能调动学生作文的积极性和主动性，也不利于培养学生自我修改作文的能力。为了充分发挥学生在修改作文方面的主动性和积极性，促进学生作文综合素养的提高，我们要采取灵活多样的修改方式。如教师批改、学生自我修改、学生相互修改、师生共同修改、师生单独面批等。最后则由学生自己大声朗读定稿成文，工整地誊写。

5. 百花齐放评价

在新课程理念的评价观念下，作文评价不能单指教师的最后评语了，而应贯穿在整个习作教学之中，随时随地寻找好的进行褒奖。而且评语不能再是单一的就文论文了。多数必须采取谈心式、鼓励式、探讨式、商量式的方法，委婉地指出作品的不足，缩短师生间的距离，获得学生的情感认可。同时，在批改中变"纠错"为"寻优"，用成功的效果去强化他们的作文动机。在讲评作文时，更要注重挖掘中下生习作的闪光之处，有时就可据此闪光处，而给中下生作文高分，让他们增加自信，发挥其创作潜能。

当然，这最后的评价，有时可让学生自己或同桌或高年级的学长甚至是家长先批改先写上评语，然后教师在此基础上再加修改和写评语。有时教师写上评语后，学生也可把自己对教师的批文中的意见提出自己的不同看法，由教师再一次反馈给学生。此时学生感受到自己的地位和权利，有更高的责任感和积极性去进行学习。总之，每次都要让学生感到新鲜，感到余兴未尽。

（许霞）

四、推荐阅读资料

1. 吴立岗. 学习活动理论探索作文教改新路. 小学语文教学，2001(3).

2. 吴文. 小学习作教学中研究性学习初探. 安徽教育科研，2003(4).

3. 倪晓琴. 小学活动类题材习作教学的探索与实践. 习作教学研究，2006(4).

4. 陶清标. 作文博客和小学习作教学. 赤峰学院学报：习作教学研究，2008(1).

5. 郑欣. 浅谈小学游戏习作教学. 习作教学研究，2009(6).

6. 朱琦. 小学习作教学中"档案袋评价"的研究. 当代教育科学，2009(18).

7. 陆振芳. 教育博客在小学习作教学中的应用研究. 中学生优秀作文：教学，2010(7).

8. 张俊龙.浅谈小学体验式习作教学.习作教学研究,2013(1).

9. 沃美珍."习作漂流"的尝试与探索——小学高段习作教学策略研究与实践.亚太教育, 2016(6).

五、后续练习

活动习作《吃西瓜》(三年级)课堂实录

下面是杭州市上城区教育学院特级教师张化万的活动习作课实录,供大家分享,并请做好评价报告。

(一) 天热盼瓜

师:现在是什么季节?

生:夏天。

师:你发觉夏天有了哪些变化呢?

生:夏天的西瓜摊太多了。

师:嘿,你说这话时满脸充满笑容。(众生笑)你为什么会那么高兴?

生:夏天西瓜很好吃。

师:还有呢?

生:夏天游泳场里的人很多。

生:夏天,许多人戴太阳帽防紫外线。

师:同学们说得不错,请你们说一说:你为什么喜欢热?或者为什么讨厌热?

生:我喜欢夏天是因为夏天可以去游泳,可以吃冷饮,还可以吃上其他季节吃不到水果。

生:我不喜欢夏天,因为夏天一到,苍蝇、蚊子全都出动了,到外面来咬人,还有夏天天气热,你到外面走走,就会浑身出汗,挺难受的。

生:我既喜欢夏天,又不喜欢夏天,因为夏天是一种自然现象,是不可避免的。

师:停,刚才同学们都说出了自己真实的想法,咱们写文章说话都有一个基本要求,内容要具体,感情要真实。(师板书:请用5分钟时间写一段自己喜欢夏天或讨厌夏天的话)

师:(师巡视指导,5分钟后,学生基本已写完)写完的自己读一遍。读的时候你就会发现写漏的字,写错的字,少点的标点,写得不通顺的句子。

(学生读后,师示意停下,并指名交流)

生:最近几天,天气真是热死了,不过我倒还是很喜欢夏天的。因为夏天可以穿上我喜欢的裙子,可以吃上美味可口的冷饮,而且还可以泡在冰凉的游泳池里,可以称得上是一种享受。人家都说夏天蚊子多,其实,我倒很喜欢夏天的晚上。对付蚊子最有意思,怎么打都可以。可是有许多蚊子很狡猾,老打不着。拿着拖鞋打蟑螂,趴在地上,看见蟑螂来了,你就迅速打过去。

师:你们听到后面,觉得是不是写喜欢夏天呀!不是的。后面变成打蚊子、打蟑螂了。请坐,谁愿意说。

（师请另一学生，并投影出示该学生的作文）

生：盼望已久的夏天终于来临了，这使我感到非常高兴，在游泳馆内自由自在地游泳，吃冰凉可口的冷饮，穿漂亮的长裙子，吃红瓤黑子的西瓜。人们美滋滋的，沉浸在幸福温暖的夏天里。

师：非常恰当，她写得很好，句子不错，意思很完整。（示意入座）还有吗？或者说我觉得有一句话写得很好，想请大家听一听。

生1：夏天正悄悄地走近我们的身旁。

生2：哈哈！我可以泡在美味的冰激凌世界里了。这是夏天多么美好的享受啊！

生3：凉风吹到了我的身上，也吹到了我的心里。

（二）看瓜说瓜

师：写得真好。刚才同学们说天热我们傍晚吃什么？

生：西瓜。（教师手持一只西瓜，让学生观察西瓜）

师：怎么样，让你们观察半分钟，我手里是一个怎么样的西瓜，然后请你说说这个西瓜的颜色、外形，你所知道的吃西瓜的那种感觉及它的好处。请你们四人小组讨论一下。同时你们要派定一个人代表小组到上面来交流，开始！

（学生四人小组热烈讨论。教师请出一学生代表）

生：瞧，这西瓜虽然不大，但圆滚滚的，活像一个胖娃娃。多可爱啊！在它浅绿色的瓜皮上还有一道道深绿色的条纹，再加上它头上一根瓜藤，这就更有意思了。看着，看着，我仿佛尝到了它那甜蜜蜜的汁水，有沙沙的口感。真好吃。一口咬下去，满嘴都是汁水，真甜啊！

师：谁第二个说？

生：大家可别小看这个西瓜，这西瓜可是宁波的品牌西瓜。瞧，胖墩墩的身子，穿着花衣裳，它上面还有一根绿色的小辫子，十分可爱。这种西瓜皮薄肉厚，谁都喜欢吃，越吃越爱吃。一口咬下去，满口是蜜，夏天的时候，只要吃一口冰西瓜，心里别提有多舒服了。这种西瓜可不贵，一元钱一斤，谁都能买来吃，价廉物美。

师：两位同学都说得很好，让张老师打分，都是5个五角星。说的内容具体，而且流畅。

（三）分瓜品瓜

师：（关切地问）想吃吗？

生：想。

师：请同学们闭上眼睛。

（教师揭开布盖，手拿切好的西瓜，学生欢叫）

师：说说你现在的心情。

生1：我口水都已经流出来了，张老师你别磨蹭了，赶快分给我们吃呀！

生2：肚子里的馋虫在叫，垂涎欲滴了。

生3：快乐得不能再快乐了。

师：好，现在开始分发西瓜。

（实验小学的老师帮助分发西瓜）

师：吃呀，快吃呀！别不好意思。吃得最快的第一个奖励。（教师拿一块奖励给第一个吃完的学生）第二名、第三名也有奖励。（教师同样拿西瓜奖励学生）

师：下面第二个奖励的项目，奖励吃西瓜特别干净的同学。（一学生拿一块舔干净的西瓜皮递上，教师顺手递上一块西瓜）

师：请你仔细看别人是怎样吃西瓜的？

师：最后张老师还想奖励一批同学。请特别想吃西瓜的同学到我这儿来拿。（学生蜂拥而上，争抢西瓜）

师：吃瓜的感觉怎么样？

生：爽。

师：抢瓜是英雄，希望我们等会儿说瓜、写瓜也是英雄。刚才我们女孩中只有一个人非常果敢地抢到了一块西瓜。我向你表示祝贺，能够跟男生较量，最后取得了胜利。全班50个人，40个没抢到瓜。没抢到瓜是什么感觉，我想问一下。

生：真倒霉，我没抢到。

生：虽然没抢到，但在品尝第一块的时候，我是慢慢品尝，尝到了西瓜的美味。

（教师书写板书：天热盼瓜

      看瓜说瓜

      分瓜品瓜

      写瓜赞瓜）

师：你看，张老师跟你们见了面后，先是从天热想吃西瓜说的，然后请两个小组"看瓜说瓜"，对吗？刚才我们做的是"分瓜品瓜"，最后是"写瓜赞瓜"。

（四）写瓜赞瓜

师：咱们就不再说了，就下笔去写。（手指向黑板的板书）每个人一大段，由你自己挑其中的一段或者几段写出来。为了帮助大家写，张老师把大家刚才吃瓜、抢瓜、品瓜的情景给拍摄下来了。同学们可以先看录像。请注意观察别人的神情，写好自己的心情。

（师生一起观看录像。学生情绪愉悦，不时指指点点，发出爽朗的笑声）

（学生20分钟写作，教师巡视指导，写后交流）

生：（走上讲台，把作文放在投影仪上）老师让我们闭上眼睛，像变魔术似的变出一个西瓜，大家高兴极了，真恨不得马上拿起一块西瓜品尝起来。过了一会儿，老师把西瓜分发给我们，只见西瓜三角形的一块，红瓤黑子。下面是青绿色和深绿色的瓜皮，香甜可口的汁水从西瓜上往下滴。开始吃西瓜，张老师一声令下，同学们一个个如饿狼扑食，拼命地啃起西瓜来。我小心翼翼咬着一口，顿时一股香甜可口的汁水流入我的口中，使我感到清新舒畅。我开始大口大口地啃起西瓜来……

师：好，你就不是饿狼扑食，挺文气的，一小口一小口吃的，还有谁愿意上来说的？

（再指一名女学生上台来说）

女生：(把作文放投影上)张老师说想吃西瓜的同学到我这儿来拿,同学们一听立即一拥而上。我也放开手脚,跟他们一起去抢瓜。真想一下子把西瓜全部抢过来。你瞧,毛立新大叫着:"给我一块,我要吃。"李军元双手真是迅速,一下子就拿到了一块西瓜。李军元拿到了这块西瓜,还没有来得及咬上一口,就被"横行霸道"的毛立新一把抢过去了。(众生大笑)毛立新毫不客气地拿着两块西瓜,真太不讲理了。这时张老师说:"西瓜分完了。"我虽然没有抢到西瓜,可是回味刚才那块红瓤黑子的西瓜,味道跟平时不一样,真是吃到嘴上,甜在心里呀!

师:你写得真好,叫什么名字呀?还有谁觉得我有一句、两句写得好的,像刚才一样,自信地说自己的话。

生1:那西瓜真好吃,张老师说还有特别想吃瓜的可以上来拿。同学们一听到这句话,就像饿虎扑食似的。

生2:因为大家一拥而上,我差一点被绊倒,摔了一跤,但是我不泄气,继续抢。我想拿一块给殷小红。我见西瓜被毛立新抢了去,非常愤怒。我挤进人群,里面人太多,害得我透不过气来,我想,一定要拿到一块,就像愤怒的狮子一样,拨开人群,差点绊了一脚。终于拿到了一块。真棒!我咬了一口,满嘴生蜜。哈哈!这西瓜真好吃呀!但我一想,我又觉得有点不对,这不过是吃瓜而已,何必这么大惊小怪呢?

师:好吗?

众生:好!

师:(带着学生鼓掌,掌声热烈)他写得很真实,怎么想就怎么写,写得挺好的。咱们写文章第一是真实,写出真实的事情。这个道理明白吗?

生:明白。

师:好,每个人请你找自己一处或两处修改一下,也改得像他们一样具体。给你们5分钟修改。行不行?

生:行。(学生修改自己的作文)

师:谁第一个读自己修改的文句?

生1:张老师发令:"大家可以吃瓜了。"同学们手舞足蹈,因为他们等的就是这句话。

生2:同学们看着张老师手里的西瓜,一个个眼睛都直勾勾的。他们等的就是这句话,拿起西瓜,一口气把西瓜吃了一大半。

(五)拟题延伸

师:啊!真好。时间不多了,今天回家,把你的草稿写成一篇完整的作文,题目由你自己选。哪些题目呢?

生:"天热盼瓜、想瓜看瓜、吃瓜赞瓜……"

师:这些都是题目,用黑板上的可以,但没有你个人的特点。

生:一节特别的作文课。

生:抢西瓜真爽。

师:会写吗?还有《一堂特殊的作文课》,你感觉到张老师特殊,本来想象是英俊潇洒

的,结果却是个胖墩墩的老头。给你们上了一堂特殊的作文课,感觉怎么样?

　　生:好!

　　师:回去把我们这堂作文课在家长面前"热炒"一下。好吗?

　　生:好!

第十五章 想 象 习 作 课

一、背景描述

学生在作文时，往往觉得没有合适的素材可写，或是不知从何想象。其实呢，不是生活中没有作文素材，而是学生缺少善于捕捉作文素材的能力。

怎样指导学生做到想象合理、丰富呢？

（1）再现。侧重于写景状物或叙事的想象作文，可以搜寻脑海中对相关事物的印象，加以再现。

（2）移植。有时候，想象可以进行嫁接、移植，把优美的景色移为一处，或把有趣的现象归为一物，或把美好的品质浓缩在一人之身。学生可以按自己的意愿中的特定形象，结合生活实际，进行移植想象。只有善于把想象与现实生活中的事实联系起来，巧妙地设计人物之间的关系，才能使文章生动有趣。

（3）幻想。幻想是更为大胆的想象。十九世纪丹麦著名作家安徒生的童话，充满幻想。在他的笔下花鸟虫鱼，家具、玩具乃至墙壁都有生命，都有人的感情。小学生对于未知的世界、未来的世界充满了幻想。教师要鼓励学生幻想。对于未知的世界、未来的世界，学生的想象可以天马行空，任意驰骋，因为，任何限制都显得多余。

想象习作要求想象新颖。想象是创造性的思维活动，即使是再现想象，学生也不可能百分之百地照搬生活，改动、取舍是肯定有的。改动、取舍就是学生的创造。教师应努力指导学生在合理想象的基础上，尽量让其想象呈现多样化趋势。

作为教师，应努力拓宽学生的思维空间，激发学生进行创造活动的欲望，让学生的思维活起来，展开想象的翅膀。但要注意，对不同层次的学生，要求应有所不同。只要想象是合理的，可以新奇，亦可以平实。如小语第十册"基础训练 6"的作文，要求围绕一件新衬衣进行想象作文。命题就有文章可做，或以《衬衣风波》为题，或以《新衬衣蒙难记》为题，都可以很好地激发学生的想象。特别是后一个题目，是一个拟人化的命题，更能唤起学生想象的兴趣。

学生的年龄不同，性别不同，都可以导致想象的多样化。在想象"新衬衣蒙难"时，男生的想象往往是：打球时新衬衣丢了或被人误换了，后又失而复得；或是玩火时，不小心把新衬衣烧了一个洞。女生呢，则想象新衬衣染上了污迹，无法洗净；或是不小心被剐破了，于是在污迹处或破损处绣上一朵小花，缝上一个装饰口袋。很明显，男生与女生在想象上表现出较大的差异，都很有创造性。

想象的多样性，符合生活的客观现实，便于学生真实地表达自己的内心感受，培养学生的创新能力。教师应多指导，少限制，坚持用孩子的眼光去审视作文。

二、课堂例析

《赏漫画，想象作文》(四年级)课堂实录

第一板块　亲近漫画，走进疤头汤尼的故事

(课前谈话，课件出示漫画家几米的头像，让学生仔细观察，并说说几米和老师有哪些相同点和不同点，在此基础上介绍几米和他的漫画。)

师：同学们，台湾有一位著名的漫画家名叫几米，最近创作了一本新的漫画作品——《童年下雪了》。(板书：童年下雪了)这本书讲的是一群过早失去童年欢乐的孩子，在追寻快乐的故事。这堂课，张老师就和大家一起分享其中的一个故事，题目叫《疤头汤尼的故事》。故事的开头是这样的——

(教师出示投片文字，朗读)

有个男孩叫汤尼，

他从小只要遇见陌生人，

就会急得放声大哭，

急急逃跑。

因为过于慌张，

常常头破血流，

头上起了很多疤，

大家都叫他疤头汤尼。

师：接下来，我们就要欣赏漫画了。欣赏漫画，除了要认真地观察之外，还要大胆想象。(教师板书：想象)

(教师出示图片1——汤尼趴在大树上，看着水中的倒影)

师：仔仔细细地观察，边观察，边展开想象，你看明白了什么呢？

(学生静静地观察图片)

生：我看明白了这个男孩头上有很多疤，而且疤痕很明显。

生：小汤尼趴在树上，水中倒映着他的倒影，他眼睛睁得大大的，在静静地欣赏水中自己的倒影，仿佛在想着心事。

生：疤头汤尼会爬树，因为他现在已经趴在了树枝上，好像在晒太阳。

师：你们看得真仔细。漫画底下还有一段文字呢，我们来看一看。

(教师出示图下文字，生读)

疤头汤尼是个超级害羞的小孩。

他分不出真实和幻境，

常常对着水里的倒影喃喃自语，

一不留神就摔进水里。

(接下来，教师带领学生依次欣赏漫画图片2、3，让学生仔细观察，并借助想象，试着

读懂漫画;学生交流后,教师将漫画下面的文字打出来,印证学生的想象)

师:看了第一段的总体介绍,以及三幅漫画和底下的文字,你对这个小男孩有了怎样的总体印象?

生:我觉得汤尼很喜欢幻境里的世界。

生:汤尼和我们这些小孩子不同,他有很多奇怪的想法。

生:我觉得汤尼是个孤独的人,他没有朋友,所以天天要跟这些幻境中的人在一起。

生:汤尼每天沉浸在自己的想象世界里。他也爱书。

师:是啊,汤尼是胆小的,害羞的,孤独的,忧郁的;但是他爱书,爱幻想,渴望与人交流,却不敢与人交流。

第二板块　大胆想象,创造疤头汤尼的故事

师:同学们,刚才我们通过细致入微的观察(教师板书:细致入微)感受到了漫画带给我们的精彩(板书:精彩),同时我们也展开了想象的翅膀,用我们的想象,创造(板书:创造)了属于自己的精彩。接下来,张老师要提高难度了——只出现漫画,不出现文字,看看咱们的同学能否读懂。

(教师出示图片4——疤头汤尼站在草地上的领奖台第一名的位置上)

师:要注意细致入微地观察,不放过任何一个细节,并展开充分的想象。(学生看图思考,思考一会儿之后,教师在一旁轻轻提示)什么样的天气,什么地方,还要注意领奖台上的一些特别之处,你还要注意汤尼的表情,他的手势……此刻正发生着什么呢?能用自己的一段话把这幅图讲清楚吗?先自个儿说说。

(学生自言自语)

师:好,谁来说说这幅漫画的意思。

生:汤尼非常想当第一。有一天他又开始进入了幻境,他自己做了个领奖台,站在第一名的位置上。他怕别人看见,所以来到荒野。他在第三名的位置上放了一只小鸟,因为他不想跟人交朋友,而是想跟小动物啊,书啊交朋友。

师:嗯,真有意思!请同学注意,第二名的位置上,怎么就空缺着呢?请展开想象——

生:我觉得他不想有第二名,因为第二名跟第一名太接近了,他觉得受到了威胁,所以他只想要第三名。地上很多小草仿佛都是观众,都在向他鼓掌。

生:我觉得疤头汤尼在进行一场特别的比赛,比比谁最害羞,第二名是乌云,所以第二名的位置是空缺的。

师:嗯,大家想象得非常精彩!其实呀,我们看一幅漫画不仅仅去想此刻正在发生什么,还可以想此前曾经发生了什么?此后又继续会发生什么?这样漫画的意思就丰富了,是不是?所以我们要学会"瞻前顾后"地想象。(板书:瞻前顾后)什么是"瞻前顾后"呢?

出示投片文字:

想象,要善于瞻前顾后

此前,曾发生过什么?

此时,正发生着什么?

此后,会发生些什么?

师:这样去想的话,漫画就被我们创造得更加精彩了!好,接下来我们就用这样的方法继续去读懂另外的几幅漫画。

(屏幕出示图片5、6——疤头汤尼在屋顶欣赏月亮;疤头汤尼和小乌龟在一起)

师:(提示学生观察、想象)此时,正在发生着什么?仔仔细细地观察,然后想一想:他为什么要这样做呢?此前,可曾发生了什么?此后,又会发生什么呢?(学生静静地观察一两分钟后)好,我们继续看另外一幅。(用同样的方法,启发学生观察、想象)

师:好,接下来,张老师把刚才看的两幅图和最先看的一幅图一起呈现在屏幕上。请同学选择这三幅图中最有感觉,最有话可说、可写的一幅漫画,展开你想象的翅膀,瞻前顾后,用自己的笔创造出一个全新的漫画故事。写的时候,可以用"这一天""有一天"或者"这时"等等开头;同时,要把故事写得通顺而明白(板书:通顺明白)。让我们用自己的文字留下精彩吧(板书:文字留下)。时间大概十二分钟,动笔的速度稍稍快一些,写错了字,不要用改正液、改正带,画一道斜杠,继续往下写。

(学生动笔,教师巡视,个别辅导;十二分钟后结束写,教师让三个孩子上台,一字排开)

师:其他同学干什么呢?要静静地听,学会欣赏他人的文章。怎么欣赏呢?大家要朝这两方面去发表意见:第一,有没有做到通顺明白地把这一幅漫画写出来?第二,谁的想象让你感到有点意外,让你特别欣赏?

生1:"这一天,乌云滚滚,男女老少都各自回家了,只有刀疤汤尼……"

师:(纠正)他不是"刀疤汤尼",这疤不是刀砍的(台下听课老师大笑)。一字之差,意思差远了,改过来好吗——"只有疤头汤尼……"。

生1:(继续)"只有疤头汤尼一人在路上走着,他来到了一块荒凉的草地上,因为他非常想在一场比赛上得第一名。真正的第一,真正的第一,但又没人跟他比……"

师:(启发引导)停,注意。这位同学在文中写道:"真正的第一,真正的第一!"你看她为什么要重复两次呢?这些地方都写得很妙啊!接着往下。

生1:(继续)"但又没人跟他比,自己又很害羞,不愿跟别人交朋友、打交道。所以他只好去木厂里,偷了几块木板来……"

师:(指正)停,建议改成,"拿了几块废弃的木板"。好用的木板,不要偷偷地拿来,好不好?接着往下。

生1:(继续)"所以他只好去正在做工的木厂外,拿了几块废弃的木板和三支笔,做了一个非常精美的领奖台。他站在奖台第一名的位置上,把抓住的小鸟放在第三名的位置上。而第二名的位置上空无一人,这是怎么回事?原来,汤尼本想让小老鼠当第二,可是他又觉得一只小小的老鼠,跟它比实在是没意思……"

师:(提示)那叫胆小如鼠,哈哈,你的想象,太有意思了(学生已经写完了,师提示)你想说一下你的底下的内容,是吗?

生1:(继续口述)"疤头汤尼呢,他就很挺拔地站在奖台上……"

师：(启发引导)有没有留意到她刚才用了一个什么词语？("挺拔")说说"挺拔"这个词语妙在哪里？

生：很"挺拔"地站在领奖台上，要是平时他敢挺拔地站着吗？这一回空无一人，所以他挺拔地站着，这个词语用得很精彩！

师：请下一个同学。

师：(学生上台，教师发现其文字格式像诗)张老师发现，这位同学在学几米，用诗的形式来写。你好好地读，读出诗的味道。

生2：(放慢朗读节奏，很有感情地读起来)

> 这一晚，
> 疤头汤尼做了一个梦，
> 他梦见自己爬上了全城最高的楼顶，
> 比猫儿爬得还要高，
> 还要高。
>
> 在那里，
> 月亮和他说悄悄话，
> 月亮还给他讲故事，
> 他也向月亮诉说了许多新奇的想法。
>
> 汤尼第一次听到月亮的话，
> 是那样动听；
> 第一次摸到月亮，
> 是那样凉爽！
> ……
>
> 直到小狗儿吵醒汤尼，
> 梦境，
> 消失了。

(热烈的掌声)

师：你写得确实像一首美丽的诗，大家都不愿意去破坏这样美妙的境界。嗯，再请一个同学。

生3："这一天，疤头汤尼又来到了他天天都要去的仓库格子里……"

师：这个地方叫什么？仓库格子？你怎么理解"仓库格子"？

生3：因为样子很像格子。

师：因为样子很像仓库，又有格子，所以叫做"仓库格子"。很别致的地方。就按你的

说法吧,接着往下读。

生3:(继续)"他把屁股一撅,头一缩,一下就钻进了格子了(笑)。他又开始了他多姿多彩的幻想生活。只见他一会儿开怀大笑,一会儿号啕大哭,身子不停地转来转去,忽然被一声'吧嗒'的声音惊醒了。汤尼抬头一看,原来在上面的格子里有一只可爱的小乌龟,它不停地摇着小尾巴。汤尼把这只小乌龟抱下来,用手轻轻地抚摸它坚硬的外壳。很快,汤尼就和这只小乌龟成了好朋友,他还给它起了个好听的名字——乖乖!从此,汤尼天天都和乖乖一起出去玩。"

师:嗯,汤尼和小乌龟交上了朋友,你的想象也非常精彩。轮到我们同学评论这三位同学的故事了。他们有没有做到通顺明白地把漫画描述清楚?你觉得谁的想象让你感到有点意外?这两个问题可以选择其中的一个问题发表你的看法。

生:我喜欢写第三个故事的那个小女孩,我感觉她写得比较意外。因为她说第三幅画中的那个地方是仓库格子。我觉得很有趣,而且汤尼还和他的邻居的小乌龟交了好朋友并且给它起了名字。

生:我觉得第二个同学的想象很意外。因为月亮它不可能下来,而在汤尼幻想的世界里他和月亮对话,还可以摸到月亮,说明他太渴望朋友了。只有在想象的世界里,汤尼才是快乐的。

师:嗯,说得真好!你仿佛走进了汤尼的心灵。

生:我觉得第一位同学的想象也很精彩,汤尼本想和老鼠比胆子,结果想到和老鼠比没出息,这个结尾有一点出乎意料。

生:我觉得第二位同学写得富有诗情画意,她能用诗的语言来表达当时汤尼的感受。

师:大家再看看,这几个漫画故事,在文字上有没有做到通顺明白呢?(生齐——做到了!)做得不错。好,咱们来看看漫画家几米又是怎样给这三幅漫画配文字的。也许你看了也会觉得有点意外。(师依次出示刚才孩子们描述过的漫画和底下的文字)

师:(朗读)"疤头汤尼/老是因为过分害羞/而不敢参加比赛/因为害怕上领奖台/而故意在比赛中落败/他怎么也没办法克服/自己站在冠军领奖台上/红了脸的惨状/他只要心里明白/自己是第一名就好了"。嘿嘿,真有意思!

师:再看第二幅——

"月亮/是疤头汤尼的好朋友/她常常害羞地躲在云后面/缩成一弯眉月/和躺在屋顶的疤头汤尼说着悄悄话儿/他们的话好像永远说不完。"

再看第三幅——这一幅可更有意思了!

"疤头汤尼好希望自己能有一个乌龟壳/遇到危险与挫折/头一缩就躲进壳里/他这么软弱无能/连乌龟都不想与他为伍/谁来救救疤头汤尼呢?"

师:同学们,你觉得,哪一幅漫画所配的文字带给你太多的意外?你说。

生:我觉得最后一幅给我带来很大的意外。因为,我觉得那个乌龟应该是和疤头汤尼成为朋友的。他这个配文,却说连乌龟都不想和他为伍。

生:我觉得第一幅插图的配话让我觉得非常地意外。一般我们写的都是觉得疤头汤

尼很想上领奖台。但是这里却说他不敢上领奖台,不敢在观众面前上领奖台。太意外了!

师:同学们,这就是漫画——想象的世界有多精彩,漫画就有多精彩!

第三板块 真情互动,走进疤头汤尼的心灵

师:同学们,几米在漫画配文中,发出了呐喊,我们一起来读——

生:他这么软弱无能,连乌龟都不想与他为伍,谁来救救疤头汤尼呢?

师:你读最后一句。(以下依次轮流,孩子们读得很有感情)

生:谁来救救疤头汤尼呢?

生:谁来救救疤头汤尼呢?

师:谁呢?我们愿意吗?

生:愿意!

师:是啊,咱们的同学愿意,漫画家几米也愿意。在漫画的最后一幅图当中,出现了这样的一个画面——(汤尼坐在金色的沙滩上,海边有一只瓶子)同学们,你觉得这只瓶子,有可能是什么呢?

生:这个瓶子里面装着他的愿望。

师:哦,这是许愿瓶。它还有可能是什么,你说。

生:我觉得这个瓶子里装的是疤头汤尼的痛苦。

师:他把所有的痛苦,所有的忧伤都写在纸上,永远装进了瓶子,是吗?你说。

生:我觉得这个瓶子里装的是疤头汤尼的友谊,这个瓶子漂到谁家里,谁都是他的好朋友。

师:嗯,这是一只发出友谊信号的瓶子。这只瓶子难道仅仅是从汤尼身边漂出去的吗?它还有可能……?

生:这个瓶子也有可能是别的小朋友将自己祝福疤头汤尼的话写下来,放在瓶子里,寄给疤头汤尼的。

师:是啊,这还是一只漂流瓶。同学们,同样的一幅画,在咱们的同学的想象当中,它是许愿瓶,它是漂流瓶,它是埋藏忧伤的一只瓶子,它是一只发出友谊信号的瓶子。咱们的想象真是精彩啊!来,再一次拿起笔,把你想象中瓶子里边有可能写着的话语写下来。动笔之前,先让我们完整地看一遍这个故事,注意写我们最想写的几句话。(清纯而深情的童声版《让世界充满爱》轻轻地响起来,课堂沉浸在一片温馨之中)

师(轻声启发):用我们饱含着的真情,写下想对汤尼说的话;或者让我们走进汤尼的心灵,写下汤尼最想写的话。

(学生在很轻的音乐声中写话)

师:写好的同学请举手。站在汤尼的角度写的同学请站起来,站在我们自己的角度对汤尼说的同学请举手。

师:所有的"汤尼"站成一排,你们——汤尼的朋友,也排成一队。好,让我们走进疤头汤尼的故事,用我们的真情去对话。

生1：(汤尼)我，希望有许多的好朋友，能与我一起玩，一起和我分享快乐，分担忧愁。朋友和朋友之间心连着心，干什么都在一起，永不分离。

生2：(朋友)汤尼啊，我真希望你有堆积如山的好朋友，当你看到这个漂流瓶子，我祝愿你会拥抱所有友谊。

生3：(汤尼)我想有一个真正的朋友，真正的朋友，不要这些害羞、痛苦、嘲笑，不要啊！希望快乐能永远在我的身边。

生4：(朋友)汤尼，你虽然是个害羞的孩子，但是你的想象世界是变化无穷的。我祝你幸福，祝你快乐！

生5：(汤尼)啊，朋友，你是谁呢，我在海的那一边等你，快快来吧！

生6：(朋友)汤尼，世界是美丽的，在那儿可以交到许多朋友，让我们一起张开友谊的翅膀，飞向世界，使自己不再孤独，使自己有个新玩伴。

生7：(汤尼)我想要有许许多多的朋友，和我一起分享快乐，分担忧愁，有说也说不完的快乐的事情。

生8：(朋友)汤尼呀，你真的以为你永远没有朋友吗？错了，你的朋友在你身边，你还会发现你永远不会生活在孤独中。

师：同学们，你们真让张老师感动，你们用自己的真心、真情，走近了漫画家几米，走进了汤尼的心灵。张老师真的深深地被你们感动了。最后，张老师想问大家一个问题：疤头汤尼他仅仅是活在几米的漫画中吗？

生：我觉得疤头汤尼没有只活在几米的漫画中，在我们现实生活中，也有许多人像疤头汤尼一样，因为身体有些残缺，所以很孤独。

师：嗯，他们，因为有了残缺而孤独。有一些人就是不残缺他们也孤独。

生：我觉得疤头汤尼不仅仅只活在几米的漫画中，在现实中，也有许许多多的疤头汤尼，因为害羞胆小而不敢和别人交往。我希望这些"疤头汤尼"能快快融入我们的社会中来。

师：是啊，同学，他们不仅仅是失去了交朋友的欢乐，还失去了许多成功的机会。同学们，其实疤头汤尼离我们并不遥远，他就在我们身边。也许，每个人心里，都有一个"疤头汤尼"。所有的"疤头汤尼"，都渴望，走出孤独；更渴望，得到尊重。下课！

【总评】

让想象放飞天使的美丽

张祖庆老师是活跃在语文课改一线的弄潮儿。他执教的四年级作文《疤头汤尼的故事》很有智慧，很有嚼头。听毕至少有三点启发：

1. 想象要放飞天使的美丽，让童心开始温馨的飞翔

(1) 精心选择。明代文学家李贽在《童心说》中提出："夫童心者，真心也；……童子者，人之初也；童心者，心之初也……天下之至文，未有不出于童心焉也。"的确，小学生最美的想象作文就是童心最真的畅想。

张老师知道想象作文要丰富儿童新颖奇特的想象,进行有效的思维体操。但想象更要顺应儿童生命发展的需要,是放飞天使的美丽,让童心开始温馨的飞翔。张老师安排学生欣赏几米的漫画《童年不下雪》,是想让孩们接触当代的优秀漫画,为他们精神世界植入一些圣洁而富有灵性的东西。漫画的主人公和疤头汤尼是同龄人。他的胆小怕羞,极可能学生的身边就有,甚至自身就有汤尼的影子。依托这样的漫画想象,孩子们既容易读懂想象的主题,又便于实现儿童世界和成人的世界沟通,实现学生和画家、汤尼的心灵共振。

（2）真诚对话。要童心开始温馨的飞翔,需要真诚的对话。张老师注意激活学生的情感,引导学生移位思考。"因为胆小疤头汤尼害羞,他可能失去了哪些欢乐?""想想有什么办法来救救他呢?"移位入情,学生就能动情地想象叙说,去抓蚱蜢、找小动物,"不进屋里,在外面轻柔地呼唤他,跟他讲道理,就能融化他心中的积雪"……对话中汤尼再也不是单纯的写作的对象,而是目前急需帮助的伙伴。在想象叙说中培植的是善良、同情与企盼,是儿童生命发展追寻的阳光。老师也是真诚的对话者。他把漂流瓶的想象写话变成心灵的对话:"来,孩子们,捧出你们的真心,拿出你们的笔,写下最想对他说的话,让我们用真心去融化他心中的那一堆积雪吧!"对话心理位置的准确,才孕育出孩子童心闪亮,高潮迭起的绕梁心声。

张老师最后饱含激情地将对话引向学生之间:"用我们的真诚与热情的去融化,疤头汤尼心中的那一堆积雪一定会渐渐地消失;其实我们更应该把这样的话语,送给我们身边的疤头汤尼!"这是真诚的对话,无痕的教育。

2. 想象要放飞天使的美丽,让童稚开始大胆的飞翔

（1）创设情景。儿童是天生的幻想家。他们是五彩绚丽的梦幻制造者、追求者。那些无瑕美好的、有时会让成人们心动的想象,常常是孩子们对灿烂明天的向往,是幼稚的顽童们别出一格的创造。他们的想象在伙伴的思维碰撞中,升腾着天使追求美好事物的情感;他们用水晶般纯洁的心,用淙淙清泉似的儿童语言在编织人世间最美好的童话故事。

张老师懂得儿童这种潜能,只有在合适的情景下才可能激活。于是课堂上,充满童趣的多幅《疤头汤尼的故事》漫画,近似散文诗的漫画说明;学生思索写话时,拨动心弦的音乐;教师动情的语言渲染和极富表情的非语言动作,多角度多感官地刺激着学生,营造着儿童大胆想象的场。正因为有张老师自然贴切的情景创设,孩子们才一步步走进画境,把画上的汤尼当作活生生的伙伴,对话的对象。造境的成功,才会有学生积极的、丰富的想象流淌。

（2）铺设阶梯。张老师知道想象要合理,但不能以成人为评判的唯一标准,更不以教师的好恶为准绳。想象必须合乎儿童心智发展水平、认识规律之理,合乎儿童向善、向美之理。合这个理就要鼓励学生大胆放飞无瑕纯净的美丽。

但想象并不是"我放手你就飞"。为了符合中年级儿童的心智发展水平和认识规律。他采用小步子原则,精心地铺设阶梯。一是欣赏,让学生走进疤头汤尼的故事,每隔 5 秒呈现一幅,教学生漫画欣赏要"先认认真真地看图,边看边想象;然后再看看底下或图中穿插的文字",接着让学生据图初步想象说话。二是创编汤尼的故事。为了减缓想象说话的坡度,课堂上小组合作在前,个人任选一幅进行十二分钟写话在后。三是想象升华,把写作变成学生和汤尼、和自己、和伙伴的心灵对话。

依赖小步子原则和合理的阶梯,他贯通了儿童和漫画两个世界,激活了儿童的情感世界。传统"看图写话"的封闭被彻底打破,学生在交流碰撞中成功地实现想象的大胆飞翔。

3. 想象要放飞天使的美丽,让童话开始个性的飞翔

(1) 借鉴文本。我赞同张老师的意见:阅读漫画作品,无论对于儿童还是成人,都是一种享受。这种享受是由外到内的"意化"过程。而有了这种享受之后,学生会产生一种美好的内心体验,教师引导其将这种内心体验诉诸笔端,这是由内到外的"物化"过程。这样的阅读和写作是互为表里,互为因果的。文本的意义,在儿童的兴致勃勃的参与中得以重构;文本的意蕴,在儿童的个性化言语的召唤中得以延展。儿童在阅读和习作中融入了自己的情感和智慧,在为漫画配文字的过程中,参与了文本的二度创造。习作的过程,是抒发情感的过程,更是创造美好的过程。这样的习作,对学生来说,是一次温暖而美丽的心灵旅行!

这种基于愉快阅读体验基础上的读写一体的漫画作文,是学生吸收之后的倾吐,感悟之后的升华,是一种融积累、表达为一体的习作新样式。张老师的成功说明,小学生想象作文至少有一部分是需要借鉴文本的。

(2) 诊断点拨。儿童写作,面对的就是现成的具有规范属性的语言。作文教学需要语言规则和技巧。生命与生命之间的表达和沟通,是个性化的,但又必定是讲究语言规则的,不然沟通就无法进行。可沟通,不是规则学完再沟通;而是在沟通和表达中学会。规则是天使飞翔时托起的暖暖的气流,而不是使学飞的小天使折翅的雷电。

真正成功的课堂需要自然准确,智慧灵动的诊断点拨。真诚欣赏亮点,恰如其分的鼓励是一种强化引导;准确捕捉疵点,善意巧妙补充纠正是让学生"跳一跳摘个桃"。这张老师做到了。

小天使飞翔时,我们要宽松善意地对待飞翔滑过的曲线和跌落的高度。我们应当把儿童的世界、儿童的语言还给儿童。小天使在飞翔时,重要的是教会他们用自己翅膀的力量和振翅的频率翱翔,而不是硬逼他们用爷爷奶奶们飞翔的经验和规律扑向蓝天……

天使们放飞想象的时候,我们企盼要真,是真情表达的结晶;要活,是无忌童言,流动着天真和顽皮;要新,是心灵稚嫩而个性的表达。要达到这样的放飞,天使必定要有个性张扬的翅膀。写作有个性,才能做到思想和语言表达的自由,标新立异说自己的话。

在有些教师的眼中,学生的情趣有些"简单"和"低级",于是常常好为人师地去"引领"和"升格",殊不知这是对学生情感和言语的极大伤害! 1989 年通过的《联合国儿童权利公约》提出:要尊重儿童的"未成熟状态",要认同儿童与成人有"本质的不同"。在本次习作教学中,无论是提出想象的要求,还是学生想象后的评价,教师总是小心翼翼地呵护学生的童心世界,尽力让学生的语言保持原生态。用学生语言表达学生生活和情感是顺畅的、自然的、优美的和极具个性的。

小天使,有与生俱来想象飞翔的潜质。个性,就是小天使放飞的矫健翅膀。

(本课例由杭州市下城区教育学院特级教师张祖庆执教,由杭州市上城区教育学院特级教师张化万点评)

三、资源链接

(一) 学生习作与想象

学生写文章,一般只是简单地把过去已经感知过的事物的形象,通过书面语言重现出来。这是最基本的要求,但进一步,还需要学生在头脑中把以表象形式储存的过去感知过的事物进行再创造产生新形象,这需要借用想象来实现。学生作文的心理过程需要想象力的参加,缺乏想象力或想象力不丰富的学生,必然思路闭塞,语言干瘪,很难写出形象鲜明的文章。可以说,任何一篇

优秀的作文,都是作者丰富想象的结晶。过去有过国际作文比赛,参赛作文题目有:《遨游太空》、《一个邮递员的一天》、《假如我是……》等,文章或畅谈理想,或虚构情节,或作科学幻想。这与其说是语言表达能力的比赛,不如说是想象力的比赛。当前,在小学作文教学中,想象力的训练已初步引起重视,但缺乏系统的、有效的研究。

在小学作文教学中培养学生的想象力,可以从两个方面入手:(1)丰富表象,为想象奠定坚实的基础。为此,必须注意扩大学生的生活视野,为他们积累丰富的表象准备条件。(2)发展语言,为想象创造表达的条件。学生的想象活动是在语言的调节下进行的,并以语言的形式表达出来。仅有丰富的表象,而无相应的生动的语言,会使学生的想象停留在直观、形象的水平,而不能上升到表达的思维水平。在小学作文教学中,培养学生想象力的基本方式可以归纳为以下 7 种:

(1)延伸文尾式。一篇课文,言虽尽而意未完,余味浓,可以引导学生按文章的思路进行合理想象,延伸课文内容。如《穷人》一文,桑娜抱回邻居西蒙遗留的孤儿以后的日子怎样过呢?可拟《桑娜抱养孤儿以后》的作文题目,也可以提供有头无尾的短文,让学生发挥想象,把结尾部分补上。

(2)探究式。一些课文把抽象的哲理通过具体、生动的画面告诉学生,可引导学生充分想象、探究。《东郭先生和狼》一文教学后,可拟《东郭先生再次遇狼》的作文题,让学生想象作文。

(3)多线索式。一些课文因内容所需,在多线索中侧重于一条线索进行描写,可引导学生合理想象另外的线索。《金色的鱼钩》一文,主线索是写老班长护送三个伤病员过草地,在距草地边缘二十里的地方牺牲了。而剩下的三个病重伤员是怎样走完二十里的呢?课文却没有写。按这条线索可拟《艰难的二十里》。

(4)对比式。一些课文,为了加深理解,可引导学生从事物异同的对比中,把握文章的中心,努力开拓。学了《小珊迪》一文,可拟《我与珊迪比童年》。从珊迪的惨死想象资本主义社会的罪恶,而我的童年是在学校里幸福度过的,两者对比,从而懂得社会主义的优越性。

(5)变序组合式。一些课文的叙述顺序,在理解的基础上完全可以进行重新组合,改变原文的叙述顺序和文章结构。《柯里亚的木匣》一文打破原文顺序,可先写法西斯被赶走了,四年后柯里亚从喀山回到故乡,从屋门口数五步挖到了木匣,再追寻原来是如何埋木匣的。把"顺叙"变"倒叙",进行重新组合。

(6)看图写文式。可以采用以下四种想象练习类型:① 看人物写文。要写出较完整的故事情节,抓住画画上表现的那一瞬间,突出画面上所反映的主题。② 看山水画写文。可以指导学生按整体、局部、远景、近景等层次来写。③ 看漫画写文。可以先摆事实,后发议论。同时学会用讽刺、幽默的语言去批评坏人坏事和不良现象。④ 看连环画写文。要求学生从无解说词的连环画面里,想象出画中人物的心理活动、对话以及画中没有表现出来的细节等。

(7)科幻小品式。写科学幻想短文,可以通篇展开想象,为充分发挥学生的想象力开辟广阔的天地。这是现代科学技术的迅猛发展给写作提出的新课题。

在教师的指导下,学生一般都能或多或少地进行想象。但是,由于小学生经验的局限,想象往往不合情理,这是要特别注意的。例如,有个学生在《我爱石榴花》的习作中,一开头写了这么一段话:

"阳春三月,下过几阵如丝的细雨之后,桃花、梨花、菊花、石榴花,都像赶集似的一齐开放了。在这些花当中,我最喜欢的是石榴花……"

上面这段文字中描写的几种花同时盛开的现象在自然界中一般是不存在的,因而这种想象是不合理的。文中把不同季节看到的花,一股脑儿地搬出来,随意地揉杂在一起,违反了各种植物开花有期的客观规律。想象允许而且应当再造出新的形象,但是这个新的形象必须以事物发展的客观规律为依据。违背客观规律的新形象,毫无实现的可能,只不过是一种胡思乱想。

(二) 想象作文的要求

想象作文一般可分为两大类:一是写自己的设想、追求、愿望、梦境的习作,这一类作文往往与科幻结合在一起。还有一类就是深受大家喜爱的童话、寓言,运用拟人的手法,把各种动物、植物等赋予人的生命,有语言、动作、神情、心理等等,然后通过生动有趣的故事,告诉读者一些有关真、善、美的道理,寄托人们美好的愿望等。

指导学生写好想象作文要把握好以下几点。

1. 观察生活,表现生活

生活是习作的源泉,不管写哪一类的作文,都离不开生活。想象作文就是将现实与想象结合起来。怎么结合?

首先要让学生从现实生活出发,有目的地去想象,所想象的内容可以是给人们以启示、教育作用的,也可以是向人们展示一种前景、一种愿望、一种理想及一种知识。

其次,在文中描写的人或物必须具有人的思维、情感和行动,让它们来代替人说话,否则就无法表达我们的思想了,如童话、寓言等文体都是这样。

在这里应该明确的是,童话和寓言等文中所描写的人应是现实生活中的普通人,如为救蛇而被蛇咬的农夫、美人鱼、白雪公主等等,他们和正常人类一样具有思想和情感,是作者赋予他们的一种现实感。至于科幻、梦及假想,它们与现实生活的结合更紧密。科幻本身就是在现实基础上的一种想象飞跃,是假设的另一种现实;梦和假想反映的是现实中人的思想和愿望,说到底也是创造的另一种现实。

想象作文并不是漫无边际的胡编乱想,它要符合实际。只有热爱生活,观察生活,熟悉生活,才能有取之不尽的写作素材。

2. 明确中心,展开想象

在动手写作之前,首先要明确我为什么写,目的何在,即我们说的文章的中心,想象作文必须要有个"美好"的中心思想。

中心确立之后,才能围绕这一中心组织材料,大胆展开想象。这个想象一定要做到奇,即奇特,富有个性,是属于你自己的大胆而奇特的想象。如果只是瞎编乱造一个热闹离奇的故事,就失去了想象的意义。

3. 构思巧妙,内容具体

想象不是写现实的事物,这就要求我们在构思上动些脑筋,写法上新颖,有吸引力。不同类型的想象作文,具体的写法也有所不同。童话是通过丰富的想象、幻想和夸张来编写适合儿童欣赏的故事,文章语言要优美,描写要生动形象,讲究运用拟人、比喻等手法;寓言是用假托的故事或自然物的拟人手法来说明某个道理或教训,文章短小精悍,一般采用记叙与议论相结合的方法,即在记叙的基础上点明中心;写科幻作文全凭对科学知识及其发展规律的了解和掌握来大胆想象故事的情节,它立足于现实,追求一种奇特、开阔的效果;写梦和假想一般是从现实入笔,进入一种想象的现实以后,再回到现实。

不但如此,我们还要把想象的内容具体而详细地写出来。写时要围绕一个中心内容,把故事的经过,有重点、有层次、具体地描述出来,不可只写一些简单、空洞的概念。

当然要写好想象作文,仅仅具备了一定的写作能力还是不够的,还必须具备较为丰富的自然知识、社会知识、科技知识、人文知识等等,平时多读有益的课外书,多参加有益的社会活动,充实自己,丰富自己,写文章时才会言之有物,言之有情,文章才有可读性。

四、推荐阅读资料

1. 严育开.想象力与想象作文.语文教学与研究,2000(3).
2. 王彩英.想象作文训练八法.小学教学研究,2004(9).
3. 徐德刚.小学生作文思维方式及作文教学模式研究.陕西教育:理论版,2006(Z1).
4. 刘艳.图式理论在小学语文作文教学中的应用研究.读写算:教育教学研究,2012(43).
5. 陈红燕.小学作文开放式教学的实践研究.新课程研究旬刊,2013(10).
6. 梁立东.浅谈小学想象作文教学.赤峰学院学报:作文教学研究,2014(3).
7. 王丽.运用思维导图优化小学作文教学的实践研究.新作文:小学作文创新教学,2014(5).
8. 陈晶晶.小学语文作文教学中运用启发联想的研究.文教资料,2014(32).
9. 周应雪.小学想象作文教学探究.读写算:教育教学研究,2015(15).

五、后续练习

《放飞想象》(六年级)习作课实录

下面是潘文彬老师上的想象习作课,请你参与点评。

(一)激活思维

师:同学们,前天的《扬子晚报》上发表了我们班祝维悠同学写的一首名叫《遐想》的小诗。他的这首小诗写得非常精彩、有意思,想来欣赏一下吗?

生:想!

师:祝维悠同学,请你把这首小诗给大家朗诵一下,好吗?

祝维悠:(朗读)

> **遐　　想**
>
> 天空是宽阔的足球场/太阳和月亮轮流当裁判/一个白天/一个晚上
>
> 星星和云彩互相争王/有时群星闪烁/有时乌云密布/难分胜负
>
> 忙碌的流星/不知疲惫/在天地之间来回奔波/传递着场上的佳音
>
> 这场足球赛一直持续着/从古至今/不信/你听——
>
> 风声呼呼/那是裁判的哨音/雷声隆隆/那是观众的激情

师:听了祝维悠同学的这首小诗以后,你们有什么感想呢?

生1:我觉得他的这首小诗写得非常好,他把星星和云彩都当成了足球队员,群星闪

烁时,就是星星们踢得精彩的时候,而乌云密布时,就是乌云们快要胜利的时候。在他的诗中天空真是太有趣了!

生2:我觉得他想象得很神奇,用了拟人化的手法,把小诗写得生动活泼,引人入胜。

师:是的,大胆而又神奇的想象使祝维悠同学的思维插上了翅膀,所以写出了这样一首充满着童真、童趣的小诗。由他的这首小诗,老师想到了一个故事,想听吗?

生:想!

师:一位美国的学生,写了一篇名叫《蛋》的作文,文章大意是这样的:

> 一天,几个小朋友在野外拾到了一个蛋,这是一个什么蛋呢?有的说是蟒蛇蛋,有的说是驼鸟蛋,有的说是恐龙蛋……一个小朋友看大家这样争执不休,便说:"别争了,咱们把它带回去孵化,看能孵化出个什么东西来,这样不就知道它是什么蛋了吗?"几天之后,这个蛋竟然孵化出了美国总统里根!据说,这篇文章还得了奖呢!同学们,听了这个故事以后,你们认为这篇文章为什么能得奖?

生1:我认为他的想象很大胆、很神奇,所以能得奖。

生2:我觉得他这篇文章得奖的关键在于,小朋友们在郊外捡到了一个蛋后,大家都围绕这是什么蛋在猜想,只有一个小朋友建议把蛋带回去孵化,可见,这位小朋友的思维很独特,与别人不一样。我们知道,蛋是不可能孵化出人来的,而文章的小作者竟然想到孵化出了美国总统里根来,可见,他的想象多么大胆,多么独特。

师:大胆而神奇的想象,使这位同学的作文得了奖。其实,善于想象是我们每位同学的天性。爱因斯坦就说过,"想象力比知识更重要。"同学们,你们也敢像这两位同学一样,大胆地放飞你们的奇思妙想吗?

生:敢!

师:信心是成功的基石。相信同学们通过自己的奇思妙想,一定会创造出许多新奇、有趣的故事来。好,这节课我们就来——

(板书:放飞想象)

生:放飞想象(连读三遍)。

(二)启发想象

师:你们的思维真的飞翔了吗?

(多媒体出示:鼻子、耳朵、眼睛、嘴)

生:(读)鼻子、耳朵、眼睛、嘴。

师:看了这四个词,你们的脑海里想象到了什么有趣的故事?先静下心来想一想,想清楚了再说。

(学生思考片刻后,指名说)

生1:看了这四个词语,我想象到了一个故事:从前有个头妈妈,生了四个小宝宝,分别是鼻子、耳朵、眼睛、嘴。他们四人从小形影不离。时间慢慢过去了,他们都长大了,各自都该有个工作的岗位了。那么,他们四人谁该长在最引人注目的位置呢?于是,头妈

妈就让他们进行了一场比赛。第一轮比赛是才艺展示，结果他们各有所长，不分胜负。第二轮比赛跑步，结果鼻子得了第一名，长在了脸的正中间；眼睛和嘴并列第二名，分别长在了鼻子的上下两端；耳朵是最后一名，所以长得最靠后。

师：嗯，你的想象很独特，故事也编得很生动、有趣。真不简单！

生2：看了这四个词，我想象到了这样一个故事：有一天，鼻子、耳朵、眼睛、嘴兄弟四人产生了矛盾，嘴巴认为大脑对他不公平，鼻子有两个，眼睛有一双，耳朵有一对，只有我嘴巴是一张，于是他们之间就争吵了起来。

师：你从数量上想到了这个生动有趣的故事，也很独特。

生3：我看到了鼻子、耳朵、眼睛、嘴，想到了这样一个小故事：鼻子、耳朵和嘴都嫉妒眼睛位置长得最好。一天，他们为此发生了争执。嘴先嚷道："我的功劳最大，既能说话又能吃饭，为什么偏要我长在会流鼻涕的鼻子底下面呢？"鼻子不服气地说："我帮主人呼吸，功不可没。我应该长在眼睛的上面。"耳朵也很委屈地叫道："我能听到各种声音，功劳也很大。我应该长在眼睛的上面。"终于有一天，耳朵、鼻子、嘴都跑到了眼睛的上面来了，这时，大脑伯伯发话了："孩子们，你们这样挤在一起，小主人还像个人吗？"鼻子、耳朵、嘴听了很惭愧，都回到了各自的位置上。小主人又变成了一个眉清目秀的小男孩了。

师：你是从他们的位置想到了一个有趣的故事。非常好！著名相声大师马季也曾创作过一个十分有意思的相声，叫《五官争功》，等一会儿请你们来欣赏欣赏。谁还能像他们这样能从不同的角度去想象呢？

生4：从前有个小男孩很爱读书，可是不爱惜自己的眼睛，躺在床上看书，走路也看书。眼睛实在受不了，就向鼻子哭诉了自己的苦衷："唉，我的日子可真难过啊！"鼻子搭话说："眼睛老弟，你别难过了，还是建议小主人给你戴副眼镜吧。"眼睛觉得鼻子的方法很好，于是，晚上就托梦给小主人。第二天，小主人配了副眼镜。眼睛这下看东西虽然清楚了，却压到了鼻子，连累了耳朵，很不好意思。鼻子、耳朵似乎看出了眼睛的心思，异口同声地对它说："谁叫我们是兄弟的呢？"眼睛听了热泪盈眶地说："谢谢你们，以后你们有困难，我一定尽力帮助！"

师：你想象的这个故事耐人寻味，有了困难互相帮助，团结协作，这就是我们常说的团队精神。

……

师：刚才，同学们从不同的角度展开了想象，想象出了许多有趣的故事。看来，只要展开想象的翅膀，我们就可以飞到一个神奇的世界，创造出许多神奇的故事。

下面请大家欣赏著名的相声大师马季先生创作的相声《五官争功》的片段，来领略一下艺术家们的风采，感受一下想象给他们带来的灵感。

（多媒体播放《五官争功》片段）

师：这段脍炙人口的相声，就是马季先生通过想象创作出来的。同学们欣赏之后一定会深受启发，能把你们想象到的故事编得更生动、更有趣。

（多媒体出示：上海浦东、南京河西）

师：课前,老师布置同学们去查阅有关上海浦东和南京河西的资料了。通过查阅资料你们对"上海浦东"和"南京河西"有了怎样的了解呢? 首先交流一下你们对"上海浦东"的了解情况。

生1：我在网上查到了这样一条有关"上海浦东"的资料,浦东又称之为"长江之子",因为浦东是浩浩长江夹带着泥沙经过千万年的沉积才形成的。

生2：我从《金陵晚报》上了解到,上海浦东从1990年到现在,经过十多年的发展,今天的浦东不只是上海的浦东,中国的浦东,更是世界的浦东。像陆家嘴地区高级写字楼、五星级酒店鳞次栉比。浦东的都市景观、基础设施、区域规划都不会输给世界任何一个现代化大都市。

生3：我知道上海浦东的标志性建筑是东方明珠电视塔,它造型独特,设施齐全,而且很高很高。

师：对,图上的这个高大建筑就是东方明珠电视塔,它是上海浦东的象征。

生4：我还知道,在浦东开发之前,上海人中流传着这样一句话："宁要浦西一张床,不要浦东一间房。"因为当时浦东各方面都比较落后,条件不如浦西好。但是,现在浦东发展起来了,它已经成了上海乃至于中国的一颗璀璨的明珠。

师：是的,上海浦东如今已经成了上海人的自豪,中国人的骄傲。

生5：我还从网上查到,从1990年4月18日中国政府开始宣布要大力开发浦东,以浦东的发展带起整个长江沿岸城市的开放与发展。以浦东为龙头,带动了整个长江流域经济的发展与腾飞。

师：上海浦东是从1990年开发以来,短短的十几年的建设,如今它已经是新上海的标志,成了中国与世界沟通的桥梁,它像一颗璀璨的明珠镶嵌在黄浦江边。好了,下面我们来交流有关"南京河西"的资料。

生1：我在报刊上得知,南京河西2005年5月新城区初步规划完成,高度现代化的奥体中心将投入使用。

生2：据电视新闻报道,南京河西新区已经被英国、法国、泰国等多家大公司看中,它们已经准备在这儿落户,建大型超级市场,盖许多摩天大楼。不久,摩天大楼就会在河西拔地而起,不仅会给人们生活带来方便,更加快了河西发展的步伐。

生3：我从报纸上知道,今年11月4日金陵中学河西分校正式破土动工,不久住在河西的大哥哥大姐姐们上学就没有问题了。

师：是的,河西的学生也在享受着高质量的教育。

生4：我从报纸上得知,南京区划调整之后,新的建邺区将覆盖整个河西新区。几年后,河西的路会更宽,楼会更高,环境会更美,将成为南京最亮丽的人文景观。

师：作为一个建邺人,我们倍感自豪。看来,同学们搜集了很多有关"上海浦东"和"南京河西"的资料,那么,看到这两个词语,你们想象到了什么呢?

生1：看到上海浦东和南京河西,我想象到了上海浦东是个大哥哥,南京河西是个小弟弟。一天,他俩进行了一番对话。大哥哥问小弟弟："你过得怎么样?"小弟弟说："南京

政府拨巨资,重点建设南京河西地区,我的日子过得不错,而且会越来越美好!""你过得怎样?"小弟弟关切地问大哥哥,大哥哥兴奋地说:"我这儿已经有东方明珠、金茂大厦、黄浦大桥……相信不久的将来,我会过得更好!"

师:是啊,祖国的发展变化,兄弟俩将会变得更美、更帅!

生2:看到上海浦东和南京河西,我想象到在不久的将来,河西新区的学校将用上高度智能化的设施,每个学生都配有手提电脑,上学不要书包,教师用的是用纳米材料制作的粉笔。

师:科技含量真高!同学们在这样的条件下学习一定很幸福、很愉快!

生3:我想到上海浦东的繁华已成为现实,而南京河西的开发才刚刚开始。5到10年之后,南京河西的一切都会发生巨变。这里将告别冷清,告别单调,告别零乱,告别落后,成为一座现代特色与滨江文化相交融的新城区。

师:多么令人振奋啊!

生4:我想未来的南京河西一定会像上海浦东那样繁华、漂亮,当然它的繁华不只是物质的,人的精神生活也是丰富多彩的。这里将是一个学习型的社区,到处飘散着书香,河西图书馆里天天人来人往,座无虚席。

师:物质文明与精神文明比翼双飞,真是太美好了!

生5:我想奥体中心要是由我来设计,我一定把它设计得既有现代气息,又有古都特色的集运动、休闲、娱乐为一体的高度现代化的场馆。这里的花草树木都是在太空中培育的,一年四季,郁郁葱葱;比赛场馆的用电全部是太阳能的。奥体中心的主场馆用电脑控制,只需几分钟的时间就可以把它变形成一个外形像"UFO"的大型会议中心。

……

师:同学们,你们的憧憬真是太美好了!看来,想象之鸟一旦高飞,我们的头脑中便会浮现出许许多多新颖、生动的意象,可以抵达我们渴望、向往和曾经经历过的世界。

(三)揭示要求

刚才,同学们围绕这两组词语放飞了自己的想象。想象,能诞生出精巧的小诗;想象,能抒写出优美的文章;想象,能产生出新奇的故事;想象,能创作出谐趣的相声……想象真是太奇妙了!下面就请同学们从这两组词语中,选择你最感兴趣的一组,展开想象,写一篇作文,你可以编写故事,可以写首小诗,总之,只要内容具体,感情真实,无论用什么表达形式都行。当然,如果你对以上两组词语都不感兴趣,也可以自己确定一些词语,展开想象,写一篇作文。还要注意给自己的文章加上一个比较恰当的题目。

(学生习作)

(四)评议习作

师:同学们,刚才我们经历了一次奇妙的想象之旅,并且把自己想象到的内容写成了作文。同学们在这个过程中感到愉快吗?

生:愉快!

师:你愿意把你这种愉快的感觉和大家一道分享吗?

生：愿意！

师：好,谁愿意来读你的作文?

(教师指名学生朗读作文)

师：听了她的作文,你们感觉愉快吗?

生：愉快！

师：能具体地说一说怎么愉快吗?

生1：我听了她的作文,感觉到南京的未来太美好了,能生活在这样的城市中,心情怎能不愉快呢！

生2：我听了她的作文感到很愉快,因为她所描绘的未来河西的汽车全都是用太阳能的,再也不像现在的汽车这样冒黑烟了。

师：那就很环保了,所以你很开心。

生3：我心里又愉快又兴奋。我愉快是因为我们的河西新区以后也许就是这个样子;兴奋是因为在不久的将来我也许就会住上这样的高楼,开上这种汽车。

生4：这种用太阳能发电的汽车很好,我很想把它造出来。

师：你真有志向！只要你现在好好学习,长大以后一定能把它造出来的。彭斯聪同学,你写的这篇作文给这么多同学快乐和憧憬,你有什么想法吗?

彭斯聪：我很开心,当然我还有很多不足,希望大家多多包涵。

师：你真谦虚！谢谢你读了你的作文！还有哪位同学想上来读作文? 你写的是什么?

生：我写的是《河西新区——我的新家》。

(学生读作文)

师：她的新家怎么样?

生：不错,挺好！

师：是的,我相信在不久的将来,李嫣雯同学一定能住上这样的新家,你在那里生活得一定会非常幸福。还有谁愿意读你的作文?

(学生读作文)

师：我们刘禹豪同学也写了一首小诗,他的这首诗让你难忘吗?

生：难忘！

师：能否说说什么地方让你难忘?

生1：难忘的地方就是他把寒冷的冬天变成了温暖的春天。

师：噢,就是说这儿四季如春了！

生2：因为他写了南京河西告别冷清,那我们每天都可以过得热热闹闹、开开心心！

生3：他说告别寂寞,没有寂寞,那我们每天就可以过得充充实实。

师：我们每天都会过得快乐、充实,河西的未来真美好啊！ 同学们,刚才这三位同学的文章你们可以给他们打什么等第?

生：我认为彭斯聪同学的作文可以得优加两颗星,李嫣文和刘禹豪同学的作文可以得优加一颗星。

师：说说你的理由。

生：语句通顺，而且想象大胆、丰富，充满童趣。而彭斯聪的作文要更好些。

师：同学们，你们同意他的意见吗？

生：同意。

师：如果同意的话，我们就鼓掌通过。

（全班鼓掌）

师：刚才我们交流的是根据第二组词语写的作文，有谁愿意上来交流根据第一组词语写的作文呢？

（教师指名学生朗读作文）

师：倾听了她的作文，你认为她的故事编得有意思吗？

生1：我觉得她的故事编得有意思，因为故事情节很曲折。

生2：她的作文不仅有意思，还告诉我们一个道理，要保护好自己身体的每个器官。

师：是的，这个故事不仅有意思，还告诉我们不能随便抠鼻子挖耳朵，这是个不好的习惯。

（再请一个同学来朗读作文）

师：你很有感情地读了你的作文，我问你一下，你觉得这篇作文有意思在什么地方？

生：我觉得小主人说的一段话非常有道理。

师：你满意自己的作文吗？

生：不是太满意。

师：嗯，很谦虚，还需要再修改一下，是吗？同学们，你们也来发表一下自己的意见，好吗？

生1：她这篇文章很生动。

生2：她把鼻子、眼睛、耳朵、嘴巴都比作人，他们的争吵声吵醒了小主人，小主人还说了一番很有道理的话，所以我觉得她这篇文章写得很好。

师：你可以给她打什么等第？

生2：可以打优加星。因为她把对话编得很生动，而且还说明了一个道理——集体的力量大。

师：她的故事编得既有趣，又使我们明白了团结协作才能取得好成绩的道理。有没有同学自己确定一些词语来写的？

（学生上台读文章）

师：她的这篇作文怎么样？

生1：我觉得她写得非常好，她把自己的童年写得像一首诗、一幅画，充满了诗情画意。

生2：我觉得她的写法，像我们学的一篇课文。

师：哪篇课文？

生2：《小镇的早晨》，所以我觉得她的这篇文章写得很好。

师：她模仿得非常好，是吧。自己的文章能在模仿的基础上有所创造，这也是我们学习写作文的一种方法。由于时间关系，我们就不再交流了。

今天我们放飞了想象，经历了一次愉快的想象之旅。通过这一次作文，你感受到了想象给你带来的快乐了吗？

生：感受到了！

师：常言道："文不厌改。"回去之后，请同学们把自己的作文多读几遍，把错别字改过来，把不通的句子改通顺，把要删的删掉，要添的添上。修改好之后，读给你的爸爸妈妈或同学听，听听他们的意见，这样可以使你的作文水平提高得更快！

第四
部分　创意课例

第十六章　绘本阅读课

一、背景描述

"绘本"也叫图画书,源于日文,与英文对应的是"picture book"。从一般意义上讲,绘本或图画书所指的对象是相同的,即指那些图文紧密结合的图书。松居直先生说:"绘本里有非常出色的文章,非常出色的图画。"儿童文学家彭懿也在他的新作《图画书阅读与经典》中指出:"绘本是用图画与文字共同叙述一个完整的故事,是图文合奏的。在绘本里,图画不再是文字的附庸,而是图书的生命,甚至有很多绘本是一个字也没有的无字书。"可见,绘本的最大特点是图文结合,多姿多彩。它形象十分直观,但是又不乏鲜明的逻辑,理性的思维。非常有意思的是,"绘本"这个词在世界范围比较通行的理解是"为儿童"创作的图书,所以从一定的意义上说,又可以把它叫作"小人书",这样的书,当然要让学生读。

《语文课程标准》中明确提出,要让低年级学生"喜欢阅读,感受阅读的乐趣"。要让他们能够"借助读物中的图画阅读"。低年级两年的时间内应该让学生养成阅读兴趣,广泛阅读达到五万字的课外阅读量。囿于低年级语文教材的浅显性、局限性,语文教师应该注重教材的重组、教材的开拓,以实现这些教学目标。为了实现这些目标,可以通过绘本阅读这一校本教材的开发,以实现全方位的突破。

低年级孩子识字量少,注意力集中时间不长,自控能力和忍耐力都较差,但是他们对像图画这样的直接感官刺激的物体感兴趣,形象性思维占主导地位,联想丰富,喜欢表达。这正好与"小人书"的特点贴切地吻合,夸张的构思、精妙的图画、童趣的语言,在学生的眼里十分富有吸引力。借此途径开启学生的想象,培养学生的阅读兴趣、提高学生的表达能力,最为合宜。实践告诉我们,绘本阅读真不愧是一种引领低年级学生阅读、培养阅读兴趣的合适途径。

在国外,绘本阅读已有100多年的发展历史,而在我国大陆,对绘本的认识与绘本阅读的实践才刚刚起步。近几年,我国一些儿童文学作家与小学语文教学研究专家认识到绘本阅读对低年级学生成长的重要性,便致力于推荐绘本,推广绘本阅读。于是,绘本阅读以班级读书会的形式在小学低年级中展开实践。

二、课堂例析

绘本阅读《我爸爸》(三年级)课堂实录

师:感觉我怎样?

生：像妈妈。

师：今天，我们不聊妈妈，我们来聊聊我们的爸爸，说一说伟大的父爱。教师板书：爸爸，学生读，加上我爱二字，再要学生读，提出学生读得很好，重点强调读好"我"和"爱"。

师：出示一幅画，让学生说说对爸爸的印象。（爸爸坐着喝茶的肖像画，后面有一个太阳。）

生：这是一个贪吃的爸爸。

生：这是一个发胖的爸爸。

生：这是一个不爱劳动的爸爸。

生：这是一个发呆的爸爸。

师：出示连续的画面：(1)爸爸追赶大灰狼。(2)爸爸跳高超过了月亮。(3)爸爸敢走钢丝。(4)爸爸和巨人摔跤。(5)爸爸参加运动会，轻轻松松跑了第一名。教师对每一个方面都进行引导，让学生产生对爸爸的敬佩，觉得爸爸了不起。第五幅画：把美国健将刘易斯甩在了后面，汗都变成了云彩。

教师板书：勇敢。学生一齐读。

生：这是一个勇敢的爸爸。

师：拿出自己班级制作的童话书，准备奖励给学生，鼓动学生想说的积极性。说一说：勇敢表现在什么地方？

生：他敢和短跑选手赛跑。

生：他敢走钢丝，而且不会掉下来。

生：他把大灰狼赶走。

师：得出结论：我的爸爸好酷啊！反复读，读出"酷"情。

师：再出现后面的画面，爸爸变了。正在吃饭。

生：爸爸变成马了。

生：爸爸变成驴了。

师：爸爸变成了什么？

生：爸爸很能吃，像马。

师：出示画面：爸爸变成鱼。

生：爸爸像鱼儿一样能游泳，灵活。

师：变成了举重的猩猩，共同出现第二幅画面像河马。

生：爸爸像大猩猩一样强壮。

生：爸爸像河马一样愉快跳舞。

师：出示安东尼说的话，你说的话比大作家还说得好，板书，让学生读好"强壮""愉快"两个词，并加上动作。教师指导学生对"愉快"和"快乐"两词进行辨析，表扬学生用词，表扬学生有个性，并问学生：你觉得爸爸是个什么样的人？

生：爸爸真开心，是个开心果。

生：爸爸是个德智体全面发展的人。

师：请学生继续看，先猜一猜，下面可能画什么？

生：爸爸像蜜蜂一样勤劳。

生：爸爸像鳄鱼一样游得快。

生：爸爸像猪一样能吃能睡。

师：出示画面：像猫头鹰的画面，把头发梳乱的画面。

生：像猫头鹰一样博学，智慧，聪明。

生：把自己头发梳得像扫帚一样，学生笑，说明搞笑。

师：教师板书：聪明、搞笑。

师：到现在，我请同学用一个字来写爸爸。

师：一齐来说我爸爸酷的表现。

生：勇敢、强壮、温柔、聪明。

师：再看最后几幅图。

生：是一个歌手，是一个伟大的舞蹈家，是一个足球大将，是一个逗我哈哈大笑的爸爸。

师：教师描述生动，让学生进入情境。让学生具体表演哈哈大笑，并带着哈哈大笑的动作来说我的爸爸。用一句话再来说说我的爸爸。

生：我的爸爸好酷啊！

生：我的爸爸帅呆了。

师：当一本书放到我面前，先想一想书可能会写什么呢？看书之后，再想想书中写了什么，在脑海中出现网络图，到高年级的时候成了写作提纲，同时想一想最令自己感动的是什么内容，是什么画面，再仔细地读一读，仔细地品味品味，最后说一说。

生：我喜欢强壮。

生：我喜欢聪明。

……

师：那我们一起来重点看一看同学们说的画面。

生：我还发现画面里有其他的画面，画里有画。

师：出示赶走大尾巴狼，里面有三只小猪，有个故事。

师：出示了不起歌手的画面，把世界顶级的歌手放在后面，想怎么唱就怎么唱？知道后面的歌手是谁吗？

生：著名世界男高音歌唱家。

师：爸爸来了，他只有站到后面，听爸爸的表演。

师：把两幅画放在一起，要有连接一句话的词语，即：不但……而且……

师：出示几句话，用上"像"。

生：我的爸爸像老鹰一样自由地飞翔。

生：我的爸爸像狮子一样在单位称霸。

师：出示两句话："爸爸像大猩猩一样强壮"，"爸爸像整天笑眯眯的"。让学生学着把两个句子连到一起，用上"也"，同样的人称可以去掉。

师：回过头来,看最先出示的画面,想对爸爸说什么?

生：爸爸,请你原谅,我错怪你了。

师：不,你不需要原谅,因为你每一句话都透露着对他的爱。

师：你们想画一画你们的爸爸吗? 并加上一句话。

生：(开始画一画。学生积极性很高,都投入在画画中。)(教师巡回指导)

师：谁到前面展示一下。

生：我的爸爸像经贸大厦一样高。

生：我的爸爸像兔子一样灵敏。

生：我爸爸像山一样雄伟。

生：我的爸爸像灯一样明亮。

生：我爸爸知识像大树一样茂盛。

生：我爸爸像长毛猴一样多毛。

师：说也说不完,创也创不完,再来看几幅。

生：我爸爸抽的烟像火车装的货一样多。

师：我班的学生还画了一幅网络图,回去后一个一个地画。我爸爸真的像这样吗? 那我们为什么这样画?

生：爱。

师：原来我们画的画,里面藏着一个字：爱。因为他是我的爸爸,他在我的眼里好伟大,所以我这样表达。再出示第一幅图,喝茶,极普通的样子,极平凡的样子。画后面是太阳,在我们心中是一幅爱的象征画。一起听一听画上配的画外音,学生都进入了情境。看最后一幅图。

让学生说,纽扣变成了太阳,你知道了什么?

(出示画面,即爸爸抱着孩子的画面,并出示文字：爸爸也爱我,永远爱我。)

出现音乐,教师朗读：爸爸唱歌是给我听的,爸爸搞笑也是为了我,爸爸做的一切都是为了我。原来所有的书都可以反过来读,我爱爸爸。同学们回去后,也静静地躺在爸爸怀里,一直看着自己的爸爸,享受这样美好的境界。

师：下课。

(清华大学附属小学校长、特级教师窦桂梅执教)

我怎样教绘本《我爸爸》?

感谢这个绘本带给我的那份着柔软的父爱的润泽。感谢老师们对绘本与写作的探索和尝试,也让我和学生一起体验了其中的快乐。

1. 一幅一幅地看

如何把看图画书与习作联系起来? 这里就有一个重要的内容——"读"图。

课上,从封面看起。把故事书打开,一页一页让孩子看,看后适当把配文读给学生听,或者用一种儿童式的教师语言对配文加以补充,适当让学生即兴说出图意。孩子小,不可能以我们老师

所熟知的从整体入手,因为他们不能一下子把那么多图都消化了,也就更谈不上融会贯通地理解了。这里一页一页地看,也许更符合儿童认知、读书的规律。你想啊,儿童读书时,都是一页一页向后读,一边读一边咂摸。

即便一页一页看,也要有些方法。我采取的方式,是把这些图分成几组。在出示的组图中,边看边解读,解读对图画的理解。同时,解读每组图后,进行小结。比如,在"读"完第二组图后,停下来,让学生猜后面的故事,这样的设计,一举多得,让学生有了思维的空间,想象力尽情驰骋,活跃了课堂气氛,加强了听讲效果,同时让教学形式有所变化,消除孩子的课堂倦怠感。有些学生马上把自己对爸爸的印象加入其中。当我们引导学生继续看图的时候,他们会急于要知道自己的猜测是否符合书上的内容,觉得很刺激,会以较高的注意力投入下面的教学环节。不过,这样的边讲边议和猜故事也要张弛适度,过多会消除孩子的新奇感,段落长而多的故事也要慎用,总之,要适度。

以往,我们总会认为,图画的表现更直观,而文字的表现更细腻,殊不知,这样的观点,其实是我们认识上的一种偏颇。走进绘本的世界,我更清晰地认识到,图画不是插图性质的,不只是文学的进一步说明和补充,也不只是图画展中的展览品;它本身就在"说话"。因此,就有一个图画和文字的关系问题。这种关系,不是单纯的一方说明另一方,而是互相融汇,互相协调,互相补白,共同表现同一个主题,共同创造一个世界,我想,这才是我们常说的"图文并茂"的根本所在。在绘本中,每一个细节都是不可或缺的,虽然它们往往不以知识的方式呈现,但走进绘本就会发现,它们不是简单的信息的传递者,而是信息的重组者,其中有严密的逻辑和清晰的理念……

另外,读图时有一个重要的地方,就是让学生结合文字,学会欣赏画面,更不能忽略画中画。正如安东尼·布朗说:"我喜欢在图画里加入一些小东西。读者看第一遍时,容易忽略这些细节,可是再看一遍时,就会有新的发现,这可以使一本书值得读者再三阅读。"于是,我带着学生在"回味"图书的环节中,重点读了三幅图:

(1)大野狼的图中小红帽和三只小猪。在日常教学之前或之中、之后补充《小红帽和大野狼》《三只小猪和大灰狼》的故事。

(2)图中爸爸和两个世界上著名的男高音帕瓦罗蒂、多明戈一起歌唱。这里又补充了两个男高音,这也是一种文化。

(3)读完所有图后,又带学生再"读"第一幅图——图中除了爸爸,在右上角还有一幅太阳图,这样巧妙地与主题"爱"又结合在一起,爸爸就是我心中的太阳。同时,我们也感到绘者的匠心独具。

其实,看图的过程中,有意渗透了其他图画中隐藏的"宝贝"。如爸爸比赛的时候,汗滴变成了白云等。还有一些借代,穿着睡衣的爸爸变成一条鱼,一只大猩猩,一匹马……有一些暗示,象征意义的,太多了。所以,读图有技巧,读图有方法,关键是要有一双会发现的眼。这样的教学指导之后创作出来的小书,就不是单纯地给文字配图了,而是让图画也会说话,和相应的文字形成了有机的结合。

2. 一幅一幅地说

成人总觉得自己比小朋友强,也应该比他们强,知识比他们丰富,技能比他们多而且纯熟。因此,不免处处想去教他们。难怪有人说我的状态"强势"。的确,不自觉的你会压抑学生的思维和情感状态。那是否微笑了,弯腰了,语气温和了,就避免了自己的"强大"呢?我们无形中把自

己放在了评判官或者审判官的位置上,有时候的微笑,是否是一种居高临下的强者对弱者的宽容? 我们应该是情境的引导者,创设者,不能把自己放在优势地位,而是增加引导技巧,不是希望学生强迫自己相信,而是轻松地质疑和思考,然后表达。在学生面前,要尽量示弱,而不是示强,尤其是低年级的课堂,不然,压抑了学生,他们是无话可说的。

必须让学生淋漓尽致地表达——首先是情绪的引导。整堂课,我始终注意调动学生的情绪,比如让大家看图画,适当用我的有些体态语,乃至眼神,引导学生发现图中要表达的奥妙。课堂上的我,和7岁的孩子一道“哈哈大笑”,丰富的表情,夸张的动作,时而忘我,行走在自己似曾相识快乐的童年生活中。我想,这样的教学,会随时让孩子们保持足够的注意力,也提高了课堂的情趣;再就是完成了由情感到情致的发展。在引导学生看图,学习词句、理解文本的同时,特别注重鼓励学生大胆表达,提高孩子们对文本情感的理解与发掘,把学生引向对父子之间爱的认识与体验。

从学科特点上看,不上成语文课,不做字词句的品读理解。让孩子笑起来,多一些流荡,轻松,少一些死板的匠气。比如理解爸爸的“哈哈大笑”,我不仅仅和孩子们做出图中的爸爸的样子,还给学生扮“小猪”、“小狐狸”的鬼脸——逗得学生哈哈大笑。对于“哈哈大笑”,学生不仅是看到的,更是体验到的。

比如让学生看图“我爸爸吃得像马一样多”,这幅图的时候,引导学生思考:“爸爸哪里去了?”孩子发现爸爸变成马的时候,再看看餐桌上的食品,以及爸爸手里拿的叉子,学生明白了——噢,原来是说爸爸吃得像马一样多啊! 接下来的一幅幅“游泳时像鱼一样灵活。他像大猩猩一样强壮,也像整天笑眯眯的河马一样快乐”,教师不用多说,只需要学生看后回答。没想到,学生的表达恰恰和绘本的表达大同小异。大同的是,都会用“像”来表达,而我却没有提“比喻句”这三个字。小异的是,形容词用的差不多。比如说爸爸像鱼一样灵活,孩子说成像鱼一样在水里自由自在地游来游去。当我把书上的文字打出来的时候,孩子们是多么惊喜啊。他们就是绘本的创作者,成了作家! 可以想见他们热烈参与的程度。于是,学习的热情始终在课堂中弥漫。这样做,也许正是语文生命的完整和圆融。

3. 一幅一幅地创作

绘本与习作最终要落实到写作上,但它已完全不同于简单地把绘本中的文字当成习作例文,只是干巴巴地仿写,这样就失去了读绘本的乐趣和其中的美妙。在整个看图说话的过程中,一边总结故事内容,一边渗透网络图(写作提纲),渗透、体会递进关系的句子、比喻修辞的练习运用等。最后环节,老师结合绘本和低年级学生特点进行了开放性的创作——真正实现“图文并茂”。给学生的友情提示是:

(1)用简笔画,为你爸爸画一张像。

(2)用笔,为你爸爸写上一句话。

(3)或者也像黑板上一样,画一个网络图也可以。(可作品示范)

(4)注意爸爸的友情提示。(“……像……一样……”;“……像……一样,也像……一样……”,用上更好)

(5)当然,你用自己的方法表达也可以。

这样的开放性,给了学生自主的空间,把学生的创造性发挥得淋漓尽致,也呈现出精彩的课堂,生动的儿童世界。这里我在上文已经举了一些例子,说了学生们了不起的创作。有个学生回

家后专门作了一个绘本,起的名字叫《爸爸是太阳,我是小花》——里面一幅一幅为爸爸创作的图文并茂的作品让我们感动。

其实,循着这样的线路,我们的孩子还会创作《我爷爷》、《我外公》、《我妈妈》、《我奶奶》等。他们会在这堂课的潜移默化的学习中,情不自禁地用上这本图画书,或者自己创造的一句话,这样有趣生动地形容自己的亲人,甚至老师同学。

在绘本与写作中,怎样在绘本中更科学地渗透写作训练点,怎样读图,怎样把儿童绘画与写作结合,又怎样在绘本写作研究的同时,不让学生缺失纯文字的习作与表达?这都是我们正在思考的问题。我和许剑及许多教师们的研究刚刚起步,还在路上。但是,我们愿做那已经上路的小瑞龟,这也是绘本给我们的启示。

再有,教学的时候,有个别地方有点远离儿童生活,小孩子基本没有反应,比如讲到图画中的人物马拉多纳、多明戈是否不点出来?一是我们在重视赏识教育的同时,要注意对学生不同层次的创造作出必要的区分,有些没有必要保留的要去掉。容易导致教学的平庸化,使真正的创造性得不到足够的重视。这意味着课堂有时候需要停下来,共同欣赏孩子们真正的创造,而不是一味地走过场式的表扬。教学,有时候就是慢的艺术。还有,有些学生没有"童话"感觉——当我们沉醉在爸爸的"飞过月亮"的潇洒时,有个学生说,"那是不可能的"等真实回答时,我们如何用文学的想象让孩子相信,同时也反映我们的孩子过早接触科学现实,这些矛盾冲突,怎么办?这都是我们要面对的问题。

(清华大学附属小学校长、特级教师窦桂梅)

三、资源链接

(一)绘本阅读课的意义

1. 激发阅读兴趣

作为教师,首先要考虑的是怎样才能把学生的注意力吸引到阅读上来,怎样培养学生养成阅读兴趣和习惯,让他们爱读书,快乐地读书。而绘本恰恰符合学生思维特点,最能激发学生阅读兴趣。从人类的发展史上看,图画语言早于文字语言,它比文字符号更加直观,表达的系统更符合儿童形象性思维的特点。因为在小学低段,学生的思维是一种具体形象性的思维,是一种表象的思维,而绘本以画为主,字少但画面丰富,以画传达故事情节,比一般纯文本更能激发学生的兴趣,也更符合学生早期阅读的特点和习惯。在绘本中,儿童文学作家使用孩子可以解读的词汇,熟悉的语句结构,将主题巧妙涵盖进去,汇聚成结构完整、内容丰富的故事。借助丰富的图画使学生们在阅读文字时觉得更为简单,通过直观化的绘本内容,学生吸收、激荡、转化着各种观点,无形中便培养出精湛的语文阅读能力,并促使他们积极地向纯文字阅读过渡。

2. 培养思维能力

绘本能激活学生的想象,有利于学生创造力的培养。任何人都不是生来就具有丰富想象力的,想象力是通过直接、间接的体验获得的,体验越丰富,想象力也越丰富,而绘本就为学生提供了丰富体验的机会。绘本故事横跨国界,穿越各种文化背景,透过文字与画面,学生得以进入不同的世界,接受丰富的信息,张开想象的触角,让创造力无限扩大。绘本里还会预留给学生许多想象的空间,让学生根据绘本的整体意境,对故事情节展开丰富的联想,设计书中人物的语言、动作。画面中的一些细枝末节也会让学生产生丰富的联想,对故事进行自我扩充、延伸。这些都有

利于思维能力的培养。

3. 提高语文能力

绘本充满童趣的同时往往构思奇巧,短小精悍的故事恰如一部精彩的单元剧,一章章,一幕幕,如磁石般吸引学生往下阅读,其情节的安排本就对学生有潜移默化的感染熏陶作用。其次,绘本语言简短有趣,符合学生的身心特征,而且很多绘本都有其独特的语言范式,在听老师讲故事的过程中,学生会吸收语言,学习语言的表达形式。再者,老师利用故事的空白点,或者借助图画,或者依照故事发展的顺序,在课上组织学生在展开丰富想象的同时表达自己的思维,在课后借助阅读学习单将阅读内容延伸到家庭,和家长进行读写绘的互动活动,整个过程有助于培养学生基本的听、说、读、写的能力。

4. 提升综合素养

目前绘本中的图画部分,多数都是世界上知名插画家的作品,他们运用各种手法,或水彩,或剪贴,营造故事情节,让学生在阅读过程中,享受文学,也感染到美学。好的绘本,不仅绘画精美,构图、色彩能使阅读者在视觉上引起愉悦,给人美的享受。每一个绘本都有其主旨的体现,或团结互助,或关爱他人;或勇敢顽强,或坚持不懈;或正视自己,或肯定别人……在聆听阅读感受的过程中,学生的情感受到陶冶,意志受到锻炼,精神得以引领,人格得以塑造,就在这样潜移默化的过程中,学生的综合素养必将得到提升。

5. 形成阅读氛围

阅读要从孩子抓起,这是很多人的共识。据跟踪研究,一个人如果 15 岁以前没有形成阅读的习惯,则一辈子都难以改变。凭借绘本阅读这一抓手,让低年级的学生进入学校就对阅读产生浓厚的兴趣。每周的绘本阅读,每周的讲故事时间,每日的经典诵读,再加上各班图书柜的充分运用,孩子们之间进行书籍漂流,必将让校园充盈着浓浓的书香气息。凭借阅读学习单,将阅读的内容延伸到家庭中,让学生和父母之间拥有必须交流的内容,从影响学生带动家长开始,推动亲子阅读,进而影响整个社区,形成良好的阅读氛围。

(二) 绘本阅读课的误区

在实践中,由于经验的缺乏和认识的偏差,绘本阅读课还存在某些误区。

误区一:专项训练。图文并茂的绘本,图画精美,语言精练。在绘本阅读教学中,有的老师便利用绘本精简的语言,让识字不多的低年级学生在绘本阅读中进行专项识字训练和专门的朗读训练。在识字、朗读的要求的压力下,让绘本失去原有的趣味性和吸引力,让学生对绘本望而却步。

误区二:精读分析。绘本阅读教学往往以班级读书会的形式在班级中开展。有的老师把班级读书会当成平时的语文课堂,将绘本当成一般的语文教材来教学,引导学生研读绘本,字词句段、篇章结构,面面俱到,精雕细琢,这各项训练便拉开了学生与绘本的距离。

误区三:讲读提问。好的绘本不仅仅在讲述一个故事,同时有着经久不衰的永恒的主题和深刻的内涵。有的老师在教学中,急功近利,为了让学生在绘本阅读中受到教育,并以提问贯穿绘本阅读始终。在一连串的"你知道了什么"、"你懂得了什么"的追问下,学生的阅读兴趣被扼杀。

误区四:缺乏指导。在绘本阅读教学的实践中,有的老师本着"绘本是读给学生听的书"的理念,在绘本阅读教学中,纯粹以朗读者的身份出现,读完故事就完事,不启发、不质疑、不点拨、不

指导,使班级读书会意义缺失,效率低下。

四、推荐阅读资料

小学生必读的100种绘本书目:

1.《我爸爸》:对爸爸的描述,孩子很有共鸣。

(英)安东尼·布朗著,余治莹译,河北教育出版社

2.《石头汤》:法国故事却很有中国味。

(美)琼·穆特著,阿甲译,南海出版公司

3.《小恩的秘密花园》:亲近自然是孩子都喜欢的。

(美)萨拉·斯图尔特著,郭恩惠译,河北教育出版社

4.《花婆婆》:女儿说海子的诗就像花婆婆。

(美)库尼著,方素珍译,河北教育出版社

5.《多多老板和森林婆婆》:环保主题可以讲得很亲切。

(日)藤真知子著,(日)木杨叶子绘,蒲蒲兰译,二十一世纪出版社

6.《阿秋和阿狐》:孩子相信玩偶会保护阿秋。

(日)林明子著,彭懿译,南海出版公司

7.“玛蒂娜”故事书系列:适合有女宝宝的家庭。

(比)马里耶,(比)德拉艾著,徐兆源译,中国少年儿童出版社

8.《我的爸爸叫焦尼》:爸爸领着儿子,吃、吃、吃。

(瑞典)波·R·汉伯格著,(瑞典)爱娃·艾瑞克松绘;彭懿译,湖北美术出版社

9.“神奇校车”故事书系列:读完的孩子就是幼儿科学家了。

(美)乔安娜·柯尔著,(美)布鲁斯·迪根绘,施芳译,贵州人民出版社

10.《阿黛拉和西蒙在巴黎》:带孩子去巴黎找书里的风物。

(美)芭芭拉·麦克林托克著,萧晶译,上海人民美术出版社

11.“彼得兔”绘本全集:这兔子有很深的欧式烙印。

(英)波特著,曹剑译,安徽教育出版社

12.《妈妈,买绿豆》:幼儿版《舌尖上的中国》。

曾阳晴著,万华国绘,明天出版社

13.《小房子》:幼儿绘本也可以有人文情怀。

(美)维吉尼亚·李·伯顿著,阿甲译,南海出版公司

14.《狐狸村传奇》:邻居小朋友爱到不肯归还。

(英)辛西娅·帕特森著,(英)布莱恩·帕特森绘,艾斯苔尔译,少年儿童出版社

15.《让路给小鸭子》:建议找英文原版配音孩子听。

(美)罗伯特·麦克洛斯基著,柯倩华译,河北教育出版社

16.《环游世界做苹果派》:这该叫“舌尖上的世界”吧!

(法)玛尤莉·普莱斯曼著,李永怡译,河北教育出版社

17.《穿靴子的猫》:说它不高尚?你太多虑了!

(美)弗雷德·马塞利诺绘,杨玲玲、彭懿中译,二十一世纪出版社

18.《跟着姥姥去遛弯》：豌豆黄儿、驴打滚儿,好吃!

保冬妮著,龙图腾文化事业有限公司

19.《苏菲的杰作》：蜘蛛也是到死丝方尽嘛!

(美)艾琳·斯安内利著,(美)简·戴齐图,柯倩华译,河北教育出版社

20.《四点半》：让孩子们了解父母的童年。

(韩)尹石重著,(韩)李昤庚绘,苏茉译,接力出版社

21.“我的感觉”系列：让宝宝从小学会管理情绪。

(美)科尼莉亚·莫德·斯佩尔曼著,(美)凯西·帕金森绘,黄雪妍译,电子工业出版社

22.《月亮,生日快乐》：孩子跟月亮对话时,请闭嘴。

(美)法兰克·艾许著,高明美译,明天出版社

23.《动物绝对不应该穿衣服》：它们不裸体会发生各种尴尬。

(美)茱蒂·巴瑞特著,(美)罗恩·巴瑞特绘,沙永玲译,上海人民美术出版社

24.《抱抱》：没有手的大象怎么拥抱。

(英)杰兹·阿波罗著,上谊编辑部译,明天出版社

25.《和甘伯伯去游河》：让孩子学会分享,读甘伯伯。

(英)约翰·伯宁罕著,林良译,河北教育出版社

26.《摇摇晃晃的桥》：桥和水的关系很有趣。

(日)木村裕一著,(日)秦好史郎绘,朱自强译,湖北美术出版社

27.《鳄鱼怕怕牙医怕怕》：对付不爱刷牙小孩的绝招。

(日)五味太郎著,上谊编辑部译,明天出版社

28.《大卫,不可以》：资深捣蛋鬼大卫无所不能。

(美)大卫·香农著,余治莹译,河北教育出版社

29.《打瞌睡的房子》：可以提升孩子的语言能力。

(美)奥黛莉·伍德著,(美)唐·伍德绘,柯倩华译,明天出版社

30.《雪人》：没有想象力的大人要小心。

(英)雷蒙·布力格著,明天出版社

31.“彩色世界童话”系列：有的人童年因为它而伟大。

(丹)安徒生、(德)格林等著,(意)乌纳、塞尔吉奥、米歇尔、费里等绘,方素珍、崔旭编译,新世界出版社

32. 全景式图画书“开车出发”系列：适合“自然饥渴症”小朋友。

(日)间濑直方著,周龙梅译,二十一世纪出版社

33.《青蛙弗洛格的成长故事》：教给孩子爱、敬畏和珍惜。

(荷)马尔斯·维尔修思著,杨玲玲、彭懿译,湖南少年儿童出版社

34.“摇头童子”系列：教生活技能也建立概念。

(韩)绣花鞋著,(韩)石英绘,赵振华译,延边人民出版社

35.《秋秋找妈妈》：真正的母爱是愿意陪伴。

(美)庆子·凯萨兹著,范晓星译,贵州人民出版社

36.《不睡觉世界冠军》：哄孩子睡觉需要想象力。

（英）西恩·泰勒文著，几米绘，柯倩华译，新星出版社

37.“小北极熊”系列：教给孩子面对困难的勇气。

（荷）汉斯·比尔著，陈琦译，电子工业出版社

38.《揭秘汽车》：汽车小百科幼儿都能看懂。

（英）罗布·利奥伊德·琼斯著，（英）斯特凡诺·托涅蒂绘，荣信文化编译，未来出版社

39.“噼里啪啦趣味转转书”系列：勾引孩子们“动手动脚”。

（日）佐佐木洋子著，二十一世纪出版社

40.“各种各样”系列立体书：教孩子叠伦敦双层巴士。

（英）爱玛·戴蒙，荣信文化编译，陕西旅游出版社

41.“100层的房子”系列：学动物习性顺便练数数。

（日）岩井俊雄著，刘洋译，北京科学技术出版社

42.《外公》：用空沙发就能表现死亡。

（英）约翰·伯宁罕著，林良译，河北教育出版社

43.《小小牛顿幼儿馆》：对婴儿也能进行科普。

台湾牛顿出版股份有限公司著，贵州教育出版社

44.“可爱的身体”系列：讲故事对身体进行科普。

（日）七尾纯、小林雅子著，（日）今井弓子等绘，（日）猿渡静子译，南海出版公司

45.“乔比的生活故事”系列：几乎涵盖孩子生活一切。

（法）提埃里·顾旦绘，荣信文化编译，未来出版社

46.《世界经典童话绘本》：最美的童话绘本。

（德）格林等原著，（英）华兹绘，王星译，河北教育出版社

47.“梦幻有声图画书”系列：它培养宽容和想象力。

（英）克里斯汀·利森著，（英）查普曼等绘，思铭译，中国电力出版社

48.“小兔汤姆”系列：小朋友学汤姆可不能走丢哇。

（法）克斯多夫·勒·马斯尼著，（法）玛莉·阿丽娜·巴文绘，梅莉译，海燕出版社

49.《哲学鸟飞罗》：跟3岁的孩子怎么谈哲学？

（法）碧姬·拉贝著，（法）埃里克·加斯特绘，王恬译，接力出版社

50.“小熊宝宝绘本”系列：画面又萌又干净。

（日）佐佐木洋子著，蒲蒲兰译，连环画出版社

51.“第一次发现丛书手电筒”系列：拿纸质手电筒书中寻宝。

法国伽利玛少儿出版社编，罗静平、谢逢蓓译，接力出版社

52.《法布尔昆虫记》：虫子想要爬出来和你互动。

（韩）高苏珊娜编著，（韩）金成荣绘，李明淑译，北京科学技术出版社

53.“贝贝熊”系列丛书：它直接教家长该怎么做。

（美）斯坦·博丹、简·博丹绘著，孙志芳等译，新疆青少年出版社

54.《妙想科学》：比较法让科普也很有趣。

（美）罗伯特·E·韦尔斯著，于姝译，贵州人民出版社

55.“快乐比尔熊”系列：能给孩子加点诗意。

（英）布拉克斯通著，（英）哈特绘，乐凡译，湖南少儿出版社

56.《肚子里有个火车站》：消化系统就是火车轨道。

（德）鲁斯曼·安娜著，（德）舒尔茨·史蒂芬绘，张振译，北京科学技术出版社

57.《积木小屋》：大人孩子都会被情怀感动。

（日）平田研也著，（日）加藤久仁生绘，清泉译，青岛出版社

58.《愿望树》：母爱比愿望树更神奇。

（奥地利）诺伯特·兰达著，（英）西蒙·门德斯绘，金波审译，外语教学与研究出版社

59.《牙齿大街的新鲜事》：小心，牙刷警察来啦。

（德）鲁斯曼·安娜著，王从兵译，北京科学技术出版社

60.《从小爱科学·有趣的物理》：看过可能就不讨厌物理了。

（韩）崔惠景等著，（韩）金允贞等绘，沈丹丹、柳恋清等译，湖南少儿出版社

61.《小马过河》《小猫钓鱼》：画风和20年前的课本一样。

陈永镇著，贵州人民出版社

62.《小威向前冲》：回答宝宝"我是怎么来的"。

（英）尼古拉斯·艾伦著，李小强译，贵州人民出版社

63.《不要随便摸我》：教孩子学会保护自己。

（美）珊蒂·克雷文著，（美）茱蒂·柏斯玛绘，刘敏译，青岛出版社

64.《狼大叔的红焖鸡》：大灰狼不好意思吃母鸡了。

（美）庆子·凯萨兹著，范晓星译，贵州人民出版社

65."欢乐时光立体认知书"系列：可以玩的书宝宝百看不厌。

（澳）戈登·沃尔克著，（澳）罗伯特·托恩绘，唐米译，二十一世纪出版社

66."我喜欢做的事"系列：引导宝宝学习乐观宽容。

（新西兰）特蕾西·莫洛尼著，萧萍译，湖北美术出版社

67.《小熊和最好的爸爸》：爸爸在宝宝心中地位飙升。

（荷）阿兰德·丹姆著，漆仰平、爱桐译，贵州人民出版社

68.《糟糕，身上长条纹了！》：请勇敢地跟别人不一样。

（美）大卫·香农著，黄筱茵译，河北教育出版社

69. *Are You My Mother?*：英文版《小蝌蚪找妈妈》。

P. D. Eastman 著，Random House Books for Young Readers

70."奥莉薇"系列：奥莉薇擅长把人累昏！

（美）伊恩·福尔克纳著，郝广才译，河北教育出版社

71.《蔷薇别墅的小老鼠》：淡淡的故事却把人看哭。

王一梅著，陈伟、黄晓敏绘，海燕出版社

72. *Flotsam*：海龟背上的城市，赞！

David Wiesner 著，Andersen Press

73. *The Going to Bed Book*：搞笑，想起朱德庸的漫画。

Sandra Boynton 著，Simon& Schuster

74. *Click，Clack，Moo: Cows That Type*：会打字的奶牛？够稀罕吧！

Doreen Cronin 著,Betsy Lewin 绘,Simon&Schuster

75. *My Lucky Day*：这书非常适合角色扮演。

Keiko Kasza 著,Puffin Books

76. *Where the Wild Things Are*：精彩堪比《爱丽丝梦游仙境》。

Maurice Sendak 著,HarperCollins

77. *The Giving Tree*：跟一棵大树让你读懂什么是爱。

Shel Silverstein 著,HarperCollins

78. *Good night Moon*：带给孩子安睡的魔力。

Margaret Wise Brown 著,Clement Hurd 绘,Harper Collins

79. *The Lorax*：跟绒毛树老人家上节环保课。

Dr. Seuss 著,Random House Books for Young Readers

80. *Green Eggs and Ham*：50 个单词鼓励孩子尝尝新食物。

Dr. Seuss 著,Random House Books for Young Readers

81. *Alexander and the Terrible*，*Horrible*，*No Good*，*Very Bad Day*：读它会觉得自己真幸运。

Judith Viorst 著,Ray Cruz 绘,Simon & Schuster

82. *The Very Hungry Caterpillar*："毛毛虫"引导孩子不挑食。

Eric Carle 著,Puffin Books

83. *Love You Forever*：无私母爱让孩子读到流泪。

Robert N Munsch 著,Sheila McGraw 绘,Firefly Books

84. *Cloudy With a Chance of Meatballs*：让宝宝的想象力再丰满点。

Fiona Davis 著,Scholastic

85. *Chicka Chicka Boom Boom*：读完就记住了所有字母。

Bill Martin Jr and John Archambault 著,Lois Ehlert 绘,Beach Lane Books

86. *Pat the Bunny*：让孩子触摸到世界的质感。

Dorothy Kunhardt 著,Golden Books

87. *Brown Bear*，*Brown Bear*，*What Do You See?*：两个句型记住 N 种动物。

Eric Carle 著,Penguin

88. *Pinkalicious*：给女孩一个粉色的小公主梦。

Victoria Kann 著,HarperCollins

89. *Guess How Much I Love You*：告诉孩子,爱是可以度量的。

Sam McBratney and Anita Jeram 著,Candlewick

90. *Good Night Gorilla*：看之前,请宝宝准备好笑声。

Peggy Rathmann 著,G. P. Putnam's Sons

91.《鸡蛋哥哥》：听鸡蛋讲人生的道理。

（日）秋山匡著,（日）猿渡静子译,南海出版公司

92.《田鼠阿佛》：用老鼠鼓励胆小的孩子。

（美）李欧·李奥尼著,阿甲译,南海出版公司

93.《母鸡萝丝去散步》：好多宝宝翻这本书都翻烂了。

（美）佩特·哈群斯著，少年儿童出版社

94.《一天中的火车站》：时间不同火车站长得不一样。

（英）尼古拉斯·哈里斯著，因科林克工作室绘，汤蒙译，明天出版社

95.《铁丝网上的小花》：从小女孩的眼光去看待战争。

（意）克里斯托夫·格莱兹、罗伯特·英诺森提著，代维译，明天出版社

96.《魔法森林的夜晚》：森林用魔法教孩子为人处世。

（瑞士）艾文琳·哈斯勒著，（瑞士）凯提·贝恩德绘，曾璇译，湖北美术出版社

97.《你别想让河马走开》：礼貌待人才是最有用的力量。

（英）迈克尔·卡奇普尔著，（英）罗莎琳德·比尔肖绘，任溶溶译，湖南少年儿童出版社

98.“绘本中国”系列：原来爸爸妈妈是看这些长大的。

熊亮著，段虹绘，明天出版社

99.“斯凯瑞金色童书”系列：非常经典的绘本。

（美）理查德·斯凯瑞著，李小评译，贵州人民出版社

100.《长大做个好爷爷》：看这本书时和宝宝抱头痛哭。

（澳）奈杰尔·格雷著，（英）瓦奈萨·卡班绘，金波审译，外语教学与研究出版社

五、后续练习
《肚子好饿的毛毛虫》教学设计

下面是一个绘本阅读课的设计，请你仔细研读并作点评。

（一）故事内容

在皎洁的月光下，一个卵静静地躺在树枝上。一个星期天的早晨，太阳暖暖地照着。啪！卵破了，从里面爬出一个小小的毛毛虫来。星期一，他啃穿了一个苹果。他还是觉得饿。星期二，他啃穿了两个梨子，他还是觉得饿。星期三，他啃穿了三个梨子，他还是好饿呀。星期四，他啃穿了四个草莓，可他还是饿得要命。星期五，他啃穿了两个苹果和三个梨子，他还是很饿呀。星期六，他吃了好多，有巧克力蛋糕，有冰淇淋，有夹心筒，有甜西瓜。这次他不饿了，他不再是一个小毛毛虫了，他成了一个胖嘟嘟的大毛毛虫。他围着自己造了一个叫作"茧"的小房子。他躺在里面，睡起觉来。第二天，又是一个星期日的早晨，暖暖的阳光下，茧破裂了，从里面飞出一只美丽的蝴蝶来。

（二）主题解读

这是一个美丽的故事。简单而美丽，却揭示出成长的执着与美丽。每一个成功的人不都是从一只毛毛虫变来的吗？他们像毛毛虫一样有着精神的饥渴。他们一本一本地啃着书，吸取着知识的养料。因为他们知道，在他们身体里面，有着一个蝴蝶的灵魂与梦想。亲爱的老师呀，我们手心里握着的不也是一只毛毛虫吗？他要上学了，他开始寻找食物了，他将拥有一本书，他开始上第一节课，他开始识字了，他开始像毛毛虫一样啃书了，从有趣的连环画到美丽的童话故事，从小说到散文、诗歌，再到深刻的哲学书籍。我们相信，他们最终将破茧成蝶，在知识的花丛中飞舞。

（三）教学目标

（1）通过绘本故事，让学生了解毛毛虫的生长，体会毛毛虫破茧而出的过程。

（2）学习用"如果我是毛毛虫，我喜欢吃……"和"如果我是毛毛虫，我会……做"的句式说一

句完整的话。

(3) 学习词：毛毛虫、饿、茧、蝴蝶。

(4) 感受绘本故事带来的色彩美。

（四）教学准备

课件、音乐、绘本书、字卡、布袋、一枝树叶。

（五）教学过程

1. 认识毛毛虫

(1) 观看课件，了解毛毛虫出壳的过程。

① 你看到了什么？毛毛虫在干什么？

② 出示字卡：毛毛虫、饿。

(2) 老师出示故事绘本，请学生欣赏。

"毛毛虫可调皮了，它爬呀爬，爬到了实小，爬到了我们的教室，爬到了这本故事书里，看，它来了……"

老师出示故事绘本，请学生欣赏。

2. 讲述故事：毛毛虫饿了

(1) 教学生认识封面，告诉学生故事名字和书的作者。

(2) 老师边讲故事边引导学生理解故事内容：毛毛虫吃了几个苹果？我们一起来吃一口，(啊呜)，小朋友你们吃饱了吗？(吃饱了)可这只毛毛虫还是觉得很饿，我们来看看它又找到了什么？……

(3) 进行句式练习："如果我是毛毛虫，我喜欢吃……"

分别请学生来用上面的句式说话，引导学生说一句完整的话。

3. 认识茧

(1) 老师讲解故事：毛毛虫吃饱了会怎么样呢？我们来看看(出示绘本中茧的画面，教学生认识茧)。

(2) 出示字卡：茧。

(3) 老师：今天老师也带来了一个茧，你们看看，这个茧漂亮吗？谁愿意来当这个茧呢？

(4) 请一个学生来扮演茧，并根据老师的讲解进行表演：一天过去了，毛毛虫在睡觉，二天过去了，毛毛虫在睡觉，三天过去了，毛毛还在睡觉……

(5) 提问：毛毛虫在茧里面睡醒了，它想出来怎么办呢？鼓励学生大胆想办法，并用"如果我是毛毛，我会……做"的句式来说一句完整的话。

4. 破茧而出变蝴蝶

(1) 观看课件：破茧而出。

(2) 教师：毛毛虫是怎样变成蝴蝶的？出示字卡：蝴蝶。

(3) 引导学生说出毛毛虫演变为蝴蝶的过程。

师：小朋友们，故事讲完了，你说这条好饿好饿的毛毛虫是怎么变成美丽的蝴蝶的？

生："因为它吃了很多东西。"

生："因为它的愿望就是要变成美丽的蝴蝶，为了实现这个愿望它不停地吃着各种东西。"

师：你们的愿望是什么呢？

生：我的愿望是当一名医生，为病人看病。

生：我的愿望是长大了当老师。

生：我的愿望是长出一对翅膀飞到全世界去。

……

师：那你怎么做才能实现你的愿望呢？

生：我要读好多的书，学到很多的本领。

5. 出示名人头像，树立远大理想

师：小朋友们说得真好，来看看这些人（投影出示一些名人），他们有的是科学家，有的是音乐家，有的是文学家（简单介绍），他们都是这个世界上最优秀的人，都是从小小的毛毛虫啃书啊啃书啊，变出来的……

师：小朋友们，你们这些小小的毛毛虫啊，才刚刚开始啃呢！你想啃些什么好吃的，变成怎样的蝴蝶，这个故事啊，要你自己来完成了！

6. 完成写绘作业

布置读写绘作业：假设自己是一条毛毛虫，想想：怎样才能变成美丽的蝴蝶？用绘画表达出来。

第十七章　单元组文课

一、背景描述

人教版教材以主题组织单元，每册八个单元，每单元均以"导语"形式点明单元主题，课文、口语交际、习作等围绕主题合理安排。各教学内容既独立又相互联系，构成有机整体。

而在大量调研中发现，当前教师单元整体意识淡薄，习惯于单篇课文教学。且拿"老教法"教"新教材"，教学流程上"按部就班"，不管哪类文本，均按照"整体感知——学习字词——研读分析——练习巩固"的教学程序；教法上"涛声依旧"，讲授式、分析式、问答式是老师手中的常把式，课堂上教师唱"主角"，学生充当"配角"；学法上"机械重复"，课内不足课外补，大量机械的练习充斥学生的生活。

传统的单篇精细化教学，高耗低效，严重影响了学生的阅读量，又有悖于教材的编者意图。进行"单元组文"教学实践和研究，是大势所趋。

"单元组文课"是指在小学语文教学中实施的一种单元集体备课、教学的理念和意识，即以主题型语文教科书的主题单元为依托，在整合教科书选文内容、活动内容、练习内容与链接的丰富的课外课程资源的基础上，进行全盘考虑的教学。这是一个"群"的教学设计和实施。

二、课堂例析

单元组文(五上第八单元)课例设计

人教版小学语文五年级上册第八单元共有4篇课文：《七律·长征》(精读课文)、《开国大典》(精读课文)、《青山处处埋忠骨》(略读课文)、《毛主席在花山》(略读课文)，还有"口语交际·习作八"和"回顾·拓展八"。考虑到诗歌的特殊性，《七律·长征》不纳入单元整组设计。

第一部分　单元教学定位

语文教学是以一篇篇课文组成的一个个单元为凭借来实施的，根据学习的需要，课文分为精读、略读、选读。理想的教学应该以语文技能主题为统帅组织课例形成单元，因此，略读课文的教学不能就课论课，而应该系统思考，科学施教。略读课文教学努力做到服务于单元主题；努力做到偏向于技能习得；努力做到凸显学生自主。以下以五年级上册第八单元的两篇略读设计为例，尝试说明。该单元以中华人民共和国的缔造者之一毛泽东的伟人风采和凡人情怀为人文主题来组织教材。内含四篇课文和一则口语交际及习作。除第一篇《七律·长征》的文体不同之外，其余三篇及习作都贯穿一条语文技能的主线：领悟描写人物的一些基本方法。

《开国大典》是精读课文,主要通过对开国大典一个个场面描写来表达中国人民对新中国的诞生无比自豪、激动的感情,展现了毛泽东的领袖风采。在写作技能上采用点面结合的方法突出了场面描写,在这些描写中,既有主要人物的重点描写,又有庄严的场面气氛和人们激动、自豪心情的描绘,生动形象地再现了开国大典的盛况。

《青山处处埋忠骨》是一篇略读课文,主要讲了毛泽东惊悉爱子毛岸英在抗美援朝战争中不幸光荣殉职的噩耗后,极度痛苦的心情和对岸英遗体归葬何处的抉择过程,表现了毛泽东常人的情感和超人的胸怀。在写作技能上,通过多处细节描写和心理刻画突出人物鲜明的性格特点,真实再现了毛主席当时的复杂心情。

《毛主席在花山》是一篇略读课文,记叙了毛主席1948年春夏之交住在花山村时的几件事,表现了毛主席热爱群众、关心群众、和群众打成一片的革命情怀。善于抓住细节,善于通过细微之处来表现毛泽东普通人的情怀,是前篇课文细节描写的再现。

《口语交际·习作八》中口语交际的主题与本单元的主题相同:从看过的有关毛泽东或其他革命领袖、英雄人物的电影、电视剧中选一部印象最深的推荐给大家。要求是讲清作品的名称、主要人物、故事梗概、精彩情节、观(读、听)后感想。习作则安排了两个内容供选择,一是练习场面描写,二是学写阅读文本后的故事梗概。从单元一致性来讲,场面描写,兼顾细节描写是整单元贯穿的,可渗透在阅读教学中实施。故事梗概的教学单篇课文中并无要求,缺乏连贯性,只能设法在单篇课文中结合实施。

经过以上分析可以发现,本单元的课文组合以人文主题为明线,同时又隐含细节描写这项语文技能的暗线。整个单元的目标应定位于:

(1)能写一篇文章或一部影视作品的故事梗概。

(2)能推荐一个英雄人物的故事,讲清作品名称、故事梗概、精彩情节、自己的感想。作为听者,能根据推荐要求,对所推荐的内容给予适当评价。

(3)能按时间顺序写一次活动,按场面描写的要求把场景写具体、写清楚。

(4)能说出细节描写的作用,并尝试运用于写作。

两篇略读课文的教学在单元整体背景下,应着重定位于细节描写的技能习得以及故事梗概的教学铺垫。《青山处处埋忠骨》教学目标可设置为:① 能有感情地朗读课文,感受毛泽东失去爱子的悲痛和岸英忠骨归葬何处的艰难抉择。② 能找到具体细节描写的语句,并说出作用;学习细节描写人物的方法。

《毛主席在花山》教学目标可设置为:① 进一步学习抓住细节描写的语句,领悟作者通过具体事例表现毛泽东凡人情怀的表达方式。② 能概括重点语例及课文的主要内容。

有了准确的目标定位,教学内容的选择就有了方向,教学程序的设计以及策略的运用就更加科学有效。《青山处处埋忠骨》主要安排三个环节:自学课文,整体感知主要内容;研读课文,体会细节描写的作用;仿照课文的细节描写的方法,写出一个人物的某种感情。《毛主席在花山》主要安排两个板块:一是细节描写的体会交流,以印证巩固上节课学习成果;二是学习概括主要内容,为后续故事梗概奠定基础。布置看一部有关毛泽东或其他革命领袖、英雄人物的电影、电视剧,为口语交际和习作做好充分准备。

这样把略读课文教学放置于单元中来系统设计,统筹兼顾,应该会更加科学有效。从目标的实现来看,一般来说,单篇课文目标先于单元目标;单篇课文中的基础性目标先于发展性目标;课文内容与价值目标先于表达技能目标;认知过程水平低的目标先于认知过程水平高的目标。

第二部分　学习目标和类型分析

一、单元终点目标与学习类型分析

（一）单元终点目标

（1）能写一篇文章或一部影视作品的故事梗概。

（2）能推荐一个英雄人物的故事，讲清作品名称、故事梗概、精彩情节、自己的感想。作为听者，能根据推荐要求，对所推荐的内容给予适当评价。

（3）能按时间顺序写一次活动，按场面描写的要求把场景写具体、写清楚。

（二）学习类型分析

终点目标1：属于综合语文能力学习，需要对课文结构和内容作深入分析和概括。

终点目标2：属于综合语文能力学习，需要在目标1的基础上补充细节、进行评价，并产生新作品（达到创造水平）。

终点目标3：属于综合语文能力学习，需要综合运用文章内容知识、结构知识和写作策略进行创造。

二、单篇课文教材、教学目标与学习类型分析

《开国大典》

（一）教材分析

本文主要通过对开国大典一个个场面描写来表达中国人民对新中国的诞生无比自豪、激动的感情，展现了毛泽东的领袖风采。这也是本组课文学习主题"感受伟人风采和凡人情怀"的具体体现。在教学中宜把握以下几个方面的特点：

1. 结构清晰，条理清楚

课文按开国大典进行的时间顺序叙述，全文15个自然段可分为四段。第一段（第1至第4自然段）写大会开始前会场上的情况。先概括交代举行开国大典的时间、地点、参加典礼的成员和人数，然后分别描述会场的布置和群众队伍的场面。第二段（第5至第10自然段）主要写了三件事：毛主席宣布中华人民共和国成立了；升五星红旗；毛主席宣读公告。这是开国大典的重要部分。第三段（第11至13自然段）写阅兵式的盛况。本段写了三层意思：阅兵式开始的情况；各兵种通过天安门；群众看到检阅部队后的激动情景。第四段（第14至15自然段）写群众队伍游行的情况。

2. 场景描写

课文用点面结合的方法突出了场面描写，在这些描写中，既有主要人物的重点描写，又有庄严的场面气氛和人们激动、自豪心情的描绘，生动形象地再现了开国大典的盛况。如毛泽东在出现在城楼上、按电钮升国旗、宣读公告等场面中的动作，人民群众的反映以及会场上的气氛，真实再现了当时的盛况。在这些场面描写中，对毛泽东的直接描写虽然不多，但很典型。例如，当毛泽东出现在主席台上时，会场上"爆发出一阵排山倒海的掌声"，三十万人的目光"一齐投向主席台"，表达了人民群众对领袖和新中国的无限热爱之情。

3. 记叙详实、用词准确

课文结合场面描写，用了一系列精当的语句，表达出人民群众激动、景仰的感情。如当毛泽东宣布"中华人民共和国中央人民政府在今天成立了"之后，课文用了"这庄严的宣告，这雄壮的声音……"这样两个长句子，表达了全场三十万人以及全中国人民为新中国的诞生而欢欣鼓舞的心情。

（二）教学目标与分析

单篇课文目标为实现终点目标服务。对基本技能目标，大家已经比较明确，此处不做陈述与分析，仅陈述与分析高级技能目标。

（1）能通过举例说明、比较辨别等方式掌握场面描写的主要特点和方法。（分析：写作策略中的概念与规则学习，达到理解、运用水平。）

（2）能把握课文的感情基调，读出庄严、激动、自豪等思想感情，感受毛泽东的伟人风采。（分析：通过阅读对课文内容达到理解和记忆水平。）

（3）能按时间顺序将文章分段并概括段意（此目标暗含在教学中）。（分析：通过阅读对课文内容和结构掌握达到分析水平。）

《青山处处埋忠骨》

（一）教材分析

《青山处处埋忠骨》是一篇略读课文，主要讲了毛泽东惊悉爱子毛岸英在抗美援朝战争中不幸光荣殉职的噩耗后，极度痛苦的心情和对岸英遗体归葬何处的抉择过程，表现了毛泽东常人的情感和超人的胸怀。综观全文，大致有两个鲜明的特色。

1. 鲜明的选材特色

文章选取了最能表现人精神境界的一个片段，反映出人物的崇高境界。全文以毛泽东的思想感情变化为线索，重点写了毛泽东的矛盾心理。课文先写彭德怀从朝鲜发来的有关毛岸英牺牲的电报内容和毛泽东收到电报后的巨大悲痛；再写彭司令要求送回岸英遗体，而金日成首相要求把岸英葬在朝鲜的意见分歧，面对这两种抉择，毛泽东的心情十分复杂和矛盾，最终，他凭着坚强的意志和超人的胸怀做出了将爱子葬于朝鲜的艰难、痛苦的决定，在电报上写下了"青山处处埋忠骨，何须马革裹尸还"的批示。

2. 通过细节描写和心理刻画突出人物鲜明的性格特点，真实再现了毛主席当时的复杂心情

（1）通过动作、语言、神态的描写表现出毛主席的常人情怀。如主席情不自禁地"喃喃"地念着儿子的名字"岸英！岸英！""用食指按着紧锁的眉头""整整一天没说一句话，只是一支又一支地吸着烟""桌子上的饭菜已经热了几遍，还是原封不动地放在那里"等。

（2）通过心理、神态描写来突出毛泽东超人的胸怀和崇高的品质。如："主席仰起头望着天花板，强忍着心中的悲痛，目光中流露出无限的眷恋。""那一次次的分离，岸英不都平平安安回到自己的身边来了吗！这次怎么会……""儿子活着不能相见，就让我见见遗体吧！"本课教学宜让学生自学感知课文内容，通过朗读感悟毛泽东痛失爱子的悲痛心情。在此基础上重点进行细节描写的教学，体会课文是怎样写出毛泽东的常人情怀和超人胸怀的。

（二）教学目标及分析

（1）能有感情地朗读课文，感受毛泽东失去爱子的悲痛和岸英忠骨归葬何处的艰难抉择。（分析：通过阅读对课文内容掌握达到理解和记忆水平。）

（2）能分析细节描写对表达毛泽东的常人情怀和超人胸怀的作用。学习细节描写人物的方法（分析：写作策略中的概念规则学习，达到理解、运用水平。）

《毛主席在花山》

（一）教材分析

这是一篇略读课文。文章记叙了毛主席1948年春夏之交住在花山村时的几件事，表现了毛

主席热爱群众、关心群众、和群众打成一片的革命情怀。文章依次记叙了三件事：让警卫员把到别处碾米的群众请回来；派警卫员给碾米群众送去茶水；毛主席来到碾米群众中交谈并帮群众推碾子。这些都表现了领袖毛泽东深入群众和群众打成一片的作风。

善于抓住细节，善于通过细微之处来表现毛泽东普通人的情怀，是本文的又一特色。例如"一边推，一边用笤帚往碾盘里扫碾出来的玉米碎粒"等细节描写，直接反映了领袖毛泽东不仅心怀群众，而且能做、会做普通群众会做的生活小事。

本课教学重点是在体会细节描写的基础上练习概括课文主要内容。

（二）教学目标及分析

（1）能抓住细节描写的语句，领悟作者通过具体事例表现毛泽东凡人情怀的表达方式。（分析：写作策略中的概念规则学习，达到理解、运用水平。）

（2）能概括课文的主要内容，初步认识梗概的特点。（分析：通过阅读对课文内容和结构学习达到分析水平。）

第八单元高级技能目标在两维目标分类表中的位置：

教学内容		掌握水平					
		记 忆	理 解	运 用	分 析	评 价	创 造
基本技能	字、词	略	略	略			
	句子与标点	略	略	略			
	朗诵与背诵	略	略				
高级技能	课文结构				26课目标3 28课目标2		
	课文内容与价值观	26课目标2 27课目标1					
	表达技巧	26课目标1 27课目标2 28课目标1	26课目标1 27课目标2				
语文综合能力					单元终点目标1	单元终点目标2	单元终点目标2；单元终点目标3

说明：

（1）字、词、朗诵与背诵以及句子、标点教学目标一般较明确，此表中省略。

（2）语文单项技能与高级技能不是并列关系，高级技能中也有单项技能。

三、单篇课文目标与单元终点目标的关系

从目标的实现来看，一般来说，单篇课文中的目标先于单元的终点目标；单篇课文中的基本技能目标先于高级技能目标；课文内容与价值目标先于表达技能目标；认知过程水平低的目标先于认知过程水平高的目标。本单元中的26课目标3先于目标2，目标2先于目标1；27课目标1先于目标2；28课中的两个目标，从掌握的水平来看，目标1应先于目标2，因为目标2处于分析水平，目标1处于理解水平。但由于目标1涉及写作技巧，也可以放在最后教。单篇课文中的目

标直接为终点目标服务。26课目标3和28课目标2为终点目标1和2服务;26课目标1和26课目标3为终点目标3服务。这样先期实现的目标就成了后续目标实现的前提条件。

第三部分 单篇课文的教学策略设计

开国大典

课前准备:组织观看《开国大典》的影片,搜集、阅读与开国大典有关的资料。

教学安排:3课时

教 学 程 序	评 议
第一课时 一、谈话导入,揭示课题 1. 结合课前搜集的资料,尝试说说中国人民从旧中国的屈辱到新中国成立的奋斗历程,在此基础上介绍背景:1949年10月1日,是我们中华人民共和国成立的日子。从这一天起,中国人民结束了几百年被欺负、被压迫的屈辱历史,中国开始走向强盛。 2. 揭示课题:说说题目的意思。(理解题意。开国:建立新的国家;典:典礼,郑重举行的仪式;大典:隆重的典礼。) 二、自读全文,积累词语 1. 提出要求:通读课文,难读的长句子多读几遍。遇到不理解的字词查字典,或同桌讨论。 2. 学生充分朗读课文,基本读通课文。 3. 交流,学习词语。 读准字音:擎(qíng) 钮(niǔ) 聂(niè) 诞(dàn) 生字组词:檐(屋檐) 瞻(瞻仰) 钮(电钮) 词义理解:典礼、汇集、庄严、宣告、瞻仰…… 4. 抽读课文段落(朗读难点),检测朗读的准确性与流畅性,落实词语的理解。 三、默读课文,理清脉络 1. 思考:课文是按什么顺序记叙开国大典的? 课文可分成几个部分? (提示思路:根据会场、典礼、阅兵式、群众游行可以分成四个部分。) 2. 学生默读课文,思考问题,画分段落。 3. 讨论交流,列出段落提纲。 第一部分(第1至4自然段):写大典开始前会场上的情况。 第二部分(第5至10自然段):写开国大典的盛况。 第三部分(第11至13自然段):写阅兵式的盛况。 第四部分(第14至15自然段):写群众队伍游行的情况。 4. 按课文内容填空(最好让学生书面练习,人人动笔)。 课文按照开国大典进行的_____顺序,先描写了典礼前的_____,然后写典礼的主体部分:_____,接着写_____的盛况,最后写_____。 5. 反馈交流,注意语言通顺、用词准确。 四、想象场面,感受大典 1. 作者向我们描绘了开国大典的众多场面,选择你印象最深刻的一个场面,读一读,边读边想象当时的情景,说说自己从中感受到了什么。 2. 学生各自朗读、感悟,同桌交流。 3. 全班讨论:哪个场面给你留下了最深刻的印象? 4. 教师点拨,小结。 五、书面作业 1. 抄写字词。 2. 书面回答:课文是按怎样的顺序记叙开国大典的?	实现目标3: 分段与概括段意的工作应尽量启发学生完成,为终点目标1的教学做准备(学生需要形成庆典仪式的图式) 此作业可以视为形成性评价

教　学　程　序	评　议
第二课时 一、复习课文 　　1. 听写词语：瞻仰　诞生　房檐　典礼　电钮　共产党　毛主席　委员　政协　外宾　嗓子 　　2. 说说课文是按什么顺序写开国大典的。 二、默读大典前的描写 　　1. 默读课文第一部分，用一个词概括对开国大典的感受。（盛大　隆重　热烈　庄严） 　　2. 课文是怎样写出开国大典的这些特点的呢？ 　　（1）按课文内容填空。（填不出可以看书） 　　开国大典于＿＿＿＿年＿＿＿＿月＿＿＿＿日在＿＿＿＿举行。会场在＿＿＿＿，主席台设在＿＿＿＿。参加开国大典的成员有中华人民共和国中央人民政府＿＿＿＿、＿＿＿＿、＿＿＿＿，有中国人民政治协商会议全体代表，有＿＿＿＿、＿＿＿＿、＿＿＿＿、机关工作人员、城防部队，总数达＿＿＿＿人。 　　（2）引读第2自然段，让学生动笔画一画"丁字形广场"，并按书上讲的方位标上相应的位置名称。再说说各位置上的设施。结合讲解：开国大典就是在这里举行的，因此课文将天安门广场交代得十分清楚。 　　（3）朗读第4自然段，在教师引导下画出并说说最能表现开国大典热烈、盛大、隆重的气氛，以及参加典礼的人们那种激动、兴奋、急切的语句。如： 　　早上六点钟起，就有群众的队伍入场了。 　　他们清早到了北京车站，一下火车就直奔会场。 　　郊区的农民是五更天摸着黑起床，步行四五十里路赶来的。 　　到了正午，天安门广场已经成了人的海洋，红旗翻动，像海上的波浪。 　　3. 指名分自然段读课文，要读出庄严、隆重、热烈的气氛。 三、精读大典部分，感受伟人风采 　　1. 默读写开国大典的盛况的语段（第5至10自然段），画出课文中描写毛主席的动作和群众的反映的语句。 　　2. 自由读文，每次人们是在什么情况下欢呼起来的？这表达了人们怎样的思想感情？画出反映人们心情的句子，感受人民群众在典礼中激动、兴奋、喜悦的心情。如： 　　毛泽东出现在主席台上时，三十万人的目光一齐投向主席台。 　　他读到"选举了毛泽东为中央人民政府主席"这一句的时候，广场上的人们热爱领袖的心情融成一阵热烈的欢呼。观礼台上同时响起一阵掌声。 　　3. 背诵第7自然段，体会课文的表达效果。 四、分角色朗读阅兵式部分，感受场面描写的气势 　　1. 默读课文，找出参加阅兵式有哪些兵种。 　　2. 提出合作朗读要求：学生分组，分别读海军、步兵、炮兵、战车师、骑兵师和空军的语句。其中第6句"以上部队全都以相等的距离和相等的速度经过主席台前"全班齐读。最后写毛主席挥手和群众反应的语句由教师和学生合作朗读。 　　3. 先分工，然后让学生各自找到并读好有关语句，最后全班一起合作朗读，读出感情，读出气势。 五、学习结尾段落，体会游行场面的热闹气氛 　　1. 默读课文14—15自然段，概括各段段意。 　　2. 学生交流段意。 　　3. 读结尾两句，领会句子的深刻含义。 　　提示："两股红流"指什么？这样比喻写出了什么？"光明"指什么？象征什么？ 　　4. 有感情地朗读14—15自然段，检测学生对文本主题的理解和情感的把握。 六、布置作业 　　1. 背诵、抄写第7自然段。 　　2. 摘录描写毛主席的动作和群众反应的句子。	第二课时的教学重点是引导学生深入理解课文内容 实现目标2 实现目标2

教 学 程 序	评 议
第三课时 一、生活案例导入,学习场面描写 　1. 回忆学校升国旗的场景。提示:按时间顺序回忆、想象。先说说当时升国旗的场面情况,再说说升旗手的升旗动作,再说说同学们的动作、眼神和心情等表现,以及当时场面上的气氛。 　2. 揭示场面描写的基本特点。主要是:"有点有面,点面结合"。"点"就是主要人物的描写,"面"就是其他人物的描写和场上人们动作、语言等表现出来的气氛和情感。如:升旗手的升旗动作描写是场面描写的"点",师生们在升旗过程中的立正、敬礼、注目等动作构成的整个场面是场面描写的"面",当时操场上的庄重肃穆的情景形成的是场面描写的气氛和情感。 　3. 学习"升旗仪式"的场面描写 　(1) 朗读升国旗的段落。分别找出描写"点""面"与"气氛与情感"语句(第8—9自然段)。 　(2) 读读议议,揭示要点: 　点:毛主席亲自按动连通电动旗杆的电钮,新中国的国旗——五星红旗徐徐上升。 　面:三十万人一起脱帽肃立,一起抬起头,瞻仰这鲜艳的国旗。 　升旗的时候,礼炮响起来了…… 　情:五星红旗升起来了,表明中国人民从此站起来了。 　每一声礼炮后,全场就响起一阵雷鸣般的掌声。 　(3) 比较异同,体会特点 　① 与我们平时的升旗仪式相比,开国大典的升旗仪式更庄严、隆重,因此在升国旗时还有礼炮的描写。 　② 带着这种体会朗读这两段话,要读出应有的感情。 二、自读课文,深入领悟场面描写 　1. 课文中,作者向我们描绘了开国大典的众多场面,请选择一个印象最难忘的场面,读一读,展开想象:当时是怎样的情景,自己从中感受到了什么?再找出场面描写的三个要素:点、面、气氛或感情。 　2. 学生各自朗读、想象体会 　下列程序根据学情灵活调整。 　1. 会场的场面描写 　(1) 比较默读第二自然段和第四自然段,对照上述要求,说说哪个是场面描写。举例说出场面描写的特点。 　(2) 第2自然段说明了天安门广场的特点,有特定的地点和景物,但没有人物的活动,也没写出气氛或感情,因此不是场面描写。(是环境描写) 　(3) 第4自然段,是场面描写,有特定的地点:丁字形广场;有人物活动:从四面八方赶来的群众队伍、工人队伍中,有从老远赶来的铁路工人,还有郊区赶来的农民;表达了当时的气氛和感情:人的海洋,红旗翻动,像海上的波浪,表达了人们激动、自豪、喜悦的感情。 　2. 典礼的场面描写 　(1) 第5自然段,是场面描写: 　点:毛泽东出现在主席台上。 　面:会场上爆发出一阵排山倒海的掌声。三十万人的目光一齐投向主席台。 　情:"爆发出排山倒海的掌声""三十万人的目光一齐投向主席台"表达了人们对毛主席的无限热爱和敬仰的感情。 　3. 比较阅兵式与群众游行两个场面描写的特点 　(1) 阅兵式的场面描写。 　面:海军两个排,步兵一个师,炮兵一个师,战车师,骑兵师,空军。 　点:毛主席首先向空中招手。	实现目标3 回忆先前知识,便于理解新概念:"场面";先给出"点""面"的定义,再举例说明 通过正例、反例教授场面描写方法 正例一:"升旗仪式"的场面描写 反例:会场的场面描写 正例二:典礼的场面描写 正例三:阅兵式的场面描写 正例四:群众游行的场面描写

教 学 程 序	评 议
面:群众把……抛上天,欢呼声。 部队的雄伟气势和群众的激情欢呼表达了赞美和自豪的感情。 (2) 群众游行的场面描写。 面:群众游行。 点:毛主席不断向群众高呼"人民万岁!""同志们万岁!" 点面结合的场面描写再现了毛泽东深受人民爱戴的感人气氛。 情:"天上……,地上……"、"两股红流……,光明充满……"也表达了人民群众 对新中国成立的激动情感。 三、归纳要点,学写场面描写 1. 回顾全文,归纳场面描写的写作特点	通过辨别、比较、抽象,最后概括出四个场面描写的共同特点

场 面 描 写	写 作 特 点
会场的场面描写	有点有面,突出了会场气氛和人民群众对领袖无限热爱的激动、兴奋的感情。
典礼的场面描写	点面结合,突出人民群众对毛主席的热爱和为新中国的诞生而激动的情感。
阅兵仪式	点面结合,突出表达了群众对新中国人民军队的赞美和自豪的感情。
群众游行	点面结合,突出群众对毛主席、新中国的热爱,再现了毛泽东的伟人风采。

2. 指导学生仿照本课的写法学写升旗仪式的场面 (1) 仿照课文第 2 自然段写好升旗仪式前的环境。 (2) 根据学校升国旗的实际情景写好场面描写。 (3) 同桌交流,互评:是否符合场面描写的要求。	这里是习得的规则的运用,起教学评价作用

总评:这是一个"例—规"法教学的典型教例;设计巧妙,指导到位。学习条件是教师提供规则的正、反例与反馈。学生的心理过程是:辨别、假设、抽象和概括。

青山处处埋忠骨

课前准备:搜集、阅读毛泽东一家为了中国革命胜利而牺牲的六位烈士资料。

教学安排:2 课时

教 学 程 序	评 议
第一课时 一、谈话导入,揭示课题 1. 引导学生谈谈毛泽东一家为了中国革命胜利而牺牲的六位烈士的事迹。以及朝鲜战争中中国志愿军作出的巨大牺牲(约有 12 万志愿军战士长眠在了朝鲜土地上,其中有一位战士就是我们伟大领袖毛泽东的长子——毛岸英)。 2. 出示课题:青山处处埋忠骨。说说与"青山埋忠骨"有什么不同。(学生回答不清可待学了课文后再理解)	第一课时完成了目标 1(基本技能)和目标 2(理解课文内容),为实现第三个目标作好了准备

教　学　程　序	评　议
二、自学课文,整体感知主要内容 1. 提出自学要求。 (1) 自主阅读,读通全文,理解生字新词。 (2) 思考课文讲了一件什么事。(简要回答) 2. 检查自学效果。 (1) 朗读课文,反馈矫正。 (2) 词语学习。 读文解词:殉职(比较"殉职"与"牺牲"的异同。) 踌躇,找出近义词:犹豫、迟疑。 勋鉴(书面语,写信的敬语,勋,功德,功劳。鉴,审查,看;勋鉴,大意是请有功德之人赏阅,一般用于政界和军界的人士。) (3) 简要写出课文中三份电报的内容(人人动笔): 彭德怀来电:_____ 金日成来电:_____ 毛泽东回电:_____ 3. 概括课文主要内容 　　这篇课文主要记叙了毛主席从彭德怀来电中获悉爱子毛岸英在抗美援朝的战争中不幸殉职的噩耗,内心极度悲痛,金日成首相来电又要求将毛岸英的遗体归葬朝鲜,毛泽东最后做出了将爱子归葬朝鲜的艰难、痛楚的决定,并写下了"青山处处埋忠骨,何须马革裹尸还"的批示。 4. 理解诗句:"青山处处埋忠骨,何须马革裹尸还。" (1) 词语理解:"忠骨"指忠臣的遗骸;"马革裹尸"就是用战马的皮把尸体包裹起来;"何须"指为什么一定要(马革裹尸)。 (2) 出示资料,讲解:"青山处处埋忠骨,何须马革裹尸还"是清代龚自珍《己亥杂诗之一》中的名句。其中"马革裹尸"出自《后汉书·马援传》,东汉名将马援曾说:"男儿要当死于边野,以马革裹尸还葬耳。" (3) 结合课文理解毛主席这句批示的含义。 理解:青山连绵,哪里都是安葬忠勇之士的好地方。革命者既然把整个身心都献给了祖国,死后又何必一定要把尸体运回家乡呢? 讲解:这里表明了毛主席对儿子遗体安葬何处的态度:尊重朝鲜人民的意愿,将毛岸英遗体安葬于朝鲜,充分显示了毛主席的博大胸怀。 5. 有感情朗读课文,引导学生谈谈读了课文后的体会和感受。	
第二课时 一、研读课文,体会细节描写的作用,感悟毛主席的常人情怀。 　1. 默读课文,说说课文是怎样写毛泽东得知自己的爱子不幸殉职时的悲痛心情的。(学生交流) 　2. 出示语例,比较朗读,体会不同写法的不同表达效果。 　① 从收到这封电报起,毛泽东整整一天没说一句话,只是一支一支地吸着烟。桌子上的饭菜已经热了几次,还是原封不动地放在那里。 　② 从收到这封电报起,毛泽东悲痛万分,整整一天没说一句话。 　③ 收到这封电报,毛泽东悲痛万分。 　(1) 这 3 句话的意思一样吗?读了哪一句话能在头脑中出现毛泽东收到不幸电报时的神情动作,具体感受到毛主席失去爱子的悲痛心情?(从第①句中能够想象出毛泽东沉浸在深深的丧子之痛中的情景。第③句没有这样的效果。第②句只	这里要教的写作规则是"通过人物神态、动作、语言、心理活动等细节描写刻画人物思想品质"。对于五年级学生来说这不是全新的知识。本课时只是教了细节描写的一个新例子 教学时,教师设计正、反例句,通过

教　学　程　序	评　议
能知道毛泽东心情悲痛,一整天没有说话。) 　　(2) 想象、讨论:第2句中有"整整一天没说一句话,只是一支一支地吸着烟。桌子上的饭菜已经热了几次,还是原封不动地放在那里",你在生活中见到过类似的情景吗? 一般是在什么情况下会有这样的情景?(启发学生举例说明:一个人遇到不幸的大事、天大的难事时,才会出现这样的情景。) 　　(3) 讲解:这就是细节描写,通过具体的动作描写,使人读了如临其境,具体形象地感受毛泽东当时的悲痛心情,表现出毛泽东的常人情怀。 　　(4) 有感情朗读,感受毛泽东悲痛万分的感情。体会细节描写作用。 　　3. 想象当时毛主席神态和语言的细节描写 　　出示例句: 　　① "岸英! 岸英!"主席用食指按着紧锁的眉头,情不自禁地喃喃着。 　　② 主席悲痛地轻声呼唤着儿子的名字。 　　(1) 上述两句话哪一句的表达效果好? 说说理由。(第①句中"用食指按着紧锁的眉头","喃喃"等神态描写能使人展开想象,再现毛主席当时的神态和语言,使人具体感受到他当时悲痛的心情和对爱子的无限怀念之情。第②句是叙述,想象不出毛泽东当时的神情动作。) 　　(2) 有感情朗读,边读边想象毛主席当时的神情动作,体验毛主席内心的痛苦和对儿子的呼唤。 　　4. 小结。上述的动作、语言、神态等细节描写,也是平常人遇到这种情况都会有的表现。课文就用这些细节描写出了毛主席的常人情怀。然而,毛主席又具有一般人所没有的超人胸怀。课文又是怎样表现的呢? 　　二、研读课文,领悟细节描写的作用,感受毛主席的超人情怀。 　　1. 研读:主席仰起头望着天花板,强忍着心中的悲痛,目光中流露出无限的眷恋。 　　(1) 如何理解"眷恋"?(这个词的重点是后边的"恋",有难以割舍的依恋留恋之情。) 　　(2) 这里毛主席是眷恋什么呢?(联系上下文理解,这是毛主席收到金日成首相的电报后产生的复杂的心情。"儿子活着不能相见,就让我见见遗体吧!"然而,这种想法很快被打消了……) 　　(3) 思考:"仰起头望着"、"强忍"、"流露"这些词语表达了毛主席怎样的心情呢?(写出了毛主席已有意将岸英遗骨安葬朝鲜的念头,表现了毛主席的超人情怀。而"仰起头望着""强忍"又真实地写出毛泽东的凡人情怀:内心的痛苦。) 　　2. 研读下面两句,说说你体会到毛主席当时是怎样的心情。 　　(1) 秘书将电报记录稿交主席签字的一瞬间,主席下意识地踌躇了一会儿,那神情分明在说,岸英难道真的不在了? 父子真的不能相见了? 　　(2) 主席黯然的目光转向窗外,右手指写字台,示意秘书将电报稿放在上面。 　　3. 读读议议。 　　第一句中的"下意识地踌躇了一会儿"再一次写出了毛主席的犹豫和爱子之情,因为这将意味着岸英将永远留在了异国他乡,自己永远也见不到了。 　　第二句中的"转""指""示意",三个简简单单的动作,表现出主席用强大自制力控制着自己无限悲痛的情感,无声胜有声地再次表现出毛泽东的超人意志。 　　4. 小结。这一处的细节描写给人以真实而深刻的印象:毛泽东既是一位伟人,也是一个凡人。	比较,让学生感悟规则 这里的细节描写的例句,正例来自课文,反例由教师提供。通过正、反例比较,让学生感悟在研究过例子之后,要学生感悟什么,教师必须把结论明明白白告诉学生。(当然也可让学生发现)。那种只讲感悟而不讲感悟什么的教学理论是误人子弟之说 注意:写作策略学习不能通过简单模仿。这里的练习的目的是检查规则是否习得,起教学评估作用,因为学生要完成该项任务,就必须运用已经习得的规则

教　学　程　序	评　议
三、课堂练笔和作业 　　1. 小练笔。仿照课文的细节描写的方法，写出一个人物的某种感情。 　　(1) 选材。选择一个自己熟悉的人，回忆他的音容笑貌，挑选你印象最深刻的某一个感情瞬间，如兴奋、难过、痛苦、忧郁等。 　　(2) 形象。回想他当时的具体动作、神情、语言等表现，在头脑中形成清晰的画面。再选出最能表现某一种感情特征的言行表现。可模仿演一演。 　　(3) 练写。仿照课文的细节描写方法，写几句话表现他的某种感情。 　　(4) 互评。从同桌的描写中是否能感受到某种感情。 　　(5) 修改。 　　2. 预习《毛主席在花山》。 　　读通课文，思考课文主要写了毛主席在花山的哪些事情。	

　　总评：本课的写作技能教学与第 26 课的相同，都是通过例子来教规则，并在学习规则之后，通过练习来检验规则掌握情况。

《毛主席在花山》

教学安排：1 课时

教　学　程　序	评　议
一、谈话导入，检查预习 　　1. 通过本组几篇课文的学习，我们领略了毛泽东的伟人风采，也知道了毛泽东像普通人一样具有凡人的情怀。今天要学的课文是《毛主席在华山》，这篇课文是表现毛泽东的伟人风采还是凡人情怀？要说出理由。 　　2. 认读生字，口头组词。 　　簸箕　俺　旮　沏　旯儿(方言，指角落，文中指狭小偏僻的地方) 　　碾(碾米、碾盘)　吱(吱吱扭扭)　笤(笤帚)　瓷(瓷器) 　　3. 学生朗读课文，同桌互相纠正读音。 　　二、默读课文，感知内容 　　1. 说说课文主要写了毛主席在花山的哪些事情。 　　(1) 毛主席让警卫员把到别处碾米的群众请回来。 　　(2) 毛主席给碾米的群众送茶水。 　　(3) 毛主席帮群众推碾子。 　　2. 出示思考题：毛主席"夜以继日地为解放全中国的事业操劳着"，可他为什么还为"碾米"、"送茶"这些小事操心？找出并画一下课文中的有关语句来理解。 　　3. 学生按思考题默读课文，思考问题，作批注。教师巡视辅导。 　　(1) 引读：主席说："你想过没有？我们如果没有老百姓的支持，能有今天这样的局面吗？我们吃的穿的，哪一样能离开老百姓的支持？……" 　　(2) 说说这一段话里有几层意思。 　　依靠群众——革命战争离不开老百姓的支持。 　　关心群众——革命战争的目的是为老百姓谋求幸福。 　　同甘共苦——教育警卫员不要把他摆在特殊位置上。 　　4. 课文的最后一句话是："这位首长，好像在哪儿见过。在哪儿呢？"这句话包含着几层意思？你怎样理解这句话？ 　　毛主席的身份没有公开，碾米的老人虽然似曾相识，但又不能确认。	课上到这里，学生完成了字词目标，理解了课文内容 细节描写是 27 课的教学重点，这里教师提供学的样例，让学

教　学　程　序	评　　议
毛泽东的一言一行与普通老百姓一样,老人感到很熟悉,很亲近。 三、阅读重点语段,感悟细节描写的表达作用 　1. 引语。课文从一些平凡的小事中,让我们看到了一个热爱群众、关心群众、和群众打成一片的毛主席。认真读一读,课文中哪些语句的描写给你留下了深刻的印象。(学生自读自悟,互相交流。) 　2. 学习语例,提出要求: 　(1) 先写出这些语段的主要意思,再与原文比较,品读、感悟细节描写的作用。 　(2) 同桌讨论,再全班交流。 出示语例: 　一天早晨,毛主席正在看地图,忽然抬起头,问警卫员:"昨天这个时候,门口花椒树下的碾子有碾米声,现在又到了碾米的时候,怎么没动静了呢?" 　主要意思:一天早晨,毛主席在看地图时,忽然问警卫员门口的碾米声怎么没动静了。 　比较:通过细致的语言描写,表达了毛主席十分关心民情,心里惦记着群众碾米的时间,发现没动静感到奇怪。概括后的语句就没有这样的情味了。 　3. 用刚才的学习方法,学习、体会课文中其他语段的细节描写。 　4. 学生自主读读议议,教师巡视,指导。 四、练习概括语义,比较体会不同表达方式的效果 　1. 刚才的学习实际上已涉及两种表达方式,一种是细节描写,一种是概括叙述。细节描写通过对人物语言、动作的细致描写,使人物形象生动具体。但有时需要把人物语言动作的细致描写概括成简明的叙述性的话。这两种不同的语文能力,都应该掌握。 　(1) 出示例句:毛主席舀了两碗茶水送到她们母女手里,说:"你们俩歇会儿吧!"然后对警卫员说:"来,咱俩试试,半年多不推这玩意儿了。"毛主席推碾子还挺在行,一边推,一边还用笤帚往碾盘里扫玉米碎粒。 　(2) 读一读,议一议,从概括的要求看,这段话里哪些词句是主要的,要保留;哪些词语是次要的,可以删去。(学生讨论) 　(3) 下面三句话,与课文原句在表达方式上有什么不同? 哪一句概括程度最高? 要说出理由。出示: 　① 毛主席舀了两碗茶水送到她们母女手里,让母女俩歇会儿,然后与警卫员帮助她们推碾子,一边推,一边还用笤帚往碾盘里扫玉米碎粒。 　② 毛主席让母女俩歇会儿,然后与警卫员帮助她们推碾子。一边推,一边还用笤帚往碾盘里扫玉米碎粒。 　③ 毛主席让母女俩歇会儿,然后与警卫员帮助她们推碾子。 　(4) 学生交流,教师点评、小结。 五、练习概括课文主要内容 　1. 练习分清课文的主次 　课文的哪些内容是主要的? 哪些内容是次要的?(碾米、送茶和替母女俩推碾子是主要内容。这些内容突出了毛主席关心群众、处处为群众着想的思想品质。毛主席夜以继日地为解放全中国的事业操劳是次要的内容,课文中一带而过。) 　2. 概括毛主席在花山的 3 件事 　毛主席叫警卫员将乡亲们请到自己屋外的碾子上碾米。 　毛主席让警卫员沏茶给碾米的乡亲们喝。 　毛主席帮助乡亲们推碾子碾米。	生自学完成细节描写学习目标 练习概括是本节课的教学重点 提出学习目标 "概括",这里被定义为分清主要与次要内容。所以是分析水平的学习 教师提供的概括课文内容的一例

教　学　程　序	评　议
3. 把这三句话连接成一段语句通顺的话,该怎么连? 　学生书面练笔。 　毛主席为了不影响乡亲们的生活,叫警卫员将到别处去碾米的乡亲们请回来。毛主席还拿出自己舍不得喝的茶叶,让警卫员沏给碾米的乡亲们喝。后来,毛主席来到了群众中,与群众交谈,帮助乡亲们推碾子碾米。	

　　总评:本篇课文只安排一课时,细节描写是上一课学习的继续,让学生自己完成;本节课重点放在"写课文内容的概括语"上。表面看来,概括课文内容主要心理过程是综合,但从教师的实际教学情形来看,教师所教的主要是课文分析,分清文章的主要内容以及作者为什么要写这些主要内容。

第四部分　实现终点目标的设计

(口语交际·习作八)

(一)教材与教学内容分析

本次口语交际和习作的内容安排有点特殊。口语交际的主题与本单元的主题相同:从看过的有关毛泽东或其他革命领袖、英雄人物的电影、电视节目中选一部印象最深的推荐给大家。要求是讲清作品的名称、主要人物、故事梗概、精彩情节、观(读、听)后感想。而习作则安排了两个内容供选择,一是练习场面描写,二是学写阅读文本后的故事梗概。本组课文的语文教学要求是:"体会作者的思想感情,领悟描写人物的一些基本方法。"本组课文的安排突出的是场面描写和表现人物的细节描写,单元要求和口语交际与习作缺乏有机的联系,这给教师的实际教学带来很大麻烦。

根据本组课文特点,结合上述内容和要求,本设计对口语交际和习作的内容重新做了调整:

(1)口语交际与写故事梗概整合。因为口语交际中有一项要求是讲清"故事梗概",与习作要求有关联,因此予以整合。内容的选择可以是电影、电视节目,也可以是文本故事,以适应农村学校的需要。具体安排是先写故事梗概,再进行口语交际,这样学生既练习了写故事梗概,又有助于提高他们的口语交际的质量和效率。本组课文已多次安排了概括课文内容的练习,为写故事梗概做了铺垫。

(2)习作的重点是练习场面描写,兼顾细节描写,以适应不同学生的兴趣和能力差异。本组课文的教学设计在《开国大典》第三课时已作了场面描写的铺垫。在《青山处处埋忠骨》一课中对细节描写也作了相应的安排。

根据两维目标分类理论,口语交际和写作都不是目标。必须明确规定"说什么"和"写什么"并规定达到何种水平才能成为目标。根据读写结合的原则,读与写的教学内容必须一致。这里的一致不是指与文章内容一致,如都是关于读书的故事或关于毛泽东的故事,而是指所涉及的语文高级技能是一致的。由于教材编者在编制语文教材单元时,往往是以文章内容为基本线索,语文能力线索不清晰,语文交际能力和写作能力教学难免与课文教学脱节。唐老师调整了教学内

容,明确提出了本单元口语交际和写作的目标(单元终点目标),它们是基于单篇课文的目标,又是单项能力的综合运用。这样对于交际什么和写什么,教师和学生都很明白,而且评价的标准也很明确。这样就可以避免表面热闹、华而不实的课堂教学。

(二)课前准备

观看有关毛主席或革命者的电影、电视,阅读并携带课外读物等相关资料。

教学时间:4课时。

教　学　程　序	教学调整
第一课时写故事梗概 一、谈话导入,明确要求 1. 这次口语交际的内容是有关毛泽东或其他革命领袖、英雄人物的电影、电视、故事。其中有一项要求是说清故事的梗概。 2. 出示导语中的一句话:"向同学推荐时,要讲清影视作品的名称,主要讲的是谁,讲的是什么事,有哪些印象深刻的情节,还可以谈谈自己的感想。"其中"主要讲的是谁,讲的是什么事",这个要求就是说清故事的梗概。(注:"有哪些印象深刻的情节"属于细节描写) 二、了解程序,学习概括方法 1. 什么是故事梗概?默读习作八写故事梗概的部分:"写梗概,就是把读过的一篇文章或一本书最主要的内容用简略的语言写下来。"提示:注意两个关键词"主要内容"、"简略的语言"。(有时看了电影、电视后也可用故事梗概的方法将影视的主要内容写下来。) 2. 学写故事梗概有什么作用?(随着年级的增高,阅读的文章或课外读物会越来越长,读完了可能很快就会忘记。学会写故事梗概,不但能记住主要内容,还能培养分析概括能力,提高自己的写作水平。) 举例:《开国大典》的梗概(附在课后)。速读,与课文比较。 3. 怎样写故事梗概?出示要求: (1) 选取一篇自己最近读过而且喜欢的文章再读一读,形成整体印象。 (2) 理清文章的写作思路,知道每一部分写了什么,确定重点内容。 (3) 分析文章的结构,写出每个段落的段意。 (4) 把每个段落的段意连成一段通顺、连贯的话。 (5) 读一读自己写的梗概,检查概括的内容是否准确完整,有没有错别字或不通顺的地方。 提示:写文章的梗概要尊重原文,不能改变原文的意思。 4. 练习概括,为写"梗概"作好准备 (1) 把对人物语言的描写概括成叙述性的话。 原句:毛主席舀了两碗茶水送到她们母女手里,说:"你们俩歇会儿吧!"然后对警卫员说:"来,咱俩试试,半年多不推这玩意儿了。"毛主席推碾子还挺在行,一边推,一边还用笤帚往碾盘里扫玉米碎粒。 概括:＿＿＿＿＿＿＿＿＿＿(毛主席让母女俩歇会儿,然后与警卫员帮助她们推碾子。) (2) 将动作描写进行筛选后,概括成简明的叙述性语言。 原句:从收到这封电报起,毛泽东整整一天没说一句话,只是一支一支地吸着烟。桌子上的饭菜已经热了几次,还是原封不动地放在那里。 概括:＿＿＿＿＿＿＿＿(收到电报,毛泽东悲痛万分。)	告知学习目标 先出示定义 告知做事的程序 通过例子,先练习语段内容概括 再练习短篇的内容概括

教　学　程　序	教学调整
三、习作 　　1. 指导选材：选择自己看过的一部影视作品或者一本书，回忆故事的具体内容和情节。 　　2. 分项导写，提出两个要求。 　　(1) 先确定这个故事分几个部分，每一部分写什么？ 　　(2) 用简要的语言将每一部分的内容写清楚。 　　3. 学生练写，教师巡视，指导修改。 　　4. 组段成篇。将几个部分的内容连成一段话，注意语段和语段之间要连贯。 　　5. 学生写作，完成初稿。 四、讲评修改	
第二课时　口语交际 一、创设情景，引发动机 　　1. 上节课大家选择了自己喜欢的革命英雄故事，写了故事梗概，这节课是口语交流课，学习怎样推荐自己喜欢的读物。 　　2. 根据上课的需要，全班分成几个小组活动，每个组 8 人，选出一名组长。组长负责组织小组成员积极发言。然后每组选出一名代表，在全班交流。(学生分组，明确各自的要求) 二、辨别概念，明确要求 　　1. 默读教材的口语交际，说说本次口语交际有什么特点和要求。 　　2. 辨别概念："介绍"和"推荐"的意思一样吗？ 有什么区别？ 　　介绍：讲清作品的内容和特点，主要是故事梗概。 　　推荐：除了介绍内容和特点外，还要讲出自己的感想和推荐的理由，能打动别人，使别人能接受你的推荐。 　　3. 确定口语交际的内容和要求 　　(1) 内容：推荐一部印象最深的英雄人物的故事。 　　(2) 推荐：根据"推荐"的特点，需要有推荐者和听众两部分人，开展互动式的口语交际活动。每个同学都要明确推荐者和听众的要求。其中推荐者在讲的时候，除了一般的要求外(如清楚而有条理地表达自己的意思)，还要符合以下四点要求： 　　① 讲清影视作品的名称。 　　② 主要讲的是谁，讲的是什么事？(故事梗概) 　　③ 有哪些印象深刻的情节。(精彩片段，类似于习作中的细节描写) 　　④ 自己的感受。(推荐的目的：使对方接受自己的推荐) 　　(3) 听的要求主要有以下三点： 　　① 认真听，能抓住要点。 　　② 不清楚的地方可以询问。如果自己也看过，可以补充相关情节或谈谈自己的感想。 　　③ 评价对方的推荐是否符合要求，自己是否被打动了。 　　(4) 同桌互相复述上述要求，不明白的提出来讨论。 　　(5) 小组成员作好分工：人人推荐一部影视片，听的同学作出评价和反应。 三、案例分析，辨别正误 　　1. 教师按下列提示，将附件中《鸡毛信》推荐材料的内容分别组合成四种不同的形式，作口语交际的演示。四种不同形式提示如下： 　　(1) 讲《鸡毛信》的作品名称和故事梗概；	四点要求综合运用写故事梗概、细节描写和评价三方面的能力，所以是创造水平的目标。教学成功的关键是先练好单项能力

教 学 程 序	教学调整
（2）讲《鸡毛信》的作品名称和自己的感受。 （3）讲《鸡毛信》的作品名称和细节描写。 （4）讲《鸡毛信》的作品名称、故事梗概、细节描写和自己的感受。 　2. 根据推荐的口语交际要求，判断教师的四次推荐演示中哪一个符合要求，不符合要求的主要问题是什么？ 　四、分小组练习 　1. 每个学生选择一部自己印象最深的影视作品，按下列提纲准备： 影视作品名称：_____。 故事梗概：_____。 印象深刻的情节：_____。 自己的真切感受：_____。 　2. 对照要求，同桌交流，互相反馈。每组推荐一名代表参加全班交流。 　3. 指名学生试讲，师生合作点评。随机出示评价要点： （1）讲解者是否符合推荐的口语交际要求。 （2）自己是否接受推荐，是否产生想看这部影视片的愿望。 　4. 各组代表在全班交流，学生评价。 　5. 教师总结。 　附：推荐《鸡毛信》 　1. 作品名称。今天我给大家推荐一部精彩的抗日小英雄的影片，题目叫《鸡毛信》。 　2. 故事梗概。在抗日战争时，华北抗日根据地龙门村有一对父子，父亲老赵是民兵中队长，儿子海娃是儿童团团长。一天，父亲得到鬼子要进山抢粮的消息，便让海娃送一封有关攻打敌人炮楼的鸡毛信给八路军。 　海娃以放羊作掩护，携信上路。不料途中遭遇鬼子，海娃急中生智，将信藏在了头羊的大尾巴下面。晚上，海娃乘敌人熟睡时，取信逃跑。途中，信一度失而复得，但海娃却再次被敌人抓住。机智勇敢的海娃故意把敌人引入歧途，敌人发现中计，拔枪打伤海娃的手。在这千钧一发的时刻，八路军赶来搭救，全歼了敌兵。海娃完成送信任务后晕倒了，八路军根据鸡毛信里提供的情报，炸毁了敌人的炮楼，并活捉了猫眼司令。 　3. 精彩片段。这部电影中有好多精彩的地方。 （1）海娃口袋里装着鸡毛信，赶着羊群给八路军送去。不料在大山口外面遇到了一队抢粮的鬼子。鬼子越来越近。海娃着急了，把鸡毛信往哪里藏呢？他看着胖乎乎的羊尾巴，心头一动，就抢到前面抱着那只带头的老绵羊，把它尾巴根的长毛拧成两根细毛绳，把鸡毛信折起来，绑在尾巴底下。这下海娃什么也不怕了，他把羊鞭甩得响响的，朝着鬼子赶过去。"站住！"一个鬼子吆喝起来，哗啦一声举起枪，对着海娃的小脑袋。一个穿黑军装的歪嘴黑狗跑过来，一把抓住海娃的脖子，把他拉到一个长着小胡子的鬼子面前。海娃一点也不怕，他故意歪着脑袋，张大嘴巴，傻愣愣地望着小胡子。小胡子说声"搜"，那个歪嘴黑狗马上动起手来，摸补丁，掏窟窿，把海娃周身都搜遍了，连两只破鞋也没放过，结果什么也没搜着。小胡子只得干瞪着眼，冲着海娃喊："滚开！滚开！" （2）一个叫歪嘴黑狗的汉奸叫海娃把羊赶进牲口圈里，然后把海娃拉进屋里。鬼子和黑狗们抱着枪睡在干草上，把海娃挤在尽里头。海娃睡不着，他想："鬼子明天还要宰羊，要是今晚跑不掉，鸡毛信可就完了。"他不住埋怨自己："海娃，海娃，你怎么搞的，连一封鸡毛信都不会送啊！"忽然听见外面的哨兵吼了一声："哪一个？"有人回答："喂牲口的！"哨兵不吭气了。不一会儿，远处传来一阵鸡叫。海娃发现	

续 表

教 学 程 序	教学调整
鬼子哨兵正在打瞌睡。就悄悄地站了起来,踮着左脚把歪嘴黑狗的胳膊轻轻拨开,从小胡子身边跳过去,闪到了门边,又轻轻地迈过哨兵的大腿,溜到了村边的路上。“哪一个?”街头遇到鬼子的哨兵了,“喂牲口的!”海娃机智地装着大人的声音骗过了那个哨兵。走进牲口圈后,从那只老绵羊尾巴底下的鸡毛信解下来,揣进口袋里,撒开两腿一口气跑上了庄后的山梁。 4. 自己的感想。这部电影的情节很精彩,看的时候也特别紧张,海娃跑出来时我高兴地鼓起掌来了。接下来的故事情节更精彩,如海娃后来不小心把信给弄丢了,等他好不容易找到时,又被鬼子发现抓住了。当然,最后海娃还是脱险了。大家有兴趣可以去看一看。	
第三课时　习作指导 一、复习导入,激发动机 1. 回忆单元学习内容,说说本单元学到了哪些习作技能。(场面描写、细节描写、故事梗概。) 2. 默读课文,说说本次习作要用到上述哪些技能。(场面描写和细节描写,重点是场面描写。) 二、复习写作方法 1. 复习场面描写的概念:举例说说场面描写和细节描写的一些特点。 (1) 场面描写的一个主要特点是“有点有面,点面结合”。包括主要人物的描写,其他人物的描写和场上人们动作、语言等表现出来的气氛和情感,如兴奋、悲伤、紧张、刺激等。 如:一个运动员的比赛动作描写是场面描写的“点”,其他运动员与旁边同学们的表现构成的整个场面是场面描写的“面”,观赛同学的呼喊声形成的是场面描写的气氛。 (2) 读下面的片段,讨论点评。 球入网的那一刹那,“噢……”的一声,整个足球场都沸腾了。输球的一方懊丧极了。有的脸涨得通红地叫喊着,脖子上还冒出了青筋;有的紧握拳头,用脚使劲地跺地,仿佛想把满腔怨气踩进地底去……赢球的一方兴奋得手舞足蹈。有的扬着双手使劲地奔跑,有的仰天大笑,笑得全身发颤。特别是那个踢球入网的运动员,脚下像装了一根弹簧,兴奋地不停地往上跳,还一连翻了好几个跟头。 观众场上更热闹了,每个人都扯着喉咙朝赛场大喊大叫。有的使劲挥舞着大彩旗,嘴上“嗷嗷嗷”地直叫嚷;有的情不自禁地把头上的帽子向空中抛去。有的大骂守门员愚笨,还脱下鞋子向球场扔去。兴奋的,愤怒的,尖嗓子的、粗嗓门的,各种声音混杂在一起,充斥在空气中的每一个角落,如山呼海啸,震耳欲聋。…… (点评:这段话将场面描写和细节描写结合在一起,真实地再现了当时的激动场面。如作者紧紧扣住“沸腾的”这个关键词,先写球入网时足球场上的热闹场面。具体描写了输球、赢球两方球迷各自的表情与行为;再重点描写了踢球入网运动员的兴奋表现。同时还用细节描写手法将场上人们的动作、语言、神态描写得淋漓尽致。) (3) 选取某个运动比赛的场面说说当时的场景。如跑步、跳高等。先说说当时比赛的场面情况,再说说自己或同学比赛时的表现,以及旁边观看比赛同学的反应。 三、选材指导 1. 出示要求: (1) 学习《开国大典》场面描写的方法,按时间顺序描写一个场景。	“场面”是一个难下定义的概念。在第26课学生接触了阅兵、群众集会等场面。现在教师提供了体育比赛场面,从而发展了学生的场面概念。应让学生知道,如果场面发生了变化,点和面的描写也相应变化

教　学　程　序	教学调整
（2）要将场面描写得真实、具体、清楚。 （3）借鉴人物描写的方法，写出重点人物的独特表现。 　2. 启发学生回忆亲身经历过的精彩场景或记忆深刻的场景。如： 　拔河场面、菜场或集市上讨价还价的场面、节日游览的场面、赶庙会的场面、艺术节歌唱会，等等。（有条件可用多媒体出示几个学生熟悉的精彩场景，引发联想，激发表达的欲望。） 　3. 指导学生选出并确定自己最喜欢的场面，提示： 　（1）选的场景要比较熟悉，按时间顺序写。 　（2）把场面写具体、写清楚： 　（3）写出人们的神态、动作、语言，包括观众的表现。 　4. 构思。同桌或小组探讨描写场景的各种方法。 　四、学生习作，教师巡视，个别指导	
第四课时：修改指导 　一、出示目标，分项指导 　选择好各类带有共性问题的习作（或习作片段）作为讲评修改的例文。引导学生明确本次习作讲评修改重点，分三个层次进行讲评指导。 　二、判断是否为场面描写 　1. 出示场面描写的要求。 　（1）是否把内容按时间顺序写清楚了。 　（2）是否写出了场面描写的点与面。 　（3）是否写出了场面描写特定的气氛或感情。 　2. 讲评要点。习作是否切题，是否符合场面描写的要求。是否需要修改或重写。 　（1）出示几篇有代表性的习作，对照习作要求讲评。 　（2）学生对照习作要求审视自己的习作，在自己的习作要修改的地方作各种批注符号。 　三、习作的基本要求 　1. 出示习作语言表达上的基本要求（基本要求根据学生的实际情况制定）。 　2. 对照语言表达要求，各自审视习作，再同桌交流。在需要修改的地方作好批注。 　3. 出示符合要求和有问题的两篇习作，讲评指导，修改示范。 　4. 学生再次审视自己的习作，确定要修改的地方，简要增删。 　四、学生自主修改 　1. 提示。根据本次习作要求，认真修改。同时注意语句是否通顺、连贯，可以用朗读自己习作的方法，检查语言表达方面的问题。 　2. 学生对照修改要求，认真修改，或重写。教师巡视，对有困难的学生作有针对性的个别指导。小组内自评自赏，互评互赏。 　3. 修改好的学生轻声朗读自己的习作，语言表达上还有什么问题，进一步修改完善。 　4. 评价激励。出示一篇修改得比较好的习作，引导学生作欣赏性的评议。 　五、交流分享，赏析评改 　1. 引导学生推荐自己的习作，请这几位学生分别朗读自己的习作。 　2. 集体评议，分享同学的成功与快乐。提出修改建议。	

教　学　程　序	教学调整
总评：所谓"场面"、场面中的"点"和"面"，这些都是模糊概念。这些概念只能从例中学。根据认知心理学观点，像"点面结合描写场面"这样的规则是软规则（即认知策略），只有启发作用，不能保证写作成功。认知策略学习不能一次完成，需要反复进行。认知策略的学习必须达到反省水平，也就是学生应意识到为什么要进行场面描写和场面描写规则应用的条件。自主修改和互相评议习作可以促进反省认知的发展。	

（浙江象山县丹城第五小学校长孙忠心设计）

三、资源链接

"单元组文"课的教学策略

（一）导读梳理

单元导读好比"路标"，指出单元学习目标，指明单元学习的方向。导读梳理即以"导读"为切入点，梳理学习要点，整体把握单元主要内容。

五年级下册第八单元以"异国风情"为专题，组文《自己的花是让别人看的》、《威尼斯的小艇》、《与象共舞》与《彩色的非洲》，文风不同，风情不一，却处处流露出景物与人的和谐。借助"导读"，设置学习单，进行"课前导读"与"课中导学"。

1. 课前导读，了解学情

五年级学生已具备预习能力，如何进行单元整组预习，盘点词语，落实基础呢？笔者设计"单元导航单"，让学生课前预习，自主完成。

第八单元导航单

（1）把本组的四篇课文读正确、通顺，难读的地方多读几次。

（2）读了本组课文后，我来填一填表格。

课　　题	作　　者	地　　域	主　要　景　物
《自己的花是让别人看的》			
《威尼斯的小艇》			
《与象共舞》			
《彩色的非洲》			

（3）我觉得课文中难读的生词有：_____

（4）我想要积累的词语：_____

反馈交流时，对于学生存在的难点，如《彩色的非洲》主要景物一栏，根据学生回答，帮助梳理。词语教学环节，则根据反馈信息，难读易错的词语从学生中来，如"莞"的读音、"脊"的字形的指导，体现以学定教。对于难懂词语"操作自如、应接不暇"等，则出示词语所在的语段，在语境中理解并积累。

2. 课中导学,整体感知

从两个层面导学,一学"导语",导明单元学习主题与要求;二学"课文",导出概括内容的方法。

引导学生浏览导语,了解本单元的人文主题是"异国风情",把握单元学习要求是"抓住内容、了解特点、揣摩写法、积累语言、搜集资料"。

以《自己的花是让别人看的》为例,引导用"概括段意——提炼关键词——串联段意"方法概括主要内容。之后尝试用"串联段意法"概括其他课文主要内容。汇报交流时,采用"知识树"的方式,让孩子把关键词写在叶片上,呈现每一课主要内容。这种形式让单元内容直观、清晰地呈现在孩子眼前。

(二)联结对比

单元组文围绕一个共同主题,看似独立,其实互相联系,若挖掘文本间的联结点,纵横比较,发现异同,能很好地领悟言语表达及写作奥妙。

"异国风情"组四篇散文,看似毫无关联,实则突出了一个"奇"字。整体观照整组课文,发现作者选材的相同之处:都有写花、动物与人类活动,但写法上截然不同。联结其异同点进行教学,可以收到意想不到的效果。

1. 单篇教学,品味主题情

从"德国人到底怎么养花"入手,引生读文,找出相关语句,领悟德国人养花与众不同的风俗习惯。聚焦第三自然段,朗读想象,抓关键词品悟,体会人人为我的美好境界。由 45 年前后养花习惯依然不变,领悟德国民族文化。

2. 以篇带篇,比较中领悟精彩

同是写花,不同民族、不同作者,感受不同。由德国的花到非洲的花,对比阅读两处写"花"的语段,同中求异,便会发现德国的花简洁、朴素,非洲的花热情、奔放。作者源于不同景物特色与情感,采用了不同的写作风格。

3. 单元整组,寻找联结点

联结《与象共舞》与《威尼斯的小艇》中写"日常生活"语段,对比阅读,发现不同的风情特点及写作的风格。最后以"建议老师去泰国还是威尼斯旅游"为话题,开展语言实践,引导学生将消极语言转化为积极语言。

立足于单元整组课文,对教材进行合理重组,抓住文本间的联系,从内容、写法、风格等方面进行联结,对比阅读,重新进行意义建构,可打破原有处理教材的思维壁垒,突破单篇教学模式。

(三)设计板块

语文课程是实践性课程,应着重培养学生的语文实践能力,而培养这种能力的主要途径也应是语文实践。《开国大典》是纪实性报道,按顺序记录了会场、典礼、阅兵式与群众游行等场面,每个场面分若干个场景。每个场景又按不同顺序与方法来写,如方位顺序写会场;时间顺序写入场;会议程序写典礼。观照整个单元,联结单元写作要求"按一定顺序把场景写具体"。笔者设计了三个活动板块组织教学。

1. 提炼关键词,概括标题

默读 2—15 自然段,概括开国大典上的场景,可直接画出语句,也可提炼关键词,把概括的小标题写在纸条上。

2. 摆场景顺序,理清思路

同桌合作摆小标题,一组上台展示板书。全班交流,纠正概括不准确、不简洁的,讨论确定板

书。给场景分组，梳理出"会场、典礼、阅兵式、游行"几个场面，发现课文的写作思路。

3. 摆景物位置，发现写作顺序

学习会场场面，围绕"怎样把场景写清楚"这个话题开展语言实践活动。如学习第2自然段，会场的空间顺序学生难以理解，教师则利用方位图，引导学生阅读语段，先圈出景物与方位词，然后在方位图上摆放景物位置，最后按图介绍会场，从而理解写作顺序。

立足单元整组，沟通阅读与写作的联系，阅读服务于写作。阅读教学中，变"线性"设计为"板块式"语文活动，提供广阔的学习空间；变"教"为"学"，让学生在默读圈画、合作学习、展示交流中体验学习过程。

（四）读写迁移

"迁移"是一种学习对另一种学习的影响。语言符号只有经历迁移运用，才能体现其语用价值。《开国大典》特色写法是用"点面结合，抓住典型写点，多角度写面"的方法写出场面的气势，教学时，创设语境，运用读写迁移方式来教学。

1. 聚焦语点，发现规律

学习典礼场面，围绕"怎样把场景写具体"话题，以"升国旗"语段为例，学生阅读后发现：这段话主要写了"毛主席与30万群众"；写毛主席的是特写镜头为"点"，写群众活动为"面"；作者聚焦典型人物写"点"，抓住三十万人的动作、语言来写"面"。作者就是运用"点面结合""选择典型写点、多角度写面"的方法把场景写具体。

2. 创设语境，训练技能

把得出的方法迁移到文中其他语段，学生分段学习，找找"点"和"面"，用不同的标注画出，并交流汇报。学生在辨析交流中巩固了"点面结合"的写法。

3. 迁移仿写，提升能力

播放拔河比赛的视频，学生观察画面，搜寻印象深刻的点和面，说说点和面上人物的表现，并试着用"点面结合，抓住典型写点，多角度写"的方法练写。

要想把语文知识转化为语文能力，需要通过语文实践。因此，由读到写，由知识到能力的桥梁，唯有在语境中迁移、运用。

（五）群文阅读

群文阅读即根据单元主题，拓展课外资源，整合群文进行教学，从"单篇"到"多篇"，由课内向课外，重在激发阅读兴趣，培养阅读能力，提高课堂效率。笔者主要从以下几方面进行课堂构建。

1. 儿童视角

"走进鲁迅"单元，学习《少年闰土》时，以认识"少年鲁迅"为主题，整合阅读《从百草园到三味书屋》《钓虾与放牛》《社戏》中的片段。从儿童视角组文，激发学生阅读兴趣，丰富对鲁迅的认识。

2. 主题多元化

"走近毛泽东"单元，拓展书音诗画等课外资源，充实单元主题，如阅读毛泽东故事，诵读毛泽东诗词，观看毛泽东影像资料，听唱毛泽东歌曲等。

3. 文体多样性

教学说明文《太阳》，拓展阅读散文和诗歌体裁的描写太阳的文章，丰富文体多样性。

立足单元主题，统整课内资源，集结课外资源，在不同角度得到了拓展。时间上，拓展了课前

与课后;在空间上,拓展了课内与课外;在主题上,拓展了学生的阅读视野,充实了阅读量。

"单元整组"教学是新课改下的产物,促成了"三大改变":改变原来的备课思维模式,树立了单元整组意识;改变传统的单篇教学模式,创造性地使用教学资源;改变了单一的学习方式,发挥了学习主动性。

(王建群)

四、推荐阅读资料

1. 张顺涛.语文单元整组教学支持系统的设计与开发.华中师范大学学报,2005(12).
2. 叶根娟.在单元整组教学范畴里实施"研读话题".小学教学:语文版,2008(12).
3. 赵飞君.通盘考虑整体设计——"单元整组教学"策略谈.小学教学参考,2008(Z3).
4. 陈春燕.例谈单元整组教学主题升华之策略.教学月刊:小学版,2010(5).
5. 傅登顺.语文单元整组教学的课型确定与有效策略.中小学教师培训,2010(8).
6. 裴吉圭.基于文本,推陈出新——关于小学语文单元整组教学的教学策略.语文学刊:基础教育版,2011(3).
7. 杨丽佳.大处着眼小处着手——小学语文"单元整组教学"的思考与实践.赤峰学院学报:作文教学研究,2013(2).
8. 沈美丽.基于单元整组教学的导语设计初探——以人教版六年级上册"初识鲁迅"单元为例.小学教学参考,2013(3).
9. 张金香.小学语文"单元整组教学"课堂高效策略的实践与思考.中国校外教育旬刊,2014(8).

五、后续练习

《白鹅》和《白公鹅》"类比式"组文教学设计

从学理上看,单元组文课提倡类比教学策略。类比策略是指要求学生同时阅读描写同一对象(如动物、植物、风景、人物等)的若干篇文章,在比较、分析中体会到不同文章不同风格的语言表达,丰富自己的语言积累。

类比策略的基本教学流程依次是:

(1)典型课例、初读感知。

(2)深入感悟、体验写法。

(3)同组类比、领悟异同。

(4)实践体会、学以致用。

如在"体会不同作家写同一动物的写作风格"为主题的教研活动中,教师就四年级上册第四单元写同一动物的两篇文章《白鹅》和《白公鹅》一起进行教学。先重点引导学生体会《白鹅》一文中这只白鹅的特点,领悟作者的表达方法。接着从行文结构、描写方法、语言风格等几个方面与《白鹅》这篇文章一一对比学习《白公鹅》,并总结出它们的异同,直至学习本单元的后面几课写动物的文章,最后迁移到"口语交际"和"习作",让学生抓住特点说、写自己喜欢的动物,表达自己对动物的喜爱之情。这种比较学习强调同中求异或异中求同,有助于学生学到的知识得到巩固、迁移与提高,从而增强了学生的阅读、写作能力及鉴赏文学作品的能力。

试对《白鹅》和《白公鹅》进行"类比式"组文课教学设计,并进行专题教学研讨。

第十八章　整本书阅读课

一、背景描述

2011 年出版的《语文课程标准（实验稿）》在教学建议部分提出："培养学生广泛的阅读兴趣，扩大阅读面，增加阅读量，提倡少做题，多读书，好读书，读好书，读整本的书。"

读整本书的积极意义是：

1. 发展语言

整本书阅读能够让学生接触到足够的丰富的语言，有利于学生根据自己的喜好进行吸收。整本书阅读让学生有机会碰到自己想要的语言形式，学生会不自觉地模仿自己喜欢的表达方式。有一个有趣的现象，就是学生在某一个阶段读某位作家的作品，他们的日记中就会有模仿的痕迹，而这种模仿不是有意识的，是潜移默化受到的感染。学生接触到大量的经典作品，就会发展其语言水平。这种发展是持续的，是在将来的学习道路上不会遗落的，是能够为学生一生成长提供营养的。

2. 训练思维

语言是交流的媒介，更是思维的凭借。除了语言本身表达思维以外，语言还能够发展人的思维。阅读是获取知识的过程，但是阅读获取的知识只是阅读的副产品。在阅读中思考，在思考的过程中获得自己的思想才是阅读的主产品。阅读是发展学生思维的重要方式。学生通过大量阅读，获得大量信息，并且与自身对照，通过反思，使自己的思想不断成熟。整本书阅读提供了思维得以深入的可能性，单是学生感兴趣的情节的猜测、人物命运的捉摸等，就足以锻炼学生的思维了。整本书阅读为学生提供了足够的思考空间，让学生的思维更加广阔和深入，学生可以进行不同作者类似作品之间的比较，同一作者不同作品的比较，不同作品中某类人物的比较，如比较童话作品中的"王子""公主"，比较不同作品中的"智慧老人"。对整本书的阅读讨论，学生能通过与他人观点的比照，做出新的思考和判断，使思维更加深入。

3. 充实精神

整本书负载着文化信息，在阅读的过程中，学生自然就会受到文化的熏染。学生品味的语言越多，接受的文化越丰富，受到的影响也就越大。学生发展了语言，发展了思维，就开阔了视野，能够与古代的先贤对话，就会获得精神的愉悦。而这种愉悦又能使他对民族文化和民族性格有更多的体悟，文化的因子就会进入学生的血脉之中。学生拥有独特的价值观念，就能形成独特的文化人格，就不会迷失在社会中。精神的强健带来的是对世界的洞察，是对人生的感悟。

4. 提升境界

学生在接受语言、发展语言的过程中能够获得智慧,获得人生的经验。学生在学习语言的过程中也能够以古鉴今,能够推己及人。也就是说在整本书阅读的过程中,必然包含智育和德育的因素,并且始终伴随语言学习过程,是须臾不可分的。不管就语言所承载的内容而言,还是语言本身,都具有不可抗拒的美的因素。语言承载的美与语言本身的美被学生分享,被学生接受的时候,学生的审美水平就会不断提升。"智育使人智慧,智育与美育在一起,使人大智大慧。德育使人醒悟,德育与美育在一起,使人大彻大悟。"一本书往往能把智、德、美完美地结合在一起,学生在学习语言的过程中,就有可能大智大慧,大彻大悟,这就是人生的最高境界。学生在获得语言的过程中,发现自己,提升自己。可以说,学生发展语言的过程,就是获得新的生命的过程。学生为了人生境界的提升,为了生命的完美而进行阅读。所以,整本书阅读能够提升学生的人生境界,能够使学生具有更完美的人生。

二、课堂例析

《海蒂》整本书阅读指导设计

（一）作品简介

世界名著《海蒂》由瑞士女作家约翰娜·斯必丽所作。作者通过许多真实感人的生活故事和恰到好处的艺术细节描写,成功地塑造了一个天真烂漫、心地善良的小姑娘海蒂这一人物形象。作者还以生动的笔触描绘了阿尔卑斯山多姿多彩的自然风光、朴实敦厚的风土人情,向读者展示了一幅幅美好的阿尔卑斯山的风情画卷,令人回味无穷。

（二）设计理念

（1）指导学生读一整本书。导读课,不仅要导读一篇篇文章,而且要逐步导读整本书。根据建构主义思想,本课例着力建立一种导读整本书的"支架"式导读模式。

（2）指导学生读书的思想方法。导读课,不仅要导读文章的内容情节,而且还要加强读书思想方法的渗透。根据现代教学论思想,本课例着力于指导学生学会阅读整本书的习惯和方法。

（三）导读目标

（1）在阅读《海蒂》中学会读整本书的一般模式。

（2）在阅读中,学会交流、分享、思考与做摘记（笔记）,培养阅读的习惯和方法。

（四）课前准备

三年级学生。课前师生阅读《海蒂》;《海蒂》及"读书摘记卡";多媒体课件。

（五）导读流程

1. 聊读:导入读书课堂

出示课件:读一本完整的书

（1）读者。今天有几位读者?（板书:读者）(学生是读者,老师也是读者)

（2）书。

出示课件:《海蒂》

（3）读书的要求。我们一起读吧,再一起交流读书的体会。

【点评1】在导读课里,教师和学生共读一本书,教师也是读者。简洁明快的师生对话既营造了一个宽松、愉悦的读书氛围,又传递着师生平等的教学理念。

2. 翻阅：引发阅读期待

拿到一本书后，你是怎样读的？

（1）读封面。

师：拿到一本书，仔细看看，封面带给我们哪些信息？

书名：海蒂；出版社：上海人民美术出版社。

你还读到什么，猜猜她是谁？（是一个可爱的小女孩；是一个善良的小女孩；海蒂）

① 书名。书名就是以海蒂的名字命名的。从封面你还会想到些什么？

② 类别。这是文学类或是非文学类的书吗？你是怎么知道的？（世界文学名著宝库）

③ 版本。简略说明《海蒂》的多种版本、出版社。（注音彩绘本、青少版……）

④ 作者。这本书的作者是谁呢？（见书脊）原著者：（瑞士）约翰娜·斯必丽；改写：巍然。（补充：外国作品，需要翻译并注上译者，这本书是巍然改写的）

读作者姓名。听老师简介作者：瑞士女作家（1829—1901），她很喜欢给孩子们写故事，《海蒂》是她一部经典之作。书出版至今已过百年，以 35 种语言在五十多个国家印刷发行了五千多万册，先后被拍成电影和电视剧，制作成动画片。

⑤ 封面 2—插页：介绍了故事的主要内容和作者。插页还有一个好处，就是可以起到书签的作用。

（2）读封底（含封 3—插页）。看看，你又发现了什么？

【预设】推荐世界文学名著 109 本书目，《海蒂》是其中的一本；如果你读完了《海蒂》这本书，想读其他的一本，就可以从书目里挑选，可方便了。

【小结】当我们信手捧起一本好书的时候，先不要急于打开它，应该先美美地翻阅书的封面与封底上的内容，获得一些相关信息，再打开书的时候，你的阅读心情和期待就不同了。（出示：读一本书应先读封面和封底）

【点评 2】指导读一本书，先不要急于打开书，而是先翻阅封面与封底，因为：一是可以了解一本完整书的构成，二是可以了解封面与封底呈现的与书的内容有关的信息。这是阅读一本完整的书所必不可少的。当然，在具体指导的过程中，指导的内容可以根据不同的书籍以及不同年龄的学生有所侧重。指导的方法还可以灵活、生动，有趣味些。

3. 浏览：了解书的相关体例

（1）浏览扉页。打开封面，印着书名、作者等内容的这一页叫扉页。

（2）浏览前言。前言（序），一般是编者的话。有的是编者或作者写的，有的是编者请人写的。猜猜看，编者一般会告诉我们些什么呢？书的主要内容和推荐给读者阅读的话。

（3）浏览目录。了解编排体系和思路。

师：你曾浏览过书的目录吗？目录有什么用？（出示：目录）

一、回到阿尔姆叔叔身边

二、在爷爷家里

三、在牧场上

师：从目录中你会挑选自己最感兴趣的内容，有时候对这部分内容可以先读为快。

小结：浏览前言和目录，小朋友可以了解整本书的主要内容、故事情节的排列等等，这对读整本书很有好处。（出示：读一本书要读前言和目录）

【点评3】前言和目录是一本书的组成部分。前言是一本书主要内容的概述，目录是一本书的章节标题。教师引导学生运用浏览的方法进行阅读，能迅速了解作者的写作意图和书的内容梗概，对学生阅读主体内容有帮助，起提纲挈领的作用。

4. 速读：与文本对话

出示：读一本书要用的方法：速读和笔记

（1）选读。快速阅读。（内容推荐：第123—125页，海蒂从埃斯曼先生家重返阿尔姆爷爷身边的情景）

速读要领提示：要用眼睛读，不要用声音读；要整句话整段文字读，不要一个字一个词读；眼停的次数要少，注意力不要分散。时间：3分钟。

【点评4】在课前阅读的基础上，选取师生印象最深刻的部分内容，指导学生快速阅读。特别是速读训练时提示"三要三不要"的方法要领，并保证速读的时间，这样的指导扎实有效。

（2）读后交流。你感受到海蒂的开心吗？（回到爷爷身边、回到美丽的牧场、回到热爱着的大自然，回到流淌着浓浓的亲情、乡情的地方，她很开心）

（3）摘记卡交流。老师还要求小朋友们边读边做摘记卡，你是怎么做笔记的？（指名介绍笔记方法）

点击课件：读书卡的制作（结合学生制作的摘记卡，展示交流）

【点评5】导读课重在方法指导。适时安排读书摘记卡的展示交流，重在欣赏同伴的优秀做法，取长补短，相互学习。这里，教师传递给学生一个重要的信号：读书不仅要眼读、耳读，还要笔读。

5. 赏读：促进阅读感悟

师：一个人读书和很多人在一起读书，感觉是不一样的。这异样的感觉就在于读书之后与人分享交流的快乐。这就是老师要告诉小朋友们的。（出示：读一本书要学会与人分享）

（1）竞猜游戏。老师说书中人物的特点，请小朋友猜猜他是谁。

①阿尔姆大叔（爷爷）；②彼得；③克拉拉；④女管家罗丹梅尔；⑤埃斯曼奶奶；⑥海蒂。

（2）印象点击。我最感动的事件——

师：《海蒂》是一个与阿尔卑斯山同样美丽的故事。一个自幼失去父母的小女孩被姨妈送到了阿尔卑斯山上的爷爷家。她的纯真善良融化了爷爷孤僻冷漠的心，她的热情开朗温暖了彼得家破旧寒冷的小屋······一个个感人至深、耐人寻味的故事在书中闪现，在我们心中激荡。让我们一起来分享交流。

【预设】① 在老奶奶家里第40—43页：海蒂去彼得家做客、看望老奶奶，回家后央求爷爷给彼得家修房子。

② 在埃斯曼家为老奶奶藏面包。(第 81 页)

③ 第 93—94 页小小年纪的海蒂为了不被人说自己忘恩负义,强忍着不把渴望回家的心思告诉任何人。

④ 第 98—99 页痛苦地想着家乡的亲人—爷爷、老奶奶……以至于得了思乡病。

⑤ 第 120 页回到家乡看望彼得老奶奶,给奶奶带了好多新鲜的面包。

⑥ 第 130—131 页爷爷被海蒂感化了,一同去教堂做祈祷。

⑦ 第 170 页海蒂很有耐心也很有办法地教彼得读书记字母。

⑧ 第 200—201 页爷爷悉心照顾克拉拉,使克拉拉奇迹般地站起来行走了。

……

(3) 精彩回放。我喜欢的片段——

① 有趣(有意思)的描写。(第 77 页)

② 感动的描写。(第 98 页)

【点评 6】交流与分享读书乐趣、心得、困惑以及相关联的信息是学生最感兴趣的,也是符合小学生阅读心理需求的。教师善于创设平台,让学生积极参与讨论、分享、展示,以激发学生的阅读热情。

(4) 教师展示。老师朗读最喜欢的一段描写(配乐)——选自第三章"在牧场上"第 21—22 页描写阿尔卑斯山上花草的美丽,展现海蒂热情、活泼、热爱生活的性情。

【点评 7】教师既是导师也是读者。教师参与其中,给学生作了读书示范,起到"此时无声胜有声"的作用。

师:书中这样的笔触、这样的描写很多,描绘了阿尔卑斯山多姿多彩的自然风光,向我们展现了一幅幅美丽的画卷。这也是《海蒂》这本书的另一个特点。

《海蒂》的感染力实在太强了,如果你没有读完这本书,希望课外继续美美地阅读它、感受它。

(5) 总结方法。让学生回顾读一本书的方法:

读一本书要读封面和封底

读一本书要读前言和目录

读一本书要有方法:速读和笔记

读一本书要学会与人分享

【点评 8】结课时,将本节课的读书方法进行回顾强化,授之以渔,意在让学生在课后的自主阅读中加以运用,养成良好的读书习惯。

附:板书

读书:翻阅　　　　读者

　　　浏览　　　　作者

　　　速读　　　　编者

　　　笔读　　　　译者

　　　赏读　　　　改写者

　　　……

【点评 9】板书,提示学生的是读书有方法,且是多种方法。书是作者劳动的结晶,好书需要读者用心去读。

【总评】

《语文课程标准》明确提出要指导学生读一本完整的书。这是新时期提出的新要求。这个课例为整本书的导读提供了一个很好的范例。

（1）这是一堂让学生自己读书的课。读书课要把学生投入到"读书"的过程之中。在本课例中，从课前布置自主阅读《海蒂》并作摘记（笔记）、课始的翻阅猜读相关信息、课中浏览、速读印象深刻的内容片段，生生、师生讨论、分享、交流书中有趣的情节、语言和人物等，学生书在手中、爱不释手，认书、猜书、读书、想书、聊书、听书贯穿始终，详细地展现了学生自己读书的活动过程。

（2）这是一堂指导读书方法的课。本课的设计采用"支架式"结构，用读书的方法提示读一本完整的书"应先读封面与封底"、"要读前言与目录"、"要有方法：速度与笔记"、"要学会与人分享"，这一过程很好地构建了导读课的整体框架，呈现了导读课的基本轨迹，凸显了读书思想方法的指导。

（3）这是一堂教师指导学生读书的课。在导读课上，老师不是将读书方法一味地灌输给学生，而是让学生从读书的体验中获得，从读书的实践中体会，从富有情趣、情感意味的师生共读一本书的活动中提炼并运用，很好地发挥了教师在指导学生读书过程中"导"的作用。更为可贵的是，方老师自始至终作为一个读者参与整本书的阅读过程，与学生一起读，与学生一起成长，师生共读，读导结合，课堂成为一个民主、和谐、愉悦的"读书场"。这是一种新型的"学习共同体"。

（本课例由杭州绿城育华小学副校长方兰设计并执教，由浙江外国语学院汪潮教授点评和总评）

三、资源链接

（一）"152"整本书阅读实验

江苏省昆山市玉峰实验学校高子阳老师长期进行"152"整本书阅读教学实验，取得了丰富的成果。

"152 儿童整本书阅读"的内容是：

"1"指第一学段（一二年级）的学生，轻松读完 1000 本世界经典图画书（也叫绘本）。

"5"指第二学段（三四年级）的学生，轻松读完 500 本世界优秀桥梁书（桥梁书是界于图画书与纯文字之间，文图比例 1:1，字数在 1500—15000 字的童书）。

"2"指第三学段（五六年级）的学生，轻松读完 200 本 100—200 页左右的纯文字世界经典童书。

"1700 本"童书，远远超过义务教育语文课程标准（2011 年版）规定的第一至第三学段的阅读量（超过 10 倍以上）。1700 本童书，看似多其实不多，根据课程标准的规定，计算一下就可发现每天只要 25 分钟的时间就可以轻松、快乐地完成这 1700 本童书的阅读任务。

（二）整本书阅读的有关问题

1. 整本书阅读与课本教学的关系

"读整本的书"作为语文教育的重要思想，应该在整个语文学习过程中得到重视。语文教育体制内的整本书阅读还是要完成语文教育的任务。如果让整本书在语文课程中占有足够的分量，势必要改革课本的教学，除了教师少讲以外，还应该整合单元，实现单元整体教学，提高教学效率，节约时间给整本书阅读。现行人教版小学语文实验教科书的编排体例，每一个单元都有单元主题。单元整体教学，可以把一个单元当作以单元主题为题目，以每篇课文和积累运用为段落

的一篇"大"文章；也可以把一个单元，当作以单元主题为"书名"，每篇课文和积累运用为"章节"的一本"小"书。这样的教学可以使师生具备整体观念，能够使教师走出"逐段分析"的误区，能够进行"精读"指导。学生在课内有了整体的观念，为整本书阅读做了观念上和能力上的准备；有了时间，整本书阅读成为可能；有了"精读"指导的准备，整本书阅读能够高效。

当然，单元整体教学因为年级不同表现形式应该不同，精读指导重点也不同。一二年级宜以"识字"为整合点，指导重点是在比较词句中理解与朗读。三四年级，可以单元主题为纲，整合课本内容，指导学生预习，指导重点是在句段推敲中理解内容，体会情感，领悟表达效果。五六年级，以单元主题为发散点，整合课内外内容，以学生自学为基础，指导重点在于通过句段和篇章的对比，体会情感，领悟表达。

2. 整本书阅读与网络阅读的关系

网络阅读成了语文教学不可回避的命题。语文教师不能谈"网"色变，有条件的学校，可以把网络文字纳入整本书阅读的范围。

中高年级学生可以在教师指导下阅读网络文字。泛泛的文字，可以锻炼学生浏览与速读能力，锻炼学生的概括能力，可以用阅读比赛的形式，让学生在规定的时间读完内容，回答读到了什么，也可以让学生用词句概括内容。

指导学生通过搜索关键词语，搜索作家作品等方式，让学生学会在纷繁的文字中筛选信息。可以让学生以在网上文字中挑错误的形式，锻炼他们的文字表达能力。通过网上文字与书本文字的比较，感受作品的精致程度，提高文字鉴别水平。

把网络阅读与书本阅读的感觉进行比较，多数学生会得出孰优孰劣的结论，并且指导学生认识哪方面优，哪方面劣，有利于学生合理使用网络。

有指导的网络阅读，不但能提高学生的阅读能力，还使学生具备抵抗不良信息的能力。

3. 统一阅读与自由阅读的关系

自由阅读是很多学者或者作家倡导的。有不少学者、作家的回忆文章中反复谈到自己的阅读经历，他们一致认为童年时代自由放松甚至是偷偷的阅读给他们注入了文学细胞、学术因子。在他们眼中，阅读应该是无拘束的，统一性的阅读和教师的指导会破坏阅读情绪，让阅读失去魅力。这样的言论给阅读带来了不小影响，以至于有些老师认为可以完全由学生自己去读。撇开那个时代可读的书有限不言，但是看这些发表言论者现在的成就，就可以知道这些成功人士是持续阅读、终身阅读的，他们后续的阅读多是有目的的阅读。我们再想一想，同时代那么多人为什么他们能够脱颖而出？是他们具有思考的能力，能够在阅读中思考判断，也就是通过阅读用自己的方式获得了自己的阅读经验。而另外的人呢，在无人指导的情况下，书没有读好，所以没有提升阅读能力，也就没有成为学者和作家。其实，从数量上我们就可以看出，这些人是阅读成长中的个案。摸着石头过河的人有很多，但是只有少数人过得去，那些过不去的，那些坠落河中的，我们没有看到。

阅读的本质不是培养学者也不是培养作家，而是培养具有阅读能力的人。学校教育的根本出发点，就是让所有走进来的人有所收获，让所有走出去的人成为新我。整本书阅读是在学校语文课程内的阅读，同生活中的自由阅读、消遣阅读不同，势必会关注到阅读的方法和习惯。整本书阅读要通过阅读整本书达到语文教学的目的，而不能读无所获，所以整本书阅读要在统一阅读的情况下进行。书中的文化特质是任何人都无法否定的。书中的文化因素、精神特质，对师生而

言,应该也是在无形中吸收的,绝不能为了方法,而使阅读失去魅力,失去兴致。

整本书阅读是需要统一的,需要指导的,学生在整本书阅读的基础上再去自由阅读,收获会更多。

4. 整本书阅读的条件与范围

整本书阅读应该是在所有的地区都可以实现的,因为在所有的条件中,文字是受限制最小的。农村小学,更应该把整本书阅读作为提高教学质量的重要途径。书的来源可以通过多种途径想办法解决,不能读书,可以读报,不能读报可以读广告,关键是要把有汉字的东西给学生,给得越多越好,越早越好。由此看来,整本书阅读的"整本"又不是单指物理形态的一本书,而是一种整合的思想,一种整体的意识。

不同的地域,条件不同,读到的读物可能会有不同。但是,就像叶圣陶所说,只要内容和形式都没有问题,就可以拿来读。学生读了就会有益,就会比一本课本的教学丰富。

5. 整本书阅读的序列

本章讨论的整本书阅读是特定在小学阶段的阅读,只涉及一些思考和尝试。在小学阶段的三个学段之间,怎样建立相对科学和完整的整本书阅读序列应该在实践中不断思考和改进。怎样实现幼小衔接,怎样实现小学和初中的衔接,这种衔接,表面上是按照阅读书目的顺序依次进行,有意识地分段阅读;深层的是阅读能力、阅读习惯的内在序列,保证学生能够通过整本书阅读实现阅读水平的递进或者跳跃式前进,使整本书阅读成为语文课程的重要组成部分,成为学生阅读学习中不可或缺的体验过程。以上种种,还需要更多的有识之士做更多的研究和实践。

(三)读整本书的相关研究

1. 耶瓦尔的眼球实验

1879 年,法国巴黎大学生理学专家耶瓦尔教授发现了眼睛不是平衡地移动,测出了眼球一次快速短暂的跳动时间大约需要 0.022 秒。这一重大发现非常有价值,让许多国家的教育专家、教师接受了 17 岁之前的学生(眼睛还没有发育成熟期)应该接受大量的整本书阅读训练。17 岁,人的眼睛才发育成熟,一旦发育成熟眼球固定时眼睛感知信息量的多少也基本固定,也就是说阅读速度也相对固定了。17 岁之前,人的生命活力是相当强的,只有进行多读整本书的科学训练,眼球固定时眼睛感知的信息量才能多。如果 17 岁之前,大多数学生只读课本、练习题,眼球固定时眼睛感知的信息量不可能多。这会影响人的一生。许多成人读书慢,主要原因就是 0—17 岁没有接受大量阅读。

2. 吉姆阅读定律

1979 年出版了被誉为改变美国历史的一本书《大声朗读手册》。这本书的作者是美国阅读专家吉姆·崔利斯。在这本书中,他向我们介绍了一个阅读定律:① 你读得越多,你就知道得越多;② 你知道得越多,你就越聪明;③ 你越聪明,你在学校学习的时间就越长;④ 你学习的时间越长,你获得的文凭就越多、越高;⑤ 你获得的文凭越多、越高,你工作的时间就越长;⑥ 你工作的时间越长,你的收入就越多。

3. 科学重复研究

上个世纪末,美国一研究机构经过 20 年对千余例 0—17 岁的孩子的研究有了一个重大发现。他们进行了"一个词需要重复多少遍,才能准确、灵活使用;一个词需要重复多少遍,才能终身灵活、创造性使用"的研究。结果是重复 3000 遍能准确、灵活使用,重复 15000 遍才能终身灵活、创

造性使用。

　　研究者认为,这种重复不应该是机械的,而应该是科学的重复。研究者认为大量阅读整本书、用文字去写作、真正地爱用文字去言说创造,这才是真正的科学重复。这一发现,对美国的课程改革贡献非常大,所以美国从克林顿总统开始每年人均 50 本书的阅读计划。而人均每年读 50 本书,用上一生去阅读,就可以真正达到把每个词重复 3000—15000 遍。

　　而美国的这一发现,与我国杜甫所说的"读书破万卷,下笔如有神",顾炎武说的"读万卷书,行万里路"中的"万"的意思相当。读万卷书(古代每卷书三万多字),坚持 60 年读书,一年读上 50 卷,就可以达到每个字重复 3000—15000 遍。

　　4. 谢维茨阅读障碍研究

　　美国脑科学家谢维茨等人在 2003 年研究发现,有阅读障碍的学生只需要一年专业阅读引领,他们的阅读能力就能提高。因为人的大脑语言系统的缺陷,导致阅读障碍。而大脑掌握阅读有三大区域:一是位于大脑前半部主管发音的"额下回";二是位于大脑后半部负责分析和部分字的发音的"顶颞区";三是位于大脑后半部,瞬间辨认单词的"枕颞区"。谢维茨等人在 2003 年研究发现,二、三年级有阅读障碍的学生让具有资格的教师每天提供 50 分钟的课外阅读指导,比如大声朗读整本书。8 个月(105 个小时)后,受指导的学生明显在阅读流畅性上取得了很大进步。大脑扫描显示,之前没有活动的顶颞皮层左侧和枕颞区经特训后都有了新的活动显示。一年后,学生可以不用额外的辅导就能够流畅地进行阅读。脑功能核磁共振扫描显示他们的三大区域已经能像普通人那样正常活动。对照组的学生则没有发现明显进步。

　　5. 艾尔菲家庭作业研究

　　艾尔菲·科恩是美国作家、演讲家,美国"进步教育运动"的领军人物,他的贡献集中于教育、教养和人类行为等领域。他对世界多个国家(包括中国)的家庭作业进行了细致的科学研究,在其著作《家庭作业的迷思》中告诉我们,世界上排名第一的家庭作业就是回家读一个小时左右的整本书。

四、推荐阅读资料

整本书阅读研究推荐书目:

　　1.《如何阅读一本书》:这是一本在阅读界久负盛名的阅读指导用书。这本书告诉我们如何进行分析阅读。推荐使用快速阅读的方法,如果你掌握了这本书中四种阅读方法,就可以在阅读中少走冤枉路。对阅读有所体会的人,读这本书可以有更深的印证和领悟。

　　2.《博赞学习技巧》:这本书被称为博赞学习方法的瑞士军刀,一本很薄的小册子,为我们把"思维导图""快速阅读"和"超级记忆"三种方法做了一个总论,读过这本书你大概可以在一个小时之内真正地读懂一本书了。

　　3.《王者速读法》:不错的小书,内容并不像题目一样霸道,文字部分很活泼,介绍的方法操作起来也不会太有压力。如果你想了解 30 分读懂一本书是怎么做到的,可以看这本。

　　4.《快速阅读》:阅读这本书,你将会看到眼睛移动轨迹、无意识回跳、视觉引导物等等深度理论词汇,也会看到高度细化的快速阅读法,读过之后,你只想马上挑几个练习题来实践一下。

　　5.《这样读书就够了》:RIA 读书方法,是一本阅读思维变革的启蒙书。相对于其他书而言,这本书更专注地介绍了拆书法,对于阅读生活尚未明朗的朋友来说,这是一本很实用的书。

6.《超级记忆》：记忆力真的可以训练吗？如果答案是,我们这些凡夫俗子怎么训练自己的记忆力呢？这本书里介绍记忆的十二条法则,还有罗马房间法,基本记忆法等等,具体步骤很丰富,是阅读者的福音。

7.《越读者》：作者把阅读比喻成美食,讲主食、美食、果蔬和甜食的均衡。把阅读比作领兵交友,"领兵必有几百亲兵死士,交友必有一二意气肝胆",真正地教会你如何阅读一批书。

8.《再读一遍：消遣时代的阅读乐趣》：本书的思路(逻辑结构)比较松散,但是确实是一本关于阅读的有深度、有趣味的书。需要进行"深度注意力"式的阅读才能搞清其思路,发现其价值。但可能正是因为比较松散,所以写得兴趣盎然,时而让你会心一笑。

9.《阅读整理学》：这是一本专门分析阅读的书,读过之后,你会发现自己可能长久陷于 alfa 型阅读,快要丧失 beta 型阅读的能力,这可能也是你不能够真正阅读的原因。这本书理念和思想很赞,对于打开思路很有帮助,在它的帮助下,你可能会跳出已有的思维模式,重新审视和思考读书这件事。

10.《学习的机制：阅读与学习心理认知研究》：这本书在心理学视野下对阅读与学习模式进行深度研究,对于信息获取与加工给了许多的实验与量表佐证。你将会在这本书中看到关于阅读能力、文本阅读信息加工过程、概念学习研究、问题解决研究等深奥问题的细致分析,这本书能让你真正认识阅读。

五、后续练习
《假如给我三天光明》整本书阅读指导设计

请你根据本章内容的学习,对以下设计进行分析和点评。

(一)教学目标

1. 通过阅读教学,指导学生掌握看一本完整的书常用的读书方法。

2. 培养学生的语言表达能力、想象能力,以及正确的情感态度和价值观,激发学生的阅读兴趣。

(二)教学准备

教学课件：学生每人一本《假如给我三天光明》。

(三)教学过程

1. 谈话导入

书是人类的营养品,没有了书籍就像生活中没有了阳光,没有了书籍就像鸟儿没有了翅膀。要想让自己变得聪明,那就得读书。

你能说一说有关读书的名言吗？

2. 谈谈自己的读书方法

(1)你们喜欢看书吗？看了哪些课外书呢？那你是怎么看这些书的？

学生交流。

(2)总结：看书是有方法的,今天,我们就以手中的书为例学习怎样阅读一本完整的书。(学生手中的书是教育部《全日制义务教育语文新课程标准》推荐书目,凯勒著,刘广星改编,河南人民出版社)

《假如给我三天光明》,这是一本奇书,2005 年世界图书销量排行榜的第一名,美国家庭几乎

家家都有这本书。

读着这条信息，你想说什么？学生交流。

（3）激发兴趣：它到底具有什么神奇的魅力呢？让我们赶紧走进它吧！

3. 走进《假如给我三天光明》

（1）阅读导读：了解作者简介、作品简介和目录。

① 拿到这本书，你认为应该先看什么？（首页中的导读）

② 导读分几个部分？（作者小传和作品简介）怎样阅读？

A. 作者小传一般是在书的最前面，我们怎样去读呢？请大家打开书粗粗地看一遍。

B. 从作者小传中你了解到了什么？简单介绍一下。

书中有一个主人公，她虽集盲聋哑于一身，但她毕业于美国哈佛大学，1964 年被授予美国公民最高的荣誉——总统自由勋章，1965 年又被推选为世界十名杰出妇女之一，她是美国的骄傲。她的名字叫——海伦·凯勒。马克·吐温说："19 世纪的两个奇人，一个是拿破仑，一个是海伦·凯勒。"

C. 从作品简介中你又了解到什么？

③ 还要看什么？（目录）

目录可以体现作者的思路，通过看目录可以了解所看书的大概内容，所以我们看书，还要学会看目录。

A. 请同学们打开书看看目录中有什么内容。

B. 从目录中你能了解到哪些信息？学生自由发言。

目录有这样强的感染力啊！你们想读书吗？

④ 小结阅读准备：除了看作者、作品简介和目录外，有时还要看序言，看看作者或作者邀请的知名专家或组织编写本书的单位或译者对作品所进行的实事求是的评价。

（2）阅读期待：猜想内容。

① 刚才我们读了作者简介、作品简介和目录，对文章和作者有了大致的了解，现在请大家合上书本，先思考一下你想知道什么，或猜想一下故事情节，再打开书看看，我想，肯定会别有一番感受，我们会因为故事情节被自己猜中了而欢呼雀跃，会因为书中精彩描述而惊叹，你们有兴趣来猜想一下吗？

学生发挥想象，自由猜想。

② 出示文中片段，请大家欣赏。

片段 1：

就是在这个阳台上，我第一次听到鸟儿在唱"爱之歌"。那天，我在阳台上享受着风舍不得进房，足足待了一个钟头。阳台的南边种着蔓藤，枝叶绕着栏杆而上；北边则种着苹果树，每当苹果花开时，扑鼻的香味令人陶醉。

忽然间，我扶着栏杆的手感觉到微微的震动，这种震动给我的感觉就好像把手放在音乐家的喉咙上的感受一样。震动是一阵一阵的，忽行忽止，就在某一个停顿的瞬间，有一片花瓣掉了下来，轻擦过我的脸颊落到地面。我立刻猜想可能是鸟儿飞来或者微风吹过，花瓣才会掉下来。我正猜测时，栏杆又开始震动了。

"到底是什么呢？"……

① 用你自己喜欢的方法读这段文字,边读边想象,边读边提出疑问。

② 你想到了什么? 心中有什么想说的?

学生交流。

"微微震动"是怎样的感觉? 到底是什么在震动? 同学们采用联系上下文的方法来猜想,和作者一起猜想,原来是鸟儿在唱"爱之歌"。这种学习方法值得借鉴。

海伦在用心体会着一点一滴,透过这传神、优美的文字,她告诉我们要热爱生命、热爱生活,谁都可以创造一个属于自己的缤纷世界。身为残疾的海伦尚且如此,那健康的我们就更应该热爱生活,热爱生命。这就是我们从这段文字中所感悟出来的。

我们用上面的阅读方法来读下面的经典段落,边读边想象,再感悟,相信你会有新的收获。

片段 2:

我们谁都知道自己难免一死。但是这一天的到来,似乎遥遥无期。当然人们要是健康无恙,谁又会整日惦记着它。于是便饱食终日,无所事事。

有时我想,要是人们把活着的每一天都看作是生命的最后一天,那该有多好啊! 这就更能显出生命的价值。如果认为岁月还相当漫长,我们的每一天就不会过得那样有意义、有朝气,我们对生活就不会总是那样充满热情。

① 学生读文,交流:你读出了什么? 联系自己实际谈谈自己的想法。

② 小结:同学们很会读书,除了会看,还会思考。请把你们刚才的那番感悟写在这段文字的旁边,那就是一次非常好的读书笔记,也可以把它摘录下来,不时地去看看,你肯定会有所启发的。

(3)阅读评价:感悟人物。

① 通过阅读以上两个片段,结合课文《海伦·凯勒》,你最想对海伦说些什么。

② 老师摘录的这些仅仅是书中的沧海一粟,还有许许多多更为精彩、更为惊人的语言。让我们用眼、用心去通读,读完整本书,细细去品位这一世界奇书,认识这位世界奇人。

③ 请记住海伦·凯勒的名言。

A. 只要朝着阳光,便不会看见阴影。——海伦·凯勒

B. 世界上最好和最美的东西是看不到也摸不到的……它们只能被心灵感受到。

C. 对于凌驾于命运之上的人来说,信心是命运的主宰。

4. 阅读,终生的承诺

请大家记住下面两句话,愿大家一生与书为伴,让阅读成为你终生的承诺:

世界上最动人的皱眉是在读书时那苦思的刹那;

世界上最自然的一刻是在读书时那会心的微笑。

板书设计:

阅读指导

一看:导读(作者介绍、作品简介) 目录(粗读)

二想:情节内容

三看:经典句段 (细读 想象 感悟 读书笔记)

第十九章　非连续性文本阅读课

一、背景描述

从目前广泛使用的三套小学语文教材(人教版、北师大版、苏教版)中可以归类出以下文本类型：文学类(散文、诗歌、故事、科学文艺等)，资讯类(说明文和一些以信息传递为主要内容的课文等)，介于二者之间的其他类(文学色彩不浓、信息传递不明显的一般性文章归入其他类)。大部分的课文都是连续性文本，并且以学生的精神文化熏陶、语言积累等为主要的阅读价值取向。在教材的体系中，非连续性文本是出现在资讯类文本中的一小部分，比重非常少，在日常教学中学生也很少能接触到非连续性文本的阅读指导，因此，这在教材的文本类型配置上是存在一些缺失的。

非连续性文本在学生的学习材料中有明显的缺失，教师缺少对学生进行非连续性文本阅读的指导，阅读课堂几乎被连续性文本占据。而学生在现实生活中，非连续性文本却是运用广泛，阅读的机会多，和日常生活息息相关、紧密联系。因此，如果在现行的小学语文教材基础上，补充和拓展非连续性文本阅读，这样可以使学生的阅读材料多元化，让学生在提升阅读能力的均衡性上有了必要的前提。

2011版《语文课程标准》在第三学段的阅读要求中提出了一种新文本的阅读要求："阅读简单的非连续性文本，能从图文等组合材料中找出有价值的信息。"

非连续性文本和连续性文本是一个相对的概念。连续性文本主要由句子组成，依次形成段落，也可组成更大的结构，如篇章和整本书。在小学语文课文中，"连续性文本"的类型有记叙文(童话、寓言、神话)、说明文、散文、小说、诗歌、文言文等。非连续文本则以不同的方式来组织材料，需要读者采用不同的策略进入文本并获取信息，建构意义。非连续文本基本由图画、数据、短语、表格、图解等组成。非连续性文本阅读就是要求学生对此进行说明、解释和讨论等。

非连续性文本相对于连续性文本，它具有直观、简明、醒目、概括性强、信息量大，而且易于比较等特质；非连续文本类型和来源是从生活的角度来考虑安排的，生活中随处可见，具有很强的现实生活模拟性和真实性；非连续性文本在现代社会被广泛运用，与人们的日常生活和工作息息相关，其实用性特征和其实用功能明显。一般来说，在非连续性文本的单个文本中，具有意义的隐藏性、结构的非连续性、信息的片段性等特点。进行非连续性文本的阅读指导，对学生的阅读信息提取能力、相关信息整合能力、真假信息的辨别能力以及利用文本信息解决问题的能力，具有重要意义。例如，达·芬奇的《蒙娜丽莎》这幅画承载着丰富的信息，要全说出来不知该写几本书，书页的总面积不知是画面的多少倍，如配上音乐，信息量又会倍增，再如跨越时空链接新网

址,一幅视频将能容纳海量信息。所以,要读懂《蒙娜丽莎》需要很多、很高的能力参与,多管齐下才行。

　　根据研究,可以把非连续性文本阅读分为三个层次:(1)提取信息。从非连续性文本中读取信息,发现并正确理解有关资料信息。(2)加工信息。即读取资料之间的信息,能够把有关信息加以整合,发现资料之间的联系。(3)提取资料外的信息。能够依据信息进行推断,分析隐含在资料中的实质。

　　《语文课程标准》在第三学段的目标和内容中提出:"阅读简单的非连续性文本,能从图文等组合材料中找出有价值的信息。"在第四学段的目标和内容中提出了"阅读由多种材料组合、较为复杂的非连续性文本,能领会文本的意思,得出有意义的结论"的非连续性文本的阅读要求。从中我们可以发现不同学段的不同要求:从阅读材料看,第三学段是阅读简单的非连续性文本,主要是图文等组合材料,而第四学段阅读复杂的非连续性文本,主要是多种材料组合的内容。从阅读要求看,第三学段要求能找到有价值的信息,其教学任务是信息的查找、标注和理解,而第四学段要求能领会文本的意思,得出有意义的结论,其教学任务是信息的提取、分析和整合。

二、课堂例析
《药品说明书》非连续性文本阅读指导设计

　　2013年,浙江省宁波市江东区实验小学方芳老师执教了一堂四年级非连续性文本阅读指导课《药品说明书》。

(一)教学目标

　　(1)通过阅读非连续性文本,提取有价值的信息,进行辨析与比较。

　　(2)初步学会阅读药品说明书,增加生活常识。

(二)教学过程

　　1. 整体阅读《止咳糖浆说明书》,提取有用信息

　　(1)创设情境

　　瞧,这个活泼的小男孩叫李阳。就在上个周末,爸爸和妈妈一大早出门前,给他留了张条子:阳阳,爸爸、妈妈有事要外出,你现在是个大孩子了,今天在家陪妹妹玩喔!我们办完事就回来。于是,李阳陪着妹妹吃过早饭,"咳咳咳、咳咳咳……"妹妹的咳嗽一声连着一声。怎么办呢?李阳想起以前自己咳嗽时,妈妈给他服过止咳糖浆。他拿出药箱,找到了——止咳糖浆!就是这一瓶吧?李阳搔搔后脑勺,自言自语:它还能喝吗?该怎么喝呢?

　　(2)引出"止咳糖浆说明书"

　　你们手中拿着的就是李阳找到的止咳糖浆说明书。请你仔细读读它,帮李阳看看这瓶止咳糖浆还能让妹妹喝吗?该怎么喝呢?你可以把找到的有价值的信息画出来。

　　(3)反馈与交流

　　① 聚焦:"止咳糖浆能喝吗?"

　　教师根据学生的反馈,引导他们关注药品的"功能主治"、"生产日期与有效期"、"批准文号"、"生产企业"、"注意事项"等有价值的信息,确定能否服用某种药品。

　　② 聚焦:"止咳糖浆怎么喝?"

　　教师根据学生的反馈,引导他们关注药品的"用法用量"、"注意事项"等有价值的信息,学会

看药品说明书,了解如何正确服药。

③ 总结。我们通过完整地阅读"止咳糖浆说明书",提取到"功能主治"、"生产日期与有效期"、"批准文号"、"生产企业"、"注意事项"、"用量用法"等有价值的信息,帮助妹妹正确地服用止咳糖浆,真是谢谢大家了。

2. 比较阅读三份退烧类药品说明书,提取关键信息

(1) 创设情境

"哥哥,我好难受啊"李阳一摸妹妹的脑袋,真烫! 拿出体温计给妹妹一量:38.1 摄氏度。李阳着急了,连忙给妈妈打电话。"让妹妹多喝点热开水,我们办完事情,马上就回来。如果妹妹还是很难受,你去药箱里找找,那里有退烧药。"挂了电话,李阳赶紧给妹妹额头敷上冷毛巾,还端来热开水。时间一分一秒地过去。"哥哥,我还是很难受。"哎呀,妹妹的体温已经上升到 38.7 摄氏度了! 李阳跑向药箱,从里面翻出几种药,翻阅起说明书来。有适合妹妹服用的药吗?

(2) 出示"泰诺、美林、布洛芬缓释片"等药品说明书

让我们以四人小组为单位,一起帮李阳看看:该选哪一种呢? 该怎么服用呢?

小组合作要求:

① 小组成员独自阅读三份药品说明书,将有用的信息画出来。

② 小组成员依次发表自己的意见,共同填写信息汇总表。

③ 小组选派代表上台汇报。

(3) 小组合作提取关键信息,并汇报

教师随机引导学生关注"生产日期与有效期"、"适用人群"、"功能主治"等关键信息。

① 我们选用(   ),它的服用方法是(   )。

② 我们不选用(   ),是因为(   )。

③ 总结。在对三份说明书的对比阅读中,我们关注到药品的"生产日期与保质期""适用人群"等关键信息,及时将不合适的药品排除,并根据实际情况选择适合的药品。在这个过程中,我们初步学会了阅读药物说明书,收获可真大!

3. 总结阅读药品说明书的方法

(1) 通过这节课的学习,我们可以怎样来阅读药品说明书呢?

(2) 在我们的生活中,还有许多说明书,比如产品说明书、食物说明书,学会看说明书是非常有用的,可以给我们的生活带来很多方便。我们可以运用"整体阅读"和"比较阅读"的方法阅读说明书,让它们成为生活的好帮手。

(三)教学评析

听课教师评价观点一:依据"生活即是学习的外延"这一教育理念,在课堂上进行充分的情景创设,让学生在真实的场景模拟下阅读药品说明书,将生活实际和阅读策略习得紧密联系。

听课教师评价观点二:教师指导学生学会一份药品说明书的阅读之后呈现另一组药品说明书,让学生根据实际情景进行阅读训练,阅读策略得到及时的巩固。简单的非连续性文本阅读是小学高年级学生的阅读要求,在四年级开设这样的课,对于部分学生而言存在较大的困难。

听课教师评价观点三:学生在语文课堂上学习药品说明书的阅读,重点在进行信息提取的策略训练,并且能够从几方面进行信息提取策略的具体指导。比如药品说明书阅读时要注意生产日期、主要功效、用药时间和剂量等要素,让学生在阅读中积累了生活常识。

课后的各方评价都比较中肯。在相关理论的指导下,对本课作进一步反思:

1. 情境创设过于复杂,走入了非连续性文本阅读模拟真实情境的误区。非连续性文本来源于学生生活实际,本身就是指向其真实的阅读。其次,在课堂上的情境创设教学的确对学生是有一定的帮助,帮助他们将生活实际场景的回忆和阅读材料之间建立起必然的联系。但是在本节课的情境创设出现了两次,且情境过于复杂,学生对非连续性文本阅读的注意力相对分散。非连续性文本模拟真实的情境只要让学生从材料的出示进行原有阅读经验的重现,适度交流即可。或者在材料不断呈现的过程中,让学生主动和生活实际进行联结,从被动创设情境到主动寻找生活场景的改变,有助于学生在生活中自觉运用阅读所获得的知识。

2. 信息提取策略过度,走入了非连续性文本阅读指导误区。药品说明书在生活中是最常见的一种非连续性文本,基于学生的生活用途和文本特点,学生最常用的阅读策略是提取信息。对进入本节课学习之前的学生而言,他们熟悉药品说明书,对于药品说明书的关键信息提取比较容易。因为是生活常识类的非连续性文本,学生在除语文课之外的途径中已经掌握了有关阅读药品说明书的方法,在本节课的训练中不能将学生定位于非连续性文本阅读零起点。教师却安排了绝大部分的时间,课上的信息提取策略训练过度。非连续性文本阅读指导课中不仅要侧重训练一个阅读策略,同时也要根据学生的阅读起点顾及到其他的适合其运用的阅读策略。如本节课上学生已经掌握了提取信息的策略,就可以进入第二个层次的能力培养,采用比较推论,对药品说明书进行进一步的比较,可以举出不同的生活场景,请学生选择不同的药品。不仅要关注学生按照情境提取有价值的信息,也要把有价值的信息运用到实际的生活中。学生在一节课的学习中应得到多个维度的阅读能力训练。

3. 教学目标定位欠全面,走入了非连续性文本阅读取向误区。非连续性文本阅读是为学生丰富阅读策略,提升学生实际阅读运用能力。本节课的阅读目标之一是定位在提取信息这一阅读策略的习得上,另一个目标是定位在生活常识的积累上,这是不全面的,使阅读取向发生错位。从三维目标的划分来看,生活常识的积累属于知识与技能维度的目标,本节课阅读目标中提取信息这一阅读策略属于过程与方法维度,还应该补充提升学生生活中合理使用药品的能力这一维度,这样才能使教师在设计教学环节时更好地围绕学生非连续性文本阅读能力的提升。

(本课例由浙江省宁波市江东区实验小学方芳设计并执教,由杭州市天长小学高利佳评析)

三、资源链接

(一)非连续性文本的形式

非连续性文本的形式多种多样,很难穷尽。下面主要介绍与小学语文教学密切相关的 5 种基本形式:

1. 图画

图画是非连续性文本的主要形式之一,有单幅图和多幅图之分。语文教材中有各式各样的图画,如教材封面与封底、课文配图与插图、单元导语插图、语文园地或回顾·拓展、资料袋、阅读链接中的配图等。

配图与插图是小学语文教材的有机组成部分。各类不同的配图与插图都有各自的特点。语文教学要充分发挥配图与插图的教学辅助作用。

(1)肖像图。展示一些伟人、领袖形象的图像。如《跨越百年的美丽》一文中居里夫人的图

像,《十六年前的回忆》一文中的插图是李大钊同志的生前肖像图。由于学生对插图中的一些伟人比较陌生,在学习中可让学生边看插图,边听教师介绍人物的生平及业绩,加深对人物形象的认识。

(2)特写图。表现英雄、模范人物丰功伟业的片段特写的图画,如《一夜的工作》、《黄继光》等课文中的插图。这类插图的学习,要把重点段的学习与看图结合起来,引导学生观察插图:注意人物周围环境的变化、人物的动作和表情的变化,合理地想象人物的内心活动,从而让学生在图文结合的学习中去了解、感受人物的高大形象和崇高品质。

(3)场景图。表现特定的环境、场景的图画。如《小猴子下山》、《桥》等课文的插图。这一类插图的学习,应注意引导学生对插图中的环境、活动场面、人物神态进行观察,有机地把图文糅合在一起,深入理解课文的主题。

(4)说明图。说明某事物的形状、结构、特点等方面内容的图画。如《鲸》、《翠鸟》、《黄果树听瀑》等课文中的插图。学习中可让学生按"整体——局部"的顺序,抓住事物的某一特性进行观察,加深对事物的感知。

(5)连环图。按故事情节连续排列的几幅插图。如《小蝌蚪找妈妈》、《精彩的马戏》等课文的插图。因为连环图的故事性比较强,可以设置问题帮助学生一幅图一幅图地进行观察说话,然后综合起来说一段话,或利用插图,让学生抓住重点词语复述课文。

从小学语文教学目标看,要挖掘图画的教学价值,对这些图画的教学要求是对图画的内容、结构和主题三大信息的获得。

例如,《小英雄雨来》有两幅配图,其中一幅反映了日本鬼子恃强凌弱的丑恶姿态,另一幅是描绘雨来水中嬉戏的画面。两者的教学价值是:前者能更深刻地揭示侵略者凶恶残暴的本质,后者能更加生动地体现雨来水性好的特点。这两幅配图如果使用得当,必将使课堂充满生机和活力。

又如,可以对课文配图人物进行识别以及对人品性格和主要事迹等信息进行提取。呈现六年级《跨越百年的美丽》中的居里夫人头像,设计以下训练题:

① 图片中的人物是_____家(填写身份)_____(填写人名)。

② 根据课文,写出两个意思完全不同的成语、俗语或四字词语形容此人的性格、精神等。
(1)_____ (2)_____。

③ 请用最简洁的语言概括此人的事迹或荣誉。(1)_____ (2)_____。

教材中同属人物图像的图画还有很多。如布丰(五上《松鼠》后的"资料袋")、许地山(五上《落花生》后的"资料袋")、高尔基(五下《回顾·拓展二》中的"课外书屋")、曹雪芹(五下第七单元导读中的配图)、詹天佑(六上《詹天佑》的插图)、贝多芬(六上《月光曲》后的"资料袋")、李大钊(六下《十六年前的回忆》的插图)、安徒生、列夫·托尔斯泰(六下第四单元导读中的配图)等。

2. 短语

几个词语、短语、短句并无严格的逻辑联系,是一种非连续性文本。在现有教材中有非连续性文本相应的内容,例如课本的目录、生字表、识字课文、课文后的资料袋、阅读链接、导语链接、课外书屋、展示台等板块中的一些材料,有些就属于非连续性文本。

学习《鲁滨孙漂流记》可以用简单的短语罗列孤身落在荒岛的种种坏处,并从相反的角度找到其中的好处,构成简单的对照表。让学生通过比较、概括,提炼出鲁滨孙能在荒岛上坚强生

下去的原因,从而感受到他乐观向上的精神风貌。

提纲是概括地叙述纲目、要点的非连续性文本。让学生在阅读课文时拟写提纲,就是要让他们把文章中说明了哪些内容用简单的词语、短语、短句编写出来。特别是对于要点不是那么显而易见的文章,例如:《呼风唤雨的世纪》《飞向蓝天的恐龙》《黄河是怎样变化的》《松鼠》等,学生要准确把握内容是比较困难的,可以引导学生拟提纲进行梳理。

例如,五年级上册的选读课文《你一定会听见的》是一篇描写"声音"的散文,文章多用提问,结构比较松散,学生理解文章内容有难度。如果采用概括性的提纲,文章的结构层次就容易把握。本文的提纲可以是:

想象中的声音

现实中的声音

有选择地听声音

记录声音

这种提纲是一种非连续性文本,对本文的学习起到了很好的提纲挈领的作用。经常使用词语、短语、短句对课文内容进行整理、概括,对学生的抽象思维能力和语言表达能力都是大有裨益的。特别是在重视"语用"的今天,短语的使用具有重要的教学意义。

3. 表格

小学语文教学中"列表格"有三个重要教学意义:一是整体观照,便于把握文章的基本框架。二是结构系统,有利于突出教学重点。三是简明扼要,使语文课堂教学简约有效。

小学语文的很多课文可以用设计表格的方式展开教学。以五年级上册为例:第5课《古诗词三首》,用表格形式比较《泊船瓜洲》《秋思》《长相思》在作者、写作背景、思乡缘由、表达特点等方面的异同。第9课《鲸》,用表格形式比较须鲸、齿鲸的相同点和在牙齿、吃食(吃什么、怎么吃)、呼吸等方面的不同点。第11课《新型玻璃》,用表格形式比较新型玻璃的种类、特点及其作用。

五年级上册的《鲸》和《松鼠》两课就适合用表格的形式来进行对照学习。《松鼠》一课的自学提示里就有一条:阅读课文,想想课文在表达上与《鲸》有哪些相同的地方,有哪些不同的地方。《鲸》是平实性说明文,《松鼠》是文艺性说明文,两篇文章在表达上存在异同。要区分异同,列表格最为简明。可以指导学生列出有对照功能的表格:

《鲸》和《松鼠》两篇文章表达的异同				
课 文	相 同 之 处	不 同 之 处		
		说明角度	表达方法	语言风格
《鲸》	都是说明文,知识性、科学性强……	侧重介绍形体特点和生活习性	运用列数字、举例子、打比方、作比较等说明方法	精练、平实
《松鼠》		侧重介绍松鼠的外貌、性格和行动	采用比喻、拟人等修辞手法	生动、传神

4. 图解

图解是一种可视化的、放射性的思维工具。西方人命名为"脑图",心理学上叫"思维导图",

小学语文界称之为"学习导图"。它通过与智力相关的图形化符号来连接创建对知识的认知模式,可以形成促进思维发展的引导框架和网络,将解决问题过程中的各种思维结构以直观、形象、清晰的结构图示表现出来,促使整合新旧知识,建构起知识网络。心理学实验表明:识别一样东西,用语言描述需 2.8 秒,用线条图解只需 1.5 秒,看一遍比听一遍能多接受 1.66 倍的信息。

图解教学中使用的媒体,多是符号性的(如文字、符号、线条、简表等)和模拟性的(如图形、图像等),而且这种媒体又多是综合性的。借以进行图解教学的图形往往是由文字、颜色、符号、线条、简表、图形、图像等组成,较少使用单纯的媒体。从这个意义上说,文字、颜色、符号、线条、简表、图形、图像等就成为设计图形的基本构件。

有了图示的构件,就可以根据学习的需要组合成各式各样的图形。运用构件的方式大致有以下 5 种。

(1)赋形。即用图形、线条和符号等组成能显示形象、揭示含义的图形。它能使抽象的概念形象化,晦涩的内容浅显化,复杂的事物简明化。

(2)释义。用文字、符号、图形等对课文有关内容进行注释和解释,如展示形象,点明含义,它为学生理解课文的内容和主题提供了良好的条件。

(3)系统。用文字、线条、简表、图形等把整篇课文的内容勾连起来,以显示它们之间的各种关系。它能使图形形成一个相互关联的整体,便于学生理解事物之间的逻辑联系。

(4)抽象。即用文字、符号等概括有关学习内容,使其成为代表丰富内容的、高度浓缩的信息载体。它能使学生从具体到抽象、从感性到理性学习和掌握知识,有助于实现学生认识过程中的"飞跃"。

(5)启发。用文字、符号、线条、图形等组合成富有启发性的图形,或设置悬念,或激发兴趣,或发人深思,或广开思路,或引起争议,或点拨引路。它能使学习更有深度,也更有吸引力,因而更能取得好的学习效果。

例如,《桂林山水》一文,可以根据教学过程进行如下的图解:

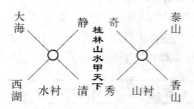

此图具有对称美。书写顺序为先中间,后左边,再右边,最后下方。

中间的字为隶书。

5. 多媒体

小学教材中有许多经典的名篇,适宜用多媒体进行教学。小学语文教学中使用的多媒体材料大多是局部的、片段性的,属于非连续性文本。让学生在声情并茂、情境结合的多媒体所提供的环境中学习,有利于学生正确朗读,形成语感,增进对文章的理解。例如,教学写景的文章或散文时,让学生在音乐声中一边欣赏美丽的画面,一边听多媒体的朗读,效果自然比教师范读或单纯地听录音朗读要好得多,而且有助于学生对作品的整体理解。

在运用多媒体辅助朗读时，可以有多种形式。在听读时，可以配乐、配音、配图片、配动画、配字幕；在朗读时，可以只配乐、配字幕、配图片、配动画；在辅助背诵时，可以只配乐、配图和配动画。

在语文课堂教学中，常常要提供许多碎片性的背景材料。多媒体可以大容量、高速、省时地提供背景材料，而且提供的时机自由灵活。例如，阅读教学中涉及的作家、作品、写作背景、时代背景、前人评论等资料等，可以在必要的时候很方便地提供给学生。

小学语文教学中可以使用的非连续性文本还有很多，诸如：数据、示意图表、曲线图、图解文字、凭证单、地图、图标、清单、目录、索引、宣传标语、广告词、对联、短信、网络跟帖、建议、辩论词、颁奖词、演讲词、开场白、结束语、串联词、推荐语、作者简介、校徽、校卡、海报、生字表、漫画、指示牌、观察记录、导游图、汽车站牌、车票、时刻表、导游图、旅游报价单、药品说明书、产品使用说明书等等。

（汪潮）

（二）非连续性文本阅读策略

1. 提取信息

从文本中获得需要的信息，是非连续性文本阅读的基本要求。无论是文字还是图表，包含的信息是很多的，但并不是所有的信息都要获得。要提取的是实质性的、可用的重要信息。阅读非连续性文本，主要就在于提取关键信息，比如图中的表面意思以及隐喻，表格中的关键数字，或者文中的关键词，并不仅仅是让学生找出老师希望他找出来的信息，而是要让学生逐步学会从文本中筛选提取有用的信息、关键信息、核心信息。

非连续性文本阅读中的提取信息分二类：直接提取和间接提取。根据《语文课程标准》，小学高年级要求阅读简单的非连续性文本，找出有价值的信息，一般是直接提取信息。

提取信息的指导可以分成三个步骤进行：① 明确阅读需求。阅读需求的不同导致学生对不同内容的关注，这是指向学生生活实际的。② 理解相关内容。在不同的需求下，学生要能够提取有效信息，就应理解相关内容，扫除阅读中存在的障碍。这是提取信息过程中最为核心的信息解释环节。③ 分层提取信息。根据不同的目的进行分层提取信息，这是指向学生实际运用和阅读方式的引导，选择最重要的先提取。例如，统计图表是非连续文本中常见的形式，图表中大量的信息空白之处，需要学生自己去推断、分析和遐想，以获取有价值的信息。阅读图表时引导学生了解其主要的构成因素及理解它的作用：首先领悟标题，标题是对整个图表内容的概括，如以《某小学六年级学生体能测试调查表》为例，引导学生先读标题，知道标题告诉我们的主题是：此文本提供了某小学六年级学生的体能检查状况。接着引导看清分类、图例。要看纵轴"检测项目"、横轴"升降趋势"，通过统计图表以数据或箭头反映的问题，进行纵向、横向比较，从中得出结论，最后推理解析。按照这样的程序引导学生审视图表，并联系文本中出现的解释性文字说明，通过图标和文字有机结合帮助学生有效地把握图表所要传达的重要信息。在对信息提炼处理的基础上，逐步形成自己的思考。

当对多个非连续性文本进行提取信息时，应该根据文本间的特定联系结构化提取。比如同一时间段出现的内容，不同地点的同一种现象，不同报纸上的同一观点，同一个人在不同地点所做的事等等。

抓关键词句是寻找有价值信息的一个重要思路。五年级下册略读课文《彩色的非洲》指导学

生画出全文的起始句、过渡句和总结句,就会发现文章的内在表达特点。

起始句:"非洲真是一个色彩斑斓的世界啊!"

过渡句1:"蓝天、骄阳、绿树、红土、鲜花,以及皮肤油黑发亮的非洲人,构成了七彩的非洲!"

过渡句2:"非洲不仅植物世界是彩色的,动物世界也是彩色的。"

过渡句3:"非洲的自然景观是彩色的,非洲人的日常生活也无一不是彩色的。"

过渡句4:"非洲的艺术也是彩色的。"

总结句:"啊,非洲,好一个多姿多彩的世界!"

把以上6句话连起来形成一个非连续性文本,你就会发现其中的众多秘密:它揭示了文章的框架结构,可以用之概括文章的主要内容,都是一段文章的首句,都是过渡句,而且都聚焦于文章的中心"彩色的非洲"。

2. 整合信息

图文结合等组合材料是小学非连续性文本阅读的常见形式。所以,图文对照学习,理清图表信息与文字信息之间的关联,对资料进行整合处理,就能发现有价值的信息。

图文对照的非连续性文本阅读策略指导中,最为核心的就是让学生在观察中发现图文内在联系,学会采用对应和互补两大原则,找到图文之间信息的整合点。

(1)对应。碎片式的信息之间、图文之间有什么联系?怎样理清它们之间的关联,整体把握文本?这是理解非连续性文本的一个关键点。小学阶段特别要注意图文结合的文本,图和文之间总是有这样那样的联系的,要引导学生逐步学会理清楚信息之间的对应和关联,进而准确理解文本。

例如《某班学生1—8月份课外阅读量折线统计图》,六月份读书最少,二、八月份读书最多,三、四、五月份比较稳定,个中原因到底是什么?引导读者进一步思考,从而找到比较合理的课外阅读建议。

(2)互补。教材中呈现的非连续文本是以数据表格、漫画类、图文类等具体形式表达的,但它不是孤立的一个图或者一张表格,与教材知识有机结合。五上第五组课文《综合性学习:遨游汉字的王国》,本单元除了文字形式打破了以往以句段为标志组合成独立的篇章安排之外,即把多篇独立的文本放在一起,它们在内容上存在某种特定的关系,相互之间有补充。文中还插入了"汉字演变表"和"历代书法作品插图"。教学中把已呈现的表格插图与文字有效结合,启发学生对汉字的关注和思考。教学中关注表格、插图和文字中蕴含的关联信息,发挥各自作用,通常在表格中不能看清的需用文字说明,文字不能表达清楚的则用表格来显现,认清它们之间相辅相成的关系,文字和图表形成的是一个完整的知识体系。

张祖庆老师执教的《给地球新生儿的一封信》是非连续性文本的整合设计(群文阅读)。围绕"保护地球,保护环境"这一主题,他引导学生阅读了《我们的地球》一书的最后一节"人类对待地球的方式正确吗"的有关插图,阅读了《南方周末》上《美国环境首席科学家对中国空气质量监测报告》中的统计图,还阅读了世界人口增长图,诵读了艾萨克·阿西莫夫的《给地球新生儿的一封信》,观看了法国导演吕克·贝松的《家园》视频……

3. 推理信息

非连续性文本不可能把所有内容都表达出来,这样,阅读非连续性文本就需要比较、想象,进行一些初步的推理,从而发现有价值的信息。比较是基于文本的客观对比,推理则是在比较的基

础上进行。

非连续性文本的阅读中经常用到比较的方法。比较应该尊重非连续性文本本身多样性的特点,在比较前应该引导学生围绕某一维度进行比较,阅读任务要前置,要有可比性,这样才能训练其阅读的观察力和比较策略的使用。

推理是在比较的基础上进行的。在比较过程中要引导学生及时记录比较所得信息,比较之后要进行讨论和分析。非连续性文本的信息存在碎片化,通过梳理,碎片化的信息被统整到了一个体系中,再让学生推测与讨论,使不连贯的信息在学生的大脑中形成完整的明确的线索。

下面是一个指导学生推理信息的案例。一位老师向六年级学生出示苹果公司的图标,让学生说说含义。学生无语。老师提示说:"如果不联系电脑,直接看这只苹果,你会想到什么?"学生举手了。有的说:"苹果缺了一角,表示不完美。"有的说:"苹果很好,已经有人吃了一口了。"还有的说:"苹果营养丰富,谁先抢到谁先受益。"老师看学生思路打开了,启发道:"如果公司用这只苹果作为电脑、手机等的宣传标识,你能帮公司写几句宣传语吗?用上'苹果'这个词即可。"学生纷纷发言:"苹果好吃,苹果手机当然值得信赖","苹果家族,每件事都是好样的","苹果营养丰富,手机功能多多"等等。老师又介绍了苹果公司创始人乔布斯的创业故事,勾起了学生的记忆和想象,大家踊跃举手发言,"苹果永远新鲜,科技永远领先"、"喜欢苹果,喜欢 iPhone"、"苹果改善生活,iPhone 改变生活"……

4. 组合信息

非连续性文本往往是几个独立文本的组合。这就需要通过对不同文本类型进行多种方式的组合,进而发现更有价值的信息。

人教版三年级下册第20课《妈妈的账单》中讲述小彼得向妈妈索要劳动报酬的故事。其中有一个情节:

一天,妈妈发现她的餐盘旁边放着一份账单,上面写着:

母亲欠她儿子彼得如下款项:

取回生活用品 20 芬尼

把挂号件送往邮局 10 芬尼

在花园帮助大人干活 20 芬尼

彼得一直是个听话的好孩子 10 芬尼

共计:60 芬尼。

彼得的母亲仔细地读了一遍,然后收下了这份账单,什么话也没有说。

晚上,小彼得在他的餐盘旁边找到了他想要的报酬。正当小彼得如愿以偿,要把这笔钱收进自己的口袋里时,突然发现在餐盘旁边还放着一份给他的账单。他把账单展开读了起来:

彼得欠她的母亲如下款项:

为在她家里过的十年幸福生活 0 芬尼

为他十年中的吃喝 0 芬尼

为在他生病时的护理 0 芬尼

为他一直有一个慈爱的母亲 0 芬尼

共计:0 芬尼。

教学时,可将两份账单用表格的形式并列呈现出表,让学生对比阅读,寻找两份账单的不同:

从数据上看,彼得付出一点劳动都需要报酬,母亲付出劳动却不需要任何报酬。从程度上看,母亲的劳动是巨大的,比彼得的付出要艰巨得多。从精神上看,母亲爱彼得是无价的,却不计回报,彼得向母亲索要回报是不应该的。这种鲜明的组合对比使阅读有了提升:在组合中,学生有效地提取了重要信息,在组合中,促进学生情感发生变化,也是在组合中获得了认知的深入。

5. 转换信息

教学中把现行教材中的连续性文本片段,或与非连续性文本相连,或创造性地转换为非连续性文本,再将两者联系在一起,实现非连续性文本的阅读。文本间的互为转化和渗透为我们构建了"连续性文本"和"非连续性文本"互为往来的教学桥梁。

执教五上课文连续性文本《新型玻璃》时,根据科普说明文阅读的特点,引导学生默读课文,想一想课文介绍了几种新型玻璃,它们有什么特点和作用。小组合作设计一个表格,把它们的特点和作用,以及作者在介绍各种玻璃时运用了哪些说明方法等,通过阅读文本提取有价值的信息并把它填入表格中。之后再指导学生借助表格进行概括。通过配以表格说明,让学生在陈述中感受新型玻璃的特点作用,引导学生运用表格呈现的信息进行语言文字运用,指导学生运用上述非连续性文本表格,选择其中自己印象最深、最感兴趣的一种玻璃,制作新型玻璃的名片。名片包含姓名、家庭成员、个性特点,特长爱好等等。学生通过名片的介绍获取的不仅仅是阅读材料中有价值的信息,而且在文本的互相转化中渗透了语言文字运用。

又如三年级下册《太阳》有一段话:"地面上的水被太阳晒着的时候,吸收了热,变成了无数水蒸气。水蒸气遇到冷,凝成了无数的小水滴,飘浮在空中,变成云。云层里的小水滴越聚越多,就变成雨或雪落下来。"可以设计示意线路图,以说明水变成雨雪的过程,也可以让学生选择恰当的词语填写在示意图的方格内。

在上《伯牙绝弦》的时候,一位老师设计了一张表格:

	俞伯牙	钟子期
衣　着	衣着华贵,羽扇纶巾	青布包头,两截布衫
国　籍	晋　国	楚　国
身　份	上大夫	打柴夫

出示问题:当两个人的资料集中展示在你眼前的时候,你有什么疑问?这样的转换设计很有创意,不只是简明扼要、一目了然,也不只是条理清楚,对比鲜明,更为重要的是促进了学生思维的灵活性,开拓了语文学习的新视野。

类似的文本转换还有很多:学习《开国大典》时,可以根据丁字形广场的文字描写绘制简单的地理方位图,让学生填写物品。学习《圆明园的毁灭》时,可以画出圆明三园与众多小园的结构分布图。在学习《詹天佑》时,可以画出居庸关隧道与八达岭隧道的开凿示意图,也可以对课文内容进行增补。学习《长城》、《颐和园》时,可以增补相应的导览图,和文章介绍的写作顺序相配合,一方面让学生借助导览图理清文章的写作顺序,一方面也可以增加阅读的趣味性和应用性。学习《鲸》、《太阳》、《月球之谜》时,可以配以数据、图表等,让学生在直观的数据和形象的图表中感受事物的特点。

(汪潮)

四、推荐阅读资料

1. 沈大安. "非连续性文本"的阅读和指导. 小学语文,2012(73 - 74).
2. 张卫其. "非连续性文本"的教学策略. 教学月刊小学版·语文,2012(7 - 8).
3. 杨雪梅. 非连续性文本阅读是语文阅读教学的重要内容. 中小学教师培训,2012(10)
4. 王小毅. 非连续性文本阅读指导的有效途径. 小学语文,2013(12).
5. 朱钰. 构建非连续性文本阅读教学的新理念. 语文教学通讯,2012(5).
6. 罗刚淮. 例谈小学生非连续性文本阅读教学的策略. 小学语文,2013(12).
7. 王干. 非连续性文本可以这样挖掘与实践. 小学语文,2013(12).
8. 祝新华. 侧重评核选取与运用信息的能力——阅读测试文本的选用. 课程·教材·教法,2012(10).
9. 方芳. 非连续性文本《药品说明书》的阅读指导. 教学月刊小学版·语文,2013(7).

五、后续练习

"方言和普通话"非连续性文本阅读

(一) 民间的声音

关于"绍兴方言还能存活多久"的讨论帖:

1 楼:昨天跟 5 岁的侄子一起吃饭,居然发现这个土生土长的孩子不会讲绍兴本地话。再看看 16 岁的儿子,也是在绍兴土生土长的,比堂弟好点,还会说几句绍兴本地话,但那种老绍兴的俚语是一点不懂了。儿子还说,他的同学和他也差不多。记得我们小时候,连学校老师上课都是方言,如能说一口流利的普通话,那简直就是一门绝活。现在的孩子倒是一口流利的普通话,甚至还能说流利的英语,但会说地道方言的却成了稀罕品种,方言还能在我们的生活中存活多久呢?

2 楼:我女儿在学校讲普通话,在家里也讲普通话,现在很多绍兴话她连听都听不懂了。

3 楼:方言还能存活多久?那要看我们还能活多久!

4 楼:不知道,也许有一天,无声无息地消失了。但也没什么可惜的,语言失去交流沟通功能,离消亡也就不远了,这是事物的发展规律。

5 楼:城市越来越开放,外来人口越来越多,绍兴话太土,他们听不懂,还是说普通话好。

6 楼:"少小离家老大回,乡音无改鬓毛衰。"用方言交流,听着多亲切啊。

7 楼:方言里有文化,我们老师说绍兴话里保留着好多古音呢,我想有文化的东西是不会消亡的。

8 楼:文物也有文化价值,但是现在不是只能欣赏吗?甲骨文更有文化价值,难道现在还用甲骨文写字吗?

(摘自"绍兴 E 网"论坛)

(二) 学者的言论

"方言里有比普通话丰富得多的生活、情感用语,在动作的细微区分、事物的性状描绘等方面都更具体。这是方言比普通话往往要生动幽默、有趣传神、在文艺表达里更受欢迎的原因。"

——钱乃荣(著名语言专家)

"在中国任何一个城市,以普通话沟通不成问题,但你若选择这个城市,却不会讲这里的方

言,犹如你爱上一个人,却读不懂他(她)的内心世界,要融入其中,谈何容易!"

——程乃珊(著名作家)

"没有方言的城市是可耻的。"

——封新城(《新周刊》执行总编)

"新时代的曙光照进了方言。方言不是时代的对手。其实,谁又不在时代面前被揍得鼻青脸肿呢?""方言的产生、发展和消亡,是语言和语言之间较量的结果。全球化的年代,必须要有一种公共语言交流。"

——敬文东(文学博士)

"我们的态度是大力推广普通话,同时采取必要的措施积极保护方言。"

——陈章太(教育部语言文字应用研究所研究员)

请回答以下问题:

(1)第一则材料关于"绍兴方言还能存活多久"的讨论是由什么现象引发的?网友们认为造成这个现象的原因有哪些?第二则材料中的学者又是如何解释这一现象的?请用自己的话加以说明。

(2)统观一、二两则材料,我们可以看到方言具有哪些价值?请用简洁的语言分条概括。

(3)如何走出"方言困境",正确处理推广普通话和保护方言的关系,有人提出先学方言,再学普通话;有人提出让方言作为教学内容进入课堂;有人提出工作用普通话,生活用绍兴话。说说你的想法,并运用以上阅读材料的有关内容作适当阐述。

参考答案

(1)现象:现在很多孩子不会讲甚至听不懂绍兴本地话。网友认为的原因:孩子缺少讲绍兴话的环境,绍兴话比较土,外地人不容易懂。学者的解释:全球化时代,需要公共语言交流,而方言的沟通交流价值不断减少,使用方言的机会就不断减少,因而年轻一代对方言了解的也就越来越少。

(2)① 方言里有亲切的乡土情。② 方言里蕴含着文化。③ 方言的艺术表现力更强。④ 方言体现了一座城市的特点。

(3)示例。

① 我同意"先学方言,再学普通话"的观点,第一,现代社会讲方言的环境越来越少,如果小的时候不学,长大后方言交流的环境就更少了,学习方言的困难也就越大。第二,实践证明在过去漫长的时间里,从小讲方言的人在经过学校教育后都学会了普通话,因而"先学方言,再学普通话"不失为一个学习方言、普通话两不误的好方法。

② 我同意"让方言作为教学内容进入课堂"的观点。第一,既然方言交流的环境越来越少,那么在课堂上营造这样的环境就显得非常必要。英语学习的环境对大多数人来说也主要是课堂。第二,让方言作为教学内容进入课堂还可以学习方言背后的文化,增强我们作为绍兴人的自豪感,是具有特色的地方性课程。

③ 我同意"工作用普通话,生活用绍兴话"的观点。第一,工作需要与更多的人,包括本地人和外地人,中国人和外国人进行交流沟通,普通话作为公共语言会使交流更便捷更准确。第二,生活中运用绍兴话交流,大部分人也都听得懂,而且更加亲切,可以准确表达很多普通话难以表达清楚的意思。

④ 我认为方言和普通话应该顺其自然地发展，人们不应该过多干涉，一种语言在没有使用价值的情况下消亡是自然规律，如果一种方言特别具有文化价值，我们也可以做些保护，但是对于大部分方言来说，"优胜劣汰"的自然规律是人力所无法也无须阻挡的。对方言和普通话我们应该一视同仁，让语言和语言对话，决定谁更适合生活在未来世界里。

第二十章 "全课程"课

一、背景描述

从 2013 年起,北京市第十一学校亦庄实验小学率先在国内进行了"全课程"教育实验改革。

所谓"全课程"教育实验,就是在遵循国家课程标准的基础上,以培养"全人"为目标,打通学科壁垒、强调综合性学习、覆盖学校全面生活的综合性课程改革。

其中的"全课程"指的是以全人培养为目标,以 PYP 六大跨学科探究主题为引领,以项目学习为抓手,以跨学科整合为基本策略,覆盖学校全部生活的课程。

可见,"全课程"教育实验的重要核心概念是:全人、全课程体系、PYP 课程模式、主题研究、项目学习、跨学科整合、活动化、生活化等。它涉及课程目标、课程体系、课程模式和课程评价等基本方面。根据汪潮教授对美国罗斯福小学和北京市第十一学校亦庄实验小学等"全课程"教育实验的观察和研究,"全课程"的基本标志是:

(一)课程全环境

1. 校园环境

美国罗斯福小学没有校园围墙,没有校大门和门卫,学校与社区完全融合。教学楼大厅的四周墙壁上是大型家长和孩子共同创作的壁画。

2. 教室环境

美国罗斯福小学的教室非常大,分为五个区域:授课区、小组活动区、图书区、电脑区、教师办公区。低年级教室还设有休息区(生活区)。这些区域都配备了先进的教学设备和齐全的基础设施。各个教室的桌椅摆放位置不同,同一班级桌椅的摆放位置因不同教学活动的需求经常变换。教室的墙壁被充分利用:一是人性化,贴学生照片和卡通图案,二是知识性,贴着与学习内容有关的材料。教室里没有高高在上的讲台。以教师名字命名班级。

(二)课程全制度

美国的小学课程设置体系是:国家建议→州级标准→学区决策→学校执行→校本课程→周期修订。学校有很大的课程选择自主性。

罗斯福小学设有学前班至五年级,共六个年级,采用小班教学制(20—30 人)。班级常有家长志愿者帮助教师组织活动。教学组织形式灵活多样:在纵向上,低年级采用不分年级制,高年级采用传统的分级制。在横向上,以包班制为主,结合科任制。

1. 不分年级制

不分年级制提供自由组合的分组方式进行学习,开设个性化课程。

2. 包班制

一名教师包揽一个班级所有科目的教学,向学生提供整体化学习计划。

美国小学的高年级(四至六年级)在包班制的基础上结合科任制:二名教师负责一个班级的所有核心课程(英语、数学、科学、社会学)的教学,而专门课程(美术、音乐等)则由专业教师负责。学校设有多个专业教室。

请看常州市博爱教育集团龙锦小学的做法:一年级8个班投入全课程研究,校方选拔了16名一线教师,其中有7位语文教师、4位数学教师、2名美术教师,体育、音乐、英语教师各1名。

"以前大家嘲笑某个人数学不好,会说:'你的数学是体育老师教的吧?'但是现在,体育老师真的也可以教数学哟。"与马月老师搭档的是位名叫李汶卿的体育老师。马月主要负责语文,李汶卿教数学。艺术与审美课程中既有音乐,也有美术,两位老师则根据教学需要轮流主讲。

"有的时候数学可能需要和美术进行融合,那么就是李老师上,有的时候则可能要和语文融合,那么就是马老师来。"学校副校长丁小桐透露,两位老师包班教学之后,会积极沟通,对课时进行有效分配,达到最好的效果。"过去我们的课表上一节课与另一节课是分开的,直接结果就是割裂了学生的注意力。可能学生上第二节数学课的时候,还对语文课的小尾巴念念不忘。"丁校长说,全课程实验中,教师可以根据学生的情况,调整课程设置,最大程度地挖掘学生潜力。

(三)课程全内容

1. 课程类型

罗斯福小学的课程组织形式有学科课程与活动课程、分科课程与综合课程之分。活动是小学课程和教学的基本组织形式。综合活动课是美国一种很有特色的课程。

亦庄小学课程类型也特别:

每周有一节"长时段课"。学生用长达半天的时间只做一件事情,这样时间就不会被一节节课切碎。孩子们可以深入地学习和体验一件事情。

每月一个"非传统课程日"。这一天不能教语文、数学等传统课程,也不能让孩子写作业,而是要让孩子"玩"一个非传统课程。至于具体内容,牛奶日、沙子日、科学实验都有,学校放权给各个级部,由老师们自己创造。

每学期有一个"主题周"。在这一周里,上午上课,下午围绕主题展开活动。比如"帽子周",语文课收集帽子成语,科学课制作帽子,数学课计算帽子面积,美术课画帽子,音乐课教唱《帽子歌》、跳《帽子舞》……最后,全校师生在体育馆开了一个帽子派对!活动结束后还形成了一面帽子墙。

2. 课程科目

美国小学的课程以综合课程为主。如语言艺术课包括阅读、写作、文学、口语等。社会课包括历史、地理、政治等学科的知识。科学课将物理、化学、生物等方面的知识融为一体。艺术类课程包括绘画、唱歌、表演、手工等。另外,还开设图书馆学习课,即在图书馆上阅读课,每周1—2次,由图书馆的老师上课。

亦庄实验小学开设大量有趣的课程:戏剧课程、电影课程、综合艺术课程、儿童金融课程、乐高机器人课程、危机应对课程、游戏课程等。全课程不是单纯的课程加减,不是单一的教育教学

方式的改变,而是课程的整体综合变革,它试图从根本上改变教育生态,营造师生共度的幸福的教育生活。

3. 课时安排

罗斯福小学一学年为 180 天,周一至周五上课。每天的课程表是相同的。上午安排英语、数学和科学,下午是社会、体育和艺术等课程。课程表仅供参考,可由老师灵活安排。在校时间 7 小时。除了 45 分钟时间的午餐,其余都是上课时间。下午 3 点前放学。

4. 教学内容

罗斯福小学对教学内容和使用,特别注意广泛性、时效性和生活化。许多科目的老师不给学生指定教材。

(四)课程全学习

1. 合科学习

与苏教版和人教版的教材不同,全课程教材不再是每个学科一本书,而是将不同的课程融合在一本教材里。比如学《春天来了》,里面有写春天的课文,有唱春天的歌曲,有画春天的图片,甚至连数学科目也和春天联系了起来。这套教材的课程完全是围绕学生进行设置的,上学期的时候,主要是开学类的课程,名字就叫《开学啦》。那本教材包括"开开心心来上学"、"我和我的好朋友"、"我们一起做游戏"等六个单元。学习这些内容,小朋友很快就熟悉了学校、老师和同学。

教材只此一本,语数等"N 合一"。这对传统教学提出了挑战。

2. 项目学习

学生围绕一个特定的学习任务,通过自主的实践活动,把知识内化为能力,并在情境体验中凝结为素养。(1)以真实的生活问题为情境,提出适宜的任务驱动。(2)以任务的子目标为依据,整体设计学习项目。(3)以终点为起点,构建基于表现性评价的教学流程。

杭州求是教育集团三到六年级的学生都有最新印刷出版的《求是阳光课程系列校本教材——小课题》。每个学期的教材由起始课、两个研究主题以及总结课构成,每个研究主题都是分 3 个课时上完,每周二下午安排两个课时。以三年级(上)的一个研究主题"植物与人"为例:课程采取过程性评价的方式,孩子们做调查表时要用到数学知识,总结阶段成果时要运用语言表达,进行美化设计时要用到美术知识,打印设计时要用到信息技术……"小课题"的研究是将各学科知识点进行整合,让学生进行主题式学习,体现的是一种融合思维,目的是学以致用,提高学生的能力和素养。

3. 主题学习

主题学习是根据课程实施的水平目标,确立若干个教学主题,教师遵循学生学习的一般规律,以主题为线索,开发和重组相关的教学内容,进行连续课时单元教学的教学方式。

围绕某一主题组织单元的设计突破了以往教科书封闭、零散和乏味的结构体系,对学生的参与很有吸引力。这种设计也对教师的教学提出了更高更新的要求。与单篇备课、教学相比,主题学习着眼于语文学习的整体性、综合性、实践性,更强调课程资源的整合与生成。这就要求我们改变教学策略,更多考虑教学资源的利用与开发问题,变以往的"教教材"为"用教材教",既注意同一主题下各部分内容的相互支持,也要注意联系以往学过的内容,结合学生的经验世界和现实生活,实施灵活而开放的教学。

二、课堂例析

一年级"全课程"课

清华艺友实验学校的全课程实验,已经进入深水区。这节课是一(1)班包班老师杨荣的主题课,四课时连排,非常典型、精准地表现出了全课程形态和优势,非常震撼。

《一园青菜成了精》主题课程

学习,本就是为了让生活变得更加富有意义;生活,本就是学习中不可或缺的素材。这个春天,当我们开始进入第三单元《一起玩耍吧》,一园子青菜也一起疯狂了起来,绘本故事《一园青菜成了精》是今天的课程。

我们知道玩是孩子们的天性,没有一个孩子不喜欢玩的。孩子们玩的天性是任何因素所不能剥夺的。所以第一节课一开始,我并没有直接告诉孩子们今天我们要学习什么,而是以课件出故障不能显示为由,请求孩子们的帮助,让孩子不觉得这是上课,而是实实在在的生活。

"宝贝们,电脑出什么问题了,为什么显示不了呢?请你们施展你们的魔法,想出一句咒语帮我打开 PPT 吧!"

孩子们立刻兴奋起来,开始展开他们的思考,为老师献策献计……

"请开门"

"变、变、变"

"open the door"

"七十二变"

……

就这样,孩子们展开了头脑风暴,各种有趣的咒语都来了。最后全班决定用郑江芮想的咒语:"芝麻开门,变!"

出来了一群蔬菜宝贝。咦,这些蔬菜宝贝跟我们今天要上的课有什么关系呢?接着往下看:

　　"我今天早上确实收到了一个包裹,我还以为是哪位小朋友的妈妈给你们寄来的东西呢? 没想到是蔬菜宝贝寄给小种子班宝贝们的呀。"说着,我拿出事先打包好的蔬菜包裹。当我拿出盒子的这一刻,孩子们对它充满了好奇。这时候,PPT又出现新的对话:

　　"好的。"当打开盒子将一篮子蔬菜拿出来的时候,孩子们个个都惊呆了,又是好奇,又是兴奋!
　　"哇,这么多蔬菜! 你们都认识它们吗?"
　　"胡萝卜、莲藕、蘑菇……"
　　"我知道","我知道"……孩子们兴奋得坐立不安了,争着抢着回答。
　　等孩子们说出所有蔬菜的名称之后,在篮子下面发现了一张卡片,蔬菜宝贝们有什么话想跟小种子们说呢?
　　原来呀,这些来自王大爷蔬菜园的蔬菜们,在菜园子里的时候几乎每天都会听王大爷给他们分享小种子们在清华实验学校学习的趣事,蔬菜们听了之后觉得很有趣,今天是特意来跟我们班的小种子们分享它们在菜园里发生了一件非常有趣的事情,不过这是它们的一个秘密,小种子千万不要告诉王大爷哦。
　　就这样故事要开始了:

《一园青菜成了精》改编自北方的一首童谣。故事巧妙地蕴藏了青菜们的特性,这是一种充满智慧的幽默。这首童谣的特点就是：嬉戏定位,朗朗上口的韵律感、质朴的生活气息、大胆的想象力；这些特点都吸引了孩子们的兴趣,通过画面让孩子们学会去欣赏,猜测故事发生了什么。这样可以培养孩子欣赏的能力以及给到孩子更多的自由,学生本身的想象力得到保护。

在城门的东边,王大爷有一园子绿葱葱的蔬菜,前几天王大爷正好出去走亲戚了,所以最近几天蔬菜没有人管了,他们太开心了！于是会发生什么故事呢?

"会疯狂起来。"彭咏畅说。

"会玩游戏。"

"会打架。"……

孩子们通过欣赏画面、展开自己的想象对故事的发展充满好奇和期待。

另外在课堂中,我将故事进行适当的改编,添加情景对话,通过这样的方式让孩子们进行角色表演,通过情景表演,让孩子们亲身去体会各种角色的情感表达。孩子体会到我们的课堂真好玩,充分调动孩子们的学习兴趣。从而带动全员参与到课堂中来。

哈哈,原来是有人称王啦,你们看:

绿头萝卜称大王,红头萝卜当娘娘。

一园青菜成了精

出了城门往正东，一园青菜绿葱葱。
最近几天没人问，他们个个成了精。
绿头萝卜称大王，红头萝卜当娘娘。
隔壁莲藕急了眼，一封战书打进园。
豆芽儿跪倒来报信，胡萝卜挂帅去出征。
两边兄弟来叫阵，大呼小叫争输赢。
小葱端起银杆枪，一个劲儿向前冲。
茄子一挺大肚皮，小葱撞了个倒栽葱。
韭菜使出两刃锋，呼啦呼啦上了阵。
黄瓜甩起扫堂腿，踢得韭菜往回奔。
莲藕斗得劲头儿足，胡萝卜急得搬救兵。
歪嘴葫芦放大炮，轰隆轰隆炮三声，
打得大蒜裂了瓣，打得黄瓜上下青，
打得辣椒满身红，打得茄子一身紫，
打得豆腐尿黄水，打得凉粉战兢兢，
藕王一看抵不过，一头钻进烂泥坑！

童谣本身带给孩子们的是很单纯的乐趣，通过朗朗上口的节奏，加上形象的舞蹈动作，配上背景音乐二胡独奏《赛马》进行诵读表演训练，锻炼孩子们的语言节奏感、表达能力，同时培养了孩子们肢体语言的协调性，也让孩子们对我国的民间文化有了初步认知。

接着我让孩子们用橡皮泥捏出各种不同蔬菜，这也是对孩子们的想象力的培养，并且课堂增加了乐趣，全员参与到课堂中来，孩子们的动手能力也得到训练。

哇，王大爷家的这些蔬菜宝贝真是疯狂，打的打、跑的跑，刚刚我们已经把蔬菜在打仗的表情通过我们的方式表演出来了。你们知道吗？有一个小朋友也跟我们一样，听了蔬菜宝贝们说了这个秘密之后，他干了一件很有趣的事情，你想知道吗？

你们看：

"稀奇稀奇真稀奇呀，他把蔬菜们都捏出来了"。

"那小种子们，你们想不想也捏出一个蔬菜王国来呀？"

"想，太想啦！"……

孩子们开始坐不住了。

"那好，那我们也来捏一个蔬菜王国吧，把你们想捏的蔬菜捏出来，可以捏出各种各样的表情动作哦。"

孩子们在创作中，忙得不亦乐乎，根本顾不上下课了。

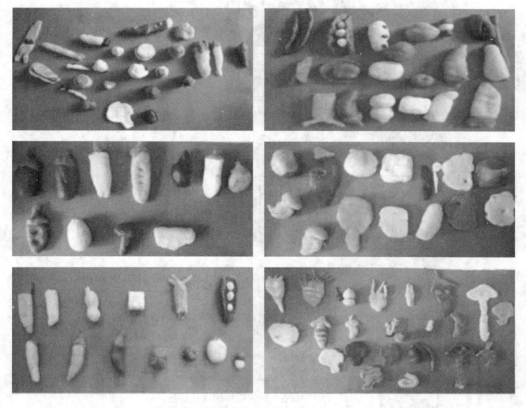

20分钟后，作品出炉啦，我们开始来分享各自的作品，除了有我们认识的蔬菜，还有千奇百态的作品。

窦窦说："我的胡萝卜是个扎了许多辫子的精灵。"

可可说："我的茄子有一双蓝色千里眼。"

畅畅说："我捏的是一朵有魔法的蘑菇，当下雨的时候它可以变成雨伞给人们遮雨，当出大太阳的时候，就会给人们遮挡太阳。"

田茗源说："我的辣椒可以演奏很动听的音乐。"

……

孩子的世界就是这么奇妙。

我们说开放多元的课程可以表现在多学科知识的汇集,让学生思维能力得到锻炼,探究能力得到培养。当《一园青菜成了精》这个绘本故事和儿歌教学的内容已经讲完,而我们班孩子们却还处于非常兴奋的状态,怎样把更多的知识传授给孩子们呢?

这时候,王大爷回来了。

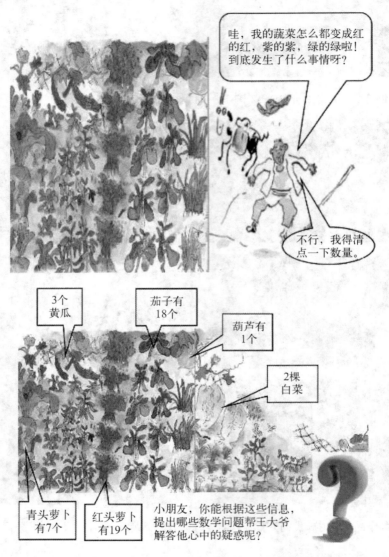

接着,进入数学 20 以内加减法解决问题的学习,孩子们对于帮助他人是一件很开心的事情,所以在这节课上每个孩子都积极开动自己的脑筋,提出各种各样的数学问题,帮王大爷解答疑惑。

"茄子有 18 个,葫芦有 1 个,它们一共有几个?"

"茄子比葫芦多几个?"……

把数学运用到实际的生活当中,既增加了学习的乐趣,又让孩子们学会在生活中如何去运用数学,孩子们也不觉得这是在上数学课,而是在帮助王大爷解决问题,对他们来说是一件很开心很有成就感的事情。

王大爷清点了蔬菜之后,还是原来的数量,这会儿可以放心了。

可是我们的课程就这样结束了? 绝对没有。

自从那一战后,一园子的蔬菜就出名了,国外的小朋友可喜欢
他们了,还给他们取了一个英文名叫"vegetables"
他们分别还有自己专属的英文名字呢? 你们想知道吗?

跟着国外的小朋友把这些蔬菜的英文名字说出来,快乐轻松的氛围让小种子们学得非常认

真,很快就将所有的蔬菜英文单词记住了。

上午已经连续上了三节课了,孩子们一直处于非常兴奋的状态,儿歌、故事、音乐、舞蹈、手工等等,但是他们却不觉得我们是在上课,而是一起开开心心地玩。这个时候孩子们的体力消耗是很大的,那第四节怎样让孩子体力消耗少点呢?

对于一年级的孩子,各种语言和文字的表达是有限的,而绘画对他们来说是非常丰富的表达方式,同时他们的想象力是积极丰富和惊人的。

所以第四节课时,我对孩子们说:"一园子蔬菜都可以成精,那假如一园子水果,一花坛漂亮的花朵,或者一池塘鱼儿……成了精之后又会发生什么故事呢?"

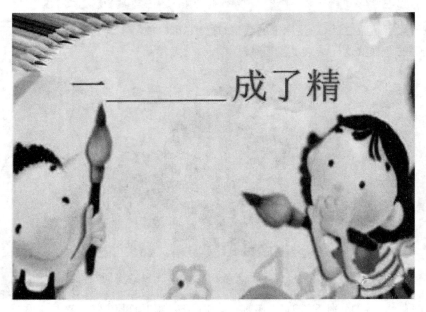

下面就由你们来展开你们的想象,编出一个精彩的故事来。

王馨蕊画的是一园水果成了精,苹果当上了大王,梨子生气下战书了。

董婉怡说:"我文具盒里的铅笔和橡皮擦成精了,他们在举行一个大大的 party,可热闹啦。"

李思安的一袋子食物成了精,汤圆是可以放电的……

刘奕成的一元硬币都成精了。

在这一个上午的学习中,发生了很多惊喜,通过绘本共读,用橡皮泥捏出各种奇特的蔬菜,帮助王大爷解困惑,跟国外的小朋友学说蔬菜的英文名字,通过自由想象,蔬菜成了精,水果成了精,花朵成了精等产生了许多好玩的故事。其实,孩子们做出什么样的作品并不重要,我更看重的是孩子们专注的眼神、飞扬的思绪、兴致勃勃的讲解……

教室,是一个充满魔力的地方。关上教室的门,就是一个安全、自由的王国,我们和孩子们能想到的美好的事情,都可能在教室里成为现实。一年级的课堂里读读写写唱唱跳跳,语文、数学、绘画、美术、音乐、生命学科的多种元素,又浑然一体。孩子们学的不是一门课程,孩子们是在体验和展示自己的生活,让孩子体会到"我在这儿,我很开心,学习很有趣"。是的,我们的课程安排,是应和着生活和学生生命的节奏来的。我坚信一点:课程的终端,不是物化的东西,而是一个个活泼泼的、发展了的生命。而让每个生命,如其所是地成为他自己,是课程最核心的目标。我

们正在路上······

（清华艺友实验学校杨荣）

【总评】

以上是杨荣老师对"全课程"的一个设计和实施，反映了全课程的基本思想，初步评点如下。

1. "全课程"的目标。

杨荣说："课程的终端，不是物化的东西，而是一个个活泼的、发展了的生命。""全课程"以培养"全人"为目标。对小学教师来说，最重要的不是教学生多少知识，而是要陪儿童成全为"人"。"全人"指的是"完美和谐的人"，是指多方面和谐发展的人。这里的"全人"引申为多方面和谐发展、个性充分发展、可持续发展的人。

所以，全人式发展着力构建学生"宽"（全面）、"高"（个性）、"长"（可持续）发展空间，让学生在这个"三维空间"中实现最大限度的发展。本课程的设计开放大气，为培养"全人"进行了积极的尝试。

2. "全课程"的体系。

本课程的设计和实施看似随意，实则体现了"促进学生全面发展的全方位、全过程和全员式"的课程理念，为建立整体系统的课程体系提供了思路。

（1）全方位。从课程内容角度，整体构建课程体系，促进学生全面、和谐发展。为此，本课程采用了"主题学习"方式。

（2）全过程。遵循学生身心发展规律，本课程关注学生成长的整个过程。起点低，层次清，逐步提高。

（3）全员式。"全课程"构建一个教师、学生等主要关联体积极参与的、互动的全员式学习系统。

3. "全课程"的策略。

（1）在生活中学习。正如设计者所说："学习，本就是为了让生活变得更加富有意义；生活，本就是学习中不可或缺的素材。"本课例以"菜园""蔬菜"为学习对象，具有浓浓的生活气息。

（2）在游戏中学习。玩是小学生的天性，没有一个小学生是不喜欢玩的。引导学生在游戏中学习，寓教于乐，就会使学习其乐无穷。本课例设计了众多活动和游戏，学生玩在其中，乐在其中，学也在其中。

（3）在想象中学习。小学生年龄小，知识少，能力低，但是他们的联想、想象能力丰富。这是小学生学习的明显优势。在本课程实施过程中多次创设想象情境，指导学生大胆想象。所以课堂热闹，学生的想象灵动，思维活跃。

（由浙江外国语学院汪潮教授点评）

三、资源链接

以课程超越课堂
——"全课程"一瞥

一位关注"全课程"的教研员朋友问我，全课程要求老师包班，可两个包班老师教得了所有学科吗？教师的学科专业水平要求是不是特别高？这位朋友的言下之意是，既然是包班，这个老师应该是"好的数学老师＋好的语文教师＋好的英语老师＋好的······"这或许也是很多其他老师的想法。这是对"全课程"的一大误解。

"全课程"不是"语文＋数学＋英语＋音乐＋体育＋美术"的简单叠加，全课程的教师，也不是

各学科教师的简单叠加。这是因为，全课程带来的是课程的"质"的变化，对教师也提出了新的"质性"要求。

"糟糕透顶"的两堂课

或许，我们可以从两堂课说起。

2015年11月17日中午，教学楼一侧靠近学校围墙的偏僻大道上，小蚂蚁班的孩子正在"上"一堂"美术课"。如果这堂课还能叫美术课的话，那我要说的是，这堂美术课实在是糟糕透顶了！你看，整堂课只有一个教学环节：给画布涂上一种颜色。这堂课的教学目标是什么呢？是画布涂得没有空白吗？可这也能成为教学目标？再看老师，包班的常丽华、赵秀秀老师多数时刻是袖手旁观，教美术的曹婷婷老师只是时不时提醒几个孩子画布边上还有一点空白，需要涂满。最后的教学成果是什么呢？一张张涂成不同颜色的画布而已！更糟糕的是，整堂课，教师没有创设导入的情境，没有小组讨论，没有多媒体，没有课堂小结，也没有课后作业。学生涂好，就自己去洗了画笔，交给老师，然后回班级去了。

这样的美术课，这样"虚度"的35分钟，你在任何一个学校看到，可能都要给个零分！

你见过这样的美术课吗？整堂课就一个环节：把画布涂满！

我们再看另外的一堂课，这个35分钟也只有一个活动，孩子们在亦庄小学独有的百米沙道里

玩了35分钟的沙子。有的孩子说"我们小组堆出了城池",有的孩子说"看,我们的童话城堡",而有的孩子只是在沙地里掏出一个个地洞……你看,根本就没有统一的教学环节设计!至于老师,也就是四处看看,甚至还和孩子们一起玩一会儿呢!这堂课应该算什么课呢?就当是体育课吧!那么,这堂体育课,又是我见过的最糟糕的体育课了!

课程视野下的课堂

然而,如果我们把这两堂课放在全课程的整体视野下,那么这两堂在传统分科课程体系下要打零分的课就有了其不可替代的意义。

涂画布一课,是"我的动物朋友"项目教学的一个环节。在这一项目的教学中,孩子们听圣桑的《动物狂欢曲》,交流对音乐的理解,并配合着音乐扮演成动物在教室游走;孩子们为动物们代言,分别选择一种动物,为它创作了诗歌、故事、乐曲和绕口令;孩子们在英语课上学习关于动物的英语词汇。而涂上画布,是为了创作"带动物去旅行"的画作,画完之后,孩子们还要在班上分享。

围绕着"动物朋友"主题,所有的课就都有了向心力和凝聚力,孩子们不断拓宽着对"动物"的理解,以一种综合的方式理解这个世界。35分钟的涂色(有的孩子涂得更久),看似虚度,但所有的孩子都知道这是在为动物朋友们在创作,看似重复和机械的涂色,因为有了课程目标(而不是课时)的引领,而变得意义起来。当孩子们专注地涂色的时候,他们因过去的学习而能理解此时的意义,也对未来有了充分的预知和把握。在孩子那里,何来"课程目标"与"课时目标"的区别?借用古德莱德的词语,在孩子那里,只有孩子们"经验的课程",即孩子们实际体验到的课程。而实际上,在孩子们的话语中,甚至没有"课程"一说,有的只是他们学习体验到的生活本身。

而玩沙子的那一节课,你不曾看到的是,上午,孩子们跳着舞唱了《哎呀,我的沙娃娃》,听了老师自编的《沙子和贝壳的故事》,读了金子美铃的《沙的王国》,还有绘本《沙滩上》和《住进沙堡》。关于沙子的诗歌、故事、绘本,给孩子呈现了一个关于沙子的丰富世界,沙子既是孩子了解的对象,也成了孩子了解世界的一个载体。而此时的沙道玩耍,既是对沙子的直观感知,它的形状、触感、可塑性,等等,更是从属于更重要的课程目标:理解事物的丰富性,以一种综合的眼光看待世界。同样,若没有前面的诗歌、故事与绘本的学习,仅仅是让孩子玩沙子,那么,玩耍的意义是浅薄的、容易令人厌倦的。而有了课程的整体架构,玩耍就成了整个拼图不可或缺的一部分,甚至,没有这样的一次玩耍,没有身体和沙子的直接接触,整个学习就不完全、不深入、不饱满。还需要交代的是,下午,孩子们还看了沙画视频,玩了沙画,最后读写绘自己关于沙子的故事。

放在课程视野下,一堂找不到课时目标的课,一堂低结构化的课,一堂教师似乎可以消失的课,却有了不可替代的意义。因为它从属于学生对世界的认知,从属于形成综合眼光与综合能力的课程目标,从属于让孩子在学校收获期待和精彩的课程目标。就这样,课程的大胸怀超越了课时的小计较。

"全课程"的课堂

回到教师的问题上。据笔者的跟班观察,全课程下的单课时教学常常是低结构化的,简单地说就是教学环节设置并不是一个环节一个环节边界明显。恰恰相反,全课程下的课,教师面对的是更加舒展的孩子,孩子们总是以更综合的方式介入课堂,时不时出现的新想法、新创意、新追

问，常常把教师的教学引向别处。学生要牵引的方向常常不是教师预设的，而是动态生成的。当教师被学生牵着走的时候，课堂的结构或者说教师预设的、传统分科课堂强调的课堂结构就瓦解了，环节和环节的界限被模糊了，课堂开始弥散出讨论、对话、质疑的平等氛围。

这样的一种课堂新生态，是在全课程教学中常见的。但让学生牵引着走的教学，有多少优秀的分科教师能够认同呢？分科课堂上，课程目标被细化成单元目标，再细化成课时目标，每一堂课要教什么、教到什么程度常常是被精确规定的。所以，教师不得不主导课堂，不得不主控课堂的节奏，不得不关注自己的预设，不得不在有限的时间内走完所有的教学环节。恰如，我们在公开课上所见的，课常常是顺畅的，线索清晰的，板块明确的，而最让人佩服的一条或许是：当教师宣布下课，铃声恰好响起！

而实际上，结构化程度高的课堂，总是因为高结构而牺牲了对学生的关注。在"全课程"背景下的课堂，教师做到了真诚地倾听更多孩子的声音。让学生的声音牵引着课堂教学往前推进。

简单而又不简单

在全课程的视野下，一堂课的进退得失已不再那么重要了。课时的目标被弱化，孩子们有更充分的时间和丰富的机会去理解原先被打包的、被作为结果状态存在的知识。在全课程背景下，知识被赋予了过程性、体验性和生命性。这样学习的知识，埋下了更多的种子，更具有生长力。

在这个知识被复归于"再创造"，"药片被还原为苹果"的过程中，传统意义上分科教师的学科要求其实是降低了。比如，教师无须每堂课另起炉灶，为每一个引入的情境而绞尽脑汁；教师无须计较每一个课时的得失，不必以教材节奏为唯一的教学节奏；教师无须再追求精雕细刻式的教学精致化，而是可以以"粗疏"的教学为孩子留下更多的空间……

万物循序生长，事物走向平衡，学科要求的降低的另一面是"全人"要求的提高。全课程的教师要怎样的素质呢？在全课程背景下，教师和师生共同营造的生活就是教育本身——其实，在传统的分科教学下何尝不是——从这个角度思考，全课程教师最需要的素质不是分学科层面的优秀，而是对孩子个性的包容态度与欣赏眼光。教师的关注点不是或者不能仅仅是完成教学工作，而是要关注孩子天性的展开及其在此过程是否获得快乐的体验。在小学阶段，"教师—学生"的结构和家庭中的"家长—孩子"结构有更类比的关系。人们不会要求家长是"好的语文教师＋好的数学教师＋好的英语教师＋好的……"做开明父母的要求，就是对全课程教师的要求；做父母的门槛，正是做全课程教师的门槛。

这是最简单的要求，又是最不简单的要求。

全课程的教师应该更能真诚地倾听孩子的声音，尊重孩子对未知的探索，即便探索的过程是低效而曲折的，探索的结果是稚拙而微小的。全课程的教师更应该从强调集体和纪律转向关注

自由和个性,在儿童与"应试教育"大环境的拔河中,为孩子多争取一点自由的空间。从这个意义上讲,包班教师、全课程及亦庄实验小学的存在本身就是一种对应试教育的抗争,就是对理想教育的一次践行。

最后,让我们看看那堂"糟糕透顶"的美术课之后一天,孩子们的收获,从中或许能直观地看到课程超越课堂的力量。

(陈洪杰)

四、推荐阅读资料

1. 程湘帆:《小学课程概论》,商务印书馆,1923。

2. 德尔满(郑国梁译):《社会化的课程》,商务印书馆,1923。

3. 廖世承、王克仁等:《新学制中的课程》,商务印书馆,1925。

4. (美)庞锡尔(郑宗海、沈子善译):《设计组织小学课程论》,商务印务馆,1925。

5. 俞子夷等:《小学的新课程》,商务印书馆,1925。

6. 王克仁:《课程编制的原则和方法》,广西教育厅编译处,1923。

7. (美)博比特(张师竹译):《课程》,商务印务馆,1928。

8. 徐雉:《中国学校课程沿革史》,上海太平洋书店,1929。

9. 江苏省立苏州中学实验小学:《小学实验课程》,小说林书社,1930。

10. 朱智贤:《小学课程研究》,商务印书馆,1931。

11. 孙钰:《小学教材研究》,北平文化学社,1932。

12. 朱翙新:《小学教材研究》,世界书局,1933。

13. 吴研茵、吴增芥:《小学教材研究》,商务印书馆,1933。

14. 熊子容:《课程编制原理》,商务印书馆,1934。

15. 盛朗西:《小学课程沿革》,中华书局,1934。

16. 李廉方:《小学低年级综合课程论》,中华书局,1934。

17. 俞艺香:《小学教材研究》,中山书局,1934。

18. 吴宗望:《小学教材研究》,开明书店,1934。

19. 邰爽秋等:《中小学课程问题》,开明书店,1935。

20. 俞子夷等:《新小学教材研究》,儿童书局,1935。

21. (美)博比特(熊子容译):《课程编制》,商务印书馆,1943。

22. 陈侠:《近代中国小学课程演变史》,商务印书馆,1944。

23. 现代教学社:《小学教科书的改革》,华华书店,1948。

24. (英)劳顿(Lawton, D.)(张渭成等译):《课程研究的理论与实践》,人民教育出版社,1985。

25. 伊藤信隆(邢清泉等译):《学校理科课程论》,人民教育出版社,1988。

26. 瞿葆奎(陆亚松、李一平选编):《教育学文集·课程与教材》,人民教育出版社,1988。

27. 王伟廉:《课程研究探索》,四川教育出版社,1988。

28. (苏联)克拉耶夫斯基、莱纳(金世柏等译):《普通中等教育内容的理论基础》,人民教育出版社,1989。

29. 陈侠：《课程论》，人民教育出版社，1989。

30. 钟启泉：《现代课程论》，上海教育出版社，1989。

31. （英）泰勒，理查兹（王伟廉、高佩译）：《课程研究导论》，春秋出版社，1989。

32. 宾特雷伊（诸平等译）：《课程研究与课程编制入门》，春秋出版社，1989。

33. 卿成等：《课堂教学改革新论》，中国华侨出版社，1990。

34. 廖哲勋：《课程学》，华中师范大学出版社，1991。

35. 吕达等：《独木桥？阳关道？——未来中小学课程面面观》，中信出版社，1991。

36. 毕恩材、王克强：《课程问题论》，辽宁教育出版社，1992。

37. （澳）克莱登（刘民等译）：《课程与文化》，大连理工大学出版社，1992。

38. 史国雅：《课程论》，山西高校联合出版社，1992。

39. 中国教育国际交流协会、国家教委中小学教材办、中国课程教材研究所：《课程发展与社会进步——国际研讨会论文选》，人民教育出版社，1992。

40. 课程教材研究所：《课程教材研究十年》，人民教育出版社，1993。

41. 戴汝潜：《课程改革研究与实验》，教育科学出版社，1993。

42. 吕达：《中国近代课程史论》，人民教育出版社，1994。

43. （美）拉尔夫·泰勒（施良方译，瞿葆奎校）：《课程与教学的基本原理》，人民教育出版社，1994。

44. 靳玉乐：《现代课程论》，西南师范大学出版社，1995。

45. 刘冰：《课程设计指导》，哈尔滨工程大学出版社，1996。

46. 施良方：《课程理论：课程的基础、原理与问题》，教育科学出版社，1996。

47. 白月桥：《课程变革概论》，河北教育出版社，1996。

48. 靳玉乐：《潜在课程论》，江西教育出版社，1996。

49. 黄甫全：《阶梯型课程引论》，贵州人民出版社，1996。

50. 叶立群：《课程教材改革探索》，人民教育出版社，1997。

51. 高峡：《活动课程的理论与实践》，上海科技教育出版社，1997。

52. 李臣：《活动课程研究》，教育科学出版社，1998。

53. 陈扬光：《课程论与课程编制》，福建人民出版社，1998。

54. 课程教材研究所：《课程教材研究 15 年》，人民教育出版社，1998。

55. 单丁：《课程流派研究》，山东教育出版社，1998。

56. 钟启泉、李雁冰：《课程设计基础》，山东教育出版社，1998。

57. 张嘉育：《学校本位课程开发》，师大书苑发行，1999。

58. 吴永军：《课程社会学》，南京师范大学出版社，1999。

59. 张华：《课程与教学论》，广东高等教育出版社，1999。

60. 程凤琳：《课程改革的时间和认识》，苏州大学出版社，1999。

61. 陈时见：《课程与教学理论和课程与教学改革》，广西师范大学出版社，1999。

62. 张华：《经验课程论》，上海教育出版社，2000。

63. 靳玉乐、黄清：《课程研究方法论》，西南师范大学出版社，2000。

64. 王斌华：《校本课程论》，上海教育出版社，2000。

65. 崔允漷：《校本课程开发：理论与实践》，教育科学出版社，2000。

66. 郝德永：《课程研制方法论》，教育科学出版社，2000。

67. （美）小威廉姆 E·多尔（王红宇译）：《后现代课程论》，教育科学出版社，2000。

68. 汪霞：《课程改革与发展的比较研究》，江苏教育出版社，2000。

69. 丛立新：《课程论问题》，教育科学出版社，2000。

70. 汪霞：《国外中小学课程演进》，山东教育出版社，2000。

71. 课程教材研究所：《课程教材改革之路》，人民教育出版社，2000。

72. 李雁冰：《课程评价论》，上海教育出版社，2001。

73. 有宝华、沈晓敏：《综合课程研究》，上海教育出版社，2001。

74. 熊梅：《当代综合课程的新范式：综合性学习的理论和实践》，教育科学出版社，2001。

75. （英）B·霍尔姆斯·M·麦克莱恩（张文军译）：《比较课程论》，教育科学出版社，2001。

76. 陈玉琨、沈玉顺、代蕊华、戚业国：《课程改革与课程评价》，教育科学出版社，2001。

77. 白月桥：《素质教育课程构建研究》，教育科学出版社，2001。

78. 迈克尔·W·阿普尔（黄忠敬译）：《意识形态与课程》，华东师范大学出版社，2002。

79. 有宝华：《综合课程论》，上海教育出版社，2002。

80. 郝德永：《课程与文化：一个后现代的检视》，教育科学出版社，2002。

81. （美）艾论·C·奥恩斯坦、费朗西斯·P·汉金斯（柯森主译）：《课程：基础、原理和问题》，江苏教育出版社，2002。

82. 李方：《课程与教学基本理论》，广东高等教育出版社，2002。

83. 吴刚平：《校本课程开发》，四川教育出版社，2002。

84. 李瑾瑜：《新课程与教师专业发展》，首都师范大学出版社，2003。

85. 姬秉新、荀正裴：《基础教育课程改革的历程与趋势》，首都师范大学出版社，2003。

86. 汪霞：《课程研究：现代与后现代》，上海科技教育出版社，2003。

87. James A. Beane（单文经译）：《课程统整》，华东师范大学出版社，2003。

88. 麦克·杨（谢维和、王晓阳译）：《未来的课程》，华东师范大学出版社，2003。

89. （美）戴维拉齐尔（缪胤译）：《智慧的课程》，教育科学出版社，2003。

90. （美）威廉·F·派纳等（张华等译）：《理解课程》，教育科学出版社，1999。

91. 廖哲勋、田慧生：《课程新论》，教育科学出版社，2003。

92. （日）佐藤学（钟启泉译）：《课程与教师》，教育科学出版社，2003。

93. 课程教材研究所：《综合课程论》，人民教育出版社，2003。

94. 课程教材研究所：《课程改革整体论》，人民教育出版社，2003。

95. 课程教材研究所：《活动课程论》，人民教育出版社，2003。

96. 课程教材研究所：《课程改革借鉴篇》，人民教育出版社，2003。

97. 黄甫全：《新课程中的教师角色和教师培训》，人民教育出版社，2003。

98. 张廷凯：《新课程设计的变革》，人民教育出版社，2003。

99. 徐玉珍：《校本课程开发理论与案例》，人民教育出版社，2003。

100. 李臣之：《综合实践活动课程开发》，人民教育出版社，2003。

五、后续练习

请你评析"全课程"的亦庄经验。

亦庄小学用"大"来形容：校园大，占地3万7千多平方米，建筑面积多达2万6千平方米，操场除了篮球场足球场之外还有一条"百米沙道"供孩子玩耍。教室大，这里拥有120平方米的美式大教室，集图书阅读、多媒体浏览、休闲活动区为一体，除此之外，还有别具一格的交流厅、超市、模拟金融系统、儿童艺术创意街区……

从2012年提出构想以来，李振村校长组织15位特级教师和众多教育专家、名校毕业生，研发出包括教育大纲、教材、教法、评价、管理等五大板块的"全课程"教育体系。它是覆盖学校全部生活，推动学科全面融合的综合性课程改革，其目标是让孩子拥有幸福的童年生活，让孩子沿着"全人"的方向健康成长。

1. 全科性

亦庄小学的常丽华老师主要负责始业课程的研究。始业课程是学生正式开始学校学习生活之前的课程。学科融合、游戏精神是始业课程的特点。常老师希望通过始业课程，让孩子热爱学校、热爱学习，营造有安全感和信任度的学校生活环境。她以主题做引领，打破学科壁垒，将学科知识能力目标隐含其中，突出儿童丰富的生活。常老师结合语文课程的改革，结合研究梅花的主题，阐述了全课程高度强调课程的自主性和独创性特点。常老师通过自己的教学实践论证了全课程是学生感兴趣的课程，是经得起检验的课程，是学生能力全面发展的课程。

从入学第一天的生活就能窥见全课程的全貌！晨诵是《喇叭花》，孩子们配合着动作，打着节奏，不觉得这是早读。接下来读绘本《大卫上学去》，大卫淘气又捣蛋，孩子们很喜欢，故事的结尾是：调皮捣蛋不要紧，只要改了就是好孩子。这个故事比说教更有用处。接下来唱来自台湾的《礼貌歌》，这是音乐加舞蹈的学习，但孩子不觉得这是在上课。第三节课干什么呢？把第一天上学的事情画下来，这是美术课，但孩子画的是自己的生活，他们也不觉得是在上课……

后面的学习，每月一个项目，每个项目都是跨学科整合：把识字写字、阅读、绘画、音乐、体育等都整合在一起。这种学习，给孩子的感受就是一种游戏，是一种富有趣味和挑战性的生活。

2. 主题性

陈超主要负责PYP课程的研究。PYP课程的核心是：跨学科、探究和主题。实践PYP课程的方式是：首先确立一个主题，让学生围绕这一主题，通过调查、走访、搜集资料等方式收集与主题有关的文字图片信息，然后教师带领学生进行阶段性评价，实践学生的研究心得，得出研究结论。多学科知识的汇集，学生思维能力的锻炼，学生探究能力的提升，让PYP课程彰显着独特的魅力。

3. 全面性

曹君副校长主要研究"全课程"的教育实践过程。她认为"全课程"是一个红苹果；"全课程"是一副调节近视的眼镜；"全课程"是"万花筒"，是自助餐。在曹校长看来，"全课程"以培养"全人"为目标，覆盖全部的学生生活，涉及全部学科，全员参与，强调"三全"的学习方式，培养"全科教师"，全面性、自主性、趣味性是"全课程"的特有魅力。曹君校长认为全课程的研发和实践离不开先进的学校先进的管理理念——项目管理。她从什么是项目、项目从哪里来、项目管理的流程、项目管理的意义等方面介绍了项目管理让每个人成为中心，提高了教师的工作积极性和工作

效率,也极大提升学校的办学水平。

4. 全新性

张宏伟老师从学校的"三表"——作息时间表、课程表、学校总表开始探索。亦庄小学的作息时间表突破统一规定,更加灵活自由,班级课表统一时段与自由安排相结合,学校没有统一的总表。他强调亦庄小学采用"包班教学",目的是通过游戏化、活动化、故事化、戏剧化来变革学校的教学组织形式,他以亦庄小学数学课程变革为例,讲述必修与选修相结合的教学形式,通过"先少后多、先慢后快、先易后难"的教学思路,让亦庄小学的数学课充满趣味性、自主性和独创性。

钱锋最近完成了竹叶青课程,它的主要脉络是这样展开的:开启课,让孩子到户外不仅用眼,还用各种感官感受竹子;科学课,从科学领域了解竹子的内部构造;地理课,孩子们知道了竹子来自哪里;历史课,要穿越到古代了解竹子的用处;生活课,孩子们走进超市,发现竹子今天的用处;还有体育课、音乐课……

孩子们对竹子的看法就这样发生了翻天覆地的变化,当他们知道这一个平常的小物件其实包容着非常丰富的内涵时,语文课到来了,钱老师用了整整一周时间,让孩子们从语文角度去感受中国的竹子。

就是这样,当孩子和竹子亲密接触的时候,他们体会到竹子带给他们的精神品格的影响。万物简史在多科交融的全过程中成就了"全人"。

钱锋老师还从电影和戏剧入手,从社会阴霾、家庭问题、校园冷暴力三个方面研究儿童电影关注的内容,他认为应该构建校园电影分级体系,让孩子们看最适合的电影。接着他从戏剧课程在国内小学开展的现状、戏剧课程的特点、戏剧课程的八大智能、戏剧课程的实践方式等方面介绍了戏剧课程不单纯以表演戏剧为目的,而是以游戏的方式模拟人生,是打通学科界限的综合艺术课程。钱锋老师强调戏剧课程对于培养儿童的多项智能有着至关重要的作用,戏剧课程的开设也是未来小学教育的大势所趋。

后　记

当我们编完这本书的时候，心里充满了喜悦之情。但想起本书的一个显著特点是以课例的形式呈现的，所以想补充说明一下对课例及课例研究的认识。

1. 课例的基本特征

课例研究是以课堂教学中出现的问题为研究对象，通过确立主题、设计教案、上课和观课、评价与反思以及分享成果等促进教师专业发展的循环过程，其本质是一种行动研究。

"课例"是一个实际的课堂教学完整例子，是对一个教学问题和教学全过程的再现和描述，即"讲述教学背后的故事"。它有比较严格的规范要求。

（1）课例与教案的区别。教案是预案，借用英语中的说法是"将来时"；课例是已经发生过的，是"过去时"。

（2）课例与课堂实录的区别。课堂实录是对实际发生的课堂进行客观地、逐字逐句地文本记录，是真实的课堂再现。课例不仅仅是最后的课堂教学实录，还要交代之所以这样教学的思路、想法、理由和认识，有研究的成分在其中。

（3）课例与案例的区别。课例仅是教育案例的一种。课例和教育案例有一个相同点，均有一个研究的"主题"。课例是以学科教学的内容为载体、具有某个研究主题的教学实例，而非一般性的教育问题。

（4）课例与教学片段的区别。课堂实录片段配以点评类型的文章不是课例。对同一节课的不同片段做出点评时，往往对每个片段从不同的角度加以评析，如果从教学整体看，则发现这类文章分析课堂的视野比较宽泛，点评比较发散，不足以充分体现课的整体状态。

（5）课例与教学漫谈的区别。围绕一节或几节课的教学漫谈类文章也不是课例。这是作者观课之后有感而发的，这种漫谈比较生动、情感化、吸引人，但缺乏围绕一个主题的深入提炼、缺乏理论角度的诠释。

由此，我们可以看出课例的根本特征是：以课堂教学的学科内容为载体，以某个小的研究问题为主题，讲述的是一个实际发生的课堂教学实例背后的故事。而且教学实例的整体思路相对完整，可以看出一节课或几节课的授课过程或如何改进的过程，可以看出这样上课或者改进课堂的理由和原因，并理性地提升和概括。

2. 课例研究的步骤

课例研究的实施包括至少 5 个基本步骤：确立主题、设计教案、上课和观课、评价与反思、修

改教案(可选)、重新执教和观课(可选)、再次评价和反思(可选)、分享成果。

（1）确立主题。研究主题来源于客观现实问题,只有从现实问题中确定的主题才具有研究的价值,才是课例研究真正的起点。教师确定的问题必须是围绕学生的,是学生目前遇到的或将来可能会遇到的问题,而不是教师主观臆想出来的问题,同时通过解决该问题能够促进学生的学习和发展。

（2）设计教案。课例研究教案设计和传统教案是不一样的：首先,研究课设计是由课例研究共同体内所有成员共同参与完成的,强调教师集体合作。其次,研究课设计基于传统教案根据研究主题进行设计而产生,两者既有共性又有特性。再次,研究课设计需要在查阅资料的基础上进行,对于如何解决确定的问题要有较为清晰的认识。最后,研究课设计还应该包括"预期的学生反应"和"应对策略"等部分。

（3）上课与观课。上课是对研究课设计的检验,观课则是为了从课堂实践中发现问题和不足,从而进一步修改研究课设计。这两部分是缺一不可的,因为正在上课的教师必须对学生的反应立即作出判断,没有充裕的时间去思考这么做是否合适或者能否做得更好,而观课教师则正好可以弥补这一缺陷。一方面,使得上课的教师能够更加客观地了解自己的教学;另一方面,集思广益,为下一轮研究课设计提供丰富的资源。

（4）评价与反思。包括别人的评价与自我的反思。这时的焦点应集中在授课中的优点和缺陷、学生的反应、通过该实施课例是否达到了预期的目标以及如何进一步完善等方面,其目的是为了进一步修改教学设计以更好地解决学生学习和发展中的问题。

（5）分享成果。在一个课例研究结束后(并非一轮),教师通过课例研究一方面解决了学生遇到的问题,另一方面也促进了自身的专业发展。通过与他人分享和展示自己的成果,不仅可以对其他教师产生积极的借鉴作用,还可以激励自己进一步开展课例研究以获得更深层次的发展。

3. 课例研究的模式

一般来说,小学语文课例研究的基本模式有以下几种：

（1）一课多教。对同一篇课文可安排多次课例研究。如：第一次为"独立课"研究,第二次为"诊断课"研究,第三次为"提高课"研究。这种课例研究具有明显的提升意义。

（2）同课循环。本校语文教研组的教师同上一节课。关键在于教师的互动和问题的跟进。

（3）同课异构。同一课,不同教师不同构想,不同上法。大家在比较中互相学习,扬长避短,共同提高。

（4）多课一题。围绕同一个问题,不同的教师上不同的课。先确立语文教师都关注的教学问题,然后组织所有语文教师学习相关的理论和经验,在此基础上进行课例研究。

（5）一课多型。人教版教材有三种课文类型：精读课文、略读课文和选读课文。可以把某一篇课文根据不同课文类型进行创新性设计,以研究不同课文类型的不同教学策略。

可以采用反思式观课、同事互助式观课和专家邀请式观课等研究方式。

本书由汪潮教授立意、设计总体框架和修改定稿,由汪潮、方兰、朱柏烽、余鹏、邹渭灿、孙忠心等人共同完成编写工作。在本书出版之际,要感谢本书所收录课例的设计者、执教者和评价者。由于记述和追溯的不方便,有些未载明出处,在此对各作者和转述者诚表感谢。还要感谢小

学教育研究所（浙江外国语学院）、小学语文博物馆总馆（杭州绿城育华小学）、小学语文博物馆第一分馆（衢州市柯城区新世纪学校）、汪潮专家工作室（浦江县龙峰国际学校）和小学语文研究院（余姚市东风小学教育集团东江校区）等单位的各位校长和老师的大力支持。

编　者

2016 年 6 月 9 日